Christlicher Atheismus

WIE MAN EIN WAHRER MATERIALIST WIRD

Slavoj Žižek

Aus dem Englischen
von Frank Born und Axel Walter

S. FISCHER

Erschienen bei S. FISCHER

Die englische Originalausgabe ist unter dem Titel
»Christian Atheism. How to Be a Real Materialist«
im Verlag Bloomsbury, London, erschienen.

Satz: Dörlemann Satz, Lemförde
Druck und Bindung: GGP Media GmbH, Pößneck
ISBN 978-3-10-397672-4

Kontaktadresse nach EU-Produktsicherheitsverordnung:
produktsicherheit@fischerverlage.de

Es mag langweilig klingen,
aber dies ist wieder für Jela.

Inhalt

Einleitung: Warum der wahre Atheismus indirekt sein muss

Ich bin nicht nur politisch aktiv, sondern werde auch manchmal als politisch radioaktiv wahrgenommen. Der Gedanke, dass die politische Theologie eine notwendige Grundlage radikalemanzipatorischer Politik ist, wird diese Wahrnehmung gewiss noch verstärken.

Heutige Atheisten gehen von der Prämisse aus, dass der Materialismus eine Sichtweise ist, die aus sich selbst heraus schlüssig erklärt und verteidigt werden kann, in einer Argumentationslinie, die ohne Bezüge auf ihr Gegenteil (religiöse Überzeugungen) auskommt. Aber was, wenn es genau umgekehrt wäre? Was, wenn wir, um wahre Atheisten zu sein, mit einem Glaubensgebäude beginnen und dieses von innen untergraben müssen? Zu sagen, dass Gott betrügerisch, böse, dumm, untot ist …, ist viel radikaler als die direkte Behauptung, dass es keinen Gott gibt. Wenn wir einfach postulieren, dass Gott nicht existiert, öffnen wir damit den Weg für sein faktisches Überleben als Idee bzw. Ideal, das unser Leben leiten sollte. Kurzum, wir machen den Weg für die moralische Aufhebung des Religiösen frei. Hier gilt es, sehr präzise zu sein: Die kantische Auffassung der Religion als bloße Narrativierung (als Darstellung gemäß unserer gewöhnlichen sinnlichen Realität) der Reinheit des moralischen Gesetzes ist uneingeschränkt abzulehnen. Nach dieser Ansicht ist die Religion für die gewöhnliche Mehrheit da, die nicht imstande ist, das übersinnliche moralische Gesetz aus sich selbst heraus zu begreifen. Diese Auffassung ist unbedingt abzulehnen, denn die Religion kann keinesfalls auf diese Dimension reduziert werden, nicht nur in dem Sinne, dass sie eine ontologische Sicht der Wirklichkeit enthält (als von Gott bzw. Göttern geschaffen, der göttlichen Vorsehung folgend usw.), oder im Sinne intensiver religiöser und/oder mystischer Erfahrungen, die weit über die Moral hinausgehen, sondern auch im immanenten Sinne. Man denke nur daran, wie oft Gott im Alten Testament als ungerecht, grausam und sogar frivol erscheint (vom Buch Hiob bis hin zur Anordnung der Beschneidung).[1] Ist das Christentum selbst nicht gerade deshalb einzigartig unter den Glaubenslehren, weil es nicht direkt, sondern nur über den Umweg einer anderen Religion (der jüdischen) zugänglich ist? Seine heilige Schrift – die Bibel – besteht aus zwei Teilen, dem Alten und dem Neuen Testament; man muss also erst durch den ersten hindurch, um zum zweiten zu gelangen.

1965 führten Theodor Adorno und Arnold Gehlen für den damaligen Südwestfunk ein großes Streitgespräch, in dem es um das Spannungsverhältnis zwischen Institutionen und Freiheit ging, dessen eigentlicher Fokus jedoch auf der Frage lag: Ist die Wahrheit prinzipiell allen zugänglich oder nur den Auserwählten?[2] Die interessante Paradoxie lag darin, dass Adorno, dessen Schriften ohne eine genaue Kenntnis der Hegel'schen Dialektik kaum lesbar sind, sich für die allgemeine Zugänglichkeit der Wahrheit aussprach, während Gehlen (dessen Schriften viel leichter zu lesen sind) erklärt, die Wahrheit sei nur den wenigen Privilegierten zugänglich, da sie für die Masse der normalen Menschen zu gefährlich und zerstörerisch sei. Wenn man das Problem so allgemein formuliert, bin ich auf der Seite von Adorno: Die Wahrheit ist prinzipiell allen zugänglich, verlangt aber große Anstrengung, zu der viele nicht imstande sind. Ich möchte allerdings eine differenziertere These vorschlagen. Im abstrakten Sinne des wissenschaftlichen »objektiven Wissens« ist unser Wissen natürlich begrenzt – für die meisten von uns ist es unmöglich, die Quantenphysik oder höhere Mathematik zu verstehen. Was uns aber allen zugänglich ist, ist der grundlegende Schritt von unserer Erfahrung des Mangels (des unvollkommenen Universums, der Begrenztheit unseres Wissens) zur Verdopplung dieses Mangels, das heißt, der Verortung im Anderen, der dadurch zu einem »ausgestrichenen«, inkonsistenten Anderen wird. Hegels Gottesbegriff ist ein Musterbeispiel für eine solche Verdopplung: Die Kluft, die uns endliche, schwache und sündige Menschen von Gott trennt, ist Gott selbst immanent, sie trennt Gott von sich selbst, macht ihn inkonsistent und unvollkommen und schreibt einen Antagonismus in sein Innerstes ein. Diese Verdopplung des Mangels, diese »Ontologisierung« unserer epistemologischen Beschränktheit bildet den Kern von Hegels absolutem Wissen, sie zeigt den Moment an, an dem die Aufklärung an ihr Ende gelangt.

Alle Kapitel des vorliegenden Buchs sind Einwürfe zu einer laufenden Debatte. Im ersten Kapitel schlage ich eine eigene Lösung für den Dialog zwischen Lorenzo Chiesa und Adrian Johnston über Psychoanalyse und Atheismus vor. In Kapitel zwei antworte ich auf die Kritik von buddhistischer Seite, ich würde die Nähe zwischen Lacan und dem Buddhismus übersehen. Im dritten Kapitel beschäftige ich mich mit widerstreitenden philosophischen Interpretationen der Quantenmechanik. In Kapitel vier trete ich in einen Dialog mit Alenka Zupančič über Antigone als die Heilige und Obszöne im Gegensatz zur humanistischen Lesart von Antigones Tat als Forderung nach einer Inklusion aller marginalisierten Minderheiten in die menschliche Allgemeinheit. In Kapitel fünf versuche ich einige Missverständnisse auszuräumen, die den Blick auf die tatsächlichen sozialen und subjektiven Auswirkungen von Künstlicher Intelligenz verstellen. Im sechsten Kapitel verteidige ich dann schließlich meine These von der Notwendigkeit der Theologie für eine radikale Politik gegen die übliche Befürwortung einer materialistischen Emanzipationspolitik. Trotz seines dialogischen Charakters folgt das Buch einer ganz klaren Linie: von der grundlegenden Bestimmung meines christlichen Atheismus über die Skizzierung des Unterschieds zwischen meinem Atheismus und dem buddhistischen Agnostizismus, der Feststellung des tiefen Atheismus der Quantenphysik, einer Untersuchung des Dreiecks aus Göttlichem, Heiligem und Obszönem und einer materialistischen Kritik der antichristlichen, spirituellen Deutung der Künstlichen Intelligenz bis hin zu einer Erklärung, warum emanzipatorische Politik nicht ohne eine theologische (oder, genauer, theosophische) Dimension auskommen kann.[3]

Lassen Sie mich also eine klare und prägnante Beschreibung der Grundprämissen dieses Buches geben. Ich versuche, drei in meinen Werken wiederkehrende Themen zusammenzubringen, die, so lautet meine Hypothese, drei Aspekte desselben Kerns darstellen: den atheistischen Kern des Christentums, die ontologischen Implikationen der Quantenmechanik und die transzendentale / ontologische Parallaxe.

- Was das Christentum einzigartig macht, ist die Überwindung der Kluft, die den Menschen von Gott trennt; diese geschieht nicht dadurch, dass der Mensch sich durch fromme Taten und Meditation zu Gott erhebt und so sein sündiges Leben hinter sich lässt, sondern indem er jene Kluft, die ihn von Gott trennt, in Gott selbst überträgt. Am Kreuz stirbt nicht ein irdischer Repräsentant oder Bote Gottes, sondern, wie Hegel sagt, der Gott des Jenseits selbst, so dass der tote Christus als Heiliger Geist wiederkehrt, was nichts anderes ist als die egalitäre Gemeinschaft der Gläubigen (für einen Christen gibt es, wie Paulus es ausdrückt, keine Männer und Frauen, keine Griechen und Juden, weil alle in Christus vereint sind). Diese Gemeinschaft ist in dem radikalen Sinne frei, dass sie sich selbst überlassen ist, ohne eine transzendente höhere Macht, die ihr Schicksal lenkt. In diesem Sinne schenkt Gott uns Freiheit – indem er selbst von der Bildfläche verschwindet.
- Die ontologischen Implikationen der Quantenmechanik weisen nicht auf einen Gott hin, der ein Betrüger ist, wie Einstein glaubte, sondern der selbst betrogen wird. »Gott« steht hier (für Einstein) für den großen Anderen, die harmonische Ordnung der Naturgesetze, welche ewig und unabänderlich sind, keine Ausnahmen zulassen und Teil der objektiven Wirklichkeit sind, die unabhängig von uns (menschlichen Beobachtern) existiert. Die Grundeinsicht der Quantenmechanik ist dagegen, dass es einen Bereich von Quantenwellen gibt (dessen Status umstritten ist), in

dem der Zufall irreduzibel ist, in dem Dinge geschehen, die rückwirkend aufgehoben werden können, und so weiter – kurzum, einen Bereich, der sich der Kontrolle durch den (göttlichen) großen Anderen entzieht (Informationen bewegen sich schneller als das Licht usw.). In Kombination mit dem Gedanken, dass Quantenfluktuationen nur dann in unsere Alltagswirklichkeit kollabieren, wenn sie von einem Beobachter wahrgenommen bzw. gemessen werden, wird diese Einsicht üblicherweise als Argument gegen den Materialismus gewertet, also gegen die Ansicht, dass die Realität außerhalb und unabhängig von uns existiert – einige sehen in Gott gar den ultimativen Beobachter, der die Realität konstituiert. Meine These lautet dagegen, dass Einstein recht damit hatte, den großen Anderen der Naturgesetze als »göttlich« zu bezeichnen – ein wahrhaft radikaler Materialismus reduziert die Realität nicht auf das, was wir als unsere alltägliche äußere Welt wahrnehmen, sondern lässt einen Bereich zu, der die Naturgesetze verletzt.

- Der größte Einschnitt in der Geschichte der Philosophie findet mit Kants transzendentaler Revolution statt. Vor Kant beschäftigte sich die Philosophie (wie skeptisch sie auch sein mochte) mit der ontologischen Dimension im schlichten Sinne des Wesens der Realität: Was gilt als Realität, können wir sie erkennen, wie ist diese Realität strukturiert, ist sie rein materiell oder auch, vielleicht sogar vorwiegend geistig? Bei Kant ist die Realität nicht mehr einfach gegeben und wartet darauf, von uns entdeckt zu werden, sie ist vielmehr von der Struktur der Kategorien, durch die wir sie wahrnehmen, »transzendental konstituiert«. Nach Kant wird diese transzendentale Dimension historisiert: Jede Epoche hat ihre eigene Art, die Realität wahrzunehmen und in ihr zu handeln. So entwickelte sich etwa die moderne Naturwissenschaft, als die Realität als äußerer materieller Existenzraum wahrgenommen wurde, der von seinen eigenen Gesetzen bestimmt wird und damit von unserem subjektiven Empfinden und unseren Sinnprojektionen strikt getrennt ist. Parallaxe bedeutet hier, dass die zwei Ansätze nicht aufeinander reduziert werden können und einander gleichzeitig bedingen. Wir können die Realität als ein Objekt erforschen und ihre Entwicklung bis zur Entstehung menschlichen Lebens auf der Erde erklären, doch indem wir das tun, nähern wir uns der Realität schon auf eine bestimmte Weise (mittels der Evolutionstheorie und ihrer Begriffe), und dies lässt sich nicht aus dem Gegenstand ableiten, sondern wird immer schon vorausgesetzt (wir setzen voraus, dass die Natur durch komplexe Kausalketten gesteuert wird und so weiter).

Das vorliegende Buch führt diese drei Themen in einem Projekt des »christlichen Atheismus« zusammen. Der Raum für die Erfahrung des »Göttlichen« ist die Kluft, die den transzendentalen Ansatz für immer vom objektiv-realistischen trennt, aber diese »göttliche« Dimension bezieht sich auf die Erfahrung der radikalen Negativität (was Mystiker und Hegel die »Nacht der Welt« genannt haben), die jede Theologie ausschließt, die auf eine positive Gottesgestalt abhebt, auch wenn diese Gottesgestalt im modernen wissenschaftlichen Naturalismus radikal säkularisiert ist. Im Christentum zeigt diese Kluft die Abwesenheit Gottes (seinen »Tod«), die den Heiligen Geist begründet. Und nicht zuletzt hält die Dimension der radikalen Negativität auch den Raum für jede emanzipatorische Politik offen, die es ernst meint, also über die Kontinuität des historischen Fortschritts hinausreicht und einen radikalen Schnitt macht, der die Maßstäbe des Fortschritts selbst verändert.

Die Selbstzerstörung des Westens

Die Momente eines dialektischen Prozesses lassen sich, wie wir von Hegel wissen, als drei oder als vier zählen – und das fehlende vierte Moment ist hier natürlich die Politik. (Die politische Dimension ist nicht auf das Schlusskapitel beschränkt, sie zieht sich vielmehr als Unterströmung durch das gesamte Buch und taucht sogar in den philosophischsten Abschnitten auf.) Damit sind wir wieder bei meiner politischen Radioaktivität. Um daran anzuknüpfen, möchte ich mit Jean-Claude Milners Behauptung beginnen, dass das, was wir »den Westen« nennen, heute eine Konföderation unter der Hegemonie der USA ist; die USA herrschen auch intellektuell über uns, doch hier »muss man ein Paradoxon akzeptieren: Die US-amerikanische Dominanz im intellektuellen Bereich drückt sich in den Diskursen des Dissenses und des Protests, nicht in denen der Ordnung aus«.[4]

Die globale Universität lehrt uns,

> die wirtschaftliche, politische und ideologische Funktionsweise der westlichen Ordnung ganz oder teilweise abzulehnen. Ungleichheit hat die Rolle eines Axioms, von dem sich jegliche Kritik letztlich ableitet. Je nach Situation bevorzugt man diese oder jene spezifische Form der allgemeinen Ungleichheit: die koloniale Unterdrückung, die kulturelle Aneignung, das Primat der weißen Kultur, das Patriarchat, die Geschlechterkonflikte und so weiter.[5]

Remi Adekoya weist auf einen merkwürdigen Umstand hin, den die Forschung zu Tage gefördert hat: Fragte man Wähler, welchen Wert sie am wichtigsten fänden, nannte die große Mehrheit im entwickelten Westen die Gleichheit, während die große Mehrheit in Afrika südlich der Sahara die Gleichheit weitgehend außer Acht ließ und Reichtum an die erste Stelle setzte (unabhängig davon, wie er zustande kam, und sei es durch Korruption). Das Ergebnis ist nachvollziehbar: Der entwickelte Westen kann es sich leisten, die Gleichheit zu priorisieren (auf der Ebene des ideologischen Selbstbildes), während die Hauptsorge der armen Mehrheit in Subsahara-Afrika darin besteht, wie man überleben und die schreckliche Armut überwinden kann.[6] Darüber hinaus gibt es noch ein weiteres Paradoxon: Der Kampf gegen die Ungleichheit ist insofern selbstzerstörerisch, als er sein eigenes Fundament untergräbt, und kann sich daher nicht als Projekt für einen positiven globalen Wandel präsentieren:

> Gerade weil das kulturelle Erbe des Westens sich nicht von den Ungleichheiten befreien kann, die seine Existenz ermöglicht haben, werden frühere Ankläger der Ungleichheit nun ihrerseits bezichtigt, von der einen oder anderen bisher unentdeckt gebliebenen Ungleichheit profitiert zu haben. [...] [A]lle revolutionären Bewegungen und auch die Ideen der Revolution selbst stehen heute unter Verdacht, nur weil sie zur langen Reihe toter weißer Männer gehören.[7]

Es ist wichtig, hier darauf hinzuweisen, dass der Neuen Rechten und der woken Linken diese selbstzerstörerische Haltung gemeinsam ist. Ende Mai 2023 entfernte der Schulbezirk Davis County nördlich von Salt Lake City die Bibel aus den Bibliotheken der Grund- und Mittelschulen (in den Highschools durfte sie bleiben), nachdem ein Komitee die Schrift überprüft hatte. Auslöser war eine Beschwerde der Utah Parents United vom 11. Dezember 2022, in der es hieß: »Sie werden zweifellos feststellen, dass die Bibel (nach staatlichem Recht) ›keinen ernsthaften Wert für Minderjährige‹ hat, ›weil sie nach unserer neuen Definition pornografisch ist.‹«[8] Ist das einfach nur ein Streit von Mormonen gegen Christen? Nein. Am 2. Juni 2023 wurde eine Beschwerde gegen die wichtigste Schrift der vorherrschenden Glaubensrichtung in Utah, der Kirche Jesu Christi der Heiligen der Letzten Tage eingereicht. Der Sprecher des Distrikts, Chris Williams, bestätigte, dass jemand einen Antrag auf Überprüfung des Buchs Mormon gestellt hatte. Welche politisch-ideologische Richtung steckt hinter dieser Forderung? Ist es die woke Linke (in Ausübung einer ironischen Racheaktion gegen das Verbot von Vorlesungen und Büchern über die US-amerikanische Geschichte, die Black-Lives-Matter-Bewegung, LGBT+ usw. seitens der Rechten)? Oder ist es die radikale Rechte selbst, die ihre Kriterien für Familienwerte (konsequenterweise) auf die eigenen Gründungstexte angewendet hat? Letztlich ist es egal – was wir zur Kenntnis nehmen sollten, ist vielmehr die Tatsache, dass dieselbe Logik des Verbietens (oder zumindest des Umschreibens) klassischer Texte die

Neue Rechte und die woke Linke gleichermaßen erfasst hat, was den Verdacht bestätigt, dass sie trotz ihrer starken ideologischen Animosität formal oft auf die gleiche Weise vorgehen. Während die woke Linke systematisch ihr eigenes Fundament zerstört (die europäische emanzipatorische Tradition), bringt die Rechte endlich den Mut auf, die Obszönität ihrer eigenen Tradition in Frage zu stellen. Es ist eine grausame Ironie, dass die westliche demokratische Tradition, die sich üblicherweise ihrer Fähigkeit zur Selbstkritik rühmt (»die Demokratie hat Fehler, aber sie beinhaltet auch das Streben, ihre Fehler zu überwinden ...«), diese selbstkritische Haltung nun auf die Spitze getrieben hat – »Gleichheit« ist eine Maske für ihr Gegenteil und so weiter, und so bleibt nur noch der Hang zur Selbstzerstörung.

Es besteht jedoch ein Unterschied zwischen dem antiwestlichen Diskurs im Westen und dem, der außerhalb geführt wird: »Während im Westen ein antiwestlicher Diskurs geführt wird (und der Westen ist stolz darauf), gibt es noch einen anderen antiwestlichen Diskurs außerhalb des Westens. Nur dass Ersterer Ungleichheit für einen Fehler hält, den auszunutzen niemand das moralische Recht hat; im Gegensatz dazu sieht der Zweite in der Ungleichheit eine Tugend, vorausgesetzt sie verläuft zu seinen Gunsten. Folglich sehen die Vertreter des zweiten Diskurses im ersten ein Zeichen für die Dekadenz des Gegners. Sie verhehlen ihre Verachtung nicht.«[9]

Und ihre Verachtung ist vollkommen gerechtfertigt. Das Resultat des antiwestlichen Diskurses im Westen ist vorhersehbar: Je mehr westliche Linksliberale ihre eigene Schuld ergründen, desto mehr wird ihnen von muslimischen Fundamentalisten vorgeworfen, sie seien Heuchler, die ihren Islamhass verbergen wollten. Dieses Paradigma gibt perfekt das Paradox des Über-Ichs wieder: Je mehr man befolgt, was die pseudomoralische Instanz von einem verlangt, desto schuldiger ist man – so wie der Druck des Islam immer größer zu werden scheint, je mehr man ihn toleriert. Man kann sicher sein, dass dasselbe auch für den Zustrom von Flüchtlingen gilt: Je offener Westeuropa für sie wird, desto schuldiger wird es sich fühlen, nicht noch mehr aufgenommen zu haben – es kann per definitionem nie genug aufnehmen. Je mehr Toleranz man gegenüber nicht westlichen Lebensweisen zeigt, desto mehr Schuldgefühle bekommt man aufgeladen, weil man nicht genug Toleranz übt.

Die woke Antwort darauf lautet: Die nicht westlichen Kritiker haben recht, die Selbsterniedrigung des Westens ist ein Fake, jene Kritiker bestehen zu Recht darauf, bei allem, was der Westen ihnen zugesteht, zu sagen: »Das ist nicht *das*«; wir behalten unseren überlegenen Rahmen und erwarten, dass sie sich integrieren – doch warum sollten sie? Das Problem besteht natürlich darin, dass die nicht westlichen Kritiker erwarten, dass der Westen, um es schonungslos und direkt zu sagen, seine Lebensweise aufgibt. Die Alternative lautet hier: Wird der Westen sich als Endresultat der eigenen antiwestlichen Haltung erfolgreich selbst (sozial, ökonomisch) als Zivilisation zerstören oder wird es ihm gelingen, die selbstzerstörerische Ideologie mit wirtschaftlicher Überlegenheit zu kombinieren?

Milner hat recht: Dass die kritische Selbstverunglimpfung die beste ideologische Haltung ist, um sicherzustellen, dass es keine revolutionäre Bedrohung der bestehenden Ordnung gibt, ist kein großes Paradox. Man sollte seine Aussage aber ergänzen und an die (vorgetäuschte, aber dennoch reale) revolutionäre Haltung der neuen populistischen Rechten erinnern. Deren gesamte Rhetorik basiert auf der »revolutionären« Forderung, dass die neuen Eliten (Großkonzerne, akademische und kulturelle Eliten, staatliche Dienste) zerstört werden müssen, notfalls mit Gewalt. Sie wollen, um es mit Yanis Varoufakis zu sagen, einen Klassenkrieg gegen unsere neuen Feudalherren – der schlimmste Albtraum ist hier die Möglichkeit eines Pakts zwischen den westlichen Rechtspopulisten und den nicht westlichen Autoritären.

In meinen kritischen Bemerkungen zur Me-too-Bewegung als Ideologie beziehe ich mich auf Tarana Burke, eine Schwarze, die vor mehr als einem Jahrzehnt die Kampagne ins Leben rief. Sie machte kürzlich die kritische Beobachtung, dass sich in der Bewegung über die Jahre eine immer stärkere Obsession mit den Tätern entwickelt habe – ein zyklischer Zirkus aus Anklagen, Schuld und Indiskretionen: »Wir arbeiten fleißig daran, dass sich das populäre Narrativ über #MeToo immer mehr von dem wegbewegt, was es ist. Wir müssen das Narrativ ändern, es handele sich um einen Geschlechterkrieg, es sei männerfeindlich, es gehe um Männer gegen Frauen, es betreffe nur eine bestimmte Art von Menschen – es sei für weiße, cisgeschlechtliche, heterosexuelle, berühmte Frauen.«[10] Kurzum, man sollte sich darum bemühen, den Fokus der Me-too-Bewegung wieder auf das alltägliche Leid von Millionen ganz normaler berufstätiger Frauen und Hausfrauen zu legen.

Einige Kritiker haben mir vorgeworfen, dass ich für einen einfachen Schritt von verhaltensmäßigen und sprachlichen Belästigungen zu »realen« sozioökonomischen Problemen eintrete, und weisen (korrekterweise) darauf hin, dass die dichte Textur des Verhaltens und der Sprechweisen das eigentliche Medium der Reproduktion der Ideologie sei; zudem sei das, was als »reale Probleme« gelte, nie direkt erkennbar, sondern immer durch das symbolische Netzwerk definiert und somit das Ergebnis eines Kampfes um Hegemonie. Ich halte daher den oben erwähnten Vorwurf gegen mich für einen schlechten Witz, betone ich doch ständig, dass die Textur ungeschriebener Regeln das Medium ist, in dem Rassismus und Sexismus reproduziert werden. Um es theoretisch zu formulieren: Die große Implikation der »strukturalistischen« Theorien (von Levi-Strauss und Althusser bis zu Lacan) ist, dass der ideologische Überbau eine eigene Infrastruktur hat, ein eigenes (unbewusstes) Netzwerk aus Regeln und Praktiken, die für sein Funktionieren sorgen. Aber sind solche (für einige) »problematischen« Positionen, die ich vertrete, Indizien dafür, dass ich in den letzten Jahrzehnten meinen Standpunkt verändert habe? Einer meiner Kritiker wies neulich auf den »Gegensatz zwischen [meinen] Schriften zu jener Zeit (1997, als er Ende vierzig war) und [meiner] aktuellen Verwandlung zu einer postlinken Figur« hin – er beginnt mit einem anerkennenden Zitat aus meinem Buch *The Plague of Fantasies* und fügt dann seinen Kommentar hinzu:

»Würden rassistische Einstellungen für den vorherrschenden ideologisch-politischen Diskurs akzeptabel, so würde dies das Gleichgewicht der gesamten ideologischen Hegemonie radikal verschieben. [...] Angesichts des Aufkommens eines neuen Rassismus und Sexismus sollte die Strategie heute darin bestehen, solche Äußerungen unaussprechlich zu machen, so dass jeder, der sich auf sie beruft, sich dadurch automatisch disqualifiziert (so wie es in unseren Sphären mit denjenigen geschieht, die sich zustimmend auf den Faschismus beziehen). Man sollte ausdrücklich nicht diskutieren, ›wie viele Menschen in Auschwitz wirklich starben‹, welche ›die guten Seiten der Sklaverei‹ sind, warum es ›notwendig ist, die Tarifrechte von Arbeitern zu beschneiden‹ und so weiter; unser Standpunkt sollte hier ganz unverhohlen ›dogmatisch‹ und ›terroristisch‹ sein; dies ist keine Angelegenheit für eine ›offene, vernünftige, demokratische Diskussion.‹« [...]
Gut gesagt. Genauso wie man sich zum Beispiel nicht über Gespräche darüber einlassen sollte, ob Transfrauen ›wirklich‹ Frauen sind. Tatsächlich schreibt der Endvierziger Žižek, »der Grad der ideologisch-politischen ›Regression‹ ist das Ausmaß, in dem solche Aussagen im öffentlichen Diskurs akzeptabel werden.« Würde er sein älteres Ich demnach als Symptom einer solchen Regression betrachten?[11]

Mein Gegenargument ist hier offensichtlich: Können wir Wokeness- und Trans-Forderungen wirklich in die Reihe progressiver Errungenschaften einordnen, sind also die Veränderungen unserer Alltagssprache (die Verwendung von »they« usw.) nur der nächste Schritt im langen Kampf gegen den Sexismus? Meine Antwort darauf ist ein entschiedenes Nein. Die Veränderungen, die die Trans- und Woke-Ideologie befürwortet und durchsetzen will, sind selbst größtenteils »regressiv«; es sind Versuche der herrschenden Ideologie, neue Protestbewegungen zu vereinnahmen (und ihnen die kritische Schärfe zu nehmen).

Es steckt somit ein Körnchen Wahrheit in der bekannten rechten Diagnose, dass Europa heute einen einzigartigen Fall von vorsätzlicher Selbstzerstörung darstelle – es ist besessen von der Angst, die eigene Identität zu behaupten, geplagt von der unendlichen Verantwortung für die meisten Gräuel auf der Welt, es genießt seine Selbstbeschuldigung in vollen Zügen, tut so, als wäre es seine oberste Pflicht, jeden aufzunehmen, der nach Europa immigrieren will, reagiert auf den Europa-Hass vieler Einwanderer mit der Behauptung, an diesem Hass sei Europa selbst schuld, weil es nicht bereit sei, sie vollständig zu integrieren … Das ist natürlich nicht alles falsch, aber der Hang zur Selbstzerstörung ist offensichtlich die Kehrseite der Tatsache, dass Europa nicht mehr in der Lage ist, seiner größten Errungenschaft treu zu bleiben, dem linken Projekt der globalen Emanzipation – es scheint nur noch Selbstkritik übrig zu bleiben, ohne ein positives Projekt, das sie begründen würde. So ist unschwer zu erkennen, was uns am Ende dieser Argumentationslinie erwartet: eine selbstreflexive Wende, auf deren Grundlage *die Emanzipation selbst als ein eurozentrisches Projekt denunziert werden wird.*[12]

Was die Sklaverei angeht, ist zu bedenken, dass es sie in der gesamten »zivilisierten« Geschichte der Menschheit in Europa, Asien, Afrika und den Amerikas gab und sie bis heute in neuen Formen fortbesteht – die Versklavung der Schwarzen durch die weißen Nationen des Westens war nicht ihre schlimmste Ausprägung. Man sollte allerdings hinzufügen, dass die Staaten Westeuropas (die heute als die Hauptverantwortlichen für die Versklavung gelten – wenn wir das Wort »Sklaverei« hören, ist unsere erste Assoziation »Weiße, die schwarze Sklaven besitzen«) die Einzigen waren, die nach und nach ein *Verbot* der Sklaverei durchgesetzt haben. Um es kurz zu machen: Sklaverei ist universell und der Westen zeichnet sich dadurch aus, dass er die Bewegung zu seiner Abschaffung in Gang gesetzt hat – das genaue Gegenteil der allgemeinen Wahrnehmung.

Der Titel eines Essays über mein Werk – »Pazifistischer Pluralismus gegen militante Wahrheit: Christentum im Dienste der Revolution«[13] – gibt den Kern meiner anti-woken, christlichen Haltung perfekt wieder: Anders als das Wissen, welches auf der unparteiischen, »objektiven« Haltung seines Träger beruht, ist die Wahrheit nie neutral, sie ist per definitionem militant, subjektiv beteiligt. Dies impliziert keinesfalls irgendeine Art von Dogmatismus – der wahre Dogmatismus ist in einer »objektiven«, ausgewogenen Sichtweise verkörpert, egal wie relativiert und historisch bedingt diese zu sein behauptet. Wenn ich für Emanzipation kämpfe, dann ist die Wahrheit, für die ich kämpfe, absolut, obwohl sie augenscheinlich die Wahrheit einer spezifischen historischen Situation ist. Hier müssen wir den wahren Geist des Christentums der Wokeness entgegenhalten: Trotz ihres Anscheins, tolerante Diversität zu fördern, ist diese in ihrer Funktionsweise extrem ausgrenzend, wohingegen das christliche Engagement seine subjektive Voreingenommenheit nicht nur offen zugibt, sondern sogar zu einer Bedingung seiner Wahrheit macht. Und meine Wette ist hier ganz klar: Nur die Haltung, die ich als christlichen Atheismus bezeichne, kann das westliche Erbe vor seiner Selbstzerstörung bewahren, ohne seine selbstkritische Schärfe aufzugeben.

Antisemitismus und Intersektionalität

Dies führt uns zu einer weiteren radioaktiven Eigenschaft von mir: meiner Kritik an gewissen Kritiken des Antisemitismus, die ebenfalls die kritische Schärfe des emanzipatorischen Universalismus abmildern. Indem sie uns auffordern, die Einzigartigkeit des Antisemitismus anzuerkennen, werten sie die universelle Dimension des Judentums ab. Am 14. Mai 2023 fand in Porto die Jahrestagung der European Jewish Association (EJA) statt. Sie verabschiedete dort einen Antrag,

> in dem gefordert wird, Antisemitismus von anderen Formen des Hasses gesondert zu behandeln, und in dem andere jüdische Gruppen angehalten werden, den theoretischen Rahmen der »Intersektionalität« abzulehnen, der Gruppen in »Unterdrückte« und »Privilegierte« einteilt. »Antisemitismus ist etwas Einzigartiges und muss

als solches behandelt werden«, so der Antrag, der weiter feststellt, dass der Antisemitismus im Unterschied zu anderen Formen des Hasses »in vielen Ländern staatlich sanktioniert«, »von den Vereinten Nationen gedeckt« und von anderen Gruppen, die Hass ausgesetzt sind, nicht als Rassismus anerkannt werde.[14]

Der Schlüssel zu diesen Behauptungen liegt in der vermeintlichen Verbindung zwischen drei Vorstellungen: der Einzigartigkeit des Antisemitismus, der Intersektionalität und dem Gegensatz zwischen Unterdrückten und Privilegierten. Warum wird Intersektionalität als »theoretischer Rahmen, der Gruppen in ›Unterdrückte‹ und ›Privilegierte‹ einteilt«, abgelehnt und warum ist das Konzept vom jüdischen Standpunkt aus problematisch? Intersektionalität ist in der Sozialtheorie und in der praktischen Analyse ein sehr nützlicher Begriff. Wenn wir eine unterdrückte Gruppe betrachten, stellen wir fest, dass sie auf verschiedenen, sich überschneidenden Ebenen unterdrückt (oder privilegiert) wird. Lassen Sie mich schamlos eine Wikipedia-Definition zitieren (denn, machen wir uns nichts vor, das ist die Definition, die die meisten Menschen benutzen werden):

> *Intersektionalität* ist ein soziologischer Analyserahmen, um zu verstehen, wie die sozialen und politischen Identitäten von Gruppen und Individuen zu einzigartigen Kombinationen aus Diskriminierungen und Privilegien führen. Beispiele dieser Faktoren sind Gender, Kaste, Geschlecht, Rasse, Ethnizität, Klasse, Sexualität, Religion, Behinderung, Größe, Alter, Gewicht und körperliche Erscheinung. Diese sich überschneidenden und überlagernden Identitäten können sowohl ermächtigend als auch unterdrückend sein.[15]

Betrachten wir zum Beispiel den Fall einer einkommensschwachen schwarzen lesbischen Frau: Sie ist fast überall auf der Welt vierfach benachteiligt. Außerdem haben wir es nie nur mit einer mechanischen Kombination dieser nachteiligen (oder vorteilhaften) Faktoren zu tun. Die antisemitische Figur des »Juden« vereint Merkmale aus Religion, Ethnizität, Sexualität, Bildung, Wohlstand und Aussehen. Wer als »Jude« stigmatisiert wird, wird auch mit einer Reihe anderer Zuschreibungen belegt (sie wissen, wie man mit Geld spekuliert, sie halten sich dogmatisch an ihre religiösen Gesetze, sie sind faul und beuten gern andere aus, sie waschen sich nicht genug …).

Das Fazit der intersektionalen Analyse ist, dass alle Menschen aufgrund der Zusammensetzung ihrer Identität einzigartige Formen von Unterdrückung oder Privilegierung erleben. Warum lehnen dann jene, die auf der Einzigartigkeit des Antisemitismus bestehen, die Intersektionalität ab?

Die Unterdrückung, der Juden heute in westlichen Industriestaaten ausgesetzt sind, ist etwas unklarer, weil die Wahrnehmung in die Richtung geht, dass Juden privilegierte Positionen einnehmen (ökonomisch, kulturell, politisch), und die Assoziation von Juden mit Reichtum und Kultur in der öffentlichen Vorstellung (»Hollywood ist jüdisch«) ist selbst eine Quelle klassischer antisemitischer Tropen. Die EJA ist besorgt, dass diese Kombination aus Unterdrückung und Privilegierung den Antisemitismus zu einer beliebigen Form des Rassenhasses macht, die nicht nur mit anderen vergleichbar ist, sondern neben anderen Formen der Unterdrückung sogar weniger schwer wiegt. Durch den Blick durch die intersektionale Linse könnte aus dem Hass auf »den Juden« nur ein minderschwerer Fall innerhalb der umfassenderen Taxonomie der Hassformen werden. Ist diese Befürchtung gerechtfertigt?

Die EJA besteht zu Recht darauf, dass der Antisemitismus ein Ausnahmefall ist. Er unterscheidet sich von anderen Arten von Rassismus. Sein Ziel ist nicht die Unterordnung der Juden, sondern deren Ausrottung, weil sie nicht als minderwertige Fremde, sondern als heimliche Herren gesehen werden. Der Holocaust ist nicht dasselbe wie die Zerstörung von Zivilisationen in der Geschichte des Kolonialismus. Er ist ein einzigartiges Phänomen der industriell organisierten Vernichtung. Den Schlüssel zum Verständnis des Antisemitismus, jedenfalls in seiner modernen Form, liefert jedoch jene Verbindung aus »Unterdrückung« und »Privilegiertheit«. Im

Faschismus diente »der Jude« als äußerer Eindringling, dem man die Schuld für Korruption, Unordnung und Ausbeutung zuschieben konnte. Die Projektion des Gegensatzes von »Unterdrückten« und »Privilegierten« auf einen Sündenbock kann die Menschen davon ablenken, dass solche Auseinandersetzungen in Wirklichkeit ihrer eigenen wirtschaftlichen und politischen Ordnung immanent sind. Die Tatsache, dass viele Juden (in Bezug auf Reichtum, Bildung und politischen Einfluss) »privilegiert« sind, ist mithin *gerade die Quelle* des Antisemitismus: Dass sie als privilegiert angesehen werden, macht sie zur Zielscheibe gesellschaftlichen Hasses.

Problematisch wird es, wenn versucht wird, die Ausnahmestellung des Antisemitismus zu nutzen, um eine Doppelmoral zu unterstützen oder um jede kritische Analyse der Privilegien, die Juden durchschnittlich genießen, zu unterbinden. Ein Streitgespräch über Antisemitismus und die Israel-Boykott-Bewegung BDS, das 2020 im *Spiegel* erschien, trägt die Überschrift »Wer Antisemit ist, bestimmt der Jude und nicht der potenzielle Antisemit«.[16] Doch wenn dem so ist, sollte dann nicht auch dasselbe für die Palästinenser im Westjordanland gelten, die selbst bestimmen können, wer sie ihres Landes und ihrer Grundrechte beraubt? Wird Apartheid nicht auch in Israel sanktioniert? Das wird in dem Antrag der EJA völlig außer Acht gelassen.

Darüber hinaus stützt sich die Haltung der EJA auf ihren eigenen intersektionalen Rahmen. Jede Analyse der von einigen Juden eingenommenen privilegierten Positionen wird sofort als antisemitisch verurteilt, und selbst Kapitalismuskritik wird infolge der Verknüpfung zwischen »Judentum« und »reichen Kapitalisten« ebenfalls abgelehnt. Die gute alte marxistische These, dass der Antisemitismus eine primitive und verzerrte Version des Antikapitalismus sei, wird damit in ihr Gegenteil verkehrt: Der Antikapitalismus wird zur Maske des Antisemitismus. Aber wenn die Implikation lautet, dass das Judentum sowohl außergewöhnlich als auch untrennbar mit dem Kapitalismus verknüpft ist, landen wir dann nicht nur wieder bei einer uralten antisemitischen Trope? Provozieren wir die Armen und Unterdrückten damit nicht geradezu, den Juden die Schuld für ihr Unglück zu geben? Die Haltung der EJA ist daher abzulehnen – nicht wegen irgendeines obszönen Bedürfnisses nach einem »Gleichgewicht« zwischen verschiedenen Formen des Rassismus, sondern im Namen des Kampfes gegen den Antisemitismus selbst.

Die schreckliche Situation in Israel kann uns aber auch Grund zur Hoffnung geben. Denn etwas hat sich innerhalb und außerhalb Israels drastisch verändert, sogar in den USA, dem israelfreundlichsten Land. Selbst die Menschen, die bis dato bereit waren, alles zu dulden, was Israel tat, greifen es jetzt offen an und es wächst das Bewusstsein, dass es nicht so weitergehen kann wie bisher. Israel hat sich als einzige freiheitliche Demokratie inmitten von autoritären und fundamentalistischen arabischen Regimes präsentiert, aber was es jetzt unternimmt, ähnelt mehr und mehr den schlimmsten arabischen Hardlinern. Der nächste Schritt zeichnet sich schon am Horizont ab: Die israelischen Hardliner wollen die reformwilligen säkularisierten Juden im eigenen Land zu Bürgern zweiter Klasse machen …

Auf diese Weise ist das Motto zu verstehen, dass nur eine Katastrophe uns retten kann: Vielleicht wird die autoritäre Wende in Israel eine starke Gegenbewegung auslösen und wird von dieser besiegt. Für Israel bedeutet das, dass nur eine öffentliche Solidaritätsbekundung der drei Buchreligionen (Judentum, Christentum, Islam) den emanzipatorischen Kern des Judentums bewahren kann – auf der geistlichen Ebene werden Juden selbst die größten Opfer des aggressiven Zionismus sein. Der christliche Atheismus ermöglicht hier nicht etwa die Überwindung der bestehenden Religionen – er schafft vielmehr den Raum für eine spirituelle Verbindung, die jede von ihnen sich frei entfalten lässt.

Hier spielt Atheismus eine entscheidende Rolle: Der gemeinsame Raum, in dem die verschiedenen Religionen gedeihen können, ist keine vage, allgemeine Spiritualität, sondern ein Atheismus, der den Streit der einzelnen Religionen sinnlos macht.

Über die Wichtigkeit, alle sechs Füße zu sehen

Dies führt uns zurück zur Intersektionalität, dieses Mal der Intersektionalität von Religionen selbst – es gibt einen (nicht allzu) vulgären Witz, der perfekt beschreibt, worum es geht. Der Witz beginnt mit einer Ehefrau und ihrem Liebhaber im Bett. Plötzlich hören sie, wie der Ehemann überraschend nach Hause kommt und schwer betrunken die Treppe hinaufgeht. Der Liebhaber gerät in Panik, aber die Frau beruhigt ihn: »Mein Mann ist so besoffen, dass er nicht einmal merken wird, dass ein anderer Mann im Bett ist, also bleib einfach, wo du bist!« Und tatsächlich fällt ihr Mann, der sich kaum auf den Beinen halten kann, wie sie es vorausgesagt hat, einfach aufs Bett. Etwa eine Stunde später öffnet er die Augen und sagt zu seiner Frau: »Schatz, ich bin so betrunken, dass ich nicht mehr zählen kann. Für mich sieht es aus, als wären da sechs Beine am Fußende.« Die Frau beruhigt ihn: »Mach dir keine Sorgen! Steh einfach auf, geh zur Tür vor dem Bett und sieh genau hin.« Der Gatte folgt ihrem Rat und ruft: »Du hast recht, es sind nur vier Beine! Dann kann ich mich ja wieder beruhigt schlafen legen …«

Der Witz mag zwar vulgär sein, aber er enthält eine interessante formelle Struktur, die der eines Witzes von Jacques Lacan gleicht: »Ich habe drei Brüder, Paul, Ernst und mich.« Volltrunken wie er war, schloss der Ehemann sich selbst in die Reihe mit ein und zählte sich selbst als einen der Brüder; als er wieder zu einem einigermaßen nüchternen Blick von außen imstande war, sah er, dass er nur zwei Brüder hat (er schloss sich also aus der Reihe aus). Man würde ja erwarten, dass man die ganze Situation deutlich erkennt, wenn man sie von außen, aus sicherer Distanz betrachtet; wenn man dagegen noch in der Situation steckt, ist man blind für deren entscheidende Dimension, für ihren Horizont, der sie abgrenzt; in unserem Witz ist es freilich die Position von außen, die blind macht, während der Mann die Wahrheit sieht, wenn er in ihr gefangen ist (das Gleiche gilt übrigens für die Psychoanalyse und den Marxismus).

Genau genommen schließt der Ehemann sich nicht einfach aus.

Seine Exklusion (wenn er an der Tür vor dem Bett steht) führt zu einer falschen Inklusion und er verwechselt die Füße des Liebhabers mit seinen eigenen. Weil er die Füße des Liebhabers als seine zählt, kehrt er zufrieden ins Bett zurück und erhält eine sehr grausame Lektion: Er duldet, dass seine Frau mit einem anderen Mann schläft, als seinen eigenen Akt ... Die Ironie liegt natürlich darin, dass der Mann, als er etwas nüchterner ist, wie ein Idiot handelt, indem er sich aus der Reihe ausschließt – eine überraschende Version von *in vino veritas*. Die libidinöse Wahrheit solcher Situationen liegt darin, dass selbst, wenn das Paar allein im Bett liegt, immer sechs Beine da sind (die beiden zusätzlichen Beine stehen für die Anwesenheit einer dritten Instanz) – die Lacan'sche Funktion des »plus-eins« ist immer wirksam. Hier kann man an den unmöglichen Dreizack denken (auch bekannt als unmögliche Gabel oder Stimmgabel des Teufels), die Zeichnung einer unmöglichen Figur, eine Art optische Täuschung: Sie scheint auf der einen Seite drei zylindrische Zacken zu haben, die sich auf geheimnisvolle Weise in zwei rechteckige Zacken am anderen Ende verwandeln (siehe Abb. 1).[17]

Wenn in unserem Fall der betrunkene Ehemann im Bett liegt (hellgrauer Bereich), sieht er drei Beinpaare, wenn er aber aufsteht und das Bett betrachtet, sieht er zwei Paare ... Wir sollten uns nicht scheuen, in dieser Richtung bis zum (obszönen) Ende weiterzugehen und uns dieselbe Szene mit der »Jungfrau« Maria und ihrem Mann Joseph vorstellen. Während Joseph auf Sauftour ist, vergnügt sich Maria im Bett mit dem Heiligen Geist (oder der Person, die sich als dieser ausgibt); Joseph kommt früh nach Hause und krabbelt zu ihr ins Bett; als er wenig später aufwacht, sieht er sechs Füße am Bettende und es passiert dasselbe wie in unserem Witz – von der Tür aus sieht er nur zwei Paar Füße im Bett und hält die Füße des Heiligen Geistes für seine eigenen ...

Geschieht nicht etwas ganz Ähnliches, wenn wir die Ukraine unterstützen, aber den Kampf für Gerechtigkeit in der Ukraine selbst außer Acht lassen? Wir verschließen die Augen davor, wie der ukrainische Kampf von der vorherrschenden Oligarchen-Clique mono-

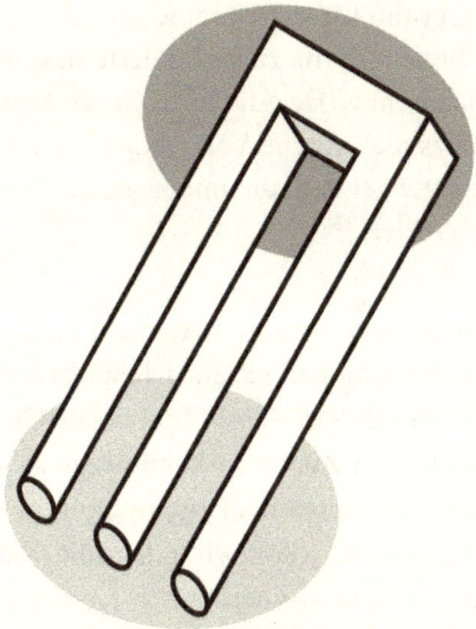

Abb. 1.1

polisiert wird, und sollten uns daher nicht wundern, wenn die Nachkriegs-Ukraine der korrupten Oligarchie von vor dem Krieg gleicht, kolonisiert von westlichen Großunternehmen, die die besten Grundstücke und Bodenschätze kontrollieren – wir leiden, kurz gesagt, in einem schrecklichen Krieg, sind aber blind für die Tatsache, dass unsere Gewinne von unseren Feinden in Beschlag genommen werden, genau wie der betrunkene Ehemann, der die Tatsache, dass seine Frau mit einem anderen Mann schläft, als seinen eigenen Akt duldet. Wie lässt sich vermeiden, in diese Falle zu tappen? Vom 20. bis 22. Juni 2023 fand in London eine Reihe von Treffen statt, die von der Organisation *Europe, a Patient* koordiniert wurden, einer paneuropäischen, parteiübergreifenden Initiative mit dem Ziel, »die ukrainischen Gemeinden nach all dem, was sie in diesem Krieg schon durchgemacht haben, vor Ausbeutung zu schützen.« Der ehemalige Erzbischof von Canterbury, Rowan Williams, Rabbi Wittenberg und ukrainische NGOs sprachen sich für einen grünen, gerechten und bürgergeführten Wiederaufbau aus:

> Die Herausforderung für die Ukraine und alle unsere internationalen Partner besteht darin, zu verhindern, dass im Zuge des Wiederaufbaus nach dem Krieg eine neue Generation von Oligarchen entsteht. [...] Das ukrainische Volk hat zu lange unter der fossilen Brennstoffindustrie gelitten, die immer noch die russische Kriegsmaschinerie finanziert.[18]

Initiativen wie diese sind heute notwendiger denn je, denn sie verbinden die Unterstützung der ukrainischen Verteidigung mit ökologischen Belangen und dem Kampf für soziale Gerechtigkeit. Eine solche Kombination von Zielen ist keineswegs größenwahnsinnig, sondern vielmehr die einzige realistische Option. Wir können die Ukraine nur unterstützen, wenn wir gegen die von russischem Öl abhängige fossile Brennstoffindustrie vorgehen und gleichzeitig für soziale Gerechtigkeit kämpfen. Die Kombination verschiedener Kämpfe wird durch die Umstände selbst erzwungen. Die Zerstörung des Kachowka-Staudamms bei Cherson Anfang Juni 2023 (mit überschwemmten Dörfern und im Wasser treibenden Minen) brachte Krieg und Umweltzerstörung zusammen, denn die Zerstörung der Umwelt wurde bewusst als militärische Strategie eingesetzt. An sich war das nichts Neues: Schon im Vietnamkrieg hatte die US-Armee große Waldgebiete mit Giftgas zur Entlaubung der Bäume besprüht (damit sich die Vietkong-Einheiten nicht unter den Blättern verstecken konnten). Die Zerstörung des Staudamms bei Cherson ist schlimmer, weil sie in einer Zeit geschah, in der von allen Seiten Lippenbekenntnisse zum Umweltschutz abgegeben werden – wir sind dazu gezwungen, weil die Bedrohung unserer Umwelt in unserem Alltag immer spürbarer wird. In der ersten Juniwoche 2023 lag New York unter einer braunen Rauchwolke (aufgrund von Waldbränden in Kanada), und die Einwohner wurden aufgefordert, im Haus zu bleiben oder, wenn sie nach draußen mussten, eine Maske zu tragen – was für große Teile der sogenannten Dritten Welt nichts Neues ist:

> Indien, Nigeria, Indonesien, die Philippinen, Pakistan, Afghanistan, Papua-Neuguinea, Sudan, Niger, Burkina Faso, Mali und Zentralamerika sind extrem gefährdet. Wetterereignisse wie massive Überschwemmungen, zunehmende Zyklone und Hurrikane werden Ländern wie Mosambik, Zimbabwe, Haiti und Myanmar weiter Schaden zufügen. Viele Menschen werden umziehen oder sterben müssen. Während die Auswirkungen unseres Konsums Tausende von Kilometern entfernt sichtbar werden und Menschen an unseren Grenzen verzweifelt Zuflucht vor einer Krise suchen, bei deren Entstehung sie so gut wie keine Rolle gespielt haben – einer Krise, die reale Überschwemmungen und reale Dürren mit sich bringen könnte –, verkünden dieselben politischen Kräfte ohne jede Spur von Ironie, wir würden von Flüchtlingen »überschwemmt« oder »ausgesaugt«, und Millionen folgen ihrem Aufruf, unsere Grenzen dicht zu machen.[19]

Warum also geben westliche Länder zwar Lippenbekenntnisse zu diesen Problemen ab, streichen aber weiterhin Maßnahmen zur Begrenzung des Klimakollaps? (Lassen Sie mich nur zwei Beispiele aus den USA nennen: »Gesetzgeber in Texas führen einen Krieg gegen erneuerbare Energien, während ein Gesetzesvorschlag in Ohio die Klimapolitik als ›kontroverse Überzeugung oder Verfahrensweise‹ aufführt, die Universitäten ihren Studierenden nicht ›eintrichtern‹ dürfen.«[20]) Wer sagt, »rechtsradikale und rechtsextreme Politik sind ein von Oligarchen zur Sicherung ihrer wirtschaftlichen Interessen errichteter Schutzwall«,[21] macht es sich zu einfach, denn das Missachten des vollen Ausmaßes der Bedrohung für die Umwelt ist nicht auf die extreme Rechte bzw. die Großunternehmen beschränkt, sondern findet sich auch in linken Verschwörungserzählungen. Verschwörungstheoretiker malen sich gern alternative historische Szenarien aus: Was wäre, wenn (... die USA sich im Zweiten Weltkrieg nicht England im Kampf gegen Deutschland angeschlossen hätten? ... die USA nicht den Irak angegriffen und besetzt hätten? ... der Westen die Ukraine in ihrem Kampf gegen die russische

Aggression nicht unterstützen würde?) Diese Szenarien sind keine emanzipatorischen Träume von gescheiterten Revolutionen, sondern ganz im Gegenteil zutiefst reaktionäre Träume davon, sich auf Kompromisse mit brutalen autoritären Regimes einzulassen, um so den Frieden zu erhalten.

Um die »pazifistische« Opposition gegen die Militärmaschinerie der NATO zu verstehen, sollten wir uns die Lage zu Anfang des Zweiten Weltkriegs vor Augen führen, als sich eine ähnliche Haltung von rechts und links gegen einen Kriegseintritt der USA richtete. Die genannten Gründe ähnelten auf unheimliche Weise denen der heutigen »Pazifisten«: Warum sollten sich die USA in einen weit entfernten Krieg einmischen, der sie nichts anging? Dann gab es eine diskrete Sympathie der Rechten für Deutschland (die von Deutschland nicht minder diskret unterstützt wurde); wegen des Molotow-Ribbentrop-Pakts war die Linke bis zum Angriff Deutschlands auf die Sowjetunion gegen den Krieg; das deutsche Friedensangebot an Großbritannien im Sommer 1940 wurde von vielen als sehr großzügig betrachtet; und es gab die Sorge, dass ein Kriegseintritt der USA dem riesigen Rüstungsindustriekomplex dienen würde. Diese Argumentation enthält wie alle guten Lügen ein Körnchen Wahrheit. Es stimmt, dass die USA die *Great Depression* im Zuge der Weltwirtschaftskrise erst im Verlauf des Zweiten Weltkriegs überwand; und es gibt Hinweise darauf, dass Deutschland 1940 ernsthaft an einem Frieden mit Großbritannien interessiert war (man denke an die überraschende Flucht von Rudolf Heß nach Schottland, um Friedensverhandlungen mit der britischen Regierung zu führen).

Die ausführlichste Version dieser Argumentationslinie vertrat 2009 der amerikanische Politiker und Journalist Patrick J. (»Pat«) Buchanan. Hätte Churchill Hitlers Friedensangebot von 1940 akzeptiert, so meint er, wäre der Holocaust weniger schlimm verlaufen. (Die – häufig vollkommen berechtigte – Kritik an Churchill wird auch von der Linken geäußert. Die jüngsten radikalen Kritiken stammen zum einen von dem Rechtsaußen David Irving, der mit Nazideutschland sympathisiert, und zum anderen von Tariq Ali, einem radikalen Linken ...) Buchanan bekräftigt die Idee vom westlichen Verrat und beschuldigt Churchill und Roosevelt, Osteuropa auf den Konferenzen von Teheran und Jalta an die Sowjetunion ausgeliefert zu haben. Churchill habe das British Empire in den Ruin getrieben, indem er zwei unnötige Kriege mit Deutschland verursacht habe, und Bush sei seinem Beispiel gefolgt und habe mit seinem unnötigen Krieg im Irak die USA in den Ruin getrieben; außerdem habe er Garantien an zahlreiche Länder verteilt, in denen die USA keine vitalen Interessen hätten, wodurch sein Land keine Ressourcen mehr gehabt hätte, um seine Versprechen einzuhalten.[22] Was wir heute häufig hören, ist eine neue Variante dieses Buchanan-Motivs: Der Zerfall der Sowjetunion und der anschließende wirtschaftliche Niedergang der postsowjetischen Staaten wurde erlebt wie eine Neuauflage des Versailler Vertrags und erzeugte das leicht vorhersehbare Verlangen nach Rache. Genau wie Hitler 1940 machte Putin der Ukraine wiederholt Friedensangebote; in seinen ersten Amtsjahren schlug er sogar vor, Russland solle der NATO beitreten ... So verführerisch diese Argumentationslinie auch klingen mag (zumindest für manche), so ist sie doch genauso abzulehnen, wie der Faschismus bekämpft werden muss.

Das Problem besteht darin, dass die herrschende Ideologie heute die dringend benötigte Kombination von Kämpfen (das Sehen aller sechs Füße, um es mit unserem Witz zu sagen) nicht nur verhindert, sondern, wie wir soeben gesehen haben, sogar ihre eigene falsche Kombination in Gestalt von neuen Verschwörungstheorien vorantreibt, die von Rechtspopulisten und Teilen der Linken geteilt werden. Dieses neue Rechts-Links-Bündnis diskreditiert die Öko-Panik und die »grüne Politik« als eine List der Großkonzerne, um den einfachen, arbeitenden Menschen neue Beschränkungen aufzuerlegen; es lehnt Hilfen für die Ukraine ab, weil die Militärhilfe dem militärisch-industriellen Komplex der NATO diene; es verunglimpfte die Maßnahmen zur Bekämpfung der Covid-19-Pandemie als Instrument zur Disziplinierung der Bevölkerung ... In einem Musterbeispiel der Verneinung werden die größten Bedrohungen, vor denen wir heute stehen (einschließlich der Berichte über Spuren außerirdischer Landungen), als Strategie des Großkapitals in Verbindung mit Staatsapparaten abgetan. Die Botschaft solch einer Verneinung ist natürlich unverhohlen optimistisch, sie macht uns Hoffnung: Die Rückkehr zur alten Normalität ist einfach, wir müssen die neuen Gefahren nicht bekämpfen, wir müssen lediglich über die Bedrohungen hinwegsehen, das heißt, so tun, als gäbe es sie nicht. Die starke Zunahme solcher Verneinungen ist der Hauptgrund für die traurige Tatsache, dass wir in einem Zeitalter der »demokratischen Rezession« leben:

> Der Autoritarismus ist auf dem Vormarsch, trotz der liberalen Prophezeiung, die Ausbreitung freier Märkte werde zu mehr Demokratie führen – das liegt daran, dass der Kapitalismus gesellschaftliche Hierarchien immer gegen die Bedrohung wirtschaftlicher Gleichheit verteidigen wird.[23]

Man muss diese Behauptung etwas genauer ausführen. Die Bedrohung für die Demokratie erwächst auch aus dem falschen populistischen Widerstand gegen den Konzernkapitalismus. Der Ausweg aus diesem Dilemma liegt daher nicht nur im verzweifelten Festhalten an der liberalen Mehrparteiendemokratie – wir brauchen neue Formen zur Schaffung eines breiten gesellschaftlichen Konsenses und zur Herstellung einer aktiveren Verbindung zwischen politischen Parteien und der Zivilgesellschaft. Der Gegensatz von freiheitlicher Demokratie und neuen Populisten ist nicht der wahre; das bedeutet freilich nicht, dass das Trump-Putin-Lager besser ist als die liberale Demokratie (ebenso wie es falsch wäre, Sympathien für Hitler zu haben, weil freiheitliche Demokratie und Faschismus nicht der wahre Gegensatz sind). Wir sollten uns hier auf die Distanz zwischen Taktik und Strategie berufen: Strategisch ist die freiheitliche Demokratie unser größter Feind, auf der taktischen Ebene sollten wir jedoch mit der freiheitlichen Demokratie gegen die neuen Populisten kämpfen – so wie die Kommunisten im Zweiten Weltkrieg mit den »imperialistischen« Demokratien des Westens gegen den Faschismus kämpften, wohl wissend, dass der Imperialismus ihr größter Feind war.

Sind wir damit nicht weit von unserem eigentlichen Thema, der Idee des christlichen Atheismus, abgekommen und haben uns in einem bunten Gemisch aus politischen Kommentaren verloren? Nein, denn diese Kommentare zeigen gerade, wie der christliche Atheismus als politische Praxis funktioniert. Raffaele Nogaro (ein 1933 geborener italienischer Geistlicher und emeritierter Bischof) sagte, dass Jesus der »Neue Mensch« sei, der jeden ohne Ansehen der Person liebe, unabhängig von seiner Kultur, seiner Hautfarbe, seiner Religion oder der Tiefe seines Atheismus – jeder bekomme von Jesus dieselbe Frage gestellt: »Wer sagst du, dass ich bin?«[24] Für Nogaro ist Christus also keine Autoritätsfigur, die den Menschen sagt, wer sie sind; vielmehr will er von den Menschen wissen, wer er ihrer Meinung nach ist. Und man sollte dies nicht als billigen rhetorischen Trick missverstehen, nach dem Motto: »Ich weiß, wer ich bin, der Sohn Gottes, ich will nur nachprüfen, ob ihr das wisst.« Christus ist sich bewusst, dass in gewisser Weise seine ganze Existenz nicht nur davon abhängt, wie und was die Menschen über ihn reden, sondern vor allem davon, wie sie in der Gesellschaft handeln (oder nicht handeln). Jeder von uns muss aus seiner existenziellen Tiefe heraus eine Antwort auf Jesu Frage geben und diese Antwort dann in die Tat umsetzen.

1

Eine Religion soll sich selbst auszehren

Wer kann die Wahrheit nicht vertragen?

Manchmal enthält selbst der flachste Blockbuster-Trash eine nützliche Lektion. Kevin Costners Film *Postman* (ansonsten ein großer Reinfall) beschäftigt sich mit der strukturellen Notwendigkeit einer ideologischen Lüge als Voraussetzung für die Wiederherstellung sozialer Verbundenheit – die Prämisse des Films ist, dass die einzige Möglichkeit zum Aufbau der »Wiederhergestellten Vereinigten Staaten« nach einer globalen Katastrophe darin besteht, so zu tun, als ob die US-Regierung *noch existiert*, so dass die Menschen anfangen, daran zu glauben, entsprechend handeln und die Lüge zur Wahrheit wird (der Held setzt die Wiederherstellung der USA dadurch in Gang, dass er Briefe zustellt, als wäre er ein offizieller Mitarbeiter des Postdienstes). Dies führt uns zur paradoxen Zeitlichkeit der Wahrheit.

Die meisten kennen wahrscheinlich den Höhepunkt der Gerichtsszene aus dem Film *Eine Frage der Ehre* (*A Few Good Men*, Rob Reiner 1992), als Tom Cruise zu Jack Nicholson sagt: »Ich will die Wahrheit!«, und Nicholson zurückruft: »Sie können die Wahrheit doch gar nicht vertragen!« Die Antwort ist mehrdeutiger, als es den Anschein hat. Sie sollte nicht einfach so verstanden werden, dass die meisten von uns zu schwach sind, um die brutale Wirklichkeit der Dinge zu vertragen. Wir müssen also die Metapher aufgeben, nach der das Reale der harte Kern der Realität ist (das, wie die Dinge »an sich wirklich sind«), das uns nur durch eine Vielzahl von Linsen zugänglich ist, mit denen wir die Realität symbolisieren, mit denen wir sie durch unsere Phantasien und kognitiven Verzerrungen konstruieren. Im Gegensatzpaar von Realität (»nackten Tatsachen«) und Phantasien (Illusionen, symbolischen Konstrukten) steht das Reale auf der Seite der Illusionen und Phantasien. Natürlich widersetzt sich das Reale definitionsgemäß einer vollständigen Symbolisierung, ist aber zugleich ein durch den Symbolisierungsprozess selbst erzeugter Exzess. Ohne Symbolisierung gibt es kein Reales, nur eine flache Stupidität dessen, was da ist. Ein weiteres (vielleicht das beste) Beispiel: Wenn jemand einen Zeitzeugen nach der Wahrheit des Holocaust fragen würde und der Zeuge antwortet: »Sie können die Wahrheit nicht vertragen!«, dann sollte man darin nicht nur die schlichte Behauptung sehen, dass die meisten von uns nicht imstande wären, das Grauen des Holocaust zu verarbeiten. Auf einer tieferen Ebene waren es die nationalsozialistischen Täter selbst, die die Wahrheit nicht vertragen konnten – die Wahrheit, dass ihre Gesellschaft von einem allumfassenden Antagonismus durchzogen war, und um dieser Einsicht zu entgehen, betrieben sie ihre mörderische Jagd auf die Juden, als ob deren Ermordung wieder zu einem harmonischen Sozialgefüge führen könnte. Was die Sache allerdings zusätzlich verkompliziert, ist der Umstand, dass die »Wahrheit«, die Nicholson meint, nicht einfach die Wirklichkeit der Lage der Dinge ist, sondern die heikle Tatsache, dass die Macht (nicht nur die militärische) illegale ungeschriebene Gesetze und Praktiken anwenden muss (der »Code Red« im Film), um das Rechtssystem aufrechtzuerhalten – das ist die Wahrheit, die weiche Liberale nicht vertragen können. Ein solcher Wahrheitsbegriff verlangt eine paradoxe zeitliche Struktur:

> Traditionell scheint sich die Wahrheit als *regulative Idee eines Zustands der direkten Zustimmung* ausgegeben zu haben. Diese angestrebte Direktheit wurde dann allerdings mit dem unendlichen Aufschub ihrer Erreichung ausgeglichen. Es ist vielleicht an der Zeit, diese Formel umzukehren, also die Wahrheit im Rahmen der Indi-

> rektheit zu begreifen und sie dann vollkommen im Hier und Jetzt geschehen zu lassen. Ein einfacher Perspektivwechsel lässt uns ein völlig anderes »Leben der Wahrheit« entdecken. Anstatt »Wahrheit« als ständige *Annäherung* an einen idealisierten Zustand der vollständigen Befriedigung zu begreifen, verschieben wir unsere Aufmerksamkeit auf die in einer bestimmten historischen Wirklichkeit *tatsächlich auftretenden* Wahrheitsfälle, die Ereignisse von großem Ausmaß und unumkehrbarer Zeitlichkeit anheizen oder unwiderlegbare und unentwirrbare Knoten und Exzesse im Alltagsleben hervorrufen oder aber unerwartete Mehrwerte in den Zufällen und Fehlern der Sprache produzieren. Die Wahrheit scheint unmöglich und ist doch zugleich unvermeidlich; sie gibt sich den Anschein, sich unserem Zugriff zu entziehen, um dann doch plötzlich und sogar zufällig aufzutauchen und uns in ihre diskursive Verbindlichkeit, ihre obligatorischen und unausweichlichen Wirkungen, ihre politische Kraft und historische Dringlichkeit und vielleicht auch ihre logische Notwendigkeit hineinzuziehen.[1]

Die Wahrheit gleicht folglich der *jouissance* (Jacques-Alain Miller nannte die Wahrheit einmal die jüngere Schwester der *jouissance*): unmöglich und unvermeidlich zugleich. Das Schlimmste, was man in Bezug auf die Wahrheit tun kann, ist, sie sich als eine Unbekannte X vorzustellen, auf die wir uns in einem endlosen Annäherungsprozess langsam zubewegen, ohne sie je ganz zu erreichen. Es gibt hier keinen Platz für irgendeine Art von Poesie des Mangels und davon, wie wir die letzte Wahrheit letztlich immer verpassen – das meint Lacan nicht, wenn er am Anfang von »Television« sagt, die Wahrheit könne nur halbgesagt werden: »Ich sage immer die Wahrheit: nicht die ganze, denn die ganze zu sagen, erreicht man nicht. Sie ganz zu sagen, das ist unmöglich, materiell: da fehlen die Worte. Gerade durch dieses Unmöglich hängt die Wahrheit am Realen.«[2] Wir verdrängen die Wahrheit, sie entzieht sich uns, aber in ihren Wirkungen ist sie immer schon da, als halbgesagte – etwa als Symptom, das die hegemoniale Struktur unseres symbolischen Raums unterminiert. Es ist nicht nur unmöglich, die ganze Wahrheit zu sagen, es ist sogar noch weniger möglich, ganz zu lügen, denn die Wahrheit holt uns in den Rissen und Verschiebungen unserer Lügen immer ein.[3]

Laut Bertolt Brecht entgeht uns das Glück, wenn wir direkt danach streben, während es uns sofort einholt, sobald wir aufhören, danach zu streben (»Ja, renn nur nach dem Glück / doch renne nicht zu sehr! / Denn alle rennen nach dem Glück / Das Glück rennt hinterher.«[4]) Gilt dasselbe nicht auch für die Wahrheit? Wenn wir zu sehr nach der Wahrheit rennen, wird sie zurückbleiben, unerkannt. Lässt sich dasselbe auch über Gott sagen? Ist Gott eine Lüge, ein Produkt unserer kollektiven Phantasie, die nicht seine tatsächliche Existenz hervorbringt, sondern eine tatsächliche Gesellschaftsordnung, die auf seinen Lehren und Geboten fußt, eine tatsächliche Ordnung, in der Institutionen und Gewohnheiten eine religiöse Grundlage haben? So einfach ist es nicht. In den modernen säkularen Gesellschaften, in denen Gott für tot erklärt wird, kehrt er als verleugneter Geist zurück, der seinen Tod überlebt – aber wie?

God Is Undead [Gott ist untot], *das* maßgebliche Buch über das zwiespältige Verhältnis zwischen Lacan'scher Psychoanalyse und Atheismus, ist eine fundierte Debatte zwischen Adrian Johnston (der den dialektischen Materialismus vertritt) und Lorenzo Chiesa (der behauptet, der agnostische Skeptizismus sei die einzig konsequente Haltung des wahren Atheismus).[5] Ich stimme mit Chiesa darin überein, dass die direkte Behauptung einer indifferenten ontologischen Vielheit, eines Nicht-Eins, das jeder Identität vorausgeht, unzureichend ist – Johnston scheint in diese Richtung zu gehen, weshalb sein »transzendentaler Materialismus« allzu leicht die transzendentale Dimension umgeht und einer einfachen materialistischen Ontologie gefährlich nahe kommt.

Anders als Chiesa denke ich jedoch, dass die Oszillationen, die das Verhältnis von Eins und Nicht-Eins kennzeichnen, keinen Raum für ein mögliches religiöses Ergebnis offenlassen. Oszillationen zeigen eine irreduzible Lücke oder Spalte im ontologischen

Gefüge oder in der Realität selbst an. Dieser Spalt ist nicht der zwischen unseren vielfältigen Symbolisierungen der Realität und dieser Realität »an sich«, vielmehr hat er seinen Ort im Innersten der Realität selbst. Und der Raum der Theosophie befindet sich in der Lücke, derentwegen die transzendentale Dimension nicht auf die Ontologie reduzierbar ist – wir können, *vulgari eloquentia*, unseren transzendentalen Horizont niemals vollständig in den Begriffen der universellen Ontologie erklären, weil jede ontologische Vorstellung des Ganzen der Realität in den Bereich des Transzendentalen fällt, und das macht alle allgemeinen Ontologien von Spinoza bis Deleuze letztlich unhaltbar.

Die Oszillation, die Chiesa im Blick hat, lässt sich auf die Spannung zwischen der Aussage und dem Prozess des Aussagens reduzieren. Wenn wir das irreduzible Nicht-Eine zur ultimativen Wahrheit des Seins erklären, wirkt unsere Position des Aussagens als die eines Einen, das imstande ist, die gesamte Realität in seiner Wahrheit zu erfassen, und wenn wir umgekehrt versuchen, über das Eine als höchste göttliche Realität zu sprechen, wird unsere Position des Aussagens zwangsläufig inkonsistent und gerät in Widersprüche. In der Philosophie tritt diese Spannung als die zwischen der Realität, der wir gegenüberstehen, und dem transzendentalen Horizont, durch den wir die Realität wahrnehmen, in Erscheinung – das beste Beispiel dafür: Wir können überzeugend darlegen und nachweisen, dass es keinen freien Willen gibt und dass Freiheit eine »Benutzerillusion« ist, aber die Tatsache, dass wir argumentieren, impliziert, dass wir frei handeln und andere zu überzeugen versuchen, unsere Argumente freiwillig zu akzeptieren. Selbst wenn wir also wissen, dass wir nicht frei sind, handeln wir doch so, als ob wir frei wären. Die reflexive Verschiebung vom geäußerten Inhalt zum Prozess des Aussagens darf freilich nicht als Schritt von der Illusion zur Wahrheit verstanden werden. Wir handeln und argumentieren zwar, als ob wir frei wären, aber die Kognitionswissenschaft kann erklären, wie diese Illusion der Freiheit entstanden ist. Es ist eine der größten Errungenschaften der modernen Wissenschaft, unsere subjektive Beteiligung auszublenden und uns auf die »objektive Realität« zu konzentrieren. Wissenschaftliche Ergebnisse sollten weder danach beurteilt werden, »wem sie dienen«, noch sollte die subjektive Ökonomie der Beteiligten eine Rolle spielen. Wenn Lacan sagt, dass die Wissenschaft das Subjekt ausschließt, so ist dies kein Negativurteil in dem Sinne, dass der Wissenschaft etwas fehle, sondern eine Geste, die den Raum der modernen Wissenschaft überhaupt aufrechterhält. Kurzum, wissenschaftliche Inhalte lassen sich nicht aus subjektiven Tätigkeiten »transzendental ableiten« (was Fichte versucht hat), die Schwankung zwischen den beiden ist irreduzibel. Aus diesem Grund nenne ich das, was Chiesa als irreduzible Oszillation bezeichnet, die irreduzible ontologische Parallaxe.[6]

Subjektivität im Afropessimismus

Wo kommt hier die Theosophie ins Spiel? Sie erlaubt es uns, die gängige Sichtweise in Frage zu stellen, nach der die »objektive Realität« da draußen ist, ein transzendentes Objekt, dem wir uns allmählich nähern. Was wir als »objektive Realität« erleben, ist immer schon transzendental konstituiert, wir berühren das Reale jenseits oder unterhalb der Realität also nur, wenn wir »die Nacht der Welt« erfahren, das heißt, wenn die Realität sich auflöst und nur noch der Abgrund der Subjektivität verbleibt. Es mag den Anschein haben, dass wir es im Zusammenhang mit der ontologischen Leere der »unmenschlichen« Subjektivität mit einer rein transzendental-ontologischen Kategorie ohne direkte politische Auswirkungen zu tun haben. Politische Projekte und Wahlen sind schließlich ontische Entscheidungen und Identifikationen, die innerhalb eines vorab gegebenen ontologischen Horizonts stattfinden. Es gibt allerdings Momente radikalen politischen Handelns, in dem die ontologische Dimension als solche auf dem Spiel steht. Theoretisch wird die Politik im sogenannten Afropessimismus auf diese Ebene gehoben. Frank B. Wilderson III hat die überzeugendste Version des Afropessimismus entwickelt, indem er Fragen stellt, die der vorherrschende liberale Humanismus vermeidet: »Einfach ausgedrückt: Wir haben auf die Macht verzichtet, die Frage zu stellen – und die Macht, die Frage zu stellen, ist die größte Macht von allen.«[7] Worum es geht: Der Humanismus präsentiert sich als universell, allumfassend, aber diese Universalität gründet sich schon auf einen Ausschluss. Der Humanismus setzt nicht nur einen westlichen Maßstab des Menschseins durch, der subalterne Andere auf eine niedrigere menschliche Stufe degradiert, er beruht zudem auf dem Ausschluss einer großen Gruppe von Menschen (Schwarzen) als nicht menschlich, als außerhalb der hierarchischen Sphäre der Menschheit, während Asiaten und Latinos »geringere Menschen« sind, die vollständige Humanität fordern können. (Der junge Gandhi spielte dieses Spiel; bei seinen Protesten gegen die Apartheid in Südafrika forderte er nicht die rechtliche Gleichheit von Weißen und Schwarzen, sondern wollte lediglich, dass die große indische Minderheit dieselben Rechte wie die Weißen bekommt.) Außerdem sollte man hier noch eine weitere Frage stellen, die in unserer multizentrischen Welt infolge der Stärkung Asiens äußerst relevant geworden ist: Sind Schwarze nur vom Standpunkt europäischer Weißer aus nicht menschlich? Was ist mit Asiaten – was sind Schwarze für sie? Auch nicht menschlich?

Man sollte »die ontologische Behauptung [anerkennen], dass Schwarz zu sein [Blackness] das Außen ist, das die Existenz weißer und nicht weißer (d. h. asiatischer und Latino-) Positionen und gleichzeitig den Kampf um diese Existenz ermöglicht. Als solche liegt Blackness (Slaveness) nicht nur außerhalb des Terrains des Weißen (des Herren), sie liegt auch außerhalb des Terrains des Subalternen.«[8] Aus diesem Grund bleibt Blackness (Slaveness) in ihrer grundlegenden ontologischen Dimension von den liberalen humanistischen Diskursen unberührt, die vom »Zugang zu Institutionen«, der »Leistungsgesellschaft«, »Multikulturalismus« und »Diversität« schwärmen und dafür kämpfen – Diskursen, die sich in den politischen, akademischen und filmischen Landschaften exponentiell ausbreiten.«[9] Diese Diskurse liefern einfach falsche Alibis für die mörderische Dimension, auf die der Humanismus gegründet ist, und zwar nicht nur

> Redefreiheit und die Antikriegsbewegung; er hatte zum Beispiel die Frauen- Schwulen-, Antiatomkraft-, Umwelt- und Immigrantenrechtsbewegung als Fluchtlinien vor der absoluten Ethik von Redness und Blackness. Er war imstande, eine unethische Welt zu reformieren (zu reorganisieren) und dennoch nachts gut zu schlafen.[10]

Sogar der marxistische Begriff der Proletarier beruht auf einer »verheerenden Umarmung der menschlichen Fähigkeit – dem, woran es dem Sklaven mangelt.«[11] Ein Proletarier wird an der Verwirklichung seiner Fähigkeiten gehindert, aber als menschliches Subjekt *hat* er sie immerhin, während »ein Schwarzer geradezu die Antithese eines menschlichen Subjekts ist.«[12] »[D]er Sklave ist kein Arbeiter, sondern ein Anti-Mensch, eine Position, gegen die die Menschlichkeit ihre Kohärenz, ihre körperliche Unversehrtheit herstellt, bewahrt und erneuert«.[13] Deshalb »ist Zwangsarbeit nicht konstitutiv für Versklavung«[14] – ein Sklave zu sein, ist eine genuin ontologische Kategorie: »Für Weiße war und ist Sklaverei empirisch und […] für Schwarze war und ist sie ontologisch.«[15] Ein ausgebeuteter Arbeiter erfährt, was er verloren hat, ein Schwarzer dagegen hat nichts zu verlieren, oder wie James Baldwin es in Bezug auf seine Beziehung zu Norman Mailer ausgedrückt hat: »Es besteht ein Unterschied zwischen Norman und mir, denn ich glaube, er bildet sich immer noch ein, er habe etwas zu retten, während ich nie etwas zu verlieren hatte.«[16]

> [D]ie Dritte Welt kann *gegen* die Herrschaft und *für* die Rückgabe des Landes an die kolonialisierten Völker kämpfen, denn sie haben ein Narrativ der Reparatur, wohingegen Sklaven nur *gegen* die Sklaverei kämpfen können – das *Für*-etwas-anderes kann, wenn überhaupt, nur im Prozess und am Ende der erforderlichen Gewalt gegen die Siedler/Herren theoretisch erfasst werden, nicht davor.[17]

Frantz Fanon hat aus diesem Zustand den ultimativen Schluss gezogen: Das einzige Heilmittel für den Sklaven, die einzige Möglichkeit, Freiheit zu erlangen, ist »das Ende der (menschlichen) Welt«, wie sie jetzt existiert. Alenka Zupančič verknüpft diese einzigartige subjektive Haltung des Afropessimismus mit Lacans Grundformel des hysterischen Begehrens (»Ich bitte dich« – »Was?« – »Abzulehnen« – »Was?« – »Was ich dir anbiete« – »Warum?« – »Weil es nicht *das* ist«):

> Wenn Schwarzen dieses oder jenes »Recht« gewährt wird und sie darauf bestehen, das sei »nicht es«, dann liegt das nicht einfach daran, dass mehr Rechte gewährt werden könnten und sollten oder dass sie nie zufrieden sind und nicht verstehen, dass es um einen endlosen Fortschritt bis zur vollständigen Gleichstellung geht. Nein. Liest man die Vertreter des Afropessimismus, so lautet ihre Antwort: Ihr versteht überhaupt nicht, worum es eigentlich geht; wir wollen nicht mehr Rechte oder andere Rechte, wir *wollen sein*, und das ist nicht der Fall; unser Sein ist von der Welt, so wie sie ist, ausgeschlossen, ungeachtet der Fortschritte in Bezug auf Rechte und politische Korrektheit. Dies nennt Wilderson »ontologischen Tod«. Was sie sagen, ist: »Ihr habt ganz recht, egal, was ihr uns gebt, es ist nicht *das* und wird es auch nie sein, denn ihr könnt uns nicht durch immer mehr Zugeständnisse das geben, was im Moment der Konstitution der ›modernen Welt‹ ausgeschlossen wurde: unser (gesellschaftliches) Sein. Der Boden, auf dem ihr steht, wenn ihr uns diese Rechte gebt, gründet sich auf dem Ausschluss unseres Seins. Das ist unsere Wahrheit, die Wahrheit, die wir bezeugen, indem wir »niemals zufrieden sind«.[18]

Und genau das sollte auch die Reaktion von Rassismus- und/oder Sexismus-Opfern auf die endlosen Angebote immer weiter gehender Zugeständnisse seitens der pseudoradikalen liberalen Linken sein – ich denke dabei an die Forderungen, klassische Texte umzuschreiben, um sie für heutige PC-Empfindlichkeiten erträglich zu machen (so gibt es jetzt Nachdrucke von klassischen Märchen, Agatha-Christie-Romanen und so weiter); unsere Alltagssprache zu säubern und »they« zum Pronomen für all jene zu machen, die ausdrücklich nicht »er« oder »sie« genannt werden möchten; Denkmäler von allen historischen Figuren zu zerstören, die etwas gesagt oder getan haben, das heute als problematisch erachtet wird, und so weiter. Die Antwort der Unterdrückten sollte lauten: »Tut uns leid, aber *das ist es nicht*, ihr bombardiert uns nur mit diesen Angeboten, um eure grundsätzliche gesellschaftliche Überlegenheit beibehalten zu können!« Wir sollten daher Lacans oben genannte Formel der hysterischen Provokation konsequent zu Ende führen und den Übergang vom Geben/Haben zum Sein vollziehen: Ein Hysteriker lehnt nicht nur fortgesetzt ab, was der andere ihm anbietet, weil »es nicht *das* ist« (was er wirklich will), er erkennt schließlich auch, dass »*das*« der andere selbst ist. Die Botschaft lautet also: »*Du* bist nicht das!«, du bist nicht in der Position, mir zu geben, was ich wirklich brauche oder will. Man beachte die ganz spezifische Umkehrung, die in Lacans Formel steckt: Nicht ich, das Opfer, das etwas von der Figur des großen Anderen fordert, beklagt sich bei ihr: »Ich lehne ab, was du mir anbietest, weil es nicht *das* ist«, wie die Afropessimisten in der Szene, die Zupančič entwirft; es ist vielmehr *der Andere selbst, der mich bittet, sein Angebot abzulehnen, weil »es nicht* das *ist«* … Ist das nicht eine Extremform des Angebots, das dazu gedacht ist, abgelehnt zu werden, wie die Höflichkeit, die wir im Alltag pflegen? Wenn ich einen armen Freund zu einem teuren Essen einlade, ist uns beiden klar, dass ich die Rechnung bezahlen werde; aber es wird erwartet, jedenfalls da, wo ich herkomme, dass mein Freund kurz darauf besteht, dass er bezahlt (um sich dann erwartungsgemäß einverstanden zu erklären, dass ich bezahle) … Hat mein Freund mir damit nicht gesagt: »Ich bitte dich, mein Angebot, die Rechnung zu bezahlen, abzulehnen, denn das ist nicht *das*!«? Schließlich habe ich das Angebot ja nur als eine formelle Geste gemacht, um meine Freundschaft zu zeigen.

Kann Lacans Formel der Hysterie »Ich fordere dich auf abzulehnen, was ich dir anbiete, weil es nicht *das* ist« nicht auch als Formel für eine authentische Regierung/Macht gelesen werden? Die Botschaft einer solchen Macht an ihre Untertanen lautet nicht: »Wir geben euch, was ihr wollt / braucht«, sondern: »Wir geben euch, was wir können, aber wir wissen genau, dass es nicht *das* ist.« Stellen Sie sich vor, die Botschaft einer Regierung auf dem Höhepunkt der Coronapandemie hätte gelautet: »Wir tun alles, was wir können, wir organisieren alle Maßnahmen, Impfungen, Lockdowns, aber es ist nicht *das*!« (Gleiches gilt für die Erderwärmung, den Krieg in der Ukraine, die Immigration und so weiter). Leider gibt es auch eine zynischere Lesart jener Formel: Wir gewähren euch alle Rechte und so weiter, aber es ist nicht *das* – unter all dem liegt die Tatsache unserer rohen Macht, wir können machen, was wir wollen, aber wir dienen euch nicht wirklich … Diese Lücke ist konstitutiv für jede Macht, was bedeutet, dass eine hysterisierte Macht unmöglich ist – die Macht muss so tun / handeln, als ob sie tatsächlich die uneingeschränkte Macht wäre.

Wie wäre es, wenn wir hier sogar noch einen Schritt weiter gingen und das Gesagte auch auf die ultimative Figur des großen Anderen – Gott selbst – anwendeten? Was wäre, wenn die eigentliche Botschaft Christi, die Botschaft seines Opfers, lautete: »Ich bitte euch (die ihr an mich glaubt), abzulehnen, was ich euch anbiete (mein Opfer am Kreuz), denn es ist nicht *das*«? Was, wenn Christi Opfer in diesem Sinne ein Opfer wäre, um alle Opfer zu beenden? Es zeigt die Sinnlosigkeit eines Opfers und entlässt uns dadurch in die Freiheit. Christus ist, mit anderen Worten, kein Vermittler zwischen Gott und Mensch, der ihre Versöhnung herbeiführt. Sein toter Körper ist vielmehr ein monströses, eingefrorenes Denkmal für das Fehlen einer transzendenten Instanz, die unser Schicksal sichert. Um es noch anders auszudrücken: Christus handelt nicht für uns, er erlöst uns nicht von unseren Sünden, sondern ist vielmehr *interpassiv*; mit seinem passiven Leiden drückt er aus, dass »es keinen großen Anderen gibt«, dass etwas in unserer Welt schrecklich aus den Fugen geraten ist.

In diesem grundlegenden Sinne ist die Hysterie, ist die hysterische Haltung nicht einfach eine psychologische Kategorie, die eine bestimmte psychische Störung bezeichnet. Die hysterische »Konversion« verkörpert vielmehr die Wahrheit (im emphatischsten Sinne des Wortes) des gesellschaftlichen großen Anderen und die Exklusion, den Mangel und die Inkonsistenz, auf der er beruht. Hysteriker »wissen nicht, was sie wollen«, denn der Horizont dessen, was man wollen (also vom anderen fordern) kann, wird von den Koordinaten jenes großen Anderen bestimmt und das Begehren »zeigt das Ungleichgewicht an, das der Seinsordnung zugrunde liegt, und zielt – jenseits aller Objekte – darauf ab, diese Ordnung zu erschüttern und eine Verschiebung in der Seinsordnung herbeizuführen.«[19] Die Hysterie ist also nicht nur im Sinne der subjektiven »Konversion« einer Unordnung im großen Anderen selbst subjektiv. Und Zupančič führt die Entpsychologisierung der Hysterie als kollektiven politischen Akt bis zum Ende fort; in ihrer bahnbrechenden Analyse der durch den Tod einer jungen Kurdin ausgelösten anhaltenden iranischen Proteste gegen das Regime, interpretiert sie die Vergiftungen tausender Schülerinnen als Phänomen einer Massenhysterie, die aus den Handlungen der Mädchen eine authentische revolutionäre Tat macht. Nachdem alle Standarderklärungen scheiterten (Racheanschläge fundamentalistischer Gruppen, die ein Schulverbot für Mädchen fordern, Geheimaktionen der Regierung selbst, um Mädchen abzuschrecken, die an den Protesten teilnehmen wollen [oder schon teilnehmen], ausländische Mächte, die versuchen, das Ansehen der herrschenden islamischen Macht zu beschmutzen …) und bislang keine Spuren von gefährlichen Chemikalien gefunden wurden, entstand ironischerweise »die Hypothese (in der westlichen Presse ebenso wie in einigen iranischen Regierungskreisen), dass es sich um einen Fall von ›Massenhysterie‹ handeln könnte, was dann zu dem Schluss führte, dass die Vorfälle nicht allzu ernst zu nehmen seien; es handele sich nur eine ›psychologische Krankheit‹ und deshalb sei nichts dabei.«[20] Aber was wir kategorisch zurückweisen sollten, ist die Schlussfolgerung, dass deshalb »nichts dabei ist«. Denn wenn es zutrifft, bedeutet dies keineswegs, dass nichts dabei ist. Niemand würde dadurch entschuldigt, vielmehr würden die Behörden und das Regime nur umso mehr beschuldigt; es wäre ein weiterer Fall von *Massenprotest*, von physischen Körpern, die sich in protestierende, politische Körper verwandeln. Ich hätte an der Stelle des iranischen Regimes große Angst vor dieser Möglichkeit, denn sie würde bedeuten, dass die körperliche Demonstration (»Konversion«) der *staatlichen Unordnung* auch auf diese Weise weitergeht.

Die Unordnung ist somit »ontologisch«, und wir sollten das Wort Ontologie hier sehr ernst nehmen und nicht nur als rhetorische Übertreibung verstehen. In Bezug auf den Afropessimismus ist das Schwarzsein keine Frage des Habens sondern eine des Seins. Schwarz zu sein beinhaltet eine Art von Epoché, die Aufhebung aller Fähigkeiten – mein Herr kann mich arbeiten lassen und meine Stärken für sich nutzen, aber Arbeit ist kein Ausdruck meiner subjektiven Fähigkeiten, ich bin eine Maschine, die funktioniert … Der Hegel'sche Dreh dabei ist natürlich, dass die Leere, die nach der Entmenschlichung des Sklaven übrig bleibt, die reinste, von allem Substanzgehalt befreite Subjektivität ist. Dieses konstitutive Der-Freiheit-beraubt-Sein eröffnet einem Sklaven die Aussicht auf eine weit radikalere Freiheit. Wenn »Sklaven nur *gegen* die Sklaverei kämpfen können [und] das *Für*-etwas-anderes […], wenn überhaupt, nur im Prozess […] theoretisch erfasst werden [kann]«, dann bedeutet das, dass sie im Prozess der Bekämpfung der Sklaverei frei erfinden sollten, was sie werden, das heißt, sie werden nicht einfach, was sie wirklich sind, sie verwirklichen nicht einfach ihr Potenzial, das in ihrer Realität gehemmt wurde. In diesem Zusammenhang lohnt es sich, noch einmal die berühmt berüchtigte Stelle aus der Einleitung zu den *Vorlesungen über die Philosophie der Geschichte* zu lesen, wo Hegel die Schwarzen (in Afrika) als außerhalb der Geschichte stehend abtut. Die eigentliche Geschichte der Menschheit beginne mit China, denn Afrika ist kein geschichtlicher Weltteil, er hat keine Bewegung und Entwicklung aufzuweisen [...]. Was wir eigentlich unter Afrika verstehen, das ist das Geschichtslose und Unaufgeschlossene, das noch ganz im natürlichen Geiste befangen ist und das hier bloß an der Schwelle der Weltgeschichte vorgeführt werden mußte. Wir befinden uns jetzt, nachdem wir dieses von uns geschoben haben, auf dem wirklichen Theater der Weltgeschichte.[21]

Geschichte bedeutet kollektive Arbeit, Vermittlung und Entfremdung: Das Produkt des Arbeiters wird ihm weggenommen, er ist nicht imstande, sich darin zu erkennen, eine Revolution ist notwendig, damit sich die Arbeiter ihre Produkte wieder aneignen können.

Die schwarzen Sklaven leisten jedoch, auch wenn sie sich für ihre Herren abarbeiten, keine Arbeit, in der sie sich ausdrücken, sie fallen aus der Vermittlung durch Arbeit und damit aus der Geschichte heraus ... Doch was ist, wenn wir Hegels Schlussfolgerung umdrehen und sagen, dass Schwarze gerade aufgrund ihrer »Unmenschlichkeit« Subjekte sind, deren Subjektivität noch nicht vom Schmutz der menschlichen Persönlichkeit getrübt ist? Oder, um es noch zugespitzter zu formulieren: Was, wenn Hegel bei seiner Behandlung Schwarzafrikas nicht hegelianisch genug war, so wie er auch bei seiner Behandlung der Sexualität nicht hegelianisch genug war?

Die Sexualität ist keineswegs die natürliche Grundlage des menschlichen Lebens; sie ist im Gegenteil genau das Feld, auf dem sich der Mensch von der Natur abkoppelt; der Tierwelt ist die Idee der sexuellen Perversion oder einer tödlichen sexuellen Leidenschaft vollkommen fremd. Ein Satz aus einer Kurzgeschichte von Roberto Bolaño sagt mehr als jede lange Abhandlung darüber, worauf Lacan mit seinem Ausspruch *il n'y a pas de rapport sexuel* [Es gibt kein sexuelles Verhältnis] abzielte: »An jenem Nachmittag schliefen wir miteinander, um die pure Freude über unser Wiedersehen zu verbergen.«[22] Man darf hier nicht in die Falle tappen und »die pure Freude über unser Wiedersehen« vergeistigen oder desexualisieren. Diese »pure Freude« ist Genießen in seiner unerträglich stärksten

Form, weshalb wir gezwungen sind, es zu vermeiden. Man muss die pseudofreudianische Vorstellung umkehren, wonach »es zu tun« im Zentrum des Genießens steht und »sich zu treffen« bloß die Vorfreude darauf ist, es bald »tun« zu können; denn der Geschlechtsakt ist per definitionem eine Flucht in die Tat vor der bloßen untätigen Gegenwart des anderen. Anders ausgedrückt: Weil ein vollständiger Geschlechtsakt unmöglich ist, kann man ihn nur in Form seines Gegenteils gegenwärtig machen: als vollkommene Untätigkeit.

Hier wird Hegel seinen eigenen Maßstäben nicht gerecht. Er stellt lediglich dar, wie die natürliche Substanz der Sexualität durch die Kultur entwickelt, aufgehoben, vermittelt wird – als Menschen haben wir nicht nur Sex, um uns fortzupflanzen, sondern lassen uns auf einen komplexen Prozess der Verführung und Heirat ein, der die Sexualität zu einem Ausdruck der geistigen Verbundenheit zwischen Mann und Frau macht, und so weiter. Was Hegel dann jedoch übersieht, ist, dass die Sexualität beim Menschen nicht nur transformiert beziehungsweise zivilisiert wird, sondern sich in einem viel radikaleren Sinne *in ihrer Substanz verändert*. Sie ist nicht mehr der instinktive Fortpflanzungstrieb, sondern ein Trieb, der hinsichtlich seines natürlichen Ziels (Fortpflanzung) durchkreuzt wird und dadurch in eine grenzenlose, wahrhaft metaphysische Leidenschaft umschlägt. Die Kulturwerdung der Sexualität ist also nicht die Kulturwerdung der Natur, sondern der Versuch, einen im wahrsten Sinne unnatürlichen Exzess der metaphysischen sexuellen Leidenschaft zu zähmen. Dieser Exzess der Negativität ist sowohl im Sex als auch in Bezug auf den Pöbel erkennbar und ist nichts anderes als die Dimension der »Widerspenstigkeit, die Kant als die gewaltsame Freiheit identifiziert, aufgrund deren der Mensch im Gegensatz zum Tier einen Herrn braucht. Die Sexualität ist also nicht nur die animalische Substanz, die dann zu zivilisierten Formen und Ritualen »aufgehoben«, domestiziert, diszipliniert wird und so weiter – vielmehr resultiert der Exzess der Sexualität selbst, die Sexualität als unbedingte Leidenschaft, die alle »zivilisierten« Fesseln zu sprengen droht, aus der

Kultur. Im Sinne von Wagners *Tristan und Isolde* könnte man sagen: Die Zivilisation ist nicht nur die Welt des Tages, der Rituale, des Ruhms und der Ehre, die uns binden, sondern die Nacht selbst, die unendliche Leidenschaft, in die die beiden Liebenden ihr alltägliches Dasein zerfließen lassen wollen. Tiere kennen keine solche Leidenschaft. Und was ist, wenn für die Schwarzen dasselbe gilt? Was, wenn sie genau deshalb aus der Menschheitsgeschichte ausgeschlossen werden, weil sie für die Trennung von der Natur stehen, die im gewöhnlichen Verständnis der »Menschheit« ausgeschlossen ist?

Wir nähern uns nun einer sehr heiklen Frage. Schon vor der Kolonisation und Versklavung lebten Schwarze in Afrika in Gemeinschaften, die von Herrenfiguren angeführt wurden – sie lernten nicht erst durch ihre Versklavung, was ein Herr ist. Warum also war die Versklavung für sie eine solch erschütternde Erfahrung? Es lag nicht einfach daran, dass sie brutaler und repressiver war; die Vorherrschaft der Weißen gehörte nicht zu ihrer traditionellen Lebensweise und hat sie völlig entwurzelt. Wir sollten daher die folgende Hypothese wagen: Sie werden nicht in der Lage sein, einfach von der weißen Vorherrschaft zu einem anderen, »authentischeren« Herrentypus überzugehen – sie befinden sich in der einzigartigen Lage, sich radikal verändern zu müssen, um für einen neuen Herrentypus bereit zu sein, und dies kann nur durch eine Figur geschehen, die als Psychoanalytiker agiert.

Aber ist das überhaupt möglich? Die Antwort scheint ein Nein zu sein, denn es gibt keine kollektive psychoanalytische Behandlung; eine solche Behandlung ist auf die Einzigartigkeit eines Individuums ausgerichtet. Die Erfahrung zeigt jedoch, dass es auch möglich ist, dass eine Person eine Gruppensolidarität herbeiführt, indem sie die Position eines Analytikers einnimmt. Ein seltenes Beispiel dafür ist die aktuelle Fernsehserie *Ted Lasso*, eine US-amerikanische Sportkomödie (die erste Staffel lief 2020), die von Jason Sudeikis, Bill Lawrence, Brendan Hunt und Joe Kelly entwickelt wurde. Sudeikis spielt den amerikanischen College-Football-Trainer Ted, der als Trainer einer englischen Fußballmannschaft verpflichtet wird. Die

Besitzerin des Clubs verfolgt mit der Verpflichtung des in Fußballfragen völlig ahnungslosen Lasso insgeheim das Ziel, den Verein in den Ruin zu treiben. Jedoch erweist sich »sein geselliger, optimistischer Führungsstil als überraschend erfolgreich.«[23] Als Grund dafür nennt der Wikipedia-Artikel weiter »Teds Charme, Persönlichkeit und Humor« und kommt zu dem Schluss, dass er, »obwohl er für seinen leutseligen Optimismus und seine Unerfahrenheit in diesem Sport oft verspottet wird«, [...] »die Menschen durch seine freundliche und mitfühlende Art zu coachen allmählich für sich gewinnt«.[24] Teds fußballerische Unerfahrenheit spielt allerdings gar keine Rolle, denn sein Ziel ist, wie er mehr als deutlich zum Ausdruck bringt, nicht der Erfolg der Mannschaft im Wettbewerb, sondern dass die Spieler lernen, kleine Konflikte zu überwinden und eine Gruppensolidarität zu entwickeln. Und all die zitierten Zuschreibungen sind nicht nur oberflächlich, sondern schlicht falsch. Ted kann auch grob werden und zu harten Worten greifen, wenn es nötig ist, um einen Spieler mit der Scheinheiligkeit oder Widersprüchlichkeit seiner subjektiven Haltung zu konfrontieren. Er nimmt alle Gesten der Feindseligkeit, die die meisten Spieler ihm anfangs entgegenbringen (indem sie ihn zum Beispiel »Wichser« nennen), mit Gleichgültigkeit hin, weil er sie richtigerweise als Zeichen einer negativen Übertragung auf ihn deutet. Seine scheinbare »Naivität« (er nimmt Vorwürfe wörtlich und versteht nicht deren metaphorische Dimension), ist Teil einer gut geplanten Strategie, um die Spieler zur Wahrheit ihrer subjektiven Haltung zu führen. Wir dürfen vermuten, dass Ted am Ende kein anerkannter Herr des Teams werden wird – er wird sich einfach zurückziehen, nachdem er einen sozialen Raum geschaffen hat, in dem ein Herr gut funktionieren kann. Das macht die Intervention des Analytikers aus: Er ist ein verschwindender Vermittler, der dann erfolgreich ist, wenn seine Vermittlerrolle vergangen und vergessen ist. (Freud wusste dies: Als er den Rattenmann – seinen Patienten, der unter Zwangsgedanken litt – Jahrzehnte nach seiner erfolgreichen Behandlung wiedertraf, konnte sich der vollkommen geheilte Mann nicht einmal mehr an die Begegnung erinnern, die sein Leben geradegerückt hatte.) Und meine Hypothese lautet, wie gesagt, dass auch die Schwarzen eine solche Figur eines verschwindenden Vermittlers brauchen, um einen neuen Typus des Herren zu erfinden.

Glaubt Gott an sich selbst?

Was hat das nun mit Religion zu tun? Um zu verstehen, wie Religion politisch funktioniert und besonders um sich ihre verschiedenen Funktionsweisen klarzumachen, ist das psychoanalytische Paar aus Neurose und Perversion unentbehrlich – nicht um die Religion auf eine der vielen Formen psychischer Störungen zu reduzieren, sondern um allgemeine Mechanismen zu identifizieren, die in religiösen Praktiken deutlich zum Ausdruck kommen. Religion ist eine Sache, für die ein wahrer Gläubiger alles zu opfern bereit ist, auch sein Leben, und die Psychoanalyse lässt uns den neurotischen Mechanismus erkennen, der dieser Bereitschaft zur Selbstaufopferung zugrunde liegt: Neurotische Symptome sind »gleichbedeutend mit den Anderen erhaltenden (Selbst-)Aufopferungen«;[25] daher werden, wie Johnston es ausdrückt, »Neurotiker zu wahren Atheisten, wenn die Analyse ihnen ermöglicht, damit aufzuhören, sich selbst bewusst und unbewusst leiden zu lassen, um bestimmte signifikante Andere in ihrer Lebensgeschichte vor Unwissenheit und/oder Ohnmacht zu schützen.«[26] Ich opfere mich demnach nicht für den allmächtigen Gott, sondern ich opfere mich, um Gottes Ohnmacht zu verschleiern. Man beachte den Seitenhieb gegen Feuerbach: Indem wir in »Gott« investieren, projizieren wir nicht nur die höchsten Potenziale der Menschen, die uns im wirklichen Leben vorenthalten werden, auf »Gott«; »Gott« ist ein Phantasiegebilde, das eine Lücke füllt, die für das Menschsein konstitutiv ist.

Und wie ist es mit der Perversion? In seinem XVI. Seminar stellt Lacan fest, dass »der Perverse derjenige ist, der sich dem Stopfen des Lochs [*boucher le trou*] im Anderen widmet. Er ist bis zu einem bestimmten Punkt [...] dafür, dass der Andere existiert. Er ist ein Verteidiger des Glaubens.«[27] Worin besteht nun der Unterschied zwischen dem Perversen und den Hysterikern, die sich entscheiden zu leiden, um bestimmte signifikante Andere in ihrer Lebensgeschichte zu schützen? Stopfen nicht beide das Loch im Anderen? Der Unterschied ist, dass der Hysteriker es durch sein eigenes Opferleid tut, der Perverse dagegen durch das Leid des anderen (seines Opfers). In beiden Fällen liegt das Leiden auf der Seite des Subjekts. Bei der Hysterie leidet das hysterische Subjekt an seinem selbst auferlegten Opferschmerz und bei der Perversion reduziert sich der Akteur (der Perverse) auf ein Objekt/Instrument, das sein Opfer durch dessen Leiden subjektiviert. (Lacan kommt übrigens selbst einer perversen Haltung gefährlich nahe, wenn er sagt, »Man kann auch ohne [Gott] auskommen, vorausgesetzt man nutzt [ihn].«[28] Diese Behauptung lässt zwei gegensätzliche Deutungen zu, eine pervers-zynische und eine authentisch-ethische. Sie bedeutet entweder: Wir wissen, dass es keinen Gott gibt, aber wir »nutzen« ihn manipulativ als Gespenst, das uns ein friedliches Zusammenleben ermöglicht. Oder sie bedeutet: Im vollen Bewusstsein der Nichtexistenz Gottes erkennen wir dieses Gespenst als die Sache an, der wir unser Leben anvertrauen.)

Christliche Fundamentalisten übertreffen heute die Linke bei der Manipulation der Mehrlust – sehen wir uns nur an, wie die Calvary Episcopal Church (aus der Park Avenue South 277, Ecke East 21st Street in Manhattan) ein Treffen mit dem Titel »Genieße deine Vergebung« ankündigt:

> In Christus hat Gott all deine Scham, Abgetrenntheit und Gebrochenheit auf Sich genommen und dir dafür die Freude Seines eigenen Lebens geschenkt. Das ist in aller Kürze die Geschichte Jesu. Aber was ist mit unserer Reaktion? Gott hat uns dieses Geschenk gemacht, damit wir es genießen können. »Genieße deine Vergebung« ist eine Einladung, die Freiheit Seiner Liebe zu feiern und sich an ihr zu erfreuen, unsere Nächsten zu lieben und ihnen in Freude und Dankbarkeit zu dienen. Unsere Schuld ist getilgt und

wir können uns an jedem Tag unseres Lebens an Gottes Barmherzigkeit erfreuen.[29]

Die Obszönität dieser Argumentation ist bemerkenswert – was könnte die Aufforderung, seine Vergebung zu genießen, bedeuten? Wir sollen offensichtlich nicht einfach nur die Freuden des Lebens ohne Last genießen, sondern die Tatsache, dass uns vergeben wurde, das heißt, dass Christus in einem äußersten Akt der Interpassivität für uns gelitten hat. Die Mehrlust, die wir erlangen, liegt darin, dass wir unser sündiges Leben genießen können, ohne den Preis dafür zahlen zu müssen – und wie wir es auch drehen und wenden mögen, wir genießen das Leiden Christi selbst! Aber ist unsere Schuld wirklich schon getilgt? Wenn man Christ ist, natürlich nicht, denn wenn man die Aussage wörtlich nimmt, dann wird der Begriff der Hölle bedeutungslos. Der Opfertod Christi gibt uns lediglich eine Chance und in gewissem Sinne sind wir Christus sogar noch mehr schuldig, weil er unsere Schuld erlassen hat, das heißt, den Preis für unsere Sünden bezahlt hat.

Der Unterschied zwischen Neurose und Perversion erlaubt es uns auch, eine klare Trennlinie zwischen neurotischer und perverser Verleugnung zu ziehen, die beide in religiösen Diskursen wirksam sind. Die neurotische Verleugnung folgt der einfachen Struktur von »Ich weiß sehr wohl …, aber dennoch« (ich verleugne, indem ich die symbolische Wirksamkeit meines Wissens aufhebe); bei der perversen Verleugnung ist dagegen das Wissen selbst der Fetisch, der es mir ermöglicht, Wissen zu verleugnen (»Ich weiß das gut, und deshalb handle ich so, wie ich es tue«).

In Bezug auf die symbolische Kastration (denn jede Verleugnung ist letztlich die Verleugnung der Kastration) bedeutet die perverse Haltung: »Ich weiß sehr gut, dass ich kastriert bin, also kann ich es ignorieren, weil ich in der sicheren Position des Wissens bin.« Zupančič arbeitet diese Unterscheidung im Hinblick darauf aus, auf welche Weise die *jouissance* in der jeweiligen Version wirkt. Die Neurose wirkt als »die Art und Weise wie ein Subjekt – heimlich, ohne dass der Andere es weiß oder sieht – versucht, sich etwas vom Genießen zu bewahren, es vor dem Anderen zu verbergen, kurz, es für sich zu behalten. Mehr als diesen kleinen Teil des Genießens kann das Subjekt freilich nicht aushalten, ohne in Angst zu verfallen (ausgelöst durch die Möglichkeit eines vollständigen, uneingeschränkten Genusses). Dies ist exakt der Grund, warum der ›Fall‹ des Anderen für das Subjekt alles andere als befreiend ist.«[30] Der Fall des Anderen bedeutet den Fall der Grenze des Genießens, die dieses im Rahmen des noch Erträglichen hält. Auch die Perversion vermeidet in beiden Varianten die durch die allzu große psychotische Nähe des Genießens ausgelöste Angst: Beim Sadismus erkläre ich mich zum Instrument des Genießens des Anderen, beim Masochismus bin ich dagegen das Objekt des Genießens des Anderen (das durch den masochistischen Vertrag streng geregelt ist).

Das bedeutet allerdings nicht, dass die normale neurotische Verleugnung nicht auch heute noch vollständig in Kraft ist. Das alte Standardbeispiel dafür ist die gängige israelische Haltung des »Ich weiß sehr wohl, dass Gott nicht existiert, aber dennoch … (hat er uns das Land Israel geschenkt).« Im Ukraine-Krieg und in Israel selbst nach dem Amtsantritt der ultrarechten Regierung kam jedoch eine neue Form der Verleugnung hinzu. Die falschen »Pazifisten«, die »Verständnis« für den russischen Angriff auf die Ukraine zeigen, stützen sich nicht minder auf die Logik des »*je sais bien, mais quand meme* …«: »Ich verurteile die brutale Aggression Russlands gegen einen unabhängigen Staat zutiefst, aber … (Russland wurde von der Ukraine provoziert; Russland verteidigt trotz allem eine multizentrische Welt gegen die Hegemonie des Westens; der Krieg dient dem Militärkomplex der NATO).« Selbst das Argument, wir hätten es hier mit einem Stellvertreterkrieg zwischen Russland und der NATO zu tun, für den die Ukrainer den Preis zahlen müssten, ist falsch. Für die Ukrainer ist dies ein Krieg ums Überleben, von dem sie voll in Anspruch genommen werden, was sollen sie also tun? Einen Kompromiss eingehen und sich opfern, um nicht von der NATO kontaminiert zu werden? Nachdem ein Palästinenser im Westjordanland zwei Siedler getötet hatte, drang ein Mob von Siedlern in das palästinensische Dorf Huwara (7400 Einwohner) ein, sie randalierten und steckten Autos und Häuser in Brand, wobei eine Person starb und viele verwundet wurden. Die israelische Regierung sprach in einer Reaktion davon, dass so etwas nicht von einem zivilen Mob, sondern von den israelischen Streitkräften durchgeführt werden sollte. Finanzminister Bezalel Smotrich sprach sich dafür aus, Israel müsse Huwara »ausradieren«: »Ich denke, das Dorf Huwara muss ausradiert werden. Ich denke, der Staat Israel muss dies tun – um Gottes Willen keine Privatleute.«[31] Sind wir uns der Obszönität dieses Aufrufs bewusst? Bislang zerstörte Israel die Häuser von Palästinensern, die des Terrorismus beschuldigt wurden – jetzt geht es dazu über, die ganze Stadt »auszuradieren« …

Aber die Verurteilung dieses skandalösen Vorfalls seitens westlicher Liberaler hat immer noch die Form einer Verleugnung. Was auffällt, ist die vorgetäuschte »Überraschung« (»Was Israel jetzt plant ist inakzeptabel«). War das wirklich so überraschend? Für die Palästinenser ist das, was in Huwara geschah, kein Einzelfall, sondern nur der Höhepunkt der ständigen Schikanierung von Palästinensern im Westjordanland. Schon seit Jahren vergiften Siedler Wasserquellen, verbrennen Olivenbäume, die Palästinensern gehören, und greifen diese persönlich an. Die Verleugnung dabei ist: »Okay, Israel hat etwas Inakzeptables geduldet, aber … (wir sollten dieses Ereignis nicht dazu nutzen, Antisemitismus zu unterstützen).« Was dann erwartungsgemäß folgt ist, dass jede Verurteilung Israels für antisemitisch erklärt wird. Es sollte uns ebenfalls nicht überraschen, dass der gleiche Rückschritt zu einer offen barbarischen »Gerechtigkeit« sich auf der ganzen Welt verbreitet. Am 2. März 2023 schlug der republikanische Kongressabgeordnete Paul Sherrell (anlässlich einer Debatte im Justizausschuss über den Gesetzesvorschlag, den bestehenden Hinrichtungsarten durch Stromschlag oder Giftspritze auch die Tötung durch ein Erschießungskommando hinzuzufügen) vor, auch öffentliches Erhängen (kurz gesagt: Lynchen) mit auf die Liste zu setzen. Begründung? »Für die grausamsten und abscheulichsten Verbrechen verlangt eine gerechte Gesellschaft eine Todesstrafe in gleicher Weise.«[32] (Tennessee ist übrigens auch der erste US-Bundesstaat, der öffentliche Drag-Shows eingeschränkt hat.[33]) Versuchen wir also, die verschiedenen Arten der Verleugnung näher zu erläutern. Octave Mannoni berichtet von einem berühmten Missgeschick aus dem Leben des Casanova: Um ein einfaches Bauernmädchen zu verführen, legt Casanova auf einer Wiese in der Nähe des Hauses einen großen Kreis aus mit kabbalistischen Zeichen geschmückten Papierseiten aus und behauptet, dieser sei magisch und schütze vor Gefahren wie beispielsweise einem schweren Sturm. Er ist sich völlig im Klaren darüber, dass er schwindelt und nicht an Magie glaubt. Doch als er den Kreis fertiggestellt hat, bricht plötzlich wirklich ein heftiger Sturm los, er gerät kurz in Panik und tritt schnell in den Kreis, um sich zu schützen.[34] Zupančič formuliert dieses Paradox wie folgt: »Ich glaube nicht an die Zauberformel, aber ich kann trotzdem auf sie zurückgreifen, wenn es nötig ist.« Die Zauberformel wird zu einem Werkzeug, das ich mir »aneigne« und bei Bedarf benutzen kann, obwohl ich eigentlich nicht daran glaube. Sind unser Alltag und unser politisches Leben nicht voll von solchen Fällen? Ich glaube beispielsweise nicht, dass meine Zukunft aus meinen Handlinien ablesbar ist, aber trotzdem habe ich Angst davor – ich könnte etwas erfahren, das ich nicht wissen will … Oder wenn eine echte Katastrophe bevorsteht, wiederhole ich irgendeine Zauberformel »nur für alle Fälle« … Eine solche Aneignung ist pervers, im Gegensatz zum »normalen« religiösen Glauben, der lediglich eine symbolische Aufhebung vornimmt: Ich weiß, dass es keinen Gott gibt, der irgendwo da oben als alter Mann herumsitzt, aber »in einem tieferen Sinne« steckt eine spirituelle Wahrheit in einer solchen Vorstellung.[35]

Als echte Materialisten sollten wir hier einen entscheidenden Schritt weiter gehen und den (Un-)Glauben in Gott selbst übertragen. Es reicht nicht, sich mit Komplexitäten und Verleugnungen im eigenen Glauben an Gott auseinanderzusetzen, man muss auch fragen, ob Gott selbst an Gott glaubt. Wir sollten hier ungeniert Lacans bekannte Aussage, dass nicht nur ein Bettler verrückt ist, der sich für einen König hält, sondern auch ein König, der glaubt, dass er ein König ist, auf Gott selbst anwenden: Gott, der glaubt, dass er Gott ist, ist auch der größte Verrückte. In der Sitzung vom 21. Mai 1974 seines Seminars XXI (*Les non-dupes errent* [*Die Nicht-Getäuschten irren*]) erklärt Lacan »Dieu ne croit pas en Dieu« [»Gott glaubt nicht an Gott«] und er macht sofort die Implikationen dieser Behauptung deutlich, indem er diesen Satz mit »y'a d'l'inconscient« [»es gibt etwas Unbewusstes / vom Unbewussten«] gleichsetzt.[36] Der Schritt, den wir hier vollziehen müssen, ist demnach der von unserem Zweifel an Gott zu Gottes Zweifel an seiner eigenen Göttlichkeit, seinem Unglauben an sich als Gott. Doch wo hat dieser Unglaube seinen Ort? Zweifelt Gott bewusst an der eigenen Göttlichkeit? Das würde bedeuten, dass wir einen substanziellen unbewussten Gott behaupten, dessen Existenz selbst für sein eigenes Bewusstsein zu tief ist. Wir sollten daher eher das Gegenteil behaupten: Gott kann sich nicht bewusst anzweifeln, er muss glauben, dass er Gott ist, und dass er nicht an sich glaubt (genauer: dass er weiß, dass er kein Gott ist), ist unbewusst. Johnston tut »die reflexive, selbsttransparente Vielfalt philosophischer und theologischer Traditionen« in Bezug auf den Glauben zu schnell ab:

> Aus diesen vertrauten traditionellen Perspektiven ist das Wissen grundsätzlich selbstreflexiv und selbstbewusst. Wenn man weiß, dann weiß man, dass man weiß. Wenn man denkt, dann denkt man, dass man denkt. Und wenn man glaubt, dann glaubt man, dass man glaubt. Das wirklich Revolutionäre an Freuds selbst ernannter »kopernikanischer Revolution« ist nach lacanianischer Einschätzung, dass er das Unbewusste als irreflexive mentale Tätigkeit eingeführt hat. Man wird vom Unbewussten gepackt, wenn man weiß, ohne zu wissen, dass man weiß, denkt, ohne zu denken, dass man denkt, und glaubt, ohne zu glauben, dass man glaubt. Lacans Leugnung, dass Gott an Gott glaubt, samt der Assoziation mit der für das Freud'sche Unbewusste charakteristischen Irreflexivität ist eine wei-

tere Version von »Gott ist unbewusst« (das heißt, der Lacan'schen »wahren Formel des Atheismus«).[37]

Wenn aber Gott auch (für) sich selbst unbewusst ist, dann heißt das, dass er (bewusst) an sich glaubt und dass es sein Unglaube an sich selbst ist, der unbewusst ist – die Reflexivität liegt also im Unbewussten selbst, sie ist genau das, was dem Bewusstsein entgeht. Nur aus dieser Erkenntnis heraus können wir die große Frage beantworten, die Johnston stellt:

> Ist der Atheismus dazu verdammt, für immer eine, hegelianisch ausgedrückt, bestimmte Negation des Christentums zu bleiben – und damit dauerhaft abhängig oder parasitär von dem, was er negiert? Kann man von der Aufhebung der Religion zu ihrer endgültigen und vollständigen Negierung übergehen? Ist der jüdisch-christliche Monotheismus die nach Gebrauch wegzuwerfende Leiter einer durch und durch historischen Möglichkeitsbedingung des Atheismus? Oder ist er eine unentbehrliche logische Notwendigkeit, um alle zukünftigen Atheismen möglich zu machen?[38]

Für mich ist die Antwort auf diese Frage ein klares Ja: Atheismus kann nicht für sich alleine stehen, ein Umweg über die Religion ist notwendig – nicht nur die Religion als solche, sondern insbesondere das Christentum ist unverzichtbar. Das »A« in »Atheismus« sollte daher nicht als bloße Markierung der Negation gelesen werden, sondern auch im Sinne des Lacan'schen Objekts klein *a* (*objet a*), das auf einen Überschuss im Objekt hinweist, der mehr ist als das Objekt selbst – »Atheismus« heißt nicht nur »es gibt keinen Gott«, sondern auch »es gibt etwas in Gott, das mehr ist als Gott selbst«, und es ist dieser Exzess, der den wahren Materialismus kennzeichnet. Wenn wir die Leiter wegwerfen, verlieren wir die Sache selbst, zu der wir über die Leiter gelangt sind.

Im Gegensatz zu Freud, für den die Religiosität ein heilbares Symptom ist, betrachtet Lacan sie daher als unheilbares Sinthom.

Chiesa fasst Freuds Position zum Tod Gottes zusammen: »Für Freud ist nichts mehr erlaubt, wenn der Vater der Horde tot ist, da er sich in Gott verwandelt hat; wenn allerdings Gott tot ist, dann ist potenziell alles erlaubt, zumindest in Richtung der kollektiven Selbstvernichtung der Art.«[39] Die Konstellation ist hier ein wenig komplizierter: Der Gott, der alles verbietet, ist *nicht* der Gott des Realen (parallel zum Urvater), sondern gerade der symbolische tote Gott. Wenn Gott für tot erklärt wird, kehrt er in einer ganzen Reihe pseudoatheistischer Formen zurück, in denen die Permissivität selbst extrem reguliert wird – man denke nur daran, wie die politische Korrektheit zahlreiche Verbote und Regeln aufstellt, um unsere sexuelle Freiheit sicherzustellen … Auf jedem italienischen Bahnhof findet man eine Tafel mit der Aufschrift: »Vietato attraversare i binari!« (»Überqueren der Gleise verboten!«). Wie man sich denken kann, ziehe ich eine wörtliche Übersetzung vor: »Überqueren des Binären verboten« – ist es nicht das, was die traditionelle heterosexuelle Ethik uns vorschreibt? »Es ist verboten, die binäre Ordnung der (normalen) Geschlechterdifferenz zu überqueren!« Heute erhalten wir von unserer antibinären Ideologie den gegenteiligen Befehl: »Es ist verboten, die Grenzen der binären Sexualität nicht zu überqueren!« – was viel schlimmer ist als der traditionelle Befehl.

Hier ist ein Extremfall: Es gibt Berichte darüber, dass die britische Kinderbuchreihe Ladybird Books jetzt »Sensibilitäts-Leser« einsetzt, um vor bestimmten Stellen in Märchen wie »Schneewittchen« und »Aschenputtel« zu warnen. Der Topos »Liebe auf den ersten Blick« wurde für problematisch erklärt, weil er »Schönheit als vorrangig vor dem Kennenlernen potenzieller Partner aufgrund ihres Charakters darstellt. Die Befürchtung ist, dass die kindlichen Leser denken könnten, gutes Aussehen allein sei das, was jemanden begehrenswert macht.«[40] Der Vorschlag ist nicht nur lächerlich, er ist im Hinblick auf die Vorstellung des Verliebens auch schlicht falsch, impliziert er doch den Gedanken, man könne sich auch in jemanden verlieben, den man zwar unattraktiv findet, dessen inneren Charakter man aber bewundert – als ob es bei der geschlechtlichen Liebe (und darüber reden wir hier) nicht um das unwiderstehliche Verlangen nach engem Körperkontakt ginge.

Oder treten wir etwa in eine neue Ära ein, in der körperliche Lust verschoben werden muss und erst akzeptiert wird, wenn sie sich auf die Kenntnis des Charakters gründet? Was wäre denn, wenn wir die Ladybird-Prozedur umdrehen würden? Ich könnte dann sagen, dass ich bei einem Kolloquium von der präzisen Argumentation und dem ethischen Engagement einer jungen Professorin fasziniert war, so dass wir uns nach dem Ende der Sitzung noch privat unterhielten, sie mich noch zu einem Drink auf ihr Zimmer einlud … und ich nach einer leidenschaftlichen Liebesnacht zufrieden dachte: »Auf den ersten Blick habe ich mich in ihren Charakter verliebt, aber nach unserer gemeinsamen Nacht habe ich eine viel tiefere Leidenschaft in mir entdeckt, die den ganzen intellektuellen Quatsch in den Hintergrund drängt.« (Natürlich ist mir etwas Derartiges noch nie passiert!) Wagen wir uns noch einen Schritt weiter in dieser suspekten Debatte über Geschlecht und Charakter (so lautete auch, wir erinnern uns, der Titel von Otto Weiningers antifeministischem und antisemitischem Klassiker von 1903): »Auf den ersten Blick fand ich ihren Charakter unecht und abstoßend, aber nach unserer gemeinsamen Nacht habe ich eine viel tiefere Leidenschaft in mir entdeckt, die ihre Charakterschwäche vollkommen in den Hintergrund drängt!«

Der Heilige Geist als Vorbild der emanzipatorischen Gemeinschaft

Wie können wir nun die Religion im und durch das Christentum effektiv überwinden? Meine These lautet, dass eine solche atheistische Geste bereits im christlichen Begriff des Heiligen Geistes enthalten ist. Chiesa schreibt: »Das Christentum verwandelt eine solche strukturelle Oszillation in ein statisches Dogma, das heißt, die saubere Trennung zwischen der Erbärmlichkeit unserer Welt und der

Vollkommenheit der künftigen Welt, die sie erlöst haben wird.«[41] Was aber ist, wenn wir die Wiederkehr Christi als etwas verstehen, das bereits geschieht, nämlich im Heiligen Geist, der Gemeinschaft der Gläubigen, die in dieser irdischen, erbärmlichen Welt lebt? Hier gibt es keine Oszillation, der Heilige Geist ist ein Ereignis, das die gesamte Konstellation verändert, und Chiesa geht zu schnell vor, wenn er jede Version des transzendentalen großen Anderen zu einer (verwässerten, säkularisierten) Theologie erklärt. Man kann durchaus eine Vorstellung vom transzendentalen großen Anderen als dem symbolischen Raum vorschlagen, in den wir geworfen sind und der als solcher der Horizont unserer Beschränktheit und Endlichkeit ist – die Theologie kommt erst ins Spiel, wenn diese rein virtuelle symbolische Textur zu einem höchsten Wesen »verdinglicht« wird.

Der sowjetische Film *Aljoschas Liebe* von Georgi Schtschukin und Semjon Tumanow aus dem Jahr 1960 hat eine sehr bewegende Schlussszene. Eine Gruppe von Geologen arbeitet in der Steppe, darunter auch der junge und schüchterne Aljoscha, der sich im Alltag ungeschickt und tollpatschig verhält und daher zum Gegenstand von Witzen und Streichen wird, die nicht immer harmlos sind. Er verliebt sich in Zinka, die mit ihrem Großvater an einem verlassenen Bahnübergang in der Steppe lebt. Einmal am Tag kommt sie heraus, um eine Weiche umzustellen, und er reist jeden Tag dorthin, nur um einen kurzen Blick auf sie zu werfen, aber sie ignoriert ihn einfach. Seine täglichen Ausflüge geben den grausamen Scherzen seiner Kollegen weiteren Auftrieb. Als Aljoscha erfährt, dass Zinka in einen anderen Teil des Landes ziehen wird, ist er verzweifelt und sitzt allein in seinem Zelt. Zinka hat allerdings beschlossen, seinetwegen dazubleiben und macht sich auf eigene Faust zum Lager auf. Als Aljoschas Kollegen, die auf den nahegelegenen Hügeln zu tun haben, sehen, dass Zinka zu ihm kommt, hören alle auf zu arbeiten und schauen sie respektvoll an … Die Gruppe steht offensichtlich für den großen Anderen, einen passiven Zeugen, der die Stärke der Liebe des Paares erkennt – aber müssen wir die Szene deshalb als Moment der theologischen Mystifizierung ablehnen? Ist es nicht eher so, dass die Gruppe, die das Treffen des Paares beobachtet, zu einer Figur des Heiligen Geistes wird, einer Gemeinschaft, die auf keinem transzendenten Bezugspunkt basiert?

Aber ist dieser Topos des Heiligen Geistes nicht nur ein archaischer Überrest, der der modernen Wissenschaftswelt völlig zuwiderläuft? Ein genauerer Blick auf die Verwendung wissenschaftlicher Resultate verwischt diesen scheinbar klaren Gegensatz sofort: Die Wissenschaft wird massiv dazu benutzt, ihre eigene Entsakralisierung der Realität zu reimaginarisieren. Chiesa unterstreicht und erweitert Lacans Beobachtung, dass die Rolle von Sexspielzeug darin besteht, das sexuelle Verhältnis wiederherzustellen; die Wissenschaft beschäftigt sich mit der »Fabrikation von falscher Ousia als Ersatz-Gegenstücken«, um die Unmöglichkeit des sexuellen Verhältnisses mit Produkten auszugleichen, die versprechen eine intensivere Sexualbeziehung ohne ihre konstitutive Ausweglosigkeit zu ermöglichen:

> Fetischisierte Gadgets verschlingen gierig unser Begehren und versprechen mehr – wenn nicht gar absolute Lust (heutzutage paradigmatisch in Gestalt von Sexbots, virtuellem Sex und Designer-Babys, ganz zu schweigen von der scheinbaren Verfügbarkeit ebenso unendlicher wie austauschbarer sexueller Identitäten). […] Die Tatsache, dass wir anfangen, »ein Automobil wie eine falsche Ehefrau« zu behandeln, zeigt ganz allgemein, dass der mit dem Kapitalismusdiskurs verflochtene Wissenschaftsdiskurs den Anschein des sexuellen Verhältnisses wiederherstellt und seriell vervielfältigt. Auf diese Weise büßt die Wissenschaft das Kennzeichen dessen ein, was ihren Bruch mit früheren Wissensformen charakterisiert, nämlich ihre Abkehr von der Abhängigkeit dieser Formen vom Mythos der Komplementarität der Geschlechter (sei es die zwischen dem westlichen Paar aus Materie und Form oder die des östlichen Paares Yin und Yang), die selbst letztlich für jede harmonische Sicht der Welt als Ganze verantwortlich ist.[42]

Die Paradoxie liegt also darin, dass die Gadgets der modernen Wissenschaft zur Wiederbelebung des grundlegenden Phantasmas traditioneller (vorchristlicher) Religionen und ihres Bemühens, das Reale in Form von Fruchtbarkeitskulten zu imaginarisieren, benutzt werden: »Der Pol des Nicht-Eins bei der Oszillation der Gotteshypothese wird in ein weiteres Eins umgewandelt, die Göttin, die den Anschein des zwei-als-Eins erhält und zementiert.«[43] Ein Christentum, das sich zu zwei-als-Eins zurückentwickelt, ist implizit antisemitisch, denn es übergeht das Judentum und verknüpft das Christentum mit dem Heidentum. So sollten wir auch den Übergang von heidnischen Religionen zum Judentum erklären: Es ist der Übergang von der religiösen *jouissance* zu Gottes Begehren. Der Gott Jahwe als das seines weiblichen Gegenstücks beraubte Eins kann nicht mehr die göttliche Kopulation genießen und wird zu einem Gott, der begehrt (was er verloren hat) – oder in den präzisen Worten Chiesas:

> Jahwe ist ein Eins-ganz-allein und daher genau in dem Sinne real, dass er vergeblich versucht, die Lücke einer fehlenden Göttin durch ein Bündnis mit seinem Volk zu füllen, das ihn immer wieder verrät, wenn auch nicht ohne zu ihm zurückzukehren. In demselben Zug weicht die Beteiligung des Volkes am göttlichen Genießen Gottes unergründlichem Begehren – dem eigenen Begehren des Gesetzes –, dessen eifersüchtige und grimmige Ignoranz tatsächlich um seinen Verlust eines mythischen sexuellen Wissens kreist.[44]

Bemerkenswert ist, dass ein gleichartiger Übergang bei der Verschiebung vom Hinduismus zum Buddhismus stattfindet. Obwohl der ursprüngliche Buddhismus atheistisch (oder zumindest agnostisch) ist, ist sein Problem nicht mehr die *jouissance*, sondern das Begehren und wie man den Bann des Begehrens loswird – im Gegensatz zum Judentum natürlich, wo es um das Rätsel von Gottes Begehren geht und um die Frage, was er in seiner grimmigen Ignoranz von uns will. Einige Lacan-Interpreten sehen darin den Vorteil des Judentums: Es ist die einzige wirklich nichtheidnische Religion, die Religion, die den Abgrund des göttlichen Begehrens, den Riss im großen Anderen offen lässt, während das Christentum diesen Abgrund zudeckt und uns versichert, wir wüssten, was Gott will – Gott will unsere Erlösung, weil er uns liebt. Somit kommen wir auf die Imaginarisierung Gottes zurück: Statt der Dualität aus männlichen und weiblichen kosmischen Prinzipien bekommen wir die sexualisierte Dualität aus Gottvater und der Kirche als seiner Braut:

> unser von der Sprache verwüstetes Sein als die Abwesenheit des sexuellen Verhältnisses, und so wird es auf den Pol des Nicht-Eins reduziert. Und doch wirkt ebendieses Dilemma, verkörpert durch den Tod des Logos an sich, wie ein notwendiges Vorspiel zu der Vorsehungsgeschichte eines transzendenten Eins. Die Liebe Gottes hat immer schon die Abjektion mitberücksichtigt und wird sie schließlich durch die universelle und erlösende Offenbarung seiner selbst als All-Eins-Wesen messianisch lösen.[45]

Nach meiner Ansicht kann der christliche Tod Gottes jedoch gerade nicht auf »ein notwendiges Vorspiel zu der Vorsehungsgeschichte eines transzendenten Eins« reduziert werden. Was am Kreuz stirbt, ist nach Hegel nicht der irdische Stellvertreter Gottes, sondern der Gott des Jenseits selbst; was nach der Kreuzigung geschieht, ist demnach keine Wiederkehr des transzendenten Eins, sondern das Aufkommen des Heiligen Geistes, und dieser ist die Gemeinschaft der Gläubigen, ohne jede transzendente Unterstützung. Deshalb sagt Lacan, dass »der Heilige Geist [...] ein Begriff [ist], der unendlich weniger dumm ist als der des Subjekts, dem Wissen unterstellt wird«[46] – weil der Heilige Geist sich nicht auf ein Subjekt, dem Wissen unterstellt wird, stützen muss: Er kann als die immanente Gemeinschaft (die evangelische Gemeinde) fungieren, die bereits das ist, was ihre Mitglieder suchen oder dem sie sich hingeben. So gesehen ist der Heilige Geist also eine atheistische Kategorie, die Idee einer emanzipatorischen Gemeinschaft ohne Unterstützung im großen Anderen. Als solche ist der in einer evangelischen Gemeinde verkörperte

Heilige Geist das genaue Gegenteil der orthodoxen Gemeinde. Er ist eine Gemeinschaft der Gläubigen, die in den Abgrund der Freiheit geworfen wird, ohne wesentliche Unterstützung durch eine feminisierte Gottheit. Ist diese Gemeinde somit implizit antifeministisch? Im Gegenteil, man sollte die Feier der ewig weiblichen Substanz als männliche Phantasie entlarven, die wirkliche Frauen auf eine Materie reduziert, die darauf wartet, von ihrem männlichen Logos befruchtet zu werden. Der moderne Feminismus ist nur im kartesischen Raum denkbar, der mit jeder sexualisierten Ontologie bricht.

Was ist wahrer Materialismus?

Wir sollten daher für das materialistische Verfahren der immanenten Selbstunterminierung eines religiösen Gefüges eintreten – die Behauptung, dass Gott böse oder dumm ist, ist nicht nur viel beunruhigender als Peter Singers Behauptung, dass gewöhnliche Menschen böse seien, sondern auch viel beunruhigender als die Behauptung, es gebe keinen Gott, denn sie zerstört den ganzen Begriff der Göttlichkeit von innen her. Um dieses Verfahren zu verdeutlichen, wollen wir uns ein Beispiel aus einem anderen Bereich ansehen. Das Lied *The Night They Drove Old Dixie Down* (am bekanntesten in der Version von Joan Baez) ist eine Ich-Erzählung über die wirtschaftliche und soziale Not, die der Protagonist, ein armer, weißer Südstaatler, während des letzten Jahres des amerikanischen Bürgerkriegs erlebt; es verherrlicht weder die Sklaverei noch die Konföderierten oder Robert E. Lee, vielmehr erzählt es die Geschichte eines armen, keine Sklaven haltenden Südstaatlers, der versucht, den Verlust seines Bruders und seines Lebensunterhalts zu verarbeiten.[47] Als solches – also als Versuch, die Erfahrung eines armen weißen Mannes wiederzugeben, der mit der Sache der Konföderierten Staaten sympathisiert, aber über den Schrecken seines durch die Interessen der reichen Sklavenhalter verursachten Leidens bestürzt ist – demontiert es diese Sache viel wirksamer als eine direkte abolitionistische Kritik es könnte, genauso wie es viel wirksamer als eine direkte atheistische Kritik ist, wenn man eine Religion anerkennt, dann aber zeigt, dass ihr Gott böse beziehungsweise dumm ist.

In dem Film *Dunkle Erleuchtung* (*The Rapture*, 1991, Drehbuch und Regie Michael Tolkin) arbeitet Sharon, eine junge Frau aus LA, brillant gespielt von Mimi Rogers, tagsüber als Telefonistin in einer kleinen Kabine inmitten Dutzender anderer, wo sie ständig dieselben Fragen wiederholen muss, während sie an den Abenden an Sexorgien in Swingerclubs teilnimmt.[48] Gelangweilt und unbefriedigt von ihrem sinnentleerten Leben schließt Sharon sich einer Sekte an, die das bevorstehende Ende der Zeiten und die Entrückung (*rapture*) predigt. Sie wandelt sich zu einer leidenschaftlichen Gläubigen, nimmt allmählich einen neuen, frommen Lebensstil an, heiratet Randy, einen ihrer früheren Swinger-Partner, und bekommt mit ihm eine Tochter, Mary. Als Randy, der ebenfalls zum eifrigen Christen geworden ist, sechs Jahre später von einem Verrückten erschossen wird, lässt diese sinnlose Katastrophe in ihr und ihrer Tochter noch stärker die Überzeugung wachsen, dass die Entrückung kurz bevorsteht. Sharon glaubt, Gott habe ihr aufgetragen, mit Mary in eine nahe gelegene Wüste zu gehen, um dort auf ihre Aufnahme in den Himmel zu warten, wo sie wieder mit Randy vereint sein würden. Foster, ein wohlmeinender und nicht gläubiger Streifenpolizist, kümmert sich während ihrer langen Wartezeit um sie, als ihnen allmählich die Nahrung ausgeht. Mary wird ungeduldig und schlägt ihrer Mutter vor, sie beide einfach umzubringen, um sofort in den Himmel kommen und mit Randy vereint werden zu können. Nach ein paar Wochen verliert auch Sharon die Geduld; sie fasst den Entschluss, das Unaussprechliche zu tun und Marys Rat zu folgen, um ihr Leiden zu beenden. Doch als sie Mary erschossen hat, ist sie nicht imstande, auch ihrem eigenen Leben ein Ende zu setzen, da sie weiß, dass Selbstmördern der Einlass in den Himmel verwehrt ist. Sie gesteht Foster ihre Tat, der sie verhaftet und in ein örtliches Gefängnis bringt …

Bis hierhin folgt die Geschichte einem »realistischen« Handlungsfaden und man kann sich leicht ein mögliches »atheistisches« Ende vorstellen: Verbittert und einsam wird Sharon, die ihren Glauben verloren hat, die Grauenhaftigkeit ihrer Tat bewusst und vielleicht wird sie von dem guten Polizisten gerettet. Der Film nimmt jedoch eine völlig unerwartete Wendung. In der Gefängniszelle ereignet sich nämlich tatsächlich die Entrückung, ganz buchstäblich und in aller Naivität, samt schlechter Spezialeffekte. Zuerst erscheint mitten in der Nacht ihre Tochter Mary mit zwei Engeln und dann erschallt am frühen Morgen, während sie in ihrer Zelle sitzt, ringsum ein lauter Trompetenstoß, der eine Reihe übernatürlicher Ereignisse ankündigt – die Gitterstäbe der Zellen fallen herunter, Betonwände stürzen ein und so weiter. Auf der Flucht aus dem Gefängnis fahren Sharon und Foster in die Wüste hinaus, wo sich immer mehr Zeichen der Entrückung offenbaren, von Sandstürmen bis zu apokalyptischen Reitern, die das Auto verfolgen und umkreisen. Als Nächstes werden Sharon und Foster beide »entrückt« und in eine fegefeuerartige Landschaft versetzt, wo Mary ihnen aus dem Himmel erscheint und Sharon eindringlich bittet, Gott anzunehmen und ihre Liebe zu ihm zu erklären – wenn sie dies einfach tue, könne sie mit Mary und Randy im Himmel vereint sein. Foster, der eigentlich bis dahin Atheist war, ergreift die Gelegenheit und sagt, dass er Gott liebt, worauf ihm der Einlass in den Himmel gewährt wird. Sharon weigert sich dagegen und sagt, sie könne einem Gott nicht ihre Liebe erklären, der sich ohne jeden Grund so grausam gegenüber ihrer Familie verhalten habe. Auf Marys Frage, ob ihr klar sei, wie lange sie, zum Alleinsein verdammt, im Fegefeuer bleiben müsse, antwortet sie: »Für immer.«

Sharons Widerstand gegen Gott, ihre Weigerung, ihre Liebe zu ihm zu erklären, ist somit ein authentischer ethischer Akt. Es wäre vollkommen verfehlt, zu sagen, dass sie den *falschen* Gott zurückweist und dass in einer wahrhaft christlichen Version des Films am Ende der echte Christus erscheinen würde, um zu verkünden, sie sei eine wahre Gläubige, gerade weil sie sich geweigert habe, ihre Liebe zu dem falschen Gott zu erklären. Die eigentliche Versuchung, der es zu widerstehen gilt, ist daher, seine Liebe zu einem Gott zu erklären, der sie nicht verdient, *selbst wenn er real ist*. Einem Vulgärmaterialisten muss das alles wie ein hohles Gedankenexperiment erscheinen; für einen wahren Materialisten ist dies jedoch der einzige Weg, um Gott wirklich zu entsagen – indem man ihn nicht nur insofern ablehnt, als er nicht wirklich existiert, sondern auch dann, wenn er real ist. Kurz gesagt, lautet die eigentliche Formel des Atheismus nicht »Gott existiert nicht«, sondern »Gott existiert nicht nur nicht, er ist auch dumm, gleichgültig und womöglich schlicht böse« – wenn wir die Gottesfiktion nicht von innen her zerstören, hat sie es leicht, ihren Einfluss auf uns in Form der Verleugnung zu verlängern (»Ich weiß, dass es keinen Gott gibt, aber dennoch ist er eine edle und erhebende Illusion«). Lacans programmatische Äußerung in *Seminar X*, dass »der Atheist als Fürkämpfer und als Revolutionär [...] nicht derjenige [ist], der Gott in seiner Allmachtfunktion verneint, er ist derjenige, der sich als einer behauptet, der keinem Gott dient«,[49] passt perfekt zu der finalen Geste der Heldin in *Dunkle Erleuchtung*: Auch als sie der göttlichen Dimension unmittelbar gegenübersteht, weigert sie sich, ihr zu dienen. Hätte sie sich in der Schlussszene des Films umgedreht, hätte sie Christus an ihrer Seite gesehen.

Vom Agnostizismus zur reinen Differenz

Die subjektive Haltung Sharons untergräbt die Ontotheologie radikal, die »darauf beharrt, eine mehr oder weniger geschlossene Dialektik von *trou*/Loch und *Tout*/Ganzem entstehen zu lassen und davon, wie das Reale des Symbolischen imaginär unter ein Wesen, dem Wissen unterstellt wird, subsumiert wird (des Philosophen eigenes System), und es dennoch nicht schafft, das Loch ganz zu umschließen.«[50] Kurzum, die moderne philosophische Ontologie fällt unweigerlich in eine Weltanschauung zurück, buchstäblich »eine Sicht der Welt, wie man sie angeblich von außen sieht.«[51] Ich möchte diesen Zeilen noch eine selbstkritische Bemerkung hinzufügen: Komme ich, wenn ich in meinen höchst spekulativen Überlegungen mit der Idee der Triade aus Quantenwellen, gewöhnlicher Realität und symbolischer Ordnung als der grundlegenden, allumfassenden Matrix von »allem, was es gibt«, spiele (wobei der Kollaps der Wellenfunktion der »Negation« des fluiden Bereichs der Quantenwellen, das heißt, der Entstehung unserer gewöhnlichen Realität entspricht und die symbolische Ordnung eine Art Negation der Negation ist, die »Rückkehr« des mit dem Kollaps der Wellenfunktion Verdrängten) – einem Eintreten für eine »Weltanschauung« nicht sehr nahe? Meine Gegenbehauptung lautet, dass es eine große Ausnahme von dieser Idee (und Praxis) der Philosophie als einer »Sicht der Welt, wie man sie angeblich von außen sieht«, gibt, und zwar das, was Hegel »Absolutes Wissen« nennt. Absolutes Wissen entsteht, wenn das Subjekt gewahr wird, dass es kein Außen gibt, auf das wir uns verlassen können, dass uns nur bleibt, unser Wissen mit sich selbst zu vergleichen, so dass es am Ende kein Endresultat gibt, sondern nur den endlos wiederholten Vorgang der Auflösung jeder Wissensform. Chiesa lässt diese Lösung außer Acht, weshalb er Lacan fälschlicherweise die Position des historischen Relativismus zuschreibt – laut Chiesa »insinuiert« Lacan (Chiesa wählt diesen starken Ausdruck), dass »die Wahrheit der Unvollständigkeit nur halb gesagt werden kann, aber das Nicht-Eins ist wirklich alles, was es gibt, das Problem ist einfach, dass wir es nicht sagen können«:

> Ein solch blindes Vertrauen in ein äußerstes ontologisches, angeblich von der Endlichkeit unserer sprachlich-logischen Voraussetzungen verschleiertes Nicht-Einssein verstärkt den schwachen Atheismus gerade durch sein Bemühen, ihn zu entschärfen. Wenn jenseits der Mauer der Sprache und der illusorischen Erfindungen des Eins, die sie hervorbringt, das Nicht-Eins alles ist, was es gibt, so erfordert dies erst recht den betrügerischen Gott, der nun als nicht nur uns, sondern außersprachlich auch die gesamte Schöpfung betrügend spezifiziert wird – immer noch von einer innersprachlichen Perspektive aus (der Lacans) betrachtet.[52]

Der Grundtenor von Chiesas Argumentation ist zutreffend: Die Position, die er ablehnt, ist die naive Gegenüberstellung unserer Perspektiven auf die Realität an sich und der (Nicht-Eins) Realität da draußen, jenseits unserer Sprachmauern. Chiesa weist auch zu Recht darauf hin, dass die Position des Aussagens einer solchen Behauptung sich selbst von der Realität ausnimmt, als ob der Sprecher sich zum Eins erheben könnte, das die Realität mit unseren begrenzten Vorstellungen von ihr vergleichen kann. Das bedeutet, dass der Sprecher in die allgemeine Ontologie, in eine allumfassende Sicht der Realität zurückfällt. Wenn Chiesa daher schreibt, »die Verkündung und Bestätigung des Nicht-Eins als endgültig ruft das Eins (Nicht-Eins) hervor, das Sein des Seinsmangels, die endgültige Bedeutung von ›es gibt keine endgültige Bedeutung‹«,[53] so weist er damit zu Recht auf die Spannung zwischen der Aussage und dem Aussagen hin, die jene Bestätigung implizit unterminiert. Ein Sprecher, der sagt, »alles, was es gibt, ist ein Nicht-Eins«, nimmt sich damit aus der Totalität des Alles aus, das heißt, er setzt sich als das Eins, das das All der Realität in einer einzigen Ansicht einfangen kann. Folgt daraus notwendig eine skeptische Position? Zwingt uns die Tatsache, dass wir keinen Zugang zu einer allgemeinen Ontologie jenseits unseres historisch spezifischen transzendentalen Horizonts haben, dazu, die Möglichkeit offen zu lassen, dass das Nicht-Eins nicht »alles, was es gibt« sein und dass es ein göttliches transzendentes Wesen über / jenseits von ihm geben könnte? Ich finde auch die folgende Behauptung Chiesas problematisch: »Was die Wissenschaft stattdessen ernsthaft als moderne Physik in Erwägung ziehen sollte, ist die *Hypothese*, dass ›das Reale nicht alles ist‹, oder besser, *dass das reale Nicht-alles selbst nicht unbedingt alles ist, was es gibt – obwohl es durchaus so sein könnte.*«[54] Problematisch finde ich das deshalb, weil für Lacan »Nicht-alles« gerade eine Vielheit bedeutet, die, weil sie nicht totalisiert werden kann, keine Ausnahme zulässt. »Nicht-alles« bedeutet: Weil es niemals alles ist, gibt es auch keine Ausnahme davon. Chiesa fällt hier, mit anderen Worten, auf die triviale Vorstellung des realen »Nicht-alles« als »nicht alles, was es gibt« zurück – er kehrt zurück zur kantischen Vorstellung eines möglichen unbekannten Ansich jenseits der skeptisch-atheistischen Erscheinungssphäre.

Meine hegelianische Lösung ist hier wieder eine Verschiebung von epistemologischen Zweifeln/Unsicherheiten zur ontologischen Ebene. »Zweifel« hat seinen Ort in der Realität selbst, in dem Sinne, dass es kein »Wissen im Realen« gibt, dass die Realität (teilweise) ihre eigenen Gesetze ignoriert und sich nicht zu benehmen weiß – es besteht ein Riss in der Realität, der sie nicht-totalisierbar, »nicht-alles« werden lässt, aber alles, was wir jenseits dieses Spalts entwerfen, ist unser Phantasiegebilde. Die einzige Möglichkeit, dem agnostischen Skeptizismus zu entgehen, liegt darin, diesen Spalt in die Realität selbst zu überführen. Der Spalt, um den es hier geht, ist nicht der Spalt, der die Realität an sich von unseren Annäherungen an sie trennt, sondern eine Unmöglichkeit, die im Kern der Realität selbst klafft. Lassen Sie mich einmal mehr den berühmten Passus aus der Vorrede zur *Phänomenologie des Geistes* zitieren, in dem Hegel die elementarste Formel dafür liefert, was es heißt, die Substanz auch als Subjekt aufzufassen:

> Die Ungleichheit, die im Bewußtsein zwischen dem Ich und der Substanz, die sein Gegenstand ist, stattfindet, ist ihr Unterschied, das *Negative* überhaupt. Es kann als der *Mangel* beider angesehen werden, ist aber ihre Seele oder das Bewegende derselben; weswegen einige Alte das *Leere* als das Bewegende begriffen, indem sie das Bewegende zwar als das *Negative*, aber dieses noch nicht als das Selbst erfassten. – Wenn nun dies Negative zunächst als Ungleichheit des Ichs zum Gegenstande erscheint, so ist es ebensosehr die Ungleichheit der Substanz zu sich selbst. Was außer ihr vorzugehen, eine Tätigkeit gegen sie zu sein scheint, ist ihr eigenes Tun, und sie zeigt sich wesentlich Subjekt zu sein.[55]

Wir sollten diese Stelle sehr genau lesen, denn sie impliziert keineswegs, dass es jenseits der für uns erreichbaren Erscheinungen nichts gäbe – natürlich gibt es eine unendliche Zahl von Entitäten und Prozessen, die wir noch nicht entdeckt haben, aber sie sind nicht »transzendent« im Sinne eines An-sich jenseits der Erscheinungssphäre. Unsere Behauptung lautet: Sollten wir neue Aspekte der Realität bis hin zu außerirdischem Leben entdecken, so werden wir die Grenze der Unmöglichkeit, die unsere Realität konstituiert, nicht überschreiten. Wir werden weder Gott noch etwas anderes dieser Kategorie entdecken, weil solche Figuren a priori, konstitutiv oder (in Hegels Worten) ihrem Begriffe nach Phantasiegebilde sind, die eine Lücke füllen sollen – wie es Hegel vor langer Zeit formulierte: »[H]inter dem sogenannten Vorhange, welcher das Innere verdecken soll, [ist] nichts zu sehen [...], wenn *wir* nicht selbst dahintergehen.«[56] Es trifft also zu, dass unsere epistemologische Unsicherheit irreduzibel ist, aber was auch immer uns »da draußen« erwartet, ist *nichts*, das unseren Figuren von »Gott« gleicht – und selbst wenn uns, um es auf die Spitze zu treiben, tatsächlich irgendwann etwas begegnet, dessen Eigenschaften uns »göttlich« erscheinen, so wird dies *nicht* das sein, was wir »Gott« nennen. Um es noch anders zu sagen: Für Chiesa bleibt die Differenz differenziell (in dem Sinne, dass sie ihren Gegensatz zu einem [Gott-] Eins voraussetzt [und davon abhängt], auch wenn dieses Eins unmöglich / ausgestrichen / inexistent ist), während von meinem lacanianisch-hegelianischen Standpunkt aus die »reine« Differenz dem vorausgeht, was sie differenziert. Was als »Gott« erscheint, ist eine verdinglichte / substanzialisierte Form der Lücke / des Risses, aufgrund deren unsere Realitäten nicht-alles sind. Es gibt nichts jenseits dieser Lücke, jede Figur des »Jenseits« ist bereits eine Verschleierung der Lücke.

Chiesas Beharren auf dem Agnostizismus beruht letzten Endes darauf, dass er an der Möglichkeit unserer vollständigen wissenschaftlichen Selbstobjektivierung zweifelt. Ich teile diesen Zweifel zwar, gebe ihm aber eine andere Wendung: Das Scheitern der vollständigen Selbstobjektivierung impliziert keinen Agnostizismus, sondern einen ontologischen Riss in der Realität selbst. Was uns hier interessieren sollte, ist die Verbindung zwischen rein biochemischen Prozessen (die das Gehirn mit sogenannten »psychedelischen« Substanzen angreifen) und der höchsten geistigen »inneren« Erfahrung, die dem unheimlich nahe kommt, was Lacan als »subjektive Destitution« bezeichnet hat, die Auflösung der fundamentalen Phantasie, die unserem Ich zugrunde liegt – wir können den Tod unseres Ichs biochemisch herbeiführen. Menschen, die dies tun, bekämpfen in der Regel ihre Depression in der Hoffnung, sich völlig neu zu erfinden. Der LSD-Konsument und Physikstudent Rorick aus Baltimore sagt dazu: »Der Ego-Tod kann einen demütig werden lassen und ist für manche wirklich wichtig, es gibt Menschen, deren Ego getötet werden muss; gleichzeitig ist er aber auch eine beängstigende Erfahrung.«[57] Er habe Freunde gehabt, die den Ego-Tod erlebt und danach nie mehr Drogen genommen hätten – sie brauchten die Drogen nur als mächtiges Werkzeug für ihre subjektive Veränderung. Es wäre zu einfach, einen solch biochemischen »Tod des Ich« von der »authentischen«, durch symbolische Arbeit herbeigeführten subjektiven Veränderung zu unterscheiden. Doch es gibt eine Grenze für dieses biochemische Verfahren: Es löscht das symbolische Netzwerk, von dem das Subjekt abhängt, einfach grob aus, ohne es »durchzuarbeiten«, und lässt es von innen implodieren, ohne das Subjekt mit seinen Antagonismen und seinen Unmöglichkeitspunkten zu konfrontieren – ein schönes Paradoxon, insofern ein direktes Eingreifen in das biogenetische Reale hier als Weg dient, um das der symbolischen Ordnung selbst immanente Reale zu vermeiden.

Und dies gilt selbst für traumatische Ereignisse wie den Holocaust: Keine prosaische Schilderung der Gräuel des Holocaust ist imstande, dessen Trauma wiederzugeben, insofern hatte Adorno Unrecht mit seiner berühmten Aussage, nach Auschwitz ließen sich keine Gedichte mehr schreiben: Es ist die Prosa, die nicht mehr möglich ist, da nur die Lyrik die Aufgabe erledigen kann. Lyrik ist die Einschreibung von Unmöglichkeit in eine Sprache. Wenn wir etwas nicht direkt sagen können und dennoch darauf bestehen, es zu tun, verstricken wir uns unweigerlich in Wiederholungen, Verschiebungen, Indirektheit, überraschende Kürzungen und so weiter. Wir sollten stets daran denken, dass die »Schönheit« klassischer Dichtung (symmetrische Reime usw.) sekundär ist und es sich in erster Linie um eine Möglichkeit handelt, das grundlegende Scheitern oder die grundlegende Unmöglichkeit zu kompensieren.

Ein Bezug auf die Serie *The Prisoner – Der Gefangene* (ein 2009 ausgestrahltes sechsteiliges Remake der britischen Originalserie von 1967) soll uns helfen, diesen Punkt zu verdeutlichen. Die Serie beginnt damit, dass ein unbekannter junger Mann in einer Wüstenlandschaft aufwacht, wo er Zeuge einer Verfolgungsjagd wird, bei der mysteriöse Wachleute einen alten Mann durch eine Schlucht jagen. Der alte Mann stirbt kurz darauf, hinterlässt dem jüngeren aber noch eine Botschaft: »Sag ihnen, ich bin rausgekommen.« Der junge Mann kommt in eine geheimnisvolle Gemeinde, deren Bewohner ihm mitteilen, sie heiße schlicht »Das Dorf«. Die Menschen, die er trifft, haben lediglich eine Nummer als Namen (er erfährt, dass er Nummer 6 ist), und er entdeckt, dass sie keinerlei Kenntnis oder Erinnerung an die Außenwelt haben; das Oberhaupt des Dorfes wird (Nummer) 2 genannt. Während das Leben im Dorf weitergeht, springen wir gelegentlich in das echte New York, wo Mr. Curtis, die Nummer 2 in der realen Welt, Michael (die reale Nummer 6) mit seiner Frau Helen bekannt macht, die wie im Dorf in einer Art Wachtraum gefangen ist. Mr. Curtis erklärt, das Dorf sei eine Form von Therapie, um Menschen zu helfen, die Summakor (die Organisation, die er leitet) identifiziert habe, auch wenn die »Patienten« der Prozedur eventuell nicht zugestimmt hätten. Es existiere im Gehirn von Helen, die das Dorf »entdeckt« habe und seine erste Bewohnerin gewesen sei (es handele sich um einen Traum, der in jedem Menschen auf einer Bewusstseinsebene unterhalb des gewöhnlichen Unbewussten vorhanden sei). Michael wurde in das Dorf gezogen, weil er bei Summakor so gut arbeitete, indem er Menschen fand, die »Hilfe« brauchten. (Ein schönes Detail ist, dass 11, wie sich herausstellt, der einzige Dorfbewohner ist, der nicht in der realen Welt existiert.) Im Dorf verliebt sich 6 (Michael) in 313 (Sara) und wünscht sich, ihr und den Dorfbewohnern zu helfen; er löst Curtis als Chef von Summakor ab. Nummer 313 wird, nachdem sie sich ihres Ichs in der realen Welt bewusst geworden ist, die neue Träumerin und befreit Helen, die in die reale Welt zurückkehren kann, während Nummer 6 beschließt, für immer als neue Nummer 2 im Dorf zu bleiben und zu planen beginnt, wie man »das Dorf richtig machen« kann. Nummer 313, die neue teilnahmslose Träumerin, vergießt eine Träne.[58]

Das Faszinierendste an der Geschichte ist, dass in Teilen des Dorfes zunehmend bodenlose Gruben auftauchen; sie reichen nicht tief in die Erde, sondern öffnen sich einfach ins Leere. Ist das nicht eine perfekte Metapher für die Struktur unserer (sozio-ideologischen) Realität? Diese bleibt nur bestehen, wenn sie von einem konsistenten Traum (Phantasie) gestützt wird – wenn der Traum zerstört wird, beginnt auch die Realität sich aufzulösen. Dieses Loch in der Realität (wo Worte sie nicht hinreichend beschreiben können) ist die eigentliche Domäne der Poesie; diese verschleiert das Loch, sie macht es spürbar und gleichzeitig erträglich.

2

Warum Lacan kein Buddhist ist

Hinayana, Mahayana, Theravada

Da das Thema des Buches die Religion ist, sei als Erstes bemerkt, dass Buddhas Lehre pragmatisch und auf die Linderung von Leiden ausgerichtet ist – in Religionsfragen war Buddha Agnostiker und nicht an irgendeiner höheren spirituellen Wirklichkeit interessiert: Alles, was es gibt, ist der miteinander zusammenhängende, nicht substanzielle Fluss der Erscheinungen, unter denen es keinen tiefen, substanziellen, göttlichen Grund gibt, sondern nur die Leere. Interessant ist jedoch, dass der Buddhismus, der ursprünglich auf alle institutionellen Rituale verzichtete und sich unabhängig von allen dogmatischen und institutionellen Rahmenbedingungen allein auf die Erleuchtung des Einzelnen und auf die Beendigung des Leidens konzentrierte, schließlich am mechanischsten und festgefügtesten institutionellen hierarchischen Rahmen und ebenso an einer Welt festhielt, die man sich voll mit spirituellen Wesen vorstellte. Im Theravada-Buddhismus gibt es keinen allmächtigen Schöpfergott, wie man ihn im Judentum, Islam und Christentum findet. Gott existiert als verschiedene Arten von spirituellen Wesen, aber mit begrenzten Kräften …

Die Frage ist natürlich: Wie ist der Buddhismus dahin gelangt? Es wäre eine vollkommen unhegelianische Interpretation des Buddhismus, wenn wir diese Bewegung einfach als Rückschritt abtun würden. Wenn es ein hegelianisches Axiom gibt, dann, dass der Fehler am Anfang der gesamten Bewegung verortet werden muss. Was ist also schon in der Hinayana-Strömung, dem Anfangspunkt des Buddhismus falsch? Ihr Fehler ist genau das, worauf die Mahayana-

Strömung reagiert, ihre symmetrische Umkehrung: In meinem Streben nach eigener Erleuchtung verfalle ich beim Versuch, die Grenzen meines Ichs zu beseitigen, in Egoismus. Folglich sollte man sich nicht über die Merkmale des »Aberglaubens« im tibetischen Buddhismus – den Schritt zur vollständigen Spiritualisierung und Ritualisierung – lustig machen, sondern sich klarmachen, wie dieser Schritt *seine Wirkung tut* und »es bringt«: Ist das Vertrauen auf eine Gebetsmühle – oder allgemein auf die Wirksamkeit des Rituals – nicht auch ein Mittel, um »Geistlosigkeit« zu erreichen, seinen Geist zu leeren und in Frieden zu ruhen? In gewisser Weise *ist* der tibetische Buddhismus also Buddhas pragmatischer Orientierung vollkommen treu (ignoriere theologische Feinheiten, konzentriere dich nur darauf, Menschen zu helfen). Manchmal *ist* das blinde Befolgen eines Rituals und das Eintauchen in theologisch-dogmatische Haarspalterei in pragmatischer Hinsicht der wirksamste Weg, um das Ziel des inneren Friedens zu erreichen. Dies ist auch die Logik intelligenter Utilitaristen, die sich sehr wohl bewusst sind, dass sich moralische Handlungen nicht direkt aus utilitaristischen Erwägungen begründen lassen (»Ich werde dies tun, weil es auf lange Sicht die beste Strategie ist, um auch für mich größtmögliches Glück und Genuss zu erreichen …«); der Schluss, den sie dann aber daraus ziehen, ist, dass die kantische »absolutistische« Moral (»Tu deine Pflicht um der Pflicht willen«) gerade aus utilitaristischen Gründen verteidigt werden kann und sollte – sie ist nämlich auch diejenige, die im wirklichen Leben am besten funktioniert.

Aber liege ich mit dieser Interpretation des Buddhismus überhaupt richtig? In den letzten Jahrzehnten hagelte es Kritik an meinem Verständnis dieser Religion – selbst diejenigen, die ansonsten mit meinem allgemeinen Ansatz sympathisieren, sagten, bei meiner Beschäftigung mit dem Buddhismus verfehlte ich mein Ziel. Stellvertretend für die Kritik stehen die Blogbeiträge von Adrian J. Ivakhiv, »Nagarjuna, ecophilosophy, & the practice of liberation«, Teil 1 und 2, die sich auch auf John Clarks »On Being None With Nature: Nagarjuna and the Ecology of Emptiness« beziehen.[1] Ivakhivs

Ausgangspunkt ist das buddhistische Kernkonzept des »bedingten Entstehens«: Jede Identität ist eine prozessbezogene Position; so ist zum Beispiel die Existenz eines Baumes als einheitliches Objekt, also nicht als bloße Ansammlung von Zellen, konventionsgebunden: »Entfernt man die Eigenschaften, bleibt kein zentraler Träger zurück. Mit anderen Worten: Das Ding, das wir ›Baum‹ nennen, hat, wie die Buddhisten sagen, keine inhärente Eigenexistenz; sein Wesen ist nichts anderes als die Eigenschaften und Bedingungen seiner Selbstmanifestation.«[2] Dies widerspricht dem Argument von Graham Harman (und anderen), dass jedes Objekt mehr ist als nur seine Eigenschaften, Beziehungen und Bedingungen. Für den Buddhismus bleibt nichts (kein Ding) übrig. »Das heißt aber nicht, dass es tatsächlich *nichts* gibt … Es gibt den prozessrelationalen Fluss dessen, was Clark ›schaffende Natur‹ nennt, das ständige Entstehen und Vergehen der erfahrungsmäßigen Stückchen der Welt, das sehr real ist.«[3] Dies impliziert, dass das »negative« und »dekonstruktive« Projekt, für das Nagarjuna bekannt ist, »Hand in Hand mit einem affirmativen, ›realitätsbezogenen‹ Projekt geht, wie es in der gegenwärtigen Kontinentalphilosophie am besten von Gilles Deleuze vertreten wird.«[4] Oder um Clark zu zitieren:

> Für den Buddhismus ist der negative Weg der Zerstörung der Illusion untrennbar mit dem positiven Weg einer offenen, erleuchteten und mitfühlenden Reaktion auf eine lebendige, nicht objektivierbare Realität verknüpft, die »Natur, die keine Natur ist«.[5]

Dies führt uns zu dem, was ich als die zentrale Herausforderung des Buddhismus erachte: Wie geraten wir Menschen in »eine Traumwelt aus illusorischen, trügerisch beständigen Objekten und Ichs und in ein aussichtsloses Streben danach, das Ich zu verteidigen und die Realität zu beherrschen«?[6] Reicht es, wenn man sagt, dies sei ein »grundlegendes menschliches Dilemma«, also eine transhistorische Konstante? Clark unternimmt hier einen überraschenden Schritt in Richtung Marxismus:

Die meisten Analysen (einschließlich der meisten buddhistischen Analysen) des egozentrischen Bewusstseins und der egoischen Flucht vor dem Trauma des Mangels greifen insofern zu kurz, als sie es versäumen, die sozialen und historischen Wurzeln dieser Phänomene zu untersuchen. Wir müssen begreifen, dass das Ich nicht nur ein psychologisches und epistemologisches Konstrukt ist, sondern auch ein historisches. Seine Wurzeln liegen in der Entwicklung der ausgedehnten Agrargesellschaft und der reglementierten Arbeit, dem Aufstieg des Staates und des antiken Despotismus, dem Auftauchen der wirtschaftlichen Klasse und erwerbsbestimmter Werte, dem Triumph des Patriarchats und der Kriegermentalität – kurzum: in der Entwicklung des alten Systems der sozialen Herrschaft und der Beherrschung der Natur. Um es buddhistisch auszudrücken: Unsere wahre karmische Last, sowohl persönlich als auch kollektiv, ist unsere tiefgreifende Geschichtlichkeit und unsere starke Materialität.[7]

Aber es bleibt die Frage: Wie weit können wir in Richtung dieser Geschichtlichkeit gehen? Lebten die Menschen in den Vorklassengesellschaften in einer »lebendige[n], nicht objektivierbare[n] Realität […], [der] ›Natur, die keine Natur ist‹«, und sollte die mögliche postkapitalistische Gesellschaft ebenfalls als eine Befreiung vom »Rad des Verlangens« gedacht werden? Dahinter lauert eine weitere Frage: »Warum sollte die Zerstörung der Illusion zu Mitgefühl führen statt zu Zynismus, wie es im Alltag oft zu sein scheint, oder zu gesellschaftlichem Konservatismus wie im Fall der Hume'schen oder anderer Formen der philosophischen Skepsis?«[8] Trotz allen verzweifelten Versuchen zu zeigen, dass der Weg zur buddhistischen Erleuchtung durch Bescheidenheit und Mitgefühl führt, glaube ich, dass die einzig ehrliche Antwort die von D. T. Suzuki ist: Zen ist eine Meditationstechnik, die mit jeder politischen Ausrichtung vereinbar ist, ob Liberalismus, Faschismus, Kommunismus …

Dies führt uns zurück zur buddhistischen Kritik an meinem Werk. Für Ivakhiv ist dies der Punkt, an dem der Buddhismus auf die Psychoanalyse trifft: »Der entscheidende Unterschied zwischen

Freud/Lacan/Zizek/et al. und Nagarjuna besteht darin, dass erstere unterstellen, [der Aufstieg des beherrschenden Ichs] sei unvermeidlich – das Beste, was wir tun können, sei, uns mit dem Ich- (etc.) Prozess abzufinden und zu versuchen, nicht zu sehr auf die wahnhaften Streiche hereinzufallen, die er uns spielt.«[9] Von daher ignoriere mein Werk völlig »das wahre Potenzial einer wirklichen Lektüre des westlichen Buddhismus, die nicht nur vor dem Hintergrund von Lacan, sondern auch der Lehren des Buddhas und seiner Abstammungslinie stattfände.«[10] Dieses »wahre Potenzial« ist natürlich die Affirmation des Flusses des positiven Lebens.

> D. T. Suzuki, den Žižek vermutlich nie gelesen hat,[11] ein ausgebildeter Zen-Buddhist, der zugleich Professor der buddhistischen Philosophie ist und wunderbar fließend Englisch schreibt und spricht, erinnert an Vajjiya, wenn er über Zen als Leben als »absolute Bejahung« schreibt: »Wir leben in Bejahung und nicht in Verneinung, denn das Leben ist die Bejahung selbst; und diese Bejahung darf nicht von einer Verneinung begleitet oder bedingt sein, eine solche Bejahung ist relativ und keineswegs absolut. Mit einer solchen Bejahung verliert das Leben seine schöpferische Originalität und wird zu einem mechanischen Prozess, der nichts anderes hervorbringt als seelenloses Fleisch und Knochen. Um frei zu sein, muss das Leben eine absolute Bejahung sein ... Zen bedeutet keine bloße Flucht aus der geistigen Gefangenschaft, die manchmal in purer Schamlosigkeit endet. Es gibt etwas im Zen, das uns von Bedingungen befreit und uns zugleich einen gewissen sicheren Halt gibt ... Zen verabscheut Wiederholung oder Nachahmung jeder Art, denn sie tötet. Aus demselben Grund erklärt Zen nie, sondern bestätigt nur. Das Leben ist eine Tatsache und eine Erklärung ist weder notwendig noch angebracht. Erklären hieße, sich zu entschuldigen, und warum sollten wir uns für das Leben entschuldigen? Zu leben – ist das nicht genug? Lasst und also leben, lasst uns ja sagen. Darin liegt Zen in all seiner Reinheit und auch in all seiner Nacktheit.«
>
> Eine Einführung in den Zen-Buddhismus[12]

Die »lacanianische« Lesart (ergänzt um eine Kritik an Lacan) ist hier offensichtlich: Buddha tritt keineswegs für einen Verzicht auf unser Begehren ein, sondern »legt nahe, dass das Festhalten an unserem Begehren zur Befriedigung dieses (und allen) Begehrens führt, während Lacan weniger daran interessiert ist, was es bedeuten würde, unser Begehren zu befriedigen, wenn wir es einmal richtig identifiziert haben.«[13] Wie kann das sein? Der Blogautor führt hier die Geschlechterdifferenz ein. Er interpretiert die (von Lacan so genannte) Unmöglichkeit des sexuellen Verhältnisses als die Unmöglichkeit, das Ziel des männlichen phallischen Subjekts zu erreichen, das darin liegt, die gesamte Realität zu verschlingen / zu beherrschen; von diesem phallischen Standpunkt erscheint der Buddhismus

> im Westen, wo die männliche *jouissance* vorherrscht, als ein fantastisches Gespenst. Der Buddhismus verspricht die Andere, dunkle, weibliche *jouissance* und droht gleichzeitig mit ihr. Nur innerhalb dessen, was Žižek wohl die westliche ideologische Matrix nennen würde, ist der Buddhismus als dieses Zeugnis seines eigenen Scheiterns daran, vorstellbar zu sein, vorstellbar. Žižeks Kritik des westlichen Buddhismus hat daher weit weniger mit den Lehren des Buddhas zu tun, als er den Anschein erweckt, und wesentlich mehr mit der mystischen weiblichen *jouissance*, die diese nahelegen und die für Žižek zu hoch und daher bedrohlich erscheinen.[14]

Drei Dinge sind hier zu ergänzen. Erstens bedeutet einen Phallus zu haben für Lacan nicht, die Realität zu beherrschen. Es gibt einen schönen vulgären Ausdruck im Serbischen, der perfekt einfängt, was Lacan mit seinem Verweis auf die Opazität des Begehrens des anderen »Che vuoi?«, »Was willst du?« meint. Der Ausdruck lautet »Koji kurac te jebe?« (»Welcher Schwanz fickt dich denn?«). Umgangssprachlich ist damit in etwa gemeint: »Was nervst du mich? Warum belästigst du mich? Was soll das alles? Was willst du wirklich von mir?« Die Idee dahinter ist, dass der andere, der mich nervt, nicht genau weiß, was ihn antreibt, wie in einer anderen Version des Ausdrucks deutlich wird, die als positive Aussage, wie eine Art Sprichwort oder Weisheit formuliert wird: »Uvek ima neki kurac koji te jebe.« (»Es gibt immer einen Schwanz, der dich fickt.«) Das Beispiel verdeutlicht übrigens auch, warum der Phallus für Lacan der Signifikant der Kastration ist: Ich ficke nicht andere mit meinem Schwanz, vielmehr stehe ich selbst ständig unter Druck durch einen »Schwanz«, den ich nicht kontrollieren kann und der für mich unklar bleibt.

Es reicht daher nicht aus, sich auf Lacans Schlussfolgerung zu konzentrieren, dass ein König weiter König bleibt, auch wenn man »sich alle Mühe [gibt,] aus einem allzu absoluten König einen konstitutionellen König [zu machen].«[15] Wir müssen hier präziser sein. Lacan hat auch gesagt, nicht nur ein Bettler, der sich für einen König hält, sei ein Narr, sondern auch ein König, der sich für einen König hält. Das bedeutet, dass die Autorität des Königs immer und definitionsgemäß mit seiner symbolischen Kastration einhergeht. Ein König, der kein Narr ist, weiß, dass er König ist, weil seine Untertanen ihn als König behandeln, er weiß, dass seine Autorität ihm durch symbolische Rituale und Gegenstände wie Zepter und Krone übertragen wurde. Selbst in einer absoluten Monarchie ist der König daher »kastriert«, die Quelle seiner Autorität liegt außerhalb von ihm.

Zweitens ist die weibliche *jouissance* – die ich weder als bedrohlich empfinde noch auf Distanz halten will – nicht »jenseits« des traumatischen Einschnitts der Geschlechterdifferenz, sondern einer ihrer Aspekte. Sie entsteht als die andere Seite des phallischen Bereichs. Sogar die Bienen (deren größter Teil entsexualisierte Arbeiterinnen mit verkümmerten Fortpflanzungsorganen sind) bleiben innerhalb der geschlechtlichen Fortpflanzung:

> Nur die Bienenkönigin und die Drohnen haben einen vollständig entwickelten Fortpflanzungsapparat. Die Arbeitsbienen haben einen atrophischen Fortpflanzungsapparat. Sieben Tage nach dem Schlüpfen fliegt die Bienenkönigin aus dem Bienenstock, wo sich

die Drohnen versammeln, und paart sich üblicherweise in den Nachmittagsstunden mit 8 bis 12 Drohnen in der Luft [...]. Während der Paarung sind die Genitalien des Drohns umgestülpt, treten aus dem Körper aus und er ejakuliert durch Zusammenziehen seiner Bauchmuskeln. Dann werden seine Genitalien durch die Königin von seinem Körper abgetrennt, was zu seinem Tod führt. Teile seiner Genitalien bleiben in der Vagina der Königin – das sogenannte »Begattungszeichen« – und werden vom nächsten Drohn entfernt. Die Paarung dauert 5 bis 18 Minuten. Die Königin speichert das gesamte Spermium in ihrer Spermathek und ihre Drüse scheidet Nährstoffe für das Überleben von fast 7000000 Spermatozoen aus, die für den Rest ihres Lebens ausreichen. Während der Eiablage entscheidet die Bienenkönigin bei jedem Ei, das ihren Eileiter passiert, ob sie es befruchtet. Sie legt zweierlei Eier, befruchtete und unbefruchtete. Die unbefruchteten entwickeln sich zu Drohnen und die befruchteten zu weiblichen Bienen – diese Bestimmung heißt Geschlechtsbestimmung. Anschließend können sich die Bienenweibchen je nach Ernährung in ihrem Larvenstadium zu Königinnen oder Arbeiterinnen entwickeln – diese Bestimmung nennt man Kastenbestimmung.

Gibt diese Beschreibung, wenn wir sie aus unserer menschlichen Perspektive lesen, nicht eine merkwürdige matriarchalische Kastengesellschaft wieder? Die ganze Arbeit wird von Bienen erledigt, die passenderweise Arbeiterinnen heißen. Sie sind weiblich und ihre Fortpflanzungsorgane bleiben unentwickelt, sie sind also nicht sexualisiert, sondern buchstäblich transsexuell. Der Geschlechtsverkehr (Befruchtung) zwischen einer Bienenkönigin und den Drohnen findet nur einmal in ihrem Leben statt. Nach dem Verkehr sterben die Drohnen, währen die Königin genug Sperma für ihr ganzes Leben sammelt. Wenn also die Königin eine Sie ist und ein Drohn ein Er, was sind dann die Arbeitsbienen? Entsprechen sie nicht genau dem, was in unserer heutigen nichtbinären Sprechweise mit dem genderneutralen Pronomen *they* bezeichnet wird? Bienen bilden somit die einzige bekannte Gesellschaft, in der die große Mehrheit *they* ist (unterteilt in Wachen, Pollensammler und so weiter), während das schlimmste Schicksal den männlichen Drohnen droht.

Allein die Formulierung »mystische weibliche *jouissance*« ist schon irreführend. Lacan weist darauf hin, dass Mystik nicht ausschließlich weiblich ist; neben der weiblichen Variante (Teresa von Ávila) gibt es auch eine männliche (Johannes vom Kreuz). Drittens ist die Gleichsetzung der buddhistischen Erleuchtung mit der Behauptung der weiblichen *jouissance* und / oder der Mystik völlig unbegründet. Der Buddhismus ist *nicht* einfach eine Version der Mystik – Chiesa charakterisiert ihn überzeugend als »eine umgekehrte Mystik«:

> Im Gegensatz zu den östlichen Polytheismen und ihrer Betonung des Genießens ist der Buddhismus also in diesem Sinne eine Religion des Begehrens, organisiert das Begehren aber auf eine Weise, die sich von der jüdisch-christlichen stark unterscheidet. Genauer gesagt umgeht der Buddhismus die »ganze Variation des Begehrens« (als Poly-Begehren, könnten wir hinzufügen), die in ihm »in am stärksten verkörperter Weise« erscheint, mit dem »letzten Verständnis des radikal illusorischen Charakters jedes Begehrens«.[16]

Die Formel des Buddhismus wäre demnach nicht das mystische »eins mit der Welt« (mein Eintauchen in das göttliche Eins, das zum vollen Genuss führt), sondern »keins mit der Welt«: Ich erkenne die Leere meiner (Nicht-)Existenz, das Nichts meines Ichs, als die Leere der Realität selbst, der es an jeglicher substanzieller (Id-)Entität mangelt. Während die Mystik auf das vollständige Eintauchen des Subjekts in die göttliche *jouissance* abzielt, richtet sich der Buddhismus auf das Begehren als die eigentliche Ursache unseres Leidens: Das Begehren ist inkonsistent, es kann nie gestillt werden, weil seine Natur inkonsistent ist – weil sein Gegenstand illusorisch ist, der falsche Schein einer Leere, ist der Augenblick der Erfüllung des Begehrens der Augenblick seines Scheiterns. Der Buddhismus zieht die radikale Konsequenz aus dieser Einsicht: Der einzige Weg, um dem Leiden zu entgehen, ist, aus dem »Rad des Verlangens« herauszutreten (auf Distanz zu ihm zu gehen) und die Bindung an jedes Objekt der Begierde zu vermeiden, was bedeutet zu akzeptieren (nicht nur als theoretische Aussage, sondern auch als existenzielle Haltung), dass Begierden illusorisch sind, weil alle Objekte (der Begierde und ganz allgemein) nichtsubstanzielle fluktuierende Erscheinungen sind. Solch eine existenzielle Ablösung ist der einzige Weg, auf dem wir Frieden finden können.

Buddhistische Wirtschaftslehre

Der Buddhismus war von Anfang an nicht nur eine spirituelle Lehre. Er lieferte auch Richtlinien zur Organisation des gesellschaftlichen und wirtschaftlichen Lebens. Dieses Konzept ist in den letzten Jahrzehnten in zahlreichen Büchern und Essays über buddhistische Wirtschaftslehre systematisch entwickelt worden. Deren Anhänger weisen gerne darauf hin, dass sie ja keinen utopischen Plan für eine perfekte Gesellschaft vorschlagen, sondern lediglich pragmatische Ratschläge formulieren, wie man jedes bestehende sozioökonomische System verbessern kann. Dennoch ist klar, dass sich die buddhistische Wirtschaftslehre hauptsächlich gegen den Individualismus und das Konsumdenken des Westens sowie dessen Neigung zum permanenten Wachstum richtet.

Der Ausgangspunkt der buddhistischen Wirtschaftslehre ist Buddhas erste große Einsicht: Es gibt Leiden in der Welt, unser Fokus sollte also nicht darauf liegen, uns immer mehr Genüsse zu verschaffen, die uns angeblich glücklich machen, sondern auf der Verringerung von Schmerz und Leid. Es mag scheinen, dass diese Prämisse zu einer radikalen Ablösung von der äußeren, materiellen Realität, vom berühmt-berüchtigten »Rad des Verlangens« führt: Da das Verlangen nach sinnlichen Gegenständen immer zum Scheitern verurteilt ist und in Unzufriedenheit mündet, ist der einzige wahre

Ausweg das Nirwana, ein radikaler Verzicht auf weltliche Beschäftigungen. Der Buddhismus betont allerdings, dass auch diejenigen, die das Nirwana erreichen, Lebewesen in unserer materiellen Welt bleiben, es geht also darum, eine innere, spirituelle Distanz zum materiellen Leben zu wahren, das heißt, zu akzeptieren (nicht nur als abstrakte intellektuelle Haltung, sondern als lebendige spirituelle Erfahrung), dass die äußere Realität keine substanzielle Wahrheit besitzt, dass sie ein Pandämonium miteinander verbundener flüchtiger Erscheinungen ist. Dieses Pandämonium schließt uns mit ein: Wir sind kein von der Wirklichkeit entferntes Selbst, sondern Teil ihres unaufhörlichen Flusses, und der Ursprung des Leidens ist unser Unwissen, unsere Blindheit für diese Tatsache.

Die Anhänger der buddhistischen Wirtschaftslehre werden nicht müde zu erklären, der Buddhismus stehe nicht für asketischen Verzicht auf weltliche Genüsse, sondern für das rechte Maß zwischen Reichtum und Armut, zwischen Individualismus und Gemeinschaftssinn; Reichtum ist gut, wenn er unserem kollektiven Wohl dient. Die buddhistische Vorstellung vom rechten Maß, von der »genau richtigen Menge« bezieht sich nicht nur auf den Einzelnen; sie zielt darauf ab, weder sich noch anderen zu schaden, wobei zu den anderen nicht nur Menschen gehören, sondern alles, was lebt. Im Gegensatz zum westlichen Individualismus vertritt der Buddhismus einen ganzheitlichen Ansatz: Mein Wohlbefinden hängt vom Wohlbefinden aller anderen um mich herum, aber auch vom ausgewogenen Austausch mit der Natur ab. Kein Wunder also, dass die buddhistische Wirtschaftslehre für ein eingeschränktes / begrenztes Begehren eintritt, das vom Geist kontrolliert wird und von seiner exzessiven Natur befreit ist; es beruht auf der Unterscheidung zwischen wahren und falschen Begierden. Falsche Begierden sind solche nach Genüssen, die durch den Konsum oder Besitz sinnlicher Gegenstände erlangt werden, und sind per definitionem unstillbar, nie ganz befriedigt und streben immer nach mehr. Wahre Begierden sind solche nach Wohlbefinden und um dieses zu erreichen, muss ein vernünftiger Geist die Sinnesbegierden lenken und beschränken.

Wir kommen somit zum Gegensatz zwischen grenzenlosen sinnlichen Begierden und der spirituellen Begierde nach Wohlbefinden:

> Der Konsum mag sinnliche Begierden befriedigen, aber sein eigentlicher Zweck ist, für Wohlbefinden zu sorgen. Unser Körper ist zum Beispiel auf Nahrung angewiesen, um sich zu ernähren. Der Konsum von Nahrung ist also eine Voraussetzung für unser Wohlbefinden. Für die meisten Menschen ist der Verzehr von Nahrung jedoch auch ein Mittel, um Genuss zu erleben. Wenn man beim Verzehr von Nahrung die Erfahrung eines köstlichen Geschmacks macht, heißt es, man habe seine Begierden befriedigt.[17]

Aus meiner lacanianischen Sicht ergeben sich hier Probleme. Worauf der Buddhismus abzielt, ist ein Begehren ohne den Exzess, der es zu einem menschlichen Begehren macht, Genießen ohne sein konstitutives Surplus. Wenn wir essen, dann tun wir das fast nie nur für unser langfristiges spirituelles Wohlbefinden, wir tun es aus Lust am Essen, und es ist diese Lust, nicht deren Unterordnung unter ein höheres Ziel, die uns menschlich macht. Denken wir an Lacans Beispiel des Stillens: Ein Kind saugt an der Brust, um Nahrung (Milch) zu erhalten, aber dann wird die wiederholte Saughandlung zur wahren Quelle der Lust, so dass das Kind über die Befriedigung seiner Bedürfnisse hinaus dazu gedrängt wird. Noch deutlicher trifft dies auf den Sex zu: Wir haben so gut wie nie Sex, um dessen natürlichen Zweck (Fortpflanzung) zu erfüllen, sondern weil er uns Genuss beschert – wir wurden genau dann zu Menschen, als der Sex sich von seinem »natürlichen« Ziel der Fortpflanzung verabschiedete und zum Selbstzweck wurde. Und es ist vollkommen falsch, diesen Wandel als Hingabe an grenzenlose Sinnesbegierden darzustellen. Intensiver Sex als Selbstzweck, abgetrennt von seinem natürlichen Ziel, ist wohl unsere elementarste metaphysische Erfahrung; unsere sinnliche Lust wird in eine Erfahrung einer anderen Dimension »transsubstantiiert«, einer Dimension außerhalb der unmittelbaren physischen Realität.

Wir sollten den Gegensatz zwischen falschen, grenzenlosen Begierden, die nur Leid bringen, und der echten spirituellen Begierde nach Wohlbefinden daher umdrehen: Sinnliche Begierden sind von sich aus maßvoll und auf ihre unmittelbaren Ziele beschränkt; grenzenlos und selbstzerstörerisch werden sie erst, wenn sie von einer geistigen Dimension infiziert werden. Sind sie nicht dennoch eine Form des Bösen? Vielleicht, aber wie schon F. W. J. Schelling wusste, ist nur die Spiritualität in ihrer Sehnsucht nach Unendlichkeit selbstzerstörerisch, weshalb das Böse viel spiritueller ist als unsere sinnliche Wirklichkeit. Die Wurzel des Bösen ist, mit anderen Worten, nicht unser Egoismus, sondern im Gegenteil eine verdrehte, selbstzerstörerische Spiritualität, die uns auch dazu bringen kann, unser Leben zu opfern. Diese Dimension fehlt in der buddhistischen Wirtschaftslehre und deshalb kann aus ihrem erklärten Ziel des rechten Maßes beim Versuch, es in die Praxis umzusetzen, leicht eine (nicht immer) milde Form des Faschismus werden. (Erinnern wir uns, dass der Faschismus sich auch als Mittelweg zwischen den zwei Extremen kapitalistischer Individualismus und kommunistischer Kollektivismus präsentiert.) Die Fälle, die in diesem Zusammenhang üblicherweise genannt werden, sind Malaysia, Thailand, Myanmar, Sri Lanka, Japan und sogar China, die Hauptreferenz ist jedoch Bhutan, wo

> König Jigme Singye Wangchuck […] im Jahr 1972 das Bruttonationalglück in seinem Land eingeführt [hat], das ein Gegenkonzept zum Bruttoinlandsprodukt darstellen soll. Im weitesten Sinn kann Bhutan damit als Staat bezeichnet werden, in dem versucht wird, der buddhistischen Wirtschaftslehre zu folgen.[18]

Das klingt ja eigentlich ganz gut, wäre da nicht ein Ereignis, welches das Bild irgendwie trübt:

> Bei der ganzen Aufmerksamkeit, die das viel gepriesene »Bruttonationalglück« des winzigen himalayischen Königreichs Bhutan

erfährt, wird oft übersehen, dass die Regierung unter Glück auch versteht, frei von unwillkommenen ethnischen Minderheiten zu sein. Über 100 000 ethnische Nepalesen – seit Jahrhunderten eine hinduistische Minderheit in Bhutan – wurden Anfang der 1990er Jahre von Obrigkeiten, die die dominierende buddhistische Kultur des Landes durchsetzen wollten, aus Bhutan vertrieben.[19]

Das ist der Preis, den wir zahlen müssen, wenn wir die Paradoxien des Begehrens ignorieren, die Freud und Lacan entwickelt haben.

Warum Bodhisattva ein Schwindel ist

Es stellt sich hier natürlich die entscheidende Frage: Woher kommt das Begehren? Wie fallen wir seiner Illusion anheim? Das Begehren lässt sich nicht mit dem Gegensatz zwischen verdinglichten Partikularobjekten und der darunter liegenden Leere erklären, als ob es entstünde, wenn wir uns zu sehr an Partikularobjekte binden. Die Objektursache des Begehrens (die Lacan *objet a* nennt) ist kein empirischer Gegenstand, sondern ein virtuelles Element, das den harmonischen natürlichen Kreislauf stört, den meine buddhistischen Kritiker beschrieben und gefeiert haben. Die von ihnen vertretene Vision eines von seinen Exzessen gereinigten Begehrens ist für Lacan vollkommen illusorisch. Das Begehren ist selbst ein »pathologischer« Exzess, eine Destabilisierung jeder ausgeglichenen natürlichen Ordnung. Suzuki scheint anzudeuten, das, was ein Begehren beschämend mache, sei seine »Intellektualisierung«, seine Unterwerfung unter rationale Kategorien, die die fließende Lebenserfahrung der Wirklichkeit zu einer Welt fester substanzieller Gegenstände verdingliche. Das Begehren ist jedoch im Grunde kein Effekt einer mechanischen intellektuellen Einengung, sondern eine in das Leben selbst eingeschriebene »Abweichung«. Wenn wir daher das Begehren vom Leben abziehen, erhalten wir kein ausgeglicheneres Leben, sondern verlieren das Leben selbst. Um es auf den Punkt zu bringen: Der Buddhismus feiert den Ausstieg aus dem »Rad des Verlangens«, während Lacan gerade den Sturz des Subjekts in dieses »Rad« feiert. »Seinem Begehren nicht untreu zu werden« bedeutet eine radikale subjektive Festlegung auf eine verrückte Begierde, die die gesamte Wirklichkeit aus dem Gleichgewicht bringt. Oder, um es noch anders auszudrücken: Der Buddhismus akzeptiert die allgemeine Ansicht, dass der Zweck des Lebens das Glück ist (um den Dalai Lama zu zitieren: »Der Zweck unseres Lebens ist es, glücklich zu sein«), er definiert den Begriff nur anders – hier ist eine Reihe von Aussagen des Dalai Lama, die den Unterschied deutlich machen: »Glück ist nichts Vorgefertigtes. Es kommt aus unserem eigenen Handeln.« / »Wenn wir anderen gegenüber Liebe und Freundlichkeit empfinden, fühlen sich nicht nur die anderen geliebt und umsorgt, sondern es hilft auch uns, inneres Glück und inneren Frieden zu entwickeln.« / »Wir brauchen nicht mehr Geld, wir brauchen keinen größeren Erfolg oder Ruhm, wir brauchen keinen perfekten Körper oder gar einen perfekten Partner. Genau jetzt, in diesem Augenblick haben wir einen Geist, der die gesamte Grundausstattung ist, die wir brauchen, um vollständiges Glück zu erreichen.« / »Menschliches Glück und menschliche Zufriedenheit kommen letztlich aus einem selbst.«[20] Im Gegensatz dazu erklärt Lacan im Anschluss an Freud den Todestrieb zum Hauptbestandteil unseres libidinösen Lebens, der jenseits des Lustprinzips operiert. Was Lacan Genießen (*jouissance*) nennt, entsteht aus einer Selbstsabotage der Lust, es ist ein Genießen der Unlust selbst.

Die Lacan'sche Sichtweise ist viel näher an Dr. House; in einer Folge der gleichnamigen Serie untersucht dieser mit seinem Team einen Patienten und als ein Mitarbeiter erwähnt, der Patient strahle Glück aus, fügt House dieses sogleich zur Liste der Krankheitssymptome des Patienten hinzu, die zu erklären und zu beseitigen sind. Das Glücksgefühl ist ein gefährliches Symptom und nicht etwas, das wir anstreben sollten. Hinzuzufügen ist noch, das Gleiches auch auf das zutrifft, was als das spontanste elterliche Gefühl überhaupt gilt: die immense Liebe für das eigene Kind. Kleine Kinder sind der verkörperte Horror: dumm, lästig, schlecht riechend, uns den Schlaf raubend … Das Gefühl der Liebe für sie ist ein eindeutiges Beispiel für das sogenannte »Stockholm-Syndrom«: ein Bewältigungsmechanismus bei Gefangenschaft oder Missbrauch, bei dem die Betroffenen allmählich positive Gefühle gegenüber dem Täter entwickeln. Ist das nicht genau der Mechanismus, um mit kleinen Kindern zurechtzukommen?

Wie steht es mit dem verzweifelten lacanianisch-buddhistischen Interpretationsversuch, das, was der Buddhismus Nirwana nennt, im Grunde mit der Haltung gleichzusetzen, die Lacan als »Durchqueren des Phantasmas« bezeichnet? Wir können ihn nicht einfach als grobe Fehldeutung Lacans abtun, denn er enthält tatsächlich ein Körnchen Wahrheit: Das Begehren ist metonymisch – jeder empirische positive Gegenstand, den wir begehren, ist eine Falle (in dem Sinne, dass, wenn wir ihn bekommen, unser Begehren nie ganz befriedigt ist, sondern enttäuscht, wir erleben ein »ce n'est pas ca« (das ist nicht das, was ich eigentlich wollte), also könnten wir unsere Bindung an Partikularobjekte aufgeben und einfach dauerhaft von einem Objekt zum nächsten schweifen. Mit anderen Worten: Der wahre Verrat an unserem Begehren ist gerade die vollständige Bindung an ein Partikularobjekt als dessen wahres Objekt – wenn wir darauf verzichten, wenn wir zu jedem Gegenstand eine Distanz wahren, erreichen wir Frieden und sind unserem Begehren treu, will sagen, der Leere in seinem Kern, die von keinem Objekt beseitigt werden kann … Doch diese Logik muss letztlich scheitern. Für Lacan kann das Begehren in seiner »Reinheit« (ohne ein empirisches Objekt der Begierde gedacht) nicht in eine friedliche Integration in eine nichtsubstanzielle, sich verändernde Mannigfaltigkeit unserer Realität verwandelt werden, weil es an sich eine Geste der Zerstörung des Gleichgewichts der Realität ist. Wenn wir die Partikularobjekte abziehen, bleibt die Geste der (Zer-)Störung des Gleichgewichts als solche. Was jedes partikulare empirische Objekt der Begierde verschleiert, ist nicht das Gleichgewicht einer Leere, sondern diese negative Geste als solche: Jedes Partikularobjekt partikularisiert diesen Bruch als solchen, indem es ihn in ein Begehren nach etwas verwandelt, das als Partikularobjekt tatsächlich existiert ... Doch wo ist hier die Dimension der Intersubjektivität? In ihrem Essay »Relational Dharma« entwickelt Jeannine A. Davies ein »befreiendes Modell der Intersubjektivität« – ihr Ausgangspunkt ist das grundlegende Ziel, den Dharma zu praktizieren, also

> durch unmittelbare Erfahrung den Unterschied zwischen konventionellen und endgültigen Realitäten zu erkennen. Ein einfaches Beispiel für den Unterschied zwischen konventioneller und endgültiger Realität ist der Unterschied zwischen dem Begriff des Wassers und der körperlichen Empfindung von Wasser. Seine hervorstechenden Merkmale sind die Nässe und eine kühle, warme oder heiße Temperatur. Wenn das Bewusstsein zwischen dem Begriff des Wassers und den körperlichen Empfindungen von Wasser unterscheidet, kommt es zu einem aufschlussreichen Eindringen in das Wesen der begrifflichen Ideenbildung. Begriffe werden dann als Abstraktionen innerhalb des Bewusstseins gesehen, als geistige Deckschichten, die durch vorherige Konditionierungen entstanden sind.[21]

Davies muss natürlich einräumen, dass die Meditationspraxis »vorwiegend auf einsame, introspektive Methoden ausgerichtet [ist], [...] wo sich die Stufen der Erkenntnis in einem Klima der äußersten geistigen Abgeschiedenheit und zwischenmenschlichen Isolation entfalten«[22] – ihr Ziel ist es, zu zeigen, dass Dharma auch durch neue Praktiken der sozialen Interaktion erreicht werden kann. Um diese Behauptung vorbringen zu können, muss sie sich mit dem Gegensatz zwischen den beiden Hauptrichtungen des Buddhismus, Mahayana und Theravada auseinandersetzen. Theravada konzentriert sich auf die Erlangung des Dharma mittels individueller Praktiken der Introspektion, während Mahayana das durch soziale Interaktion erreichte Dharma in den Vordergrund stellt. Wenn jemand zum Beispiel unter einem Trauma leidet, das sein psychisches Gleichgewicht und seine Fähigkeit, mit anderen zu interagieren, zu zerstören droht, wählt Mahayana den Ansatz des Beziehungs-Dharma, der

> in einer Umgebung der empathischen Verbundenheit vermittelt und Dinge in Einklang bringt, indem er eine Atmosphäre nährt, die Angst mildert und die Schaffung von Vertrauen und Sicherheit im Dazwischen erleichtert. Dieser Prozess bietet die Möglichkeit, negative oder lebensbeeinträchtigende »Filter« in Assoziationen umzuwandeln, die die Identität erweitern und vertiefen. Innerhalb dieser Erfahrung ist das Auftreten von etwas »Fremdem«, »nicht Zugehörigem« oder als »zu viel« Empfundenem abgeschwächt, so dass sich der Sinn für das, was eine »ganze Person« ausmacht, auf natürliche Weise erweitert und entwickelt und ein tieferes Verständnis von sich selbst und der Beziehung zwischen sich und anderen entsteht.[23]

Mit einem solchen Ansatz erreicht man »die innere Freiheit, das Leid eines anderen als untrennbar vom eigenen zu empfinden, und das Mitgefühl, es zu lindern zu versuchen, man achtet also die Freiheit der anderen als untrennbar von der eigenen Freiheit«, einer Freiheit,

> anderen ihre Verfehlungen zu verzeihen. Um zu verzeihen, muss die Fähigkeit, entwickelt werden, einen »Schritt zurück« zu machen und die Bedingungen zu erkennen, die zu seinem oder ihrem Verhalten geführt haben, statt aus einer Position der Personalisierung dieses Verhaltens heraus zu reagieren. Wenn das Bewusstsein der kausalen Beziehungen, die dieses Individuum dazu gebracht haben, verwundet zu werden und sich schädlich zu verhalten, anerkannt wird, entsteht relationale Objektivität und Mitgefühl wird möglich.[24]

Eine solche Haltung eröffnet einen Weg, unsere von Gewalt und nicht nachhaltigem Handeln geprägte Welt friedlich zu revolutionieren. Unsere

> Einsicht in das bewusste Bemühen um Wechselseitigkeit ist möglicherweise eine der wichtigsten, was ihre spirituellen, gesellschaftlichen und politischen Implikationen betrifft. Erst wenn wir mit

> größerer Klarheit den genauen Kausalzusammenhang erkennen, wie »wir«, Bürger des Ganzen, die Ganzheit beeinflussen, werden wir die Inspiration finden, die persönliche Verantwortung für unsere Anwesenheit zu übernehmen und unsere physiologische, emotionale und physische Resonanz innerhalb des Ganzen genau abzustimmen.[25]

Das Leiden und die Hindernisse für die Freiheit verschwinden nicht einfach, sie werden nicht einfach zurückgelassen; auf eine fast hegelianische Weise werden sie neu als Hilfsmittel für Wachstum und Freiheit erlebt. Sie werden ihrer substanziellen Identität beraubt und in ihren relationalen Kontext gestellt, in dem sie in wechselseitiger Abhängigkeit auftauchen und verschwinden und innerhalb des Ganzen mitschwingen.

Ein weiterer Unterschied zwischen Theravada und Mahayana betrifft die Erreichbarkeit des Nirwana, die aus dem Subjekt einen Bodhisattva macht. Im Theravada ist die Begegnung mit jemandem, der schon ein Buddha ist, nötig, um wirklich ein Bodhisattva zu werden – jeder andere Vorsatz, die Buddhaschaft zu erlangen, kann in der langen Zeit, die vorausliegt, leicht vergessen oder aufgegeben werden. Im Theravada galt daher, dass der Bodhisattva-Pfad nur einer kleinen Gruppe von Individuen vorbehalten ist und durch eine exklusive Übertragungslinie weitergegeben werden muss, während die Mahayana-Buddhisten das *Bodhisattvayana* zu einem Weg verallgemeinerten, der jedem offensteht und allen Wesen gelehrt wird, um ihm zu folgen.

Um diese Allgemeinheit aufrechtzuerhalten, muss die Mahayana-Tradition eine Unterscheidung zwischen zwei verschiedenen Vorstellungen der Beziehung eines Bodhisattvas zum Nirwana einführen. Das elementare Ziel ist es, ein Arhat (»der Würdige«) zu werden, eine vervollkommnete Person, die Einsicht in die wahre Natur des Daseins erlangt und das Nirwana (geistige Erleuchtung) erreicht hat. Der Arhat, der sich von den Fesseln des Begehrens befreit hat, wird nicht wiedergeboren. In der Theravad-Tradition gilt der Status des

Arhat als geeignetes Ziel für einen Buddhisten, die Mahayana-Tradition fügt ihm hingegen noch eine höhere Stufe hinzu:

> eine Art nondualen Zustand, in dem man weder auf das Samsara noch auf das Nirwana beschränkt ist. Ein Wesen, das diese Art des Nirwana erreicht hat, wird nicht daran gehindert, sich in der samsarischen Welt zu manifestieren, und bleibt dennoch völlig losgelöst von den Befleckungen, die in dieser Welt zu finden sind (und deshalb kann es anderen helfen).[26]

Wir gelangen somit zur Unterscheidung von zwei Arten von Nirwana: dem Nirwana des Arhat und einem höheren Nirwana namens Apratiṣṭhita (nicht bleibend), das es einem Buddha erlaubt, weiter in der Welt des Samsara eingebunden zu sein, ohne von ihr beeinflusst zu werden. Die vorherrschende Vorstellung des Bodhisattva im Mahayana-Buddhismus räumt jedoch stillschweigend ein, dass es praktisch unmöglich ist, solch einen nondualen Zustand zu erreichen, weshalb er sein eigenes Dharma heldenhaft opfert und sein Erwachen aufschiebt, bis alle Lebewesen befreit sind – Bodhisattvas legen ein Gelübde ab: »Ich werde nicht in das endgültige Nirwana eintreten, bevor alle Wesen befreit sind«, oder: »Ich muss alle Wesen zur Befreiung führen. Ich werde bis zum Ende hierbleiben, selbst um nur einer einzigen lebenden Seele willen.«

Der Bodhisattva, der zum Wohle aller Wesen die Buddhaschaft erreichen will, ist liebevoller und mitfühlender als der Sravaka (der nur sein eigenes Leiden beenden möchte). Er praktiziert den Pfad zum Wohle anderer (par-artha), während der Sravaka zum eigenen Wohl handelt (sv-artha). Ich halte diese Unterscheidung zwischen par-artha und sv-artha für potenziell sehr gefährlich; denn – auch wenn der Mahayana-Buddhismus »demokratischer« zu sein scheint, weil er es jedem erlaubt, den Dharma zu erreichen – verbirgt sich hinter seiner Vorstellung des Bodhisattva, der nicht ins Nirwana eintreten will, nicht eine neue Form des Elitedenkens? Einige wenige Auserwählte, die in unserer gewöhnlichen Realität (dem Rad des

Verlangens) gefangen bleiben, rechtfertigen ihre privilegierte Sonderstellung damit, dass sie das Nirwana hätten erreichen können, dies aber verschoben, um allen anderen dabei zu helfen, es auch zu erreichen. Im Grunde wird das Nirwana somit unmöglich: Wenn ich es erreiche, handle ich wie ein Egoist, der sich nur um sein eigenes Wohl kümmert; handle ich dagegen zum Wohl anderer, verschiebe ich meinen Eintritt ins Nirwana … Ich halte diese privilegierte Position für gefährlich, weil sie in einem Dualismus gefangen bleibt, den der authentische Buddhismus hinter sich zu lassen verspricht. Das Reich des Nirwana wird zu einem Jenseits, das wir zu erreichen trachten. Das Gefährliche daran ist, dass diese Position auf etwas beruht, was man als den Grundsyllogismus der Selbstaufopferung bezeichnen könnte: Ich möchte, dass alle Lebewesen ihr Leiden überwinden und zum höchsten Gut gelangen; dazu muss ich mein eigenes Glück opfern und Leiden in Kauf nehmen – nur so hat mein Leben einen Sinn …

Die Gefahr liegt, wie gesagt, darin, dass es hier notwendig zu einem Kurzschluss kommt: Ich benutze mein eigenes Leid automatisch als Beweis dafür, dass ich mich für das Wohl anderer einsetze, und deswegen kann ich auf jede Art von Kritik erwidern: »Siehst du nicht mein Leiden? Wer bist du, dass du mich kritisierst, wo ich mich doch für dich opfere?« An diesem Punkt sind Glück und Opfer keine Gegensätze mehr, sondern fallen völlig zusammen: *Was mir »Glück« (im Sinne von libidinöser Befriedigung) verschafft, ist gerade der Schmerz meines Opfers, den ich als Beweis dafür (miss)deute, dass mein Leben einen tieferen Sinn hat.* Für das einzig authentische Nirwana gilt daher, dass ich ganz in dieser Welt bleibe und lediglich meine Beziehung zu ihr ändere: Das »nicht bleibende« Nirwana ist das *einzige* vollständige und wahre Nirwana. Woran aber scheitert selbst dieses authentische Nirwana?

Um dies zu erkennen, müssen wir uns mit dem Status der Intersubjektivität im Buddhismus beschäftigen. Dieser lässt die radikale Subjektivität des Begehrens außer Acht, die Tatsache nämlich, dass das Begehren immer reflexiv ist (ein Begehren zu begehren, ein

Begehren, begehrt zu werden) und dass das ursprünglich fehlende Objekt des Begehrens ich selbst bin, das Rätsel, was ich für meine anderen bin. Aus freudianischer Sicht ist dies auch das Problem am politisch korrekten Kampf gegen Belästigung. Er unterstellt nämlich, dass jedes Individuum sein eigenes »wahres« Begehren hat, was dann aufgrund ideologischer (hauptsächlich patriarchalischer) Zwänge und anderer Formen sozialer Herrschaft verdrängt oder unterdrückt wird, so dass wir, wenn wir uns nur dieser Unterdrückung entledigen könnten, die Verfolgung unseres wahren Begehrens vollständig genießen würden. Lacan (und schon Freud) zufolge ist unser Begehren hingegen irreduzibel (konstitutiv) »entfremdet«, das heißt, vom Begehren des Anderen in allen drei Bedeutungen des Begriffs vermittelt: Ich begehre, vom Anderen begehrt zu werden; mein Begehren wird (selbst in seiner grenzüberschreitendsten Form) vom großen Anderen, den symbolischen Koordinaten meiner Welt strukturiert; das Rätsel, das mein Begehren antreibt, ist das des undurchdringlichen Anderen (Was bin ich für andere? Wie nehmen sie mich wahr?). Deshalb ist es sinnlos, nach meinem eigenen »wahren« Begehren zu such. Mein Begehren ist, wie Lacan gesagt hat, das Begehren des Anderen.

Das bedeutet, wie Hegel klar erkannt hat, dass die Beherrschung von anderen und die Gewalt gegen sie ein Schlüsselmoment des schmerzhaften Prozesses der intersubjektiven Anerkennung ist. Die Gewalt ist kein Ausdruck meiner egoistischen Eigeninteressen, sondern beruht auf einem »Bösen«, für das ich bereit bin, mein eigenes Wohl und sogar mein Leben aufs Spiel zu setzen. Der Beziehungs-Dharma reicht zur Erklärung dieses »Bösen« nicht aus, denn diese Dimension des »Bösen« ist konstitutiv für mein Erleben des Anderen als eines undurchdringlichen Abgrunds, der nicht in einem fluiden Netzwerk von Erscheinungen aufgelöst werden kann. Ganz grundlegend hat das »Böse« nichts mit meinen egoistischen Interessen zu tun. Es ist eher spirituell, kein einfaches Eigeninteresse – die buddhistische Vorstellung des Samsara (»Rad des Verlangens«) lässt diesen spirituellen Aspekt des »Bösen« unberücksichtigt.

Hier geht die oben bereits zitierte Textstelle über den »entscheidende[n] Unterschied zwischen Freud/Lacan/Zizek/et al. und Nagarjuna« vollkommen am Ziel vorbei. Darin heißt es: »Erstere unterstellen, [der Aufstieg des beherrschenden Ichs] sei unvermeidlich – das Beste, was wir tun können, sei, uns mit dem Ich- (etc.) Prozess abzufinden und zu versuchen, nicht zu sehr auf die wahnhaften Streiche hereinzufallen, die er uns spielt.«[27] Der Buddhismus beschreibt, wie wir allmählich die egoistische Haltung der Herrschaft über andere und das Gefühl, Sklaven unseres eigenen Begehrens zu sein, die beide Leiden verursachen, abstreifen können; unser Ziel ist es demnach, Dharma zu erreichen, wo unser Ich sich im Fluss der Erscheinungen auflöst und seine substanzielle Identität verliert. Innerhalb dieses Raums können Freud und Lacan nur als halbherzig erscheinen: Sie erkennen deutlich die selbstzerstörerische Natur des beherrschenden Ichs, ignorieren aber, dass es einen Bereich jenseits des Ichs und seiner Paradoxien gibt – den Bereich des inneren Friedens und Glücks – und kommen daher über eine Beschreibung der Paradoxien des Ichs nicht hinaus. Für Freud und Lacan gibt es dagegen nichts jenseits der Antagonismen unserer Realität, nichts als eine Lücke der Unmöglichkeit, die sie von innen her durchkreuzt. Alles, was wir als deren Jenseits wahrnehmen, ist unsere Projektion. Das bedeutet nicht, dass das, was die Buddhisten als Nirwana oder Dharma beschreiben, eine Illusion oder ein Schwindel ist. Es ist eine tiefe Erfahrung der subjektiven Destitution, stellt aber dennoch eine Verschleierung der noch radikaleren Erfahrung einer Lücke dar, aus der unsere Realität erscheint.

Weil der Dharma in der Regel als die höchste für uns erreichbare Freiheit beschrieben wird, sollte man darauf hinweisen, dass jedem, der auch nur ein kleines bisschen über Hegel weiß, der radikale Gegensatz zwischen dem buddhistischen und dem Hegel'schen Freiheitsbegriff sofort ins Auge springen muss. Für den Buddhismus sind wir wirklich frei, wenn wir uns von den rationalen Kategorien befreien, die den reinen, nichtsubstanziellen Fluss der Realität zerschneiden und damit abtöten, während für Hegel die grundlegende

Form der Freiheit gerade das unendliche Abstraktionsvermögen ist, das unserem Verstand (nicht der Vernunft) eigen ist, die Fähigkeit, den reibungslosen Fluss der Realität zu unterbrechen und sie mechanisch in ihre Einzelteile zu zerlegen. Die Vorstellung, dass es etwas gibt (den Kern des substanziellen Gehalts des analysierten Gegenstands), das sich dem Verstand entzieht, ein transrationales Jenseits außerhalb seines Zugriffs, ist die grundlegende Illusion des Verstandes. Um vom Verstand zur Vernunft zu gelangen, müssen wir also nur diese konstitutive Illusion vom Verstand *subtrahieren* – der Verstand ist nicht zu abstrakt oder zu gewaltsam, er ist, im Gegenteil, wie Hegel über Kant bemerkte, *zu sanft zu den Dingen*, zu ängstlich, um den gewaltsamen Vorgang des Auseinanderreißens der Dinge in diesen selbst zu verorten. In gewissem Sinne haben wir es hier mit einer Auseinandersetzung zwischen Epistemologie und Ontologie zu tun: Die Illusion des Verstandes besteht darin, dass seine eigene analytische Macht – die Macht, »daß das [...] Akzidentelle als solches, das Gebundene und nur in seinem Zusammenhange mit anderem Wirkliche ein eigenes Dasein und abgesonderte Freiheit gewinnt«[28] – nur eine »Abstraktion« ist, etwas der »wahren Realität« Äußerliches, das dort draußen in seiner unerreichbaren Fülle unbeschadet persistiert. Die normale kritische Sicht des Verstandes und seines Abstraktionsvermögens (dass er lediglich eine kraftlose intellektuelle Übung sei, welcher der Reichtum der Realität entgehe) enthält, mit anderen Worten, die Kernillusion des Verstandes. Um es noch anders zu sagen: Der Fehler des Verstandes liegt darin, seine eigene negative Aktivität (des Scheidens, des Auseinanderreißens von Dingen) nur von der negativen Seite zu sehen und den »positiven« (produktiven) Aspekt zu ignorieren – die Vernunft ist der Verstand selbst unter dem Aspekt seiner Produktivität.

Die gängige Gegenfrage lautet hier: Aber ist eine solche abtötende Abstraktion für Hegel nicht einfach ein negatives Moment, dem eine begriffliche Vermittlung folgt, durch die wir zu einer höheren Form der organischen Einheit zurückkehren? Ja, das stimmt, aber diese höhere Form der organischen Einheit kehrt keineswegs zur Realität der unmittelbaren Erfahrung zurück. Jeder Bezug zur unmittelbaren Erfahrung ist in ihr ausgelöscht, wir bewegen uns ausschließlich innerhalb der begrifflichen Selbstvermittlung. Um es abstrakt und förmlich auszudrücken: Die erste Negation verneint bei Hegel etwas Gegebenes, irgendeinen positiven Inhalt, verbleibt jedoch innerhalb des Horizonts dieses Inhalts, während bei der »Negation der Negation« ebenjener Horizont negiert wird und wir das Feld selbst verändern, in dem wir uns bewegen. Ein Beispiel aus der Populärkultur: Die Negation des Lebens (des Am-Leben-Seins) ist der Tod, dessen Negation aber ist das Untotsein, bei dem man zum »lebenden Toten« wird und sich außerhalb des Gegensatzes zwischen Leben und Tod bewegt.

Das bedeutet nicht, dass Hegel nicht auch etwas in Betracht zieht, das an die Meditationspraxis erinnert, die (im Theravada-Buddhismus) »vorwiegend auf einsame, introspektive Methoden ausgerichtet [ist], [...] wo sich die Stufen der Erkenntnis in einem Klima der äußersten geistigen Abgeschiedenheit und zwischenmenschlichen Isolation entfalten«.[29] Während der Geist im Buddhismus jedoch durch solche Praktiken »eine Art Strom des stillen Friedens verspürt«,[30] konfrontiert uns die Introspektion bei Hegel mit einem furchtbaren Raum, in dem grauenvolle Erscheinungen von Partialobjekten umherschweben – hier ist die berühmte und oft zitierte Stelle über diese »Nacht der Welt«:

> Der Mensch ist diese Nacht, dies leere Nichts, das alles in ihrer Einfachheit enthält – ein Reichtum unendlich vieler Vorstellungen, Bilder, deren keines ihm gerade einfällt –, oder die nicht als gegenwärtige sind. Dies die Nacht, das Innere der Natur, das hier existiert – *reines Selbst*, – in phantasmagorischen Vorstellungen ist es rings um Nacht, hier schießt dann ein blutig Kopf, – dort eine andere weiße Gestalt plötzlich hervor, und verschwinden ebenso – diese Nacht erblickt man, wenn man dem Menschen ins Auge blickt – in eine Nacht hinein, die *furchtbar* wird.[31]

Lassen wir uns nicht von der poetischen Kraft dieser Beschreibung blenden, sondern lesen wir sie genau – klingt in diesem Absatz nicht auf merkwürdige Weise Hegels Beschreibung der negativen Macht des Verstandes wider, der in der Lage ist, ein Seiendes (einen Prozess, eine Eigenschaft) aus dessen substanziellem Kontext herauszulösen und als etwas Eigenständiges zu behandeln? »[D]aß das von seinem Umfange getrennte Akzidentelle als solches, das Gebundene und nur in seinem Zusammenhange mit anderem Wirkliche ein eigenes Dasein und abgesonderte Freiheit gewinnt, ist die ungeheure Macht des Negativen.«[32] Es hat somit den Anschein, als begegneten wir in der gespenstischen Szenerie der »Nacht der Welt« etwas wie der *Macht des Verstandes in seinem Naturzustand*, dem Geist in Gestalt eines *Proto-Geists* – dies ist vielleicht die präziseste Definition des Entsetzens: Dieses entsteht, wenn eine höhere Entwicklungsstufe sich gewaltsam in eine niedrigere Stufe, in deren Grund/Voraussetzung einschreibt, wo sie nur als monströses Chaos, als Zusammenbruch der Ordnung, als grauenvolle, unnatürliche Kombination natürlicher Elemente erscheinen kann. Und Hegels grundlegende Lehre lautet, dass wir lernen sollen, »beim Negativen zu verweilen« und dessen unerträgliche Spannungen nicht in eine Art natürlichen, positiven Fluss der Erscheinungen aufzulösen.

Der Hauptunterschied, der die jüngste Wiederbelebung der Hegelforschung durchzieht, ist der zwischen dem kantischen und dem aristotelischen Ansatz. Die »Kantianer« (Pippin, Brandom) lesen Hegels *Logik* als ein radikalisiertes, transzendentales Apriori für jegliche mögliche Verstehbarkeit des Universums, während die »Aristoteliker« betonen, dass die transzendentale Dimension (die nur insofern funktioniert, als sie in einem selbstbewussten Lebewesen verkörpert ist) im Leben gründet und aus ihm hervorgeht. Karen Ng argumentiert in ihrer antikantianischen, aristotelischen Hegel-Lektüre, dass »das Selbstbewusstsein [...] seinen Grund in der Kategorie des Lebens [hat], ohne die die Kategorien der Vernunft, des Geistes und des Selbstbewusstseins keinen Inhalt, keinen bestimmten Bezug zur Welt hätten.«[33] In der *Kritik der Urteilskraft* versuchte Kant, die Kluft zwischen Bewusstsein und Materie durch die Kategorie des Lebens zu überbrücken, die die Zweckmäßigkeit als ihr immanentes Prinzip impliziert. »In Kants Bild ist die Zweckmäßigkeit jedoch nur ein ›regulatives‹ und kein ›konstitutives‹ Prinzip – ein Prinzip, das die Urteilskraft ›heautonom‹ von sich selbst für die wissenschaftliche Untersuchung verlangt, das sie aber nicht ›autonom‹ der Natur als für die Erfahrungsgegenstände genuin konstitutives Prinzip gibt.«[34] Ng argumentiert, dass »diese Unterscheidung bei genauer Betrachtung nicht wirklich haltbar ist, dass der Als-ob-Charakter regulativer Urteile selbst zu dem Gedanken zu verpflichten scheint, ›dass die Natur zweckmäßig konstituiert ist, so dass teleologische Erklärungen zufriedenstellend sind.‹ Und das ist genau der Punkt, an dem Hegel Kant vor sich selbst retten will, indem er zeigt, dass Zweckmäßigkeit nicht nur ein regulatives Prinzip mit rein subjektiver Gültigkeit ist, sondern eines, das der tatsächlichen Objektivität immanent ist.«[35] Das Leben ist also »ein Kontext, in dem Subjekte, Objekte und deren Beziehungen überhaupt erst Bedeutung erlangen.«[36] Meine Position ist hier eine dritte: Der Gegensatz zwischen organischem Leben und der Vernunft schließt nicht alles ein; um vom organischen Leben zur Vernunft (dem Bereich des Diskurses) zu gelangen, tritt eine weitere Ebene dazwischen, die weder Leben noch Rationalität ist, sondern ein »irrationaler« Ausbruch absoluter Negativität, die Mystiker als die monströse »Nacht der Welt« bezeichnet haben und der sich Hegel, wie wir eben gesehen haben, sehr wohl bewusst war.

Insofern diese »Nacht der Welt« für die Leere der Subjektivität (das ausgestrichene Subjekt) steht, hat mein Kritiker dennoch nicht ganz Unrecht, wenn er in Bezug auf die mystische »Nacht der Welt« eine weibliche Haltung einnimmt. Es gibt Proteste von Feministinnen, die sagen: »Erkläre mir nicht, was eine Frau ist, allein anhand von Dingen, die sie nicht ist.«[37] Aber das ist genau das, was man tun sollte, denn die subjektive Grundhaltung der Frau ist reine Negativität, die Macht des *nicht*, weshalb Lacan sagt, dass »die Frau nicht existiert«. Es ist also nicht so, dass Frauen defizitäre (gefallene) Männer wären, sondern Männer sind Frauen, die in eine bestimmte positive Identität »gefallen« sind.

Dieser »Fall« ist es, den Althusser als ideologische Anrufung (Interpellation) bezeichnet. Viele Interpreten und Kritiker von Althussers Theorie der Anrufung haben schon auf die Zirkularität des Interpellationsprozesses hingewiesen: Ja, die Ideologie ruft ein Individuum als Subjekt an; aber damit sich das Individuum in der Anrufung erkennen kann, muss es schon für die Interpellation offen sein, es muss also, hegelianisch gesprochen, schon ein Subjekt »an sich« sein. Das bedeutet, dass wir es hier mit einer (subtil asymmetrischen) wechselseitigen Kausalität zu tun haben: Sowohl das Subjekt als auch der große Andere, der Akteur der Interpellation, entstehen durch den Prozess der Interpellation. Hegel nannte diese verschlungene Struktur »absoluten Gegenstoß«: Das Subjekt / die Wirkung erzeugt rückwirkend ihre Ursache. Betrachten wir ein politisches Beispiel: Kommunisten werden durch ihre gemeinsame Sache motiviert, aber diese Sache existiert (ist wirksam) nur durch die Aktivität ihrer Anhänger. Ist das alles, was sich über die Zirkularität der Interpellation sagen lässt? Lacan macht einen Schritt zurück und bezieht das Moment des Scheiterns in diesen Prozess mit ein – seine prägnante Formel lautet: X wird als signifizierende Identität angerufen, das heißt, einem Herren-Signifikanten untergeordnet, diese Unterordnung scheitert, ein Teil des (werdenden) Subjekts widersteht der Anrufung, bleibt außerhalb ihrer Reichweite, und das eigentliche Subjekt *ist* dieser Rest. Betrachten wir den Standardfall einer Liebeserklärung: Ich versuche, meiner Geliebten meine innere Haltung zu offenbaren, ich scheitere und durch dieses Scheitern wird meine Liebe als echt bestätigt. (Würde ich mich bei meiner Erklärung perfekt ausdrücken, wäre es keine Liebe, sondern eine flache mechanische Äußerung.) Das zirkuläre Paradoxon besteht hier also darin, dass das Subjekt das Scheitern des Vorgangs der Subjektwerdung ist: Das Hindernis ist eine positive Bedingung. Zirkularität bedeutet, dass der Rest (des Scheiterns) eines Vorgangs rückwirkend diesen Vorgang verursacht. Es gibt vor dem Prozess der Anrufung/

Subjektivierung kein Subjekt, das sich darin auszudrücken versucht, dieses Subjekt entsteht erst rückwirkend durch das Scheitern seines Versuchs.

Eine ähnliche (wenn auch nicht dieselbe) Zirkularität begegnet uns auch im Prozess der Ideologie. Es genügt nicht, zu sagen, die Ideologie stelle ein künstliches soziales Konstrukt als biologische oder soziale Tatsache dar – denken wir an das klassische Beispiel von Judith Butler: Die Geschlechtsidentität ist keine natürliche Tatsache oder ein Umstand, der auf ewigen (patriarchalen oder göttlichen) Gesetzen beruht, sondern das Ergebnis eines komplexen symbolischen Prozesses, der grundsätzlich kontingent und historisch begrenzt ist. Man muss die umgekehrte Behauptung hinzufügen: In unserem postmodernen Zeitalter kann die Ideologie auch als historistische Relativierung von etwas dienen, das tiefere Wurzeln hat – so präsentiert zum Beispiel die kapitalistische Ideologie Ausbeutung und Korruption als kontingente, sekundäre Tatsachen und nicht als etwas, das mit der Idee des Kapitalismus selbst verbunden ist. Die Ideologie erhebt also nicht nur etwas Kontingentes zu einer Notwendigkeit, sie kann auch etwas, das zu einem bestimmten Raum notwendig dazu gehört, als kontingente Abweichung abtun.

Gegen Opfer

Diese radikale Negativität führt uns zum Thema des Opfers zurück. Wir haben gesehen, welche Art des Opfers die Idee des Bodhisattva beinhaltet – sie bleibt fest innerhalb des Rahmens des traditionellen Opfers: Ich entscheide mich dafür, im Tal der Tränen zu bleiben und meine vollständige Erleuchtung aufzuschieben, um an der globalen Beseitigung des Leidens zu arbeiten. Die buddhistische Erleuchtung erfordert selbst ein paradoxes selbstreflexives Opfer: Indem ich mich vergeblicher Wünsche entledige, deren Verfolgung mich immer nur enttäuschen wird, opfere ich gewissermaßen das Opfer selbst, ich erkenne, dass das, was ich opfere, in sich selbst wertlos ist. (So lässt sich auch die Zwiespältigkeit beim Einnehmen der Position des Bodhisattva verstehen: Meinen Eintritt ins Nirwana zu opfern / aufzuschieben bringt mich wieder in den Raum der Mehrlust, ich darf mich voll und ganz auf einen leidenschaftlichen Kampf einlassen … Der Trick ist, dass ich meinen Wiedereintritt in das Feld des leidenschaftlichen Engagements hinter der falschen Rechtfertigung verstecke, ich würde nur dem hohen Ideal folgen, anderen zu helfen.) Die Idee des Opfers und ihre Unklarheiten verdienen also durchaus eine nähere Betrachtung.

In M. Night Shyamalans Spielfilm *Knock at the Cabin* (2023) geht es darum, dass das Ende der Welt durch ein Opfer in letzter Sekunde abgewendet werden kann – hier die Handlung in Grundzügen:[38] Die siebenjährige Wen macht mit ihren Eltern Eric und Andrew Urlaub in einer abgelegenen Hütte im ländlichen Pennsylvania. Vier geheimnisvolle Fremde – Sabrina, Adriane und Redmond, angeführt von Leonard – dringen in die Hütte ein und fesseln die Familienmitglieder an Stühlen. Sie erklären, sie hätten nicht die Absicht, ihnen zu schaden – sie seien durch Visionen und eine unbekannte Macht dazu gezwungen worden, die Familie zu finden. Die Gruppe sieht eine kommende Apokalypse voraus, bei der die Meere ansteigen, eine Seuche ausbrechen, der Himmel einstürzen und schließlich eine unendliche Finsternis die Erde bedecken werde – dies lasse sich nur abwenden, wenn die Familie eines ihrer Mitglieder als Opfer auswähle und töte. Eric und Andrew glauben, dass die vier lügen, und der Angriff auf Hass und Wahnvorstellungen beruht. Als die Familie sich weigert, ein Opfer auszuwählen, opfern die Eindringlinge einen der Ihren (Redmond), indem sie ihn mit ihren mitgebrachten selbstgebauten Waffen umbringen. Das Fernsehen berichtet von verheerenden Mega-Tsunamis, von denen Leonard sagt, sie seien der Beginn der Apokalypse. Als er schließlich alle drei seiner Begleiter geopfert hat, teilt er den drei überlebenden Familienmitgliedern mit, sie hätten nur noch wenige Minuten, um sich zu entscheiden, bevor es zu spät sei, und schneidet sich dann selbst die Kehle durch. Unmittelbar nach seinem Tod verfinstert sich der Himmel, und Blitze verursachen Brände und Flugzeugabstürze. Eric glaubt nun, dass die Ereignisse real sind; weil er nicht will, dass Wen in einer zerstörten Welt aufwächst, bietet er sich als Opfer an – er glaubt, dass sie dazu auserkoren wurden, ihre Familie zu opfern, weil ihre Liebe so rein war. Andrew erschießt Eric widerwillig, bevor ein Blitzschlag die Hütte in Brand setzt. Andrew und Wen finden den Pick-up der Gruppe mit Gegenständen, die ihre Geschichten größtenteils bestätigen; sie fahren zu einem überfüllten Diner in der Nähe, wo sie Nachrichtensendungen sehen, die bestätigen, dass die Katastrophen nachgelassen haben.

Obwohl die Idee, dass ein auserwählter Einzelner sich aus Liebe opfert, um die Menschheit zu retten, christologische Assoziationen weckt, kann man sich kaum einen antichristlicheren Film vorstellen. Unter den jüngeren Filmen hat *The Killing of a Sacred Deer* (2017) von Yorgos Lanthimos ein ähnliches Opfer zum Thema. Der sechzehnjährige Martin erklärt dem angesehenen Herzchirurgen Dr. Steven Murphy, dieser sei am Tod seines Vaters schuld, weil er dessen Operation verpfuscht habe, und nun müsse seine Familie an einer mysteriösen Krankheit sterben, es sei denn, Steven töte selbst eines seiner Familienmitglieder. Die Familie beginnt unter merkwürdigen Symptomen zu leiden (Lähmung, Appetitlosigkeit, Augenbluten), egal was Steven unternimmt, selbst als er Martin in seinem Keller fesselt und brutal zusammenschlägt. Schließlich stellt er sich mit einem Gewehr in die Mitte eines Kreises aus seinen Familienmitgliedern, zieht sich eine Strickmütze über die Augen, dreht sich um sich selbst und erschießt blindlings seinen Sohn Bob. In der Schlussszene sitzt die Familie Murphy ohne Bob in einem Diner; Martin kommt herein, sieht sie ohne ihren Jüngsten dort sitzen und verlässt zufrieden das Restaurant. Lanthimos stellt selbst die Verbindung seines Films zu Euripides später Tragödie *Iphigenie in Aulis* her, in der Agamemnon seine Tochter opfert, um die Göttin Artemis zu besänftigen und den griechischen Schiffen auf ihrem Weg nach Troja guten Wind zu bescheren. Solch ein Vorgehen folgt der klaren Logik, etwas Kostbares zu opfern, um eine noch viel schlimmere Katastrophe zu verhindern; eine seiner Spätformen findet sich in stalinistischen Schauprozessen: Indem sie sich schuldig bekannten, indem sie die Verantwortung für die Probleme und Fehlschläge des Sowjetsystems übernahmen, erwiesen die Angeklagten der Partei einen großen Dienst, weil sie sie schützten und ihre Reinheit bewahrten – die Sorgen des Alltags lagen nicht in der Verantwortung der Partei ... Dasselbe Bemühen, den Anderen zu retten, liegt auch der neurotischen Schuld zugrunde. Der Neurotiker gibt sich selbst die Schuld, er nimmt das Scheitern auf sich, um die Phantasie eines idealen Vaters zu bewahren. Genau das passiert aber gerade *nicht* mit dem Tod Christi: Sein Opfer verschleiert nicht den Mangel des Anderen (den von Gottvater) – im Gegenteil: *es offenbart diesen Mangel*, es zeigt die Nichtexistenz des großen Anderen. Schon Hegel bemerkte, dass es der Gott des Jenseits selbst ist, der am Kreuz stirbt: Nicht wir opfern uns ihm (oder für ihn), sondern Gott opfert sich selbst und stirbt – die Botschaft dieses Paradoxons kann nur lauten, dass *es niemanden gibt, dem (oder für den) man sich opfern kann.*[39]

Das Opfer Christi ist mithin, wie es René Girard einmal gesagt hat, die Tat, die die Opferlogik selbst beenden soll. Im Gegensatz dazu bleibt das Opfer in *Knock at the Cabin* auf der Ebene der neurotischen Symptome, die »gleichbedeutend mit den Anderen stützenden (Selbst-)Aufopferungen sind«[40], und, wie Johnston schreibt: »Neurotiker werden wahrhaft atheistisch, wenn die Analyse es ihnen ermöglicht, damit aufzuhören, sich bewusst und unbewusst Leid zuzufügen, um bestimmte signifikante Andere in ihrer Lebensgeschichte vor Unwissenheit und / oder Ohnmacht zu schützen.«[41]

Die beherrschende Frage in den beiden letzten Filmen von Andrei Tarkowski, *Nostalghia* (1983) und *Opfer* (1986), ist, wie – durch welches Martyrium oder Opfer – es heute noch möglich ist, die Unschuld des reinen Glaubens zu erlangen. Alexander, die Hauptfigur aus *Opfer* lebt mit seiner großen Familie in einem abgelegenen Haus auf dem Land in Schweden (eine andere Version der russischen Datscha, von der Tarkowskis Helden besessen sind). Die Feierlichkeiten zu seinem Geburtstag werden von der Schreckensnachricht unterbrochen, dass tief fliegende Düsenflugzeuge den Beginn eines Atomkriegs zwischen den Supermächten ankündigten. In seiner Verzweiflung wendet sich Alexander betend an Gott und bietet ihm alles an, was ihm wertvoll ist, damit der Krieg gar nicht erst nicht stattfindet; in einer Opfergeste brennt er sein geliebtes Landhaus nieder (auch am Ende von *Opfer* brennt die Hütte). Der Krieg ist »ungeschehen« und Alexander wird in eine Irrenanstalt gebracht … In *Nostalghia* wird diese reine, sinnlose Tat, die unserem irdischen Leben wieder eine Bedeutung verleiht, von demselben Schauspieler (Erland Josephson) vollbracht, der sich als der alte Narr Domenico öffentlich selbst verbrennt.

Dieses Opfer sollte man unbedingt als eine obsessive neurotische Zwangshandlung betrachten: Wenn ich die richtige Opfergeste vollführe, wird *die* Katastrophe nicht geschehen oder ungeschehen gemacht – wie bei der bekannten zwanghaften Geste »Wenn ich dies nicht tue (zweimal über diesen Stein hüpfen, meine Hände auf diese Weise kreuzen und so weiter), wird etwas Schlimmes geschehen.« Tarkowski weiß genau, dass ein Opfer in gewissem Sinne sinnlos sein muss, wenn es funktionieren soll, die Geste eines »irrationalen« nutzlosen Aufwands oder Rituals (wie das Durchqueren des leeren Beckens mit einer brennenden Kerze oder das Niederbrennen des eigenen Hauses) – die Idee dahinter ist, dass nur eine solche Geste des einfachen, spontanen »Tuns«, die von keiner rationalen Überlegung gedeckt ist, den unmittelbaren Glauben wiederherstellen kann, der uns vom modernen spirituellen Unwohlsein befreien und heilen kann. Das Tarkowski'sche Subjekt bietet hier buchstäblich seine eigene Kastration (Verzicht auf Vernunft und Herrschaft, freiwillige Reduzierung auf kindische »Idiotie«, Unterwerfung unter ein sinnloses Ritual) als Instrument zur Befreiung des großen Anderen an. Es scheint, als könne das Subjekt nur durch die Ausführung einer völlig sinnlosen und »irrationalen« Tat den tieferen globalen Sinn des Universums als solchem retten.[42]

Was Tarkowski über einen billigen religiösen Obskurantismus erhebt, ist die Tatsache, dass er dieser Opfertat jede pathetische und feierliche »Größe« nimmt und sie als eine stümperhafte, lächerliche Handlung darstellt (in *Nostalghia* hat Domenico Schwierigkeiten damit, das Feuer zu entzünden, das ihn töten wird, und die umstehenden Passanten ignorieren seinen brennenden Körper; *Opfer* endet mit einer komischen Choreographie der Männer aus der Anstalt, die versuchen, den Helden in den Krankenwagen zu zerren – die Szene ist wie das Fangen-Spiel von Kindern gedreht). Es wäre allzu einfach, diesen lächerlichen und stümperhaften Aspekt des Opfers als Hinweis darauf zu deuten, wie es gewöhnlichen Menschen erscheinen muss, die in ihren Alltag eingetaucht sind und die tragische Größe der Tat nicht zu schätzen wissen. Tarkowski, dessen Filme ansonsten vollkommen ohne Humor und Witze auskommen, reserviert Spott und Satire genau für solche Szenen, in denen die heiligste Geste des höchsten Opfers gezeigt wird (schon die berühmte Kreuzigungsszene in *Andrej Rubljow* ist auf diese Weise gedreht: Sie wird in eine russische Winterlandschaft verlegt, schlechte Schauspieler spielen mit lächerlichem Pathos, und es fließen Tränen).

Solch ein authentisches Opfer wirkt als Geste der völligen Selbstverleugnung: »O, wofern ein Mensch in Selbstverleugnung wirklich allen Sinnentrug, als vermöge er etwas, fortschaffen könnte, wirklich verstehen könnte, daß er selbst gar nichts vermag [...]!«[43] Theologisch betrachtet zeugt diese Verleugnung von der unüberwindlichen Kluft, die den Menschen von Gott trennt. Die einzige Möglichkeit, unsere bedingungslose Verpflichtung gegenüber dem Sinn des Lebens zu bestätigen, besteht darin, unser *ganzes* Leben, unsere gesamte Existenz auf die absolute Transzendenz des Göttlichen zu beziehen; und weil es keinen gemeinsamen Nenner zwischen unserem Leben und dem Göttlichen gibt, kann das Verzichtopfer nicht Teil des Austauschs mit Gott sein – wir opfern alles (die Totalität unseres Lebens) *für nichts*: »Aber dem Unbedingten gegenüber kommt der Verstand zum Stehen. Der Widerspruch ist: von einem Menschen verlangen, dass er die stärksten nur möglichen Aufopferungen mache, sein ganzes Leben zum Opfer weihe – und warum? Ja, da ist kein Warum.«[44] Das bedeutet, es gibt keinerlei Garantie, dass unser Opfer belohnt wird, dass es unserem Leben den Sinn zurückgeben wird – wir müssen einen Glaubenssprung machen, der in den Augen eines externen Beobachters nur als Akt des Wahnsinns erscheinen kann (wie Abrahams Bereitschaft, seinen Sohn Isaak zu töten): »Auf den ersten Blick sagt der Verstand, daß dies Wahnsinn ist. Der Verstand fragt: Was springt für mich dabei heraus? Die Antwort lautet: nichts.«[45] Der letzte Sinn des Opfers ist folglich, den Sinn selbst zu opfern.

Knock at the Cabin mag den Anschein erwecken, ähnlich komplex zu sein, ist es aber nicht. Zu erleben sind vielmehr, wie nicht anders zu erwarten, die ständigen Zweifel aller Beteiligten, der Gefangenen wie der Eindringlinge, über die Wirklichkeit der katastrophischen Aussicht, die sie umtreibt. Zu wahrer Komplexität würde eine seltsame Umkehrung gehören: Die terrorisierte Familie glaubt insgeheim selbst an die Bedrohung und die vier »fundamentalistischen« Eindringlinge zweifeln an ihren eigenen Visionen, die sie dorthin gebracht haben – nur so würden wir uns den aktuellen Doppeldeutigkeiten des Glaubens nähern.

Der Kunstgriff des Opfers ist es also, dem Tod seine Sinnlosigkeit zu nehmen. Talleyrand soll, als er vom Tod eines türkischen Botschafters hörte, gesagt haben: »Ich frage mich, was er damit gemeint hat.« (Im Allgemeinen wird das Zitat Metternich zugeschrieben, der es angeblich nach dem Tod Talleyrands 1838 geäußert haben soll.)[46] Passt die Logik hinter diesem Bonmot nicht perfekt zum Stalinismus, wo jedes Ereignis, auch wenn es noch so zufällig oder »natürlich« erschien, eine versteckte politische Bedeutung haben musste? Der Tod ist mit Sicherheit ein Ereignis, das keine versteckte Bedeutung enthält.

Die ultimative Entscheidung

Der einzig wahre radikale ethische Gegensatz ist der zwischen dem Buddhismus und (Lacans Formulierung) der psychoanalytischen Ethik. Beide sind nicht wissenschaftsfeindlich. Sie akzeptieren, dass wissenschaftliche Leistungen nicht wieder in unsere Alltagserfahrung integriert werden können. Thomas Metzinger vertritt die Ansicht, dass wir gar nicht anders können, als uns selbst als »Selbst« zu erfahren, das heißt, es ist uns phänomenologisch unmöglich, uns eine Selbst-lose Erfahrung vorzustellen. Zwar kann man wissen (im rein erkenntnistheoretischen Sinne objektiven Wissens), dass es kein substanzielles Selbst gibt (genau das legt Metzinger in seiner Theorie des phänomenalen Selbstmodells [PSM] dar), »wirklich daran glauben« kann man aber nicht:

> SMT [die Selbstmodell-Theorie der Subjektivität] ist eine Theorie, von der man grundsätzlich *nicht überzeugt sein kann*. [...] Diese Tatsache ist die wahre Essenz und der innerste Kern dessen, was wir *eigentlich* meinen, wenn wir vom »Rätsel« – oder manchmal sogar vom »Geheimnis« – des Bewusstseins sprechen. [...] Doch auch wenn das stimmt, so kann es einfach nicht intuitiv einleuchten.[47]

Metzinger geht hier allerdings noch einen Schritt weiter und lässt einen Vorbehalt zu, die buddhistische Erleuchtung, in der das Selbst sein eigenes Nichtsein unmittelbar erfahrungsmäßig annimmt, das heißt, sich als »simuliertes Selbst«, als repräsentationale Fiktion erkennt. Eine solche Situation, in der der phänomenale Traum *für sich selbst luzide* wird, »entspricht einer klassischen philosophischen Vorstellung, die bereits vor mindestens 2500 Jahren in der asiatischen Philosophie entwickelt wurde, nämlich dem buddhistischen Konzept der ›Erleuchtung‹.«[48] Ein solch erleuchtetes Bewusstsein ist keine Selbstbewusstheit mehr, denn hier erlebe ich mich nicht mehr als wirkende Kraft hinter meinen Gedanken, »mein« Bewusstsein ist vielmehr das unmittelbare Bewusstsein eines selbstlosen Systems, eines selbstlosen Wissens. Kurzum, es gibt tatsächlich eine Verbindung oder zumindest eine Art asymptotischen Koinzidenzpunkt zwischen der radikalen neurowissenschaftlichen Position und der buddhistischen Vorstellung des Anatman, der Nichtexistenz des Selbst. Die buddhistische Subjektposition des »Anatman« ist die einzige subjektive Haltung, die das Resultat des Kognitivismus (»Es gibt kein Selbst«) wirklich annimmt und (zumindest in bestimmten Versionen) in vollkommenem Einklang mit dem radikalen wissenschaftlichen Naturalismus steht.

Aber obwohl Lacan das Freud'sche Subjekt als das Subjekt der modernen Wissenschaft definiert, wird gerade hier deutlich, dass diese Nähe die Kluft nur umso spürbarer werden lässt. Im Buddhismus wird gelehrt, das Begehren zu opfern, um den inneren Frieden der Erleuchtung zu erlangen, in dem sich das Opfer selbst aufhebt. Für Lacan ist das wahre Opfer das Begehren selbst. Dieses ist ein Eindringen, das den Rhythmus unseres Lebens aus der Bahn wirft und uns zwingt, die alltäglichen Freuden und Annehmlichkeiten zugunsten von Disziplin und harter Arbeit aufzugeben, um das Objekt unserer Begierde zu erreichen, sei es Liebe, eine politische Sache, die Wissenschaft ... oder, wie Neil Gaiman es in einer denkwürdigen Passage ausdrückt:

> Warst du schon mal verliebt? Schrecklich, oder? Es macht dich so verletzlich. Es öffnet deine Brust, es öffnet dein Herz und es bedeutet, dass jemand in dich eindringen und dich fertigmachen kann. Du baust all diese Abwehrmechanismen auf, du legst dir eine ganze Rüstung zu, damit nichts dich verletzen kann, und dann verirrt sich ein dummer Mensch, der nicht anders ist als andere dumme Menschen, in dein dummes Leben ... Du gibst ihnen ein Stück von dir. Sie haben nicht darum gebeten. Sie haben irgendwann etwas Dummes getan, zum Beispiel dich geküsst oder angelächelt, und schon ist dein Leben nicht mehr dein eigenes. Die Liebe nimmt Geiseln. Sie dringt in dich ein. Sie frisst dich auf und lässt dich weinend in der Dunkelheit zurück, ein so einfacher Satz wie »Vielleicht sollten wir einfach nur Freunde sein« verwandelt sich in einen Glassplitter, der sich in dein Herz bohrt. Es tut weh. Nicht nur in der Phantasie. Nicht nur im Kopf. Es ist ein Seelenschmerz, ein richtiger Geht-in-dich-rein-und-reißt-dich-kaputt-Schmerz. Ich hasse die Liebe.[49]

Es gibt ein Mittel gegen dieses Grauen der intensiven Liebe – es heißt Ehe. Ein (nicht allzu) vulgärer Witz verschafft uns einen Einblick in eine wahrhaft glückliche Ehe. Eine Frau und ihr Ehemann liegen spät abends im Bett; die Frau versucht einzuschlafen, während der Mann ein Buch liest. Alle paar Minuten greift er mit der Hand zu seiner Frau herüber und reibt seinen Finger sanft in ihre Schamlippen. Das geht eine halbe Stunde so weiter, bis die Frau auffährt: »Ich versuche zu schlafen! Wenn du Sex willst, dann mach schnell und spiel nicht so mit mir!« Der Gatte erwidert: »Tut mir leid, aber es geht gar nicht um Sex. Ich lese gerade ein Buch und muss alle paar Minuten meinen Finger anfeuchten, um umzublättern …«[50] Dies führt uns zu Pascal: Die wahre Pascal'sche Eheformel lautet nicht: »Du liebst deinen Partner nicht? Dann heirate ihn, durchlaufe das Ritual des gemeinsamen Lebens und die Liebe kommt von selbst.« Ganz im Gegenteil, sie lautet: »Liebst du jemanden zu sehr? Dann heirate und ritualisiere deine Liebesbeziehung, um dich von der exzessiven leidenschaftlichen Bindung zu kurieren und sie durch die langweilige tägliche Gewohnheit zu ersetzen …« Die Ehe ist also ein Mittel der Renormalisierung, die uns von der Gewalt des Verliebtseins heilt. Und verhalten sich viele »radikale« Linke nicht ganz ähnlich wie der bedauerliche Ehemann? Aus Angst, sich dem Realen des wirklichen politischen Kampfes zu nähern, berühren sie ihn nur flüchtig, um sich kurz den Finger anzufeuchten und dann weiter ihre akademischen Bücher zu lesen und zu schreiben (und die wirklichen Kämpfer zu kritisieren) …

Macht der Buddhismus nicht etwas Ähnliches? Er lehrt uns, wie wir den Seelenschmerz loswerden können, während die Psychoanalyse uns nötigt, ihn vollkommen anzunehmen, weil, wie Lacan sagt, das höchste Moralgesetz das Gesetz des Begehrens ist. Um diesen Unterschied näher zu erläutern, kann uns das Lied *Dalai Lama* von Rammstein helfen. Es basiert grob auf Goethes Gedicht *Erlkönig*, das von einem Vater und seinem Sohn erzählt, die auf einem Pferd reiten, als der Wind das Kind zu hypnotisieren beginnt und es am Ende stirbt. In dem Lied sitzt das Kind mit seinem Vater im Flugzeug; wie im Gedicht werden die Reisenden von einem geheimnisvollen Geist bedroht, der das Kind »einlädt«, bei ihm zu bleiben (wobei nur das Kind diese Einladung hören kann). Im Gedicht reitet der besorgte Vater, um den Jungen in seinen Armen zu retten, und muss am Ende feststellen, dass das Kind tot ist. In dem Rammstein-Song ist es dagegen der Vater selbst, der den Tod des Kindes verursacht. Was hat das alles mit dem Dalai Lama zu tun? Das Lied macht sich nicht bloß über die Flugangst des Dalai Lama lustig, sondern der Text weist eine intimere Verbindung zum Kern der buddhistischen Lehre auf. Die Flugangst des Dalai Lama findet in der Figur des Herrn ein merkwürdiges Echo: »Der Mensch gehört nicht in die Luft / So der Herr im Himmel ruft / Seine Söhne auf dem Wind«, um eine starke Turbulenz zu verursachen, die das Kind töten wird. Aber wie? Nicht einfach durch einen Absturz des Flugzeugs, sondern indem er unmittelbar die Seele des Kindes heimsucht: »Aus den Wolken tropft ein Chor / Kriecht sich in das kleine Ohr / Komm her, bleib hier / Wir sind gut zu dir / Komm her, bleib hier / Wir sind Brüder dir.« Die Stimme des Teufels ist kein brutaler Schrei, sondern ein zartes, liebevolles Flüstern.

Diese Doppeldeutigkeit ist entscheidend: Die rohe äußere Bedrohung wird von einem Chor aus verführerischen Stimmen verdoppelt, die nur das Kind hört. Das Kind kämpft gegen die Versuchung an, sich diesen Stimmen hinzugeben, doch der Vater, der es zu fest hält, um es zu beschützen, bemerkt die Atemnot des Kindes nicht und »drückt die Seele aus dem Kind«. (Man beachte das mehrdeutige Ende des Liedes: Im Text wird nie gesagt, dass das Flugzeug tatsächlich abstürzt, nur dass es starke Turbulenzen gab.) Der Vater (der augenscheinlich für den Dalai Lama steht) will das Kind vor der äußeren Bedrohung durch die Realität (Turbulenz) schützen, aber durch sein übermäßiges Beschützen tötet er seinen Sohn. Es gibt hier eine tiefere Übereinstimmung zwischen dem Dalai Lama und dem »König aller Winde«. Die naheliegende Implikation ist, dass der buddhistische Schutz vor Schmerzen und Leid uns demütigt und vom Leben ausschließt. Die Botschaft von *Dalai Lama* lautet also eigentlich, um eine bekannte ironische Paraphrase der ersten Strophe der alten DDR-Nationalhymne zu zitieren: »Einverstanden mit Ruinen / Und in Zukunft abgebrannt.«[51]

Der Rammstein-Song gibt dieser pessimistischen Binse jedoch einen zusätzlichen Dreh – sein zentraler Refrain lautet: »Weiter, weiter ins Verderben / Wir müssen leben, bis wir sterben«. Das ist der von Freud so genannte »Todestrieb« in Reinform, nicht der Tod selbst, sondern die Tatsache, dass wir *leben* müssen, bis wir sterben, dieses endlose Sich-Hinziehen des Lebens, dieser endlose Wiederholungszwang. Der Refrain entspricht dem, was man in Frankreich eine *lapalissade* nennt (eine Binsenweisheit wie etwa: »Eine Minute vor seinem Tod war Monsieur La Palice noch am Leben«). Aber Rammstein dreht die naheliegende Weisheit (»egal, wie lange du lebst, am Ende wirst du sterben«) um zu: »Bis du stirbst, musst du leben.« Dass diese Version keine hohle Tautologie ist, liegt an ihrer ethischen Dimension: Bevor wir sterben, sind wir nicht nur (sichtlich) lebendig, sondern wir *müssen* leben. Für uns Menschen ist das Leben eine Entscheidung, eine aktive Verpflichtung – wir können diesen Willen zu leben auch verlieren.

Um das zu begreifen, brauchen wir die Psychoanalyse – nicht nur, um die (fälschlicherweise) so genannten »Unvernünftigkeiten« der gegenwärtigen Libidoökonomie zu erklären. Wie wir bereits gesehen haben, kann uns nur eine Lektüre der Hegel'schen Dialektik durch die Psychoanalyse in die Lage versetzen, atheistisches Christentum, (unsere Deutung der) Quantenphysik und die transzendentale / ontologische Parallaxe zu verknüpfen. Aber warum braucht man dafür die Psychoanalyse? Ich möchte etwas Unmögliches versuchen und meine ontologische Grundhaltung so knapp es nur geht darlegen, die, auf ein Minimum reduziert, auf eine bestimmte Version der Antiontologie hinausläuft.[52]

Meine Antwort auf die große Frage »Warum gibt es etwas und nicht nichts?« lautet: weil etwas ein gescheitertes Nichts ist (um Mladen Dolars Behauptung zu paraphrasieren, das Sein sei ein gescheitertes Nichtsein). In einem gewissen Sinne gibt es also nur nichts und nicht etwas – dieses Nichts beziehungsweise diese Leere ist aber, wie uns die Quantenmechanik lehrt, nicht völlig leer, sondern voller Wellenoszillationen, und damit etwas aus nichts entsteht, muss das »Nichts« irgendwie blockiert, ausgestrichen und daran gehindert werden, in seinem flachen Nullzustand zur Ruhe zu kommen. Woher kommt also diese Barriere? Meine spekulative Vermutung ist, dass es sich um kein geheimnisvolles Etwas, sondern um eine andere Form des Nichts selbst handelt – das reine flache Nichts, nicht das Nichts voller virtueller Wellenoszillationen. (Wir finden hier seltsame Anklänge an die Vorstellung der Kabbala, nach der Gott vor der Erschaffung der Welt [unserer Realität] in einem Akt der radikalen Selbstzusammenziehung zuerst das Nichts selbst als Raum für die neue Realität erschaffen musste.) Die Realität entsteht somit als eine »Inkontinenz der Leere« (so lautet der von Beckett entlehnte Titel eines meiner Bücher[53]); sie entsteht, weil eine Barriere die Leere davon abhält, in sich zu ruhen. Das Wort »Inkontinenz« ist hier wohlüberlegt: Die Wirklichkeit ist eine Ausscheidung der göttlichen Leere und die Menschen selbst, die (jedenfalls für uns und bis jetzt) Krone der Schöpfung, wie Luther gesagt hat, sind aus Gottes After gefallen.

Hier kommen sich meine hegelianisch-lacanianische und die buddhistische Position recht nahe – bis auf eine Kleinigkeit, die alles ändert. Der absolute Grund, aus dem alles hervorgeht (und in den sich alles wieder auflöst), ist im Buddhismus die Leere, der Abgrund der inneren Ruhe – der Mensch soll danach streben, wieder dorthin zu gelangen, um sich vom Begehren und vom Leiden zu befreien, das vom Verlust dieser Leere herrührt (im Buddhismus wird nie wirklich erklärt, wie die Illusion der Maya – des Gefangenseins im Samsara, dem Rad des Verlangens – und das Streben nach materiellen Gegenständen überhaupt entstehen). Meiner Ansicht nach kommt die Barriere (oder, theologisch gesprochen, der [Sünden-]Fall) zuerst, er geht (logisch) dem voraus, wovon er mutmaßlich abfällt. Im Grunde ist die »Realität« eine Barriere, eine Unmöglichkeit, hinter der Barriere ist nichts und, wie wir soeben gesehen haben, ist selbst diese Leere hinter der Barriere geteilt, in sich selbst gespalten. Es geht nicht darum, dass der Buddhismus die Dynamik der Bewegung ausschließt. Wie wir bereits gesehen haben, ist die Leere als die äußerste Realität das Medium, in dem der prozessrelationale Fluss, das kontinuierliche Entstehen und Vergehen der erfahrungsmäßigen Teile der Welt, die alle ganz real sind, verläuft. Was die Leere ausschließt, ist lediglich die Vorstellung, dass diesem Fluss eine »tiefere« substanzielle Realität zugrunde liegt, die nicht in ihre Beziehungen zu anderen aufgelöst werden kann. Der Friede, den wir im Buddhismus anstreben, ist nichts anderes als der Friede des völligen Eintauchens in diesen Fluss der Erscheinungen – oder, wie Badiou sagt, die Leere, in der Vielheiten gedeihen.

Wovon sich der Buddhismus also zu befreien versucht, ist die Fixierung auf eine substanzielle Identität, die vom relationalen Fluss ausgenommen ist und dessen harmonisches Gleichgewicht stört – aber woher kommt die Versuchung, dies zu tun? Die hegelianisch-lacanianische Sicht dreht die ganze Perspektive um: Der relationale Fluss fließt nicht nur im Medium einer Leere, er wird von einer irreduziblen Barriere hervorgerufen, von einem Hindernis, das wir, in seinem Rad gefangen, mit einem substanziellen Etwas zu füllen versuchen. Die Urtatsache ist die eines absoluten »Widerspruchs« und deshalb nennt Lacan Hegel »den erhabensten aller Hysteriker« (ebenfalls ein Buchtitel von mir). Die elementare Umkehrung in einem dialektischen Prozess ist die Verschiebung der Barriere von unserer Subjektivität (wir sterblichen Menschen können nicht das Ganze der Realität erfassen) zum Realen, das schon in sich selbst »gebarrt« ist – wie im Christentum, wo die Distanz, die einen Menschen von Gott trennt, in Gott selbst verlagert wird (Gott glaubt nicht an sich selbst). Im nächsten Schritt muss diese Selbstdifferenz in Gott natürlich in die Selbstdifferenz im Menschen verlagert werden. »Gott« ist ein Name dafür, dass der Mensch nicht ganz (nicht göttlich, sondern) menschlich ist – welcher Mensch uns auch begegnet, »er ist es nicht«. Ein echter Materialismus behauptet daher nicht einfach, dass Gott ein Produkt der Menschen oder ihrer Phantasie ist; Gott bezeichnet vielmehr die Tatsache, dass der Mensch nicht ganz Mensch ist, dass es in seinem Innersten eine unmenschliche Dimension gibt.

In der Quantenwelt begegnet uns eine ähnliche Zirkularität. Wir sollten die Idee verwerfen, dass Wellenoszillationen ein produktiver Fluss sind, die im Effekt – nämlich dann, wenn eine Wellenfunktion kollabiert – zur gewöhnlichen einzelnen Realität führen; ablehnen sollten wir aber auch die gegenteilige Ansicht, Wellenoszillationen seien eine Art virtuelles Echo, das wirkliche Objekte umgibt (David Bohms Standpunkt). In gewissem Sinne »produzieren« Wellenoszillationen zwar Objekte, kommen aber gleichzeitig an zweiter Stelle, sie sind schon um eine Leere herum strukturiert und neigen dazu, zu einer einzigen Realität zu kollabieren, um diese Leere auszufüllen. Auch die ontologische Parallaxe weist eine ähnliche zirkuläre Struktur auf. Wir versuchen, die Realität zu erfassen, wie sie wirklich an sich selbst ist, und das Transzendentale ist der »unteilbare Rest«, der jede Struktur der Realität relativiert. Jede Erkenntnis wurzelt in einer bestimmten transzendentalen Struktur, die nicht aus der ontologischen Erkenntnis abgeleitet werden kann, weil diese Erkenntnis immer auf einen transzendentalen Horizont angewiesen ist.

Wie kann das funktionieren? Wie wir bereits gesehen haben, funktioniert es nur, wenn wir eine gewisse Zirkularität (oder retroaktive Kausalität) voraussetzen, für die ich den Hegel'schen Ausdruck »absoluter Gegenstoß« gewählt habe (in meinem gleichnamigen Buch). Das grundlegende Modell liefert hier Lacans Diktum, dass Verdrängung und die Wiederkehr des Verdrängten ein und dasselbe sind – es gibt keinen konkreten verdrängten Inhalt vor der Verdrängung, kein tiefes Unbewusstes, das darauf wartet, befreit zu werden. Diese Zirkularität ist typisch für das symbolische Universum: Was verdrängt wird, wird rückwirkend durch die Verdrängung erzeugt. Michel Foucault hat dies klar erkannt, obwohl er sich in einem völlig anderen theoretischen Raum bewegte als Lacan. Die Grundthese seines Werkes *Sexualität und Wahrheit* lautet, dass der Prozess der Symbolisierung und der Regulierung von Unterwerfung das erzeugt, was er »verdrängt« und reguliert, das heißt, der medizinisch-pädagogische Diskurs der Disziplinierung der Sexualität bewirkt den Exzess, den er einzudämmen versucht (»Sex«); der Prozess begann bereits in der Spätantike, als die detaillierten christlichen Beschreibungen aller möglichen sexuellen Versuchungen rückwirkend hervorbrachten, was sie bekämpften.[54] Die starke Zunahme der Lüste ist somit die Kehrseite der Macht, die sie begrenzt: Die Macht erzeugt selbst den Widerstand gegen sich, das heißt, den Exzess, den sie nie kontrollieren kann – die Reaktionen eines sexualisierten Körpers auf seine Unterwerfung unter disziplinarische Normen ist unvorhersehbar.

Diese Zirkularität beruht auf der reflexiven Umkehrung, die charakteristisch für das Begehren ist: Eine Unterdrückung des Begehrens verwandelt sich unweigerlich in ein Begehren nach Unterdrückung, das heißt, die Unterdrückung selbst wird libidinös besetzt. Es ist nicht nur so, dass die regulative Unterdrückung hervorbringt, was sie reguliert (im paulinischen Sinne, dass ein Verbot das Begehren hervorruft, es zu verletzen), sondern das Verbot einer beliebigen sexuellen Begierde oder Praxis verwandelt sich zwangsläufig in das Begehren nach dem Verbot, so dass also das Verbot der Lust zu einer Quelle der Mehrlust wird. Aus diesem Grund musste Freud die Kategorie der Urverdrängung einführen, einer Geste, die vorausgesetzt werden muss und erst den Raum der Verdrängung konstituiert, den Raum, in den etwas verdrängt werden kann.

Lacan wird hier konkreter und geht einen Schritt weiter: Was urverdrängt wird, ist der binäre Signifikant (S_2), das Gegenstück des Herren-Signifikanten (S_1). Es ist schon merkwürdig, wenn man Vorwürfe lesen muss, dass Lacan in einer »binären« Logik der sexuellen Differenz gefangen bleibe: Hat er die Psychoanalyse nicht von den letzten Spuren der Dualität »männlicher« und »weiblicher« Prinzipien gereinigt, die der gesamten vormodernen Tradition seit dem Yin und Yang zugrunde liegt? Wir stoßen hier auf ein erstes Paradoxon: Lacan tat nicht, was man von einem Psychoanalytiker, der sich mit Philosophie beschäftigt, erwarten würde, er hat die Philosophie nicht »sexualisiert« – im Gegenteil, er hat die Philosophie sogar *ent*sexualisiert, die bis zu ihm (im weiteren Sinne bis zu Descartes oder zumindest bis zu Kant) insgeheim sexualisiert war. Das Fehlen des binären Signifikanten bedeutet (wie Mladen Dolar es ausgedrückt hat), dass es zwar mehr als ein Geschlecht gibt, aber weniger als zwei.[55] Die Identität einer Frau kann nicht auf einen Signifikanten festgelegt werden, und die gesamte Geschichte des Patriarchats, in der Frauen unterdrückt wurden, beruht auf dem wiederholten Versuch, den fehlenden binären Signifikanten zu konstruieren, der den männlichen Herren-Signifikanten ergänzen würde, den Frauen also eine feste symbolische Identität überzustülpen, die ihren sozio-psychischen Zweck bestimmt (»eine wahre Frau zu sein bedeutet, soundso zu fühlen und zu handeln …«). Solche Bemühungen scheitern insofern, als sie versuchen, den hysterischen Kern der (weiblichen) Subjektivität zu beseitigen, der im Widerstand gegen die vom großen Anderen auferlegte symbolische Identität liegt (die ursprüngliche hysterische Frage lautet: »Warum bin ich, was du sagst, das ich sei?«) Wenn Trans-Feministinnen die Asymmetrie der männlichen und weiblichen sexuellen Identität betonen und behaupten, die weibliche Identität sei der Flexibilität von LGBTQ+-Personen näher als der Männlichkeit, so haben sie damit folglich ganz recht, denn für Lacan gibt es zwar mehr als ein Geschlecht, aber auch nicht einfach nur zwei Geschlechter. Jenes »mehr« ist der ungewisse Raum, der sich der Identifizierung widersetzt, und das Hauptziel der patriarchalischen Ideologie ist es, ihn zu zähmen / zu fixieren, ihm eine feste Identität aufzuzwingen und zu bestimmen, »was eine Frau wirklich ist« (will heißen: wie sie sein und sich verhalten *soll*).

Als Lady Macbeth zweifelt, ob ihr Mann bereit ist, die Tat zu begehen, zu der sie ihn drängt (König Duncan zu ermorden und seinen Platz einzunehmen), weil er von moralischen Bedenken geplagt zu sein scheint, entlädt sich ihre Wut: »Kommt, Geister, die ihr lauscht / Auf Mordgedanken, und entweibt mich hier; / Füllt mich von Wirbel bis zur Zeh', randvoll, / Mit wilder Grausamkeit!«[56] »Entweiben«

bedeutet hier offenbar, die weiblichen Klischees von Freundlichkeit und Mitgefühl zu verlassen – was aber keinesfalls gleichbedeutend mit der Abkehr von einer weiblichen Haltung ist: Skrupellos und berechnend zu sein ist ebenfalls ein Klischee über Frauen. Das Wichtigste dabei ist, dass das Gleiche in ähnlicher (aber nicht symmetrischer) Weise auch für Männer gilt – jedes Geschlecht wird auf seine Weise »entweibt«.[57] Der Grund ist, dass »weiblich« und »männlich« nicht für einen festen Satz von Eigenschaften stehen. Beide bezeichnen eine gewisse Ausweglosigkeit, die nur in einer Reihe inkonsistenter und sogar selbstwidersprüchlicher Merkmale geäußert werden kann.

Die Geschlechterdifferenz entsteht genau aus dieser Entsexualisierung, sie steht für die zwei Möglichkeiten, das konstitutive Ungleichgewicht der Urverdrängung zu organisieren.[58] In der ersten Version wird der binäre Signifikant, das symmetrische Gegenstück zu S_1, »urverdrängt« und die Kette von S_2 entsteht, um die Leere dieser Verdrängung zu kompensieren, das heißt, die ursprüngliche Tatsache ist das Paar aus S_1 und der Leere an der Stelle seines Gegenstücks, und die Kette von S_2 ist sekundär; in der zweiten Version – der Erklärung der Entstehung von S_1 als »rätselhafter Begriff«, als leerer Signifikant – ist die ursprüngliche Tatsache dagegen S_2, die Signifikantenkette in ihrer Unvollständigkeit, und S_1 interveniert hier, um die Leere dieser Unvollständigkeit zu füllen. Wie soll man nun diese beiden Versionen miteinander in Einklang bringen? Bleibt letzten Endes nur der Teufelskreis ihrer wechselseitigen Verflechtung? Oder verweisen die beiden Versionen einmal mehr auf die Logik von Lacans »Formeln der Sexuierung«? Anders, als man erwarten würde, ist die erste Version – wonach die Vielheit entsteht, um die Leerstelle des binären Signifikanten auszufüllen – die »weibliche«, denn sie erklärt den Ausbruch der inkonsistenten Vielheit des weiblichen Nicht-Alles, während die zweite Version die »männliche« ist, die dafür steht, wie eine Vielheit durch die Ausnahme, die ihre Leerstelle auffüllt, zu einem Alles totalisiert wird. Es besteht allerdings zwischen den beiden Versionen keine vollständige Symmetrie. Wie bei Kants Antinomien der reinen Vernunft, bei denen die mathematischen den dynamischen logisch vorausgehen, kommt die »weibliche« Version (die Vielheit füllt die Leerstelle des binären Signifikanten) zuerst, sie erklärt gerade das Auftauchen der Vielheit, der nicht totalisierbaren Reihe, deren Mangel dann durch den reflexiven Herren-Signifikanten, den Signifikanten des Fehlens des Signifikanten ausgefüllt wird. Beide Versionen widersprechen der Idee, dass mit der Vielheit von Vielheiten, welche die Leere »ist« (wie Badiou sagt), »alles beginnt«. Für Hegel und Lacan ist die Leere nicht das neutrale Medium der Vielheiten, sondern das unmögliche bzw. ausgestrichene Eine, das nichts anderes ist als seine eigene Unmöglichkeit.

Diese zirkuläre Struktur ermöglicht es uns auch, die beiden gegensätzlichen Möglichkeiten des Umgangs mit der Dualität eines Allgemeinen und dessen besonderen Momenten begrifflich zu erfassen. Wir können Allgemeinheit als das ausgestrichene Eine, als die Leere der eigenen Unmöglichkeit auffassen und partikulare Identitäten als Versuche, diese Unmöglichkeit aufzulösen – für Hegel ist beispielsweise »Staat« ein selbstwidersprüchlicher Begriff, weil er nie wirklich für die Interessen seiner partikularen Gruppen stehen kann; einzelne Staatsformen sind demnach Versuche, die allgemeine Unmöglichkeit aufzulösen und eine geeignete, irgendwie funktionierende Identität zu finden, um die zugrunde liegende Unmöglichkeit beziehungsweise den Antagonismus zu verschleiern. Umgekehrt können wir auch darlegen, wie eine Allgemeinheit aus einer Ausnahme in Bezug auf partikulare Vielheiten hervorgeht, einer Ausnahme, die diese totalisiert. In Marx' Warenanalyse ist das Geld eine solche Allgemeinheit: eine Ausnahme (es hat keinen Gebrauchswert), die als solche den Wert als allgemeines Merkmal aller Waren verkörpert (Lacan tat etwas ganz Ähnliches mit seinem Begriff des phallischen Signifikanten als des Signifikanten ohne Signifikat).

Allgemeinheit entsteht also aus der Unmöglichkeit eines einzelnen Dings, ganz es selbst zu sein (bzw. seinem Begriff zu entsprechen, um es hegelianisch auszudrücken). Ernesto Laclau hat diesen Aspekt mit seiner Idee des Kampfes um Hegemonie detailliert herausgearbeitet: Die permanente Transformation, die in der Idee des permanenten Kampfes um Hegemonie impliziert ist, ist keine direkte Fortsetzung der Erkenntnis, dass sich alles in der Natur und in der Realität ganz allgemein permanent ändert; die Dialektik des von Laclau beschriebenen hegemonialen Prozesses (in dem Allgemeinheit unmöglich und gleichzeitig notwendig bzw. unvermeidbar ist) führt eine Spannung zwischen Besonderheit und Allgemeinheit ein, wobei die Allgemeinheit »für sich«, als solche gesetzt und nicht nur das abstrakte Medium für besondere Elemente ist. Warum sprechen wir von allgemeinen Menschenrechten? Genau aus dem Grund, dass es große Gruppen von Menschen gibt, die ihr Potenzial innerhalb der besonderen Rolle, die ihnen die bestehende hegemoniale Ordnung auferlegt hat, nicht verwirklichen können. Feminismus entsteht, wenn Frauen die Erfahrung machen, dass ihre soziale Situation es ihnen nicht erlaubt, ihr Potenzial zu verwirklichen. (Die konservative Antwort darauf lautet natürlich, dass Frauen lernen sollten, sich ganz mit der ihnen zugewiesenen sozialen Rolle und ihrem Platz in der Gesellschaft zu identifizieren, und dass ihr Bestreben, daraus auszubrechen und mehr zu fordern, Ausdruck einer hysterischen Unzufriedenheit sei, die durch ideologische Propaganda von außen verursacht werde.)

Nur im symbolischen Raum setzt jede Besonderheit ihre eigene Allgemeinheit, so dass der hegemoniale Kampf also keiner zwischen Besonderheiten, sondern ein Kampf der Allgemeinheiten selbst ist. Und damit dies geschieht, muss eine Barre auf die Allgemeinheit selbst wirken, eine Barre, die sie unmöglich macht und auf diese Weise den Raum des hegemonialen Kampfes eröffnet, des Kampfes darum, welche der vielfältigen Besonderheiten die hegemoniale Rolle einnehmen wird. Aber auch hier gibt es einen Bruch. Betrachten wir eine gut strukturierte hierarchische Sozialordnung: An ihrer Spitze gibt es einen Herren-Signifikanten, einen privilegierten Punkt, der die Stabilität der gesamten Ordnung sicherstellt, und die

Aufgabe einer kritischen Analyse besteht darin, zu zeigen, dass die von dem Herren-Signifikanten gestützte Allgemeinheit insgeheim einen bestimmten Inhalt bevorzugt (so privilegiert etwa unsere Vorstellung von »allgemeinen Menschenrechten« eine Reihe von Merkmalen, die typisch für den westlichen liberalen Individualismus sind) – diese besondere Gewichtung macht die Allgemeinheit zu einer falschen. Gibt es denn auch eine echte Allgemeinheit? Marx lieferte bereits die Antwort: In unseren Klassengesellschaften stehen diejenigen am unteren Rand, die keinen richtigen Platz in der sozialen Hierarchie haben, für die echte Allgemeinheit. Proletarier sind eine allgemeine Klasse, weil sie eine Nichtklasse unter Klassen bilden, eine Klasse ohne eine feste soziale Identität. Aus diesem Grund ist ein Proletarier für Marx ein Mensch »als solcher«.

Doch bleibt all dies nicht auf den symbolischen Raum, auf die »Logik des Signifikanten« beschränkt? Können wir es auf das vorsymbolische Reale übertragen? Hier kommt die Quantenphysik, das Thema des nächsten Kapitels, ins Spiel.

3

Über Superpositionen und Undinge

Der Zusammenhang zwischen dem großen Oscar-Gewinner von 2023 *Everything Everywhere All at Once* und der Quantenphysik ist schon häufig festgestellt worden. Die Filmversion ist allerdings weitaus weniger radikal als die wissenschaftliche Vorstellung der Superposition von Zuständen.[1] Nach der Quantentheorie »kollabiert« eine Version von vielen Superpositionen in unsere normale Realität, was jedoch weder mit Schicksal noch mit einem Sieg des Besten zu tun hat: Der Kollaps geschieht auf eine irreduzibel kontingente Weise – es gibt Kollapse, die (von unserem Standpunkt aus) besser oder schlechter oder gar katastrophal sind, aber all das ist purer Zufall.[2] Zu sagen, »es ist in Ordnung, sich eines auszusuchen und damit zufrieden zu sein« – die Botschaft des Films –, ist falsch, denn es sind nicht wir, die entscheiden: Niemand trifft die Entscheidung, es passiert einfach. (Im Gegensatz zu dieser radikalen Kontingenz des Kollapses folgt die in *Everything Everywhere* angedeutete Quantenwelt der Superpositionen eher der bohmschen Mechanik: Nach David Bohms Interpretation der Quantenmechanik gibt es eine substanzielle Realität – etwa eines Teilchens – und Superpositionen sind nur Führungswellen, die es umgeben und um es herumschweben …). Das Wissen darum, dass auch andere Versionen möglich gewesen wären, sollte uns zum Kampf mobilisieren, anstatt uns in resignierter Zufriedenheit einzulullen. Genau dies geschah mit dem Film *Casablanca* und dem Theaterstück, auf dem er basiert – nur wenige wissen, dass *Casablanca*, dieser Top-Anwärter für den »absoluten« Hollywoodfilm, auf dem Stück *Everybody Comes to Rick's* von Murray Burnett und Joan Alison beruht (das schon 1940 geschrieben wurde; Warner Brothers kaufte die Rechte und so wurde es erst 1991 uraufgeführt).

Wir können das Theaterstück und den Film als zwei sich überlagernde Versionen der gleichen Grundgeschichte vergleichen – hier sind die wesentlichen Unterschiede.[3] Bei den vier Hauptfiguren (Rick, Rinaldo/Renault, Lois/Ilsa und Laszlo) sind die Veränderungen am größten. Rick, der im Stück ein verheirateter Mann ist, der seine Frau betrogen hat, ein Anwalt mit einem Hang zum Selbstmitleid, wird im Film zum zynischen, harten, verschlossenen Einzelgänger. Aus dem unmoralischen Schürzenjäger Rinaldo wird der spöttische, gebildete, leicht sarkastische Renault. Im Theaterstück wollen die Deutschen Geld von Laszlo; sie behaupten, er habe mit den nazifeindlichen Schriften, die er vor seiner Flucht in Europa veröffentlichte, sieben Millionen Dollar verdient – wenn er das Geld dem Dritten Reich übergebe, könne er Casablanca verlassen. Außerdem sind Laszlo und Lois nicht verheiratet, sondern nur ein Liebespaar (und beide mit einer anderen Person verheiratet). Laszlo ist kein antifaschistischer Held, sondern durch und durch zynisch. Er schickt Lois zu Rick in dem Wissen, dass sie mit ihm schlafen wird, um die Ausreisevisa zu bekommen (und sie schlafen auch miteinander, anders als im Film, der in diesem Punkt zweideutig bleibt). Am stärksten verändert ist die Figur der Lois. Im Theaterstück ist sie ein amerikanisches Flittchen mittleren Alters ohne Sinn für Loyalität, geschweige denn Pflichtgefühl, auch wenn sie am Ende bereit ist, sich nicht um der Sache, sondern um der Liebe willen zu opfern. Wie im Film bringen sich Laszlo und Lois schließlich in Sicherheit, aber Ricks Schicksal ist tragisch. Lois erklärt, dass sie Laszlo für Rick verlässt, und er gewinnt sie und Rinaldo scheinbar für einen Plan zur Ergreifung von Laszlo um den Preis der sicheren Ausreise des Paares aus Casablanca. Sobald sie in Sicherheit sind, verrät Rick Rinaldo, übergibt die Visa an Laszlo, zwingt Lois, mit ihm zu gehen, und sagt zu ihr: »Uns bleibt immer Paris.« Dann ergibt er sich Rinaldo und Strasser und man muss damit rechnen, dass er in ein Gefangenenlager und damit in den Tod geschickt wird.[4]

Zunächst ist festzustellen, dass es am Ende nicht (wie im Film) Rinaldo (Renault) ist, der sich überraschend als ein Guter entpuppt, sondern Rick selbst, der alles opfert. Es gibt hier also keinen »Beginn einer wunderbaren Freundschaft«: Nicht nur bleibt Rinaldo korrupt, der ganze Ton des Stückes ist auch der einer depressiven und hoffnungslosen gemeinsamen Wirklichkeit aus Opportunismus und Korruption, in der kein Platz für große Gesten des Patriotismus und des heroischen politischen Kampfes ist – es gibt nur einen einzigen heroischen Akt ganz am Ende. Für Hollywood war eine solche Sicht nach Pearl Harbour natürlich unannehmbar. Was uns hier jedoch interessiert, ist, dass das Theaterstück eine viel realistischere Darstellung der Situation liefert (ich bin mir der Gefahr durchaus bewusst, die mit der Verwendung des Begriffs »Realismus« verbunden ist), mit all den Unklarheiten und unaufgelösten Spannungen, die sich durch unsere Alltagswirklichkeit ziehen, während der Film der Geschichte eine heroisch-melodramatische Stimmung verleiht, die dem historischen Augenblick des antifaschistischen Kampfes angemessen ist. Anders als in *Everything Everywhere* ist die Superposition von Theaterstück und Film irreduzibel, keine der Versionen hat ontologischen Vorrang – wir sollten das Stück nicht auf eine unbedeutende Vorgeschichte des Endresultats – eines großartigen Films – reduzieren. Der Film erscheint selbst in einem neuen (und wahreren) Licht, wenn wir ihn vor dem Hintergrund des Theaterstücks betrachten. Wir sind hier also viel näher am Geist der Quantentheorie … Aber haben wir überhaupt das Recht, uns in dieser Weise auf die Quantenmechanik zu beziehen?

Wie kann die Realität selbst falsch sein?

Wenn ein Philosoph sich mit Quantenphysik beschäftigt, gilt es als Erstes, der Versuchung zu widerstehen, ihre auf den ersten Blick paradoxen Ergebnisse zu einem allgemeinen Weltbild, einer Formel, die auf alle möglichen Bereiche anwendbar ist, zu erheben – selbst

Niels Bohr tappte gelegentlich in diese Falle und vertrat die Ansicht, dass sein Komplementaritätsprinzip auf viele Bereiche anwendbar sei: die Komplementarität zwischen Gottes Liebe und Gottes Gerechtigkeit (Kabbala), zwischen Leben und Physik, zwischen Energie und Kausalität, zwischen Wissen und Weisheit … Kam er damit nicht einer Art universeller Metaphysik nahe, die die gesamte Realität umfasst, ganz im Gegensatz zu seiner wiederholten Beteuerung, dass die Quantenmechanik nur eine Beschreibungsmöglichkeit der Realität ohne ontologische Implikationen sei?

Näher am Geist unserer Zeit, aber ebenfalls abzulehnen ist die kulturelle Historisierung von Superpositionen und Komplementarität in der Quantenphysik, also deren Darstellung als eine der Manifestationen der Wende in der vorherrschenden Ideologie um 1900 (die Abkehr vom mechanistisch-deterministischen Materialismus und seiner »naiven« Vorstellung der »objektiven Wirklichkeit«; die Idee, dass im Zuge der neuen wissenschaftlichen Fortschritte »die Materie verschwindet«; der Übergang vom Realismus zur Moderne in der Kunst mit der Betonung vielfältiger subjektiver Perspektiven; allgemeine Zweifel am Rationalismus und am gesellschaftlichen Fortschritt). Die Relativitätstheorie und die Quantenmechanik sind überragende wissenschaftliche Leistungen, die sich nicht auf die gesellschaftlichen und ideologischen Umstände, durch die sie entstanden sind, reduzieren lassen noch mit ihnen erklärt werden können. Natürlich entwickelte sich die Quantenmechanik in einer ganz bestimmten historischen Konstellation, aber dies relativiert nicht ihre Wahrheit – wie schon Marx sagte, können bestimmte Kategorien (sein Beispiel ist der allgemeine Arbeitsbegriff), die für alle Zeiten gültig sind, nur in der modernen kapitalistischen Gesellschaft als solche, in ihrer Allgemeinheit erscheinen, weil dort die Arbeit in der erlebten sozialen Situation selbst universell wird (der Arbeiter weiß, dass er von der einen zu einer anderen Arbeit wechseln kann, weil er dafür mit Geld bezahlt wird, dem universellen Äquivalent aller Werte). Im Kapitalismus erlebe ich mich als menschliches Wesen, das aus kontingenten Gründen der einen oder anderen Tätigkeit nachgeht, um zu überleben. Ich bin auch für mich selbst ein universelles Wesen.

Etwas angemessener, wenn auch immer noch problematisch, ist es, die Quantenmechanik in der Verschiebung zwischen Schein und Wirklichkeit zu verorten, die zur selben Zeit stattfand. Der Spalt, der die Quantenebene von unserer normalen wahrgenommenen Realität trennt, ist *kein* Spalt zwischen der äußersten, harten Realität und einer unvermeidlichen, aber illusorischen Halluzination auf einer höheren Ebene. Es ist im Gegenteil die Quantenebene, die »halluziniert« wird, die ontologisch noch nicht vollständig konstituiert ist, schwebend-ambivalent, und es ist die Verschiebung auf die »höhere« Ebene der Erscheinungen (unsere wahrgenommene Realität), die sie zur harten Realität macht. Daher rührt das verwirrende Paradoxon, dem die »harte« Wissenschaft des 20. Jahrhunderts begegnet: In der Quantenphysik (und anderen) bestimmt die »Erscheinung« (Wahrnehmung) eines Teilchens dessen Realität – dass die »harte Realität« überhaupt aus den Quantenoszillationen durch den Kollaps der Wellenfunktion hervorgeht, ist das Ergebnis der Beobachtung und damit des Eingreifens des Bewusstseins.[5] Diese Prämisse der ontologischen Überlegenheit der Erscheinungen ist schwer zu akzeptieren – und diese Schwierigkeit betrifft nicht nur den ideologischen Missbrauch oder die philosophische Deutung einer Naturwissenschaft: Sie ist eine Schwierigkeit, die die Wissenschaft selbst heimsucht.

Wie aus diesem letzten Beispiel deutlich wird, nähere ich mich der Quantenmechanik vom Standpunkt des Kampfes zwischen Materialismus und idealistischem oder direkt religiösem Spiritualismus. Während des gesamten 20. Jahrhunderts wurde die Quantenmechanik als der endgültige Beweis dafür gefeiert, dass sich die moderne Wissenschaft selbst vom deterministischen mechanischen Materialismus verabschiedet und zugibt, dass sie sich mit nicht materiellen Größen beschäftigt; außerdem führte die Vorstellung, dass unsere Realität dadurch entsteht, dass sie beobachtet wird, zu einer subjektivistischen Leugnung der objektiven Realität (denn impliziert das Primat der Erscheinungen nicht einen Beobachter, dem etwas erscheint?). Selbst manche Quantenphysiker erklärten, die einzige Möglichkeit, das gesamte Universum zu erklären, sei, einen globalen externen Beobachter (Gott) vorauszusetzen. Ich bin nicht nur ganz und gar gegen diese direkte theologische Lösung, sondern auch gegen die herkömmliche »realistische« Haltung, die insgeheim nicht weniger auf eine göttliche Dimension angewiesen ist (wie Einstein explizit geäußert hat) – nur eine (meiner Meinung nach) korrekte Deutung der Quantenphysik eröffnet die Möglichkeit zu einem konsequenten Materialismus (auch wenn dieser aus traditioneller Sicht wie ein merkwürdiger Materialismus ohne Materie aussehen mag).

Diese Schwierigkeit werden wir in den Fokus rücken und wählen als Ausgangspunkt Lee Smolins Buch *Einstein's Unfinished Revolution*, über das George Dyson im Klappentext schreibt, es sei »die bisher beste Erklärung für das, was noch erklärt werden muss.«[6] Smolin liefert keine neue Weltformel; er zeigt zunächst die Grenzen der Quantenmechanik auf und formuliert dann sehr vorsichtig eine Reihe von Vermutungen darüber, wie das »was jenseits der Quanten liegt«, aussehen könnte. Konsequenterweise sollte man Smolins Ausganspunkt – die Quantenmechanik ist die erfolgreichste Theorie, die je aufgestellt wurde, das Problem ist nur, dass sie falsch ist – ergänzen: Was wäre, wenn die Lösung nicht darin besteht, einen großen Schritt in eine unbekannte Welt verborgener Variablen zu unternehmen, die eine vollständige Sicht und Erklärung der Realität bieten würde? Was, wenn die Ausweglosigkeiten der Quantenmechanik auf die merkwürdige Tatsache hindeuten, dass die »Realität«, von der die Quantenmechanik spricht, nach den Maßstäben unserer Realität in gewisser Weise *in sich »falsch«* ist?

In welchem Sinne denn genau? In dem Sinne, dass das Universum der Quantenwellen, wie es die Wissenschaft beschreibt, mit unserer intuitiven Vorstellung der Realität nicht vereinbar ist. Die Naturwissenschaft befasst sich nur mit messbaren Größen, sie kann kein intuitives Bild davon vermitteln, was auf atomarer Ebene vor sich geht. Ist Komplementarität somit nicht ein Begriff, der sich in sich selbst spiegelt? Es geht nicht nur um die Komplementarität von Eigenschaften, die wir messen (etwa Teilchen und Wellen oder Ort und Impuls), sondern auch um die Komplementarität von Beobachtetem und Beobachter, von Quantenphänomenen und der gewöhnlichen Realität, in der alle Messungen stattfinden.[7] Aus diesem Grund finde ich es problematisch, wenn Smolin behauptet, »dass die Quantenwelt den Glauben an den Realismus des gesunden Menschenverstands nicht bedrohen muss, wie sonderbar diese Welt auch sein mag.«[8] Das Mindeste, was man dazu sagen kann, ist, dass der »Realismus des gesunden Menschenverstands« den Glauben an eine substanzielle Realität der Dinge beinhaltet, die sich nicht in ein Beziehungsgeflecht auflösen oder auf ein solches reduzieren lässt; außerdem ist der Raum ein irreduzibler Aspekt einer dem gesunden Menschenverstand folgenden Vorstellung der Realität, im Gegensatz zu Smolins Idee, dass

> wir zwischen Raum und Zeit wählen müssen, um die Quantenmechanik zu einer Theorie des ganzen Universums zu erweitern. Nur eines von beiden kann fundamental sein. Wenn wir darauf bestehen, Realisten in Bezug auf den Raum zu sein […], dann sind Zeit und Verursachung Illusionen, die nur auf der Ebene einer groben Näherung an die wahre zeitlose Beschreibung auftauchen. Oder wir können uns dafür entscheiden, Realisten in Bezug auf Zeit und Verursachung zu sein. Dann müssen wir wie Rovelli glauben, dass der Raum eine Illusion ist.[9]

Die Quantenmechanik wirft mithin immanent eine grundlegende ontologische Frage auf: Welchen Status hat ihr Gegenstand? Wenn er nicht zu unserer raumzeitlichen Realität gehört, ist er dann Teil einer anderen Realität oder nur eine theoretische Fiktion? Wir sollten die Frage aber auch umdrehen: Ist das, was wir Philosophie nennen, noch in der Lage, zu erklären, womit sich die Quantenmechanik befasst?[10]

Die Bell'sche Ungleichung

Gleich zu Beginn seines Bestsellers *Der große Entwurf* erklärt Stephen Hawking triumphierend: »[D]ie Philosophie ist tot.«[11] Dank der jüngsten Fortschritte in der Quantenphysik und der Kosmologie habe die sogenannte experimentelle Metaphysik ihren Höhepunkt erreicht, so Hawking. Metaphysische Fragen etwa nach dem Ursprung des Universums, die einmal Gegenstand philosophischer Spekulationen waren, könnten nun von der experimentellen Wissenschaft beantwortet und dementsprechend empirisch geprüft werden. Bei genauerer Betrachtung merken wir jedoch schnell, dass es so weit dann doch noch nicht ist – fast, aber eben nicht ganz. Außerdem lässt sich seine Behauptung leicht dadurch entkräften, dass man zeigt, welche anhaltende Relevanz die Philosophie für Hawking selbst hat (ganz zu schweigen davon, dass sein Buch ganz gewiss nicht naturwissenschaftlich, sondern eine hochproblematische populärwissenschaftliche Verallgemeinerung ist). Hawking stützt sich auf eine Reihe von methodischen und ontologischen Voraussetzungen, die er als selbstverständlich voraussetzt.

Dennoch sollten wir die philosophischen Implikationen der Quantenmechanik nicht außer Acht lassen. Auch wenn diese sich scheinbar in wilden Spekulationen ergeht, werden ihre Behauptungen empirisch immer mehr bestätigt. Der Nobelpreis für Physik wurde 2022 an Alain Aspect, John F. Clauser und Anton Zeilinger für die Entdeckung verliehen, dass unsichtbare Teilchen wie Photonen oder winzige Materieteilchen miteinander verbunden oder »verschränkt« sein können, auch wenn sie durch große Entfernungen voneinander getrennt sind. Clauser sagt:

> Die meisten Menschen gehen davon aus, dass die Natur aus Zeug besteht, das in Raum und Zeit verteilt ist, aber das scheint nicht der Fall zu sein. Bei der Quantenverschränkung ist es so, dass man zwei Photonen nimmt, das eine hier misst und dann unmittelbar etwas über das andere, entfernte weiß; und wenn es diese Eigenschaft der

Verschränkung zwischen den beiden Photonen gibt, können wir eine gemeinsame Information zwischen zwei verschiedenen Beobachtern dieser Quantenobjekte herstellen. Und das eröffnet uns beispielsweise Wege der geheimen Kommunikation, die vorher so nicht möglich waren.[12]

Hier drängt sich natürlich die Frage auf, ob es eine vollständigere Beschreibung der Welt geben könnte, wenn die Quantenmechanik auf nur einen ihrer Teile reduziert wäre. Könnten zum Beispiel Teilchen versteckte Informationen darüber enthalten, was sie als Resultat eines Experiments zeigen werden, so dass Messungen die Eigenschaften zeigen, die genau dort existieren, wo die Messungen durchgeführt werden? John S. Bell entdeckte, dass es eine Art von Experiment gibt, mit der sich bestimmen lässt, ob die Welt rein quantenmechanisch ist oder ob es eine andere Beschreibung mit verborgenen Variablen geben könnte.[13] Wird dieses Experiment viele Male wiederholt, zeigen alle Theorien mit verborgenen Variablen eine Korrelation zwischen den Ergebnissen, die niedriger als oder höchstens gleich groß wie ein spezifischer Wert sein muss – dies nennt man die Bell'sche Ungleichung. Die Quantenmechanik verletzt allerdings diese Ungleichung: Sie sagt höhere Werte für die Korrelation der Messergebnisse voraus, als es durch verborgene Variablen möglich ist.

Die Implikationen dieser Experimente sind nicht nur praktischer (sie weisen auf den direkten Austausch von Information über große Entfernungen hin), sondern auch philosophischer Natur. Die Kritik an der Kopenhagener Deutung nimmt derzeit zu – die meisten Quantenphysiker stimmen ihr nicht mehr zu und Bohrs Formulierungen werden als eine Theorie abgetan, die jede Theorie verbiete, als Variationen des Themas »Halt die Klappe und rechne!«.[14] So steht zum Beispiel Sabine Hossenfelders Rückkehr zum Realismus in klarem Gegensatz zu Hegels Idealismus: Es gibt eine chaotische Dichte (»Hässlichkeit«) der Realität, die nicht durch formale (logische, mathematische) »schöne« Artikulationen erzeugt werden kann. Auch wenn die Forderung nach einer Auseinandersetzung mit der großen »metaphysischen« Frage nach der Realität, die den Quantenphänomenen zugrunde liegt, vollkommen legitim ist, sollte man doch die grundlegenden Paradoxien, die sich in den Quantenmessungen zeigen, nicht leichthin »domestizieren«: Sie widerlegen nicht nur eine Art Realismus, das heißt, wir müssen uns nicht nur von der Idee verabschieden, dass eine Theorie einfach registriert, was in der unabhängigen »objektiven« Realität vor sich geht. Die wahrhaft hegelianische Dimension des Ausschlusses verborgener Variablen liegt in der Tatsache, dass dieser Ausschluss etwas für den gesunden Menschenverstand scheinbar Unmögliches bedeutet: Er legt ein Verfahren nahe, welches rational und experimentell nicht die Anwesenheit von etwas hinter den phänomenalen Erscheinungen zeigen soll, sondern dessen Abwesenheit, die Tatsache also, dass nichts dahinter ist. Die Unzugänglichkeit der verborgenen Tiefe ist nicht nur epistemologischer Natur, sondern nachweislich Teil der Realität selbst – darauf beruht die grundlegende Umkehrung eines Hegel'schen dialektischen Prozesses und deshalb müssen wir eine philosophische Version der Bell'schen Ungleichung formulieren. Niels Bohr wird von seinen Kritikern vorgeworfen, auf irrationale Weise jegliche Spekulationen darüber zu verbieten, welche Art von Realität hinter den Erscheinungen steckt, die wir messen und in mathematische Formeln übersetzen – aber müssen wir, da die ontologische Frage bestehen bleibt, nicht vielleicht die Grenze, die es uns verbietet, die Realität an sich zu erfassen, in diese Realität selbst verlegen und diese Realität als etwas begreifen, das ausgestrichen, gebarrt, von einer irreduziblen Unmöglichkeit durchzogen ist?

Die experimentelle Überprüfung der Bell'schen Ungleichung lieferte somit den ersten klaren Fall für das, was man üblicherweise als »experimentelle Metaphysik« bezeichnet. Das Ergebnis – nicht nur die Zurückweisung der Kritik aus den Reihen der Vertreter der verborgenen Variablen der Quantenmechanik, sondern auch der »orthodoxen« Kopenhagener Deutung – birgt wichtige Implikationen in Bezug auf das Wesen von Zeit und Raum und auf die allgemeine

Vernetzung der Realität. Bohr war ein hartnäckiger Alltagsrealist. Er wurde nie müde zu betonen, dass es nur unsere Realität gibt und dass alles, was in quantenphysikalischen Versuchen passiert, Teil unserer gemeinsamen Realität ist (die Geräte, die wir für diese Experimente verwenden, gehören zu dieser Realität, die Versuchsergebnisse sind Zahlen, die auf einem Bildschirm erscheinen) – nie sehen wir Wellenoszillationen oder andere Quantenentitäten, das gesamte Gebäude der Quantenmechanik ist nur ein mathematisches Konstrukt, um den Zusammenhang zwischen Phänomenen zu erklären, die wir in unserer Realität beobachten, es verweist nicht auf eine andere Realitätssphäre jenseits oder unterhalb unserer gemeinsamen Realität. Das Paradoxe daran ist, dass die Versuche, die Bells Hypothese (einer Verbindung zwischen Teilchen, die schneller ist als die Lichtgeschwindigkeit) bestätigten, als Sieg Bohrs gegen Einsteins Beharren auf verborgenen Variablen aufgenommen wurden, und dennoch die Diskussion über den ontologischen Status von Quantenphänomenen wieder aufleben ließen. In Abgrenzung zu Bohr setzte Bell den »*observables*« (Observable, beobachtbare Entitäten) die »*beables*« (»seinsfähige« Entitäten) entgegen: Die Realität ist kein chaotisches Durcheinander, das auf Beobachter wartet, um in observable Objekte »kollabieren« zu können, sie ist vielmehr etwas, das so untersucht werden sollte, wie es an sich ist. Die Verbindung zwischen zwei Teilchen mit Überlichtgeschwindigkeit bedeutet, dass die Raum-Zeit-Dimension auf einer bestimmten Realitätsebene auf eine Weise funktioniert, die sich fundamental von der Raum-Zeit in unserer Realität unterscheidet: Entweder können sich Informationen schneller als das Licht bewegen oder es gibt eine andere Raumebene, wo das, was uns weit entfernt erscheint, ganz nah ist. Wir sollten hier darauf achten, dass die Ergebnisse der Experimente zur Überprüfung der Bell'schen Ungleichung verborgene Variablen als solche nicht ausschließen, sie schließen lediglich lokale verborgene Variablen aus, das heißt solche, die innerhalb unserer Raum-Zeit wirken, in der die höchste Geschwindigkeit die Lichtgeschwindigkeit ist. Es bleibt also die Frage: Wie sind zwei korrelierte Teilchen jenseits unserer Raum-Zeit miteinander verbunden, da ja anscheinend ein Signal zwischen ihnen schneller als mit Lichtgeschwindigkeit übertragen wird? David Bohms Theorie der Führungswelle, die dies zu erklären versucht, enthält exakt solche nicht lokalen verborgenen Variablen.

Kontrafaktische Bestimmtheit (*counterfactual definiteness*, CFD) nennt man in der Quantenphysik die Fähigkeit, »sinnvoll« über die Bestimmtheit von Resultaten von Messungen zu sprechen, die noch nicht durchgeführt wurden (das heißt, die Fähigkeit, die Existenz von Objekten und deren Eigenschaften anzunehmen, obwohl sie noch nicht gemessen wurden). Der Begriff »kontrafaktische Bestimmtheit« wird in Diskussionen physikalischer Berechnungen verwendet, besonders wenn sie sich auf Quantenverschränkungen und die Bell'schen Ungleichungen beziehen. »Sinnvoll« bedeutet in solchen Diskussionen die Fähigkeit, diese nicht gemessenen Ergebnisse in statistischen Berechnungen gleichberechtigt mit gemessenen Ergebnissen zu behandeln.[15] Wie weit können wir hier gehen? Die Verletzung der Bell'schen Ungleichung zeigt eine Abwesenheit, keine Anwesenheit. Deutet die Verschränkung somit nicht auf eine Art kontrafaktische Bestimmtheit hin? Wenn ein Element steigt, wissen wir ohne Messung, dass das andere sinkt? Becker zitiert David Deutsch, der das beste Argument für die Viele-Welten-Interpretation der Quantenphysik vorgebracht hat:

> Die Everett-Interpretation erklärt sehr gut, wie das Verhalten des [Quanten-] Computers daraus folgt, dass er Teilaufgaben an Kopien seiner selbst in anderen Universen delegiert […]. Wie würde die konventionelle Interpretation das Vorliegen einer richtigen Antwort erklären, wenn der [Quanten-] Computer erfolgreich zwei Prozessortage an Berechnungen geschafft hat? *Wo wurden sie berechnet?*[16]

Die Aufgabe besteht darin, den Ort, »wo sie berechnet wurden«, nicht als eine weitere Realität, die wie unsere ist, zu bestimmen, sondern als einen anderen virtuellen aber effektiven Ort. Die Bell'sche

Ungleichung weist einen Weg dorthin mit ihren drei Schlüsselmerkmalen: Kontextualität, Unvollkommenheit und kontrafaktische Bestimmtheit. Kontextualität bedeutet in der Quantenmechanik die Abhängigkeit des Messergebnisses einer Observablen vom Versuchskontext, das heißt von der Interaktion zwischen System und Apparatur und damit auch von der Reihenfolge, in der die Messungen durchgeführt werden, oder um das in diesem Zusammenhang gerne verwendete Beispiel einer Unterhaltung zwischen Anna und Beth zu bemühen: »[D]ie Antworten, die Anna auf die Fragen gibt, die ihr gestellt werden, [müssen] von den Fragen abhängen [...], die Beth gestellt werden.«[17]

> [Kontextualität] tritt in Situationen auf, in denen unser System durch mindestens drei Eigenschaften beschrieben wird, die wir A, B und C nennen können. A ist sowohl mit B als auch mit C vereinbar, daher kann A gleichzeitig mit entweder B oder C gemessen werden. Aber B und C sind nicht miteinander vereinbar, weshalb wir zu einem bestimmten Zeitpunkt nur eines von beiden messen können.[18]

Wir können also A und B oder A und C messen, und das Paradoxe ist, »dass die Antworten auf A davon abhängen, ob wir uns dafür entscheiden haben, B oder C zusammen mit A zu messen. Die Schlussfolgerung ist, dass die Natur kontextuell ist.«[19]

Probabilistisch betrachtet bedeutet Komplementarität, dass es keine multivariate Verteilung gibt und man stattdessen mit kontextuellen Wahrscheinlichkeiten arbeiten muss. Die Bell'schen Ungleichungen werden als statistische Tests der Kontextualität und damit der Inkompatibilität interpretiert. Bei kontextabhängigen Wahrscheinlichkeiten können diese Ungleichheiten verletzt werden.[20] Doch welchen ontologischen Status haben solche kontextabhängigen Wahrscheinlichkeiten? Ist es nicht klar, dass sie nicht eigenständig sein können, oder, wie Smolin es ausdrückt, dass »[j]edes System, für das die Quantenmechanik gilt, [...] ein Subsystem eines größeren Systems sein [muss]«[21] – warum? Weil es (für Bohr) die gewöhnliche Realität nicht abdeckt, in der wir Quantenphänomene messen: Beobachter und Messsysteme sind nicht Teil des untersuchten Systems und die Quantenmechanik kann die Lücke, die die beiden trennt, nicht schließen.[22] Smolin versucht nun, sich eine Lösung »jenseits der Quanten« vorzustellen. Zur Beschreibung der Grundelemente des Universums schlägt Smolin den Neologismus »Naden« vor (die Leibniz'schen »Monaden« ohne »Mo«), im Geiste von Demokrits Neologismus »den« (er zieht die Negation »me« von dem altgriechischen Wort für »nichts«, »meden« ab) – Naden sind in diesem Sinne auch etwas, das weniger als nichts ist. Im Unterschied zu (der gängigen Lesart von) Demokrits Atomen handelt es sich bei Smolins Naden nicht um substanzielle Entitäten, sondern um ein Beziehungsgeflecht. Ursprünglich ereignen sich deren Interaktionen nur in der Zeit, ohne die Einschränkung der Lichtgeschwindigkeit – diese Einschränkung entsteht erst mit dem Auftauchen der Raum-Zeit. Wie geht nun also der Raum aus raumlosen zeitlichen Ereignissen und deren Verflechtung hervor? »Der Raum entsteht als eine grobkörnige und angenäherte Beschreibung des Netzwerks aus Beziehungen zwischen Ereignissen« und die Nichtlokalität der Quanten ist ein »Überbleibsel der raumlosen Beziehungen, die dem Urstadium innewohnen, bevor der Raum entsteht.«[23]

Smolins Hauptargument für die Theorie der Dekohärenz ist ein Mangel an Klonen: Große Objekte sind einzigartig, sie haben keine Klone, also führen sie zu einem Kollaps in die eine Realität – makroskopische Systeme, von denen es nirgendwo auf der Welt Kopien gibt, unterliegen nicht der Quantenmechanik. Die ganze Realität lässt sich jedoch nicht zu unserer Raum-Zeit aufheben und deshalb »[entsteht] die Quantenphysik […] aus nicht lokalen Interaktionen, die übrig bleiben, wenn der Raum auftaucht.«[24] Für mich sind Quantenphänomene ein Beweis dafür, dass Gott selbst (der große Andere) getäuscht wird, dass etwas sich seinem Zugriff entzieht. Ich bin natürlich nicht im Mindesten qualifiziert, hier ein Urteil zu fällen, denn dieses Thema ist hochkomplex: Wie hängt die Dekohärenz mit dem Kollaps der Wellenfunktion bei einer Messung zusammen?

Sind sie dasselbe? Offensichtlich nicht direkt, denn so wie Smolin die Dekohärenz beschreibt, geschieht diese »objektiv«. Und wie unterscheidet sich die Beobachtung von den »Perspektiven«, die jede Nade kennzeichnet? Handelt es sich bei solchen Perspektiven nicht um eine grundlegendere Art der Beobachtung? Damit sind wir wieder beim ontologischen Schlüsselproblem der Quantenmechanik, dem Bohr aus dem Weg ging: Wie lässt sich der Zwiespalt zwischen den beobachteten / gemessenen Phänomenen (Quantenwellen) und der ganzen komplexen Maschinerie der Beobachtung (nicht nur die Beobachter, sondern auch die Instrumente, die für die Messungen verwendet werden) erklären, die fest in unserer Realität verankert sind? Als Erstes hat man zu beachten,

> dass jede Art, wie man die Grenze zieht, die Welt in zwei unvollständige Teile aufspaltet. Es gibt keine Ansicht des gesamten Universums von außen gesehen. Es gibt keinen Quantenzustand des gesamten Universums. Wenn die relationale Quantentheorie ein Motto hätte, dann wäre es: »Viele partielle Perspektiven definieren ein einzelnes Universum.«[25]

Carlo Rovelli verleiht einer solchen relationalen Quantenmechanik einen besonderen Dreh:

> [D]ie Wirklichkeit [besteht] aus der Folge von Ereignissen, durch die ein System auf der einen Seite der Grenze Informationen über den Teil der Welt auf der anderen Seite gewinnen kann. […] Diese Wirklichkeit hängt von einer Wahl der Grenze ab, weil das, was ein bestimmtes Ereignis ist – etwas, das sich für einen Beobachter eindeutig ereignete –, Teil einer Superposition für einen anderen sein könnte.[26]

Im Fall von Schrödingers Katze entscheidet unsere Beobachtung darüber, ob die Katze in der Kiste tot oder lebendig ist, wir können aber auch die Katze selbst zum Beobachter des Signals aus dem Detektor erklären und so weiter: »Wenn es keinen Sinn ergibt, dass wir in einer Superposition existieren, dann ergibt es auch gewiss keinen in Bezug auf die Katze.«[27] Eine solche Betrachtungsweise ermöglicht es uns auch, die Everett'sche Theorie der multiplen Universen zurückzuweisen, impliziert diese doch, dass wir eine gottgleiche Position einnehmen und von dort aus postulieren können, dass die Unendlichkeit der Zweige wirklich existiert: »Aber wir sind nicht gottgleich; wir sind Beobachter, die innerhalb des Universums leben, und [...]wir [sind] ein Teil der Welt, die von der Wellenfunktion beschrieben wird. Diese externe Beschreibung hat also für uns oder für die Beobachtungen, die wir machen, keine Relevanz.«[28] Auch hier ist wieder die Erwähnung von Gott an dieser entscheidenden Stelle bemerkenswert. Allerdings ist hinzuzufügen, dass eine Sicht des Universums der Wellenfunktionen, in dem Naden interagieren, indem sie einander »betrachten« (in dem abstrakten Sinn beschränkter Verbindungen einer Nade mit ihrer Umgebung), und in dem sich kontinuierlich Lücken zwischen Beobachtern und Beobachtetem auftun, uns nicht erlaubt, die relationale Realität zur allumfassenden Realität zu erklären, innerhalb der Lücken entstehen. Es muss in der Realität der Wellen selbst eine Leere geben, eine Grenze, hinter der nichts ist – die Realität selbst ist *nicht alles*, »weiblich«; nicht einfach grenzenlos, sondern mit einer leeren Grenze, die sie zu einem Nicht-Alles macht. »Männlich« ist die Lücke der Dekohärenz mit der Ausnahme des Beobachters. Die Theologie bietet hier eine falsche Lösung, nämlich dass die Realität durch Gott als universellen Beobachter als Alles aufgefasst werden kann.

Dank dieses Paradoxons können wir erklären, warum die Bell'sche Ungleichung so revolutionär ist. Wie Becker ausführt, impliziert sie einen Schritt von der Vollkommenheit zur Unvollkommenheit: »Bells brillanter Streich war, die Unvollkommenheit in Betracht zu ziehen, statt nur die Vollkommenheit.«[29] *Dies* ist der Grund, warum die Bell'sche Ungleichung die »tiefgründigste Entdeckung der Wissenschaft« ist.[30] Sie liefert eine Formel (für das erwartete Ergebnis, wenn es keine überlichtschnelle Verbindung gibt), nur um sie zu widerlegen. Unvollkommenheiten dienen in der Regel dazu, zu zeigen, dass andere (verborgene) Variablen am Werk sein müssen – im Fall der Bell'schen Ungleichung dienen sie dem gegenteiligen Zweck: Sie beweisen, dass nichts *dahinter* ist.

Ein betrogener Gott

In der Debatte zwischen Theologie und Atheismus begegnet uns ein ähnliches Problem. Das übliche Argument von Religionstheoretikern lautet, dass man die Realität (vorgeblich) ohne Bezug auf Gott erklären kann, dass Gott eine Hypothese ist, die wir nicht brauchen (wie in der berühmten Antwort von Laplace an Napoleon), aber es ist unmöglich zu beweisen, dass etwas nicht existiert. Ein wahrer Materialist tut jedoch genau das, und deshalb muss er durch die Religion durchgehen. Um diesen Punkt zu verdeutlichen, schauen wir uns das Beispiel von Napoleon und Laplace genauer an – als Napoleon diesen besucht, fragt er ihn: »Stimmt es, was man mir erzählt hat, dass Sie dieses dicke Buch über das System des Universums geschrieben haben, ohne dessen Schöpfer auch nur zu erwähnen?« Laplace erwidert: »Sire, ich brauchte diese Hypothese nicht.« Religiöse Kommentatoren behaupten nun, diese Antwort werde »ständig missbraucht, um den Atheismus zu untermauern«:

> Natürlich tauchte Gott nicht in Laplaces mathematischer Beschreibung der Funktionsweise der Dinge auf, ebenso wenig wie Mr. Ford in einer wissenschaftlichen Beschreibung der Gesetze des Verbrennungsmotors auftauchen würde. Aber was beweist das? Dass Henry Ford nicht existiert hat? Offensichtlich nicht. Ebenso wenig beweist ein solches Argument, dass es Gott nicht gibt. Austin Farrer kommentiert die Episode mit Laplace folgendermaßen: »Da Gott weder eine Regel ist, die in das Wirken von Kräften eingebaut ist, noch ein Kraftblock, kann kein Satz über Gott in der Physik oder der Astronomie eine Rolle spielen. Man möge Laplace verzeihen – er antwor-

> tete einem Amateur entsprechend seiner Unwissenheit, um nicht zu sagen, einem Narren entsprechend seiner Torheit. Als ernsthafte Beobachtung betrachtet, hätte seine Bemerkung kaum irreführender sein können. Laplace und seine Kollegen hatten nicht gelernt, ohne Theologie auszukommen; sie hatten bloß gelernt, sich um ihre eigenen Angelegenheiten zu kümmern«.[31]

Diesen Punkt muss man der religiösen Seite zugestehen: Dass eine naturwissenschaftliche Erklärung des Universums keinen Gott heraufbeschwören muss, ist wahr, da sie im Grunde tautologisch ist: Im Raum des natürlichen Determinismus (selbst wenn er eine irreduzible Kontingenz einräumt) ist kein Platz für Entitäten wie Gott, den freien Willen und so weiter. Das beweist freilich nicht, dass es keinen Gott gibt. Gott kann immer noch als transzendente Ursache des gesamten Kosmos aufgefasst werden. Hier wird daher der Bezug zu Bell entscheidend: Dessen Genialität liegt darin, wie es ihm gelingt zu zeigen, dass etwas (verborgene Variablen) *nicht* existiert, und genau so sollte ein echter atheistischer Materialist in Bezug auf Gott vergehen: Er sollte nicht nur beweisen, dass wir Gott nicht brauchen, um die Realität zu erklären, sondern auch, dass Gott nicht existieren kann.

Das Problem ist, dass die meisten Quantenphysiker diesen Weg vermieden haben. Becker schreibt, dass »[j]ede Interpretation […] ihre Kritiker [hat] (wenn auch die Anhänger aller Nicht-Kopenhagener Deutungen normalerweise darin übereinstimmen, dass Kopenhagen die schlimmste von allen ist).«[32] Ich stimme zu, aber meine Reaktion darauf ist eine Abwandlung von Churchills berühmtem Spruch über die Demokratie (den er von jemand anderem übernommen hat): »Die Demokratie ist die schlechteste aller Regierungsformen – abgesehen von allen anderen, die ausprobiert wurden.« Ja, die Kopenhagener Deutung ist die schlechteste, die man sich vorstellen kann – sie ist gar kein Argument, sondern einfach nur ein Verbot, die ontologische Frage nach dem Status von Quantenphänomenen zu stellen. Alle anderen – Solipsismus des Beobachters, verborgene

Variablen, Bohms Realismus, die Viele-Welten-Interpretation – sind schlechter, weil sie die ontologische Lücke füllen, die die Kopenhagener Deutung offenhält. Anstatt also diese Lücke zu füllen, indem wir sie positivistisch zu erklären versuchen, sollten wir sie einfach in den innersten Kern der Realität selbst verschieben. Wenn das Gerücht stimmt, wonach Bohr ein begeisterter Kant-Leser war, dann sollten wir hier den Schritt von Kant zu Hegel vollziehen: Bohr beschränkt die Realität auf das, was Kant den für immer vom Ansich getrennten Raum der transzendentalen Konstitution nennt, und Hegel fordert uns heraus, diese Trennung in das Ansich zu überführen, oder wie es in der Quantentheorie heißt: Was ist, wenn die durch die Komplementarität bedingte Unvollkommenheit »ein echtes Merkmal und kein Fehler« ist?[33]

Um es noch einmal anders auszudrücken: Das Bedeutsame an der Bell'schen Ungleichung »ist nicht das, was sie ist, sondern das, was aus ihrer *Negierung* folgt: Eine Verletzung der Bell'schen Ungleichung im Experiment ist der *Beweis*, dass die Quantenmechanik *nicht* durch verborgene Variablen, also durch die klassische Mechanik erklärt werden *kann*.«[34] Hier ist eine einfache Beschreibung des Experiments, die ich von dem Physiker und Philosophen Paul Mainwood übernommen habe:

> Ich werde meinen beiden Elektronen erlauben, so viel miteinander zu kommunizieren, wie sie wollen, bevor sie aus der Quelle ausgesandt werden. [...] Jetzt haben sie die Quelle verlassen und fliegen auseinander, jedes zu seinem jeweiligen Detektor. Ich werde alles so einrichten, dass ich jegliche Kommunikation zwischen ihnen verhindere, sobald sie sich im Flug befinden. Außerdem lasse ich den Mitarbeitern an den Detektoren die freie Wahl darüber, welchen Winkel sie einstellen und verhindere auch zwischen ihnen jegliche Kommunikation. [...] Wie groß kann nun die Korrelation zwischen den Spin-Messwerten (»positiv« oder »negative«) sein, die ich von den Detektoren erhalte? [...] Die Antwort auf diese Frage hängt von der relativen Einstellung der Winkel der beiden Detektoren ab. Be-

ginnen wir mit dem Fall, dass beide Detektoren auf denselben Winkel eingestellt wurden. [...] In diesem Fall, wenn die beiden Detektoren in derselben Richtung messen, gibt es einen einfachen Plan, der eine hundertprozentige Korrelation ermöglichst. [...] Aber was ist, wenn die Detektoren nicht auf denselben Winkel eingestellt sind? [...] Wenn wir zum Beispiel die Detektoren in einem Winkel von 90 Grad zueinander aufstellen und dieselben Regeln anwenden, ist sofort ersichtlich, dass wir eine Nullkorrelation erhalten. Die Dämonen im jeweiligen Elektron werden zur Hälfte dasselbe Wort rufen und zur Hälfte das gegenteilige Wort. [...] Was passiert, wenn die »Dämonen« nicht wissen, auf welchen Winkel die Detektoren eingestellt werden? [...] Solange es während ihres Flugs keine Kommunikation zwischen den Elektronen gibt und solange die Winkel der Detektoren unabhängig voneinander eingestellt werden, ist jeder Plan hinsichtlich des Korrelationswertes, der hier durch die grünen Flächen angezeigt wird, begrenzt [Abb. 3.1].
Was aber, wenn man zur Quantenmechanik übergeht und genau denselben Versuchsaufbau mit zwei echten Elektronen verwendet, die miteinander verschränkt sind? Die Quantenmechanik sagt voraus, dass die beiden Elektronen bei ihren Spin-Messungen eine stärkere Korrelation aufweisen als diese Begrenzung – die Quantenlinie ist die geschwungene Linie. [Abb. 3.2].

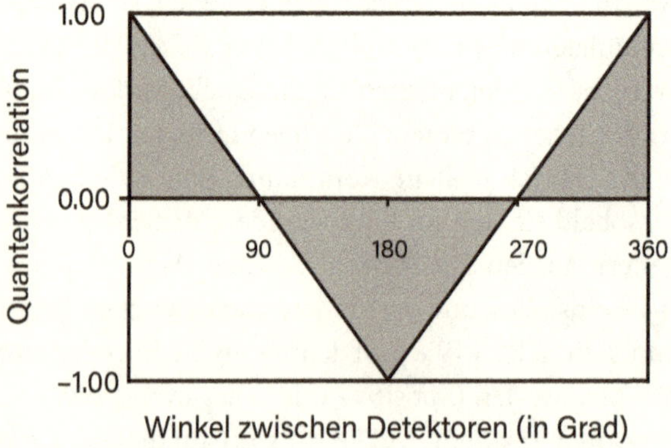

Abb. 3.1

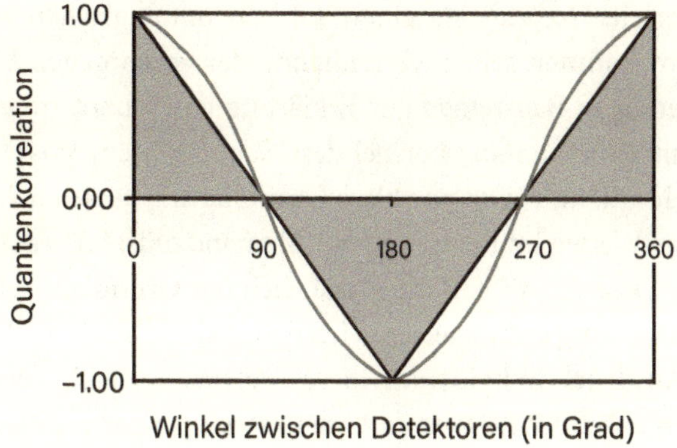

Abb. 3.2

> Daraus ergibt sich die Bell'sche Ungleichung: Kein lokales (= keine Kommunikation zwischen den Elektronen bzw. Detektoren), realistisches (= irgendeine Art von Maschine oder Dämon, die Zustandszuweisungen oder Wahrscheinlichkeitsverteilungen für Messergebnisse enthält) Modell kann die Vorhersagen der Quantenmechanik reproduzieren – die von der Quantenmechanik vorhergesagte Korrelation ist zu groß, als dass sie in einem lokalen, realistischen System funktionieren könnte.[35]

Dieses Experiment wird übrigens häufig am Beispiel zweier Roulette-Spieler, Bob und Alice, erklärt, die in einem komplexen Satz aus zwei Triple-Roulettes interagieren. Von einem superdeterministischen Standpunkt aus können wir den Status von Alices und Bobs »kontingenten« Entscheidungen natürlich in Frage stellen: Sind diese wirklich kontingent oder gar frei? Sind sie nicht auch Teile der deterministischen Wirklichkeit, in die sie eingreifen? Der Vergleich mit den Betrugsversuchen von Alice und Bob suggeriert außerdem den Geschlechtsunterschied (Frau gegen Mann), doch das Wort »betrügen« weist in die richtige Richtung, wie die Quantenrealität die Gesetze unserer Wirklichkeit »betrügt«.

Wir können nun zu unserer Grundfrage zu Materialismus und Quantenphysik zurückkehren: Die Quantenphysik ist insofern wirklich materialistisch, als sie einen solchen ontologischen »Betrug« zulässt. Im Rahmen seiner Verteidigung der verborgenen Variablen als notwendigen Bausteinen zur Erklärung von Quantenmessungen stellte Einstein eine reine Formel des »Subjekts, dem Wissen unterstellt wird« auf, indem er eine klare Formulierung dessen lieferte, was Lacan das »Wissen im Realen« nennt: »Jemand muss wissen, das Photon muss wissen …«[36] Auf die Frage nach der Grundlage seiner realistischen Haltung antwortete er: »Ich habe keinen besseren Ausdruck als den Ausdruck ›religiös‹ für dieses Vertrauen in die vernünftige und der menschlichen Vernunft wenigstens einigermaßen zugängliche Beschaffenheit der Realität.« Aber gerade dieses »Wissen im Realen« ist es, das in der Quantenphysik erschüttert wird. Quantenphänomene zeugen davon, dass die Natur »nicht weiß«, wie sie handeln soll, dass ihre Gesetze nicht allumfassend sind. Anton Zeilinger erzählt von einem Witz, der schon seit Jahrzehnten unter Quantenphysikern die Runde macht: Weil Gott zu faul war, die Realität zur Gänze festzulegen und Teile ontologisch unvollständig ließ, muss er sich immer wieder über die Quantenexperimente ärgern: »Die Menschen machen schon wieder so ein Experiment, das beweisen wird, dass ich meine Schöpfung nicht vollendet habe. Ich muss mir schnell etwas einfallen lassen, um die Lücken der Unvollständigkeit zu schließen.«[37]

Bohr soll gesagt haben: »Es gibt keine Quantenwelt. Es gibt nur eine abstrakte quantenphysikalische Beschreibung. Es ist falsch zu denken, die Aufgabe der Physik sei es, herauszufinden, wie die Natur ist. In der Physik geht es darum, was wir über die Natur sagen können.«[38] Diese leicht positivistische Aussage wurde von Heisenberg aufgegriffen: »[W]ir dürfen nicht vergessen, dass das, was wir beobachten, nicht die Natur an sich ist, sondern die Natur, die unserer Methode der Befragung ausgesetzt ist.«[39] (Kein Wunder, dass Heisenberg als Deutscher eine Version formuliert, die der Hermeneutik näher steht.) Bell schlägt hier einen dritten Weg vor: Das Universum der Quantenwellen ist nicht nur unsere Beschreibung der Realität, es deckt eine neue Realität auf, die anderen Gesetzen gehorcht als unsere normale raumzeitliche Realität mit ihrer linearen Zeit und ihrem dreidimensionalen Raum. Kurzum, die Verbindung der beiden korrelierten Teilchen erscheint nur dann als »spukhafte Fernwirkung«, wenn wir an der gewöhnlichen Vorstellung des Raums und der räumlichen Distanz festhalten – was, wenn wir die Vorstellung heterogener Räume entwickeln? Wir stoßen hier (wieder) auf eine spiritualistische Versuchung: Könnte es sein, dass die nicht lokale Verknüpfung ein Indiz für eine simultan-atemporale geistige Verbindung von allem ist, ein Hinweis auf eine Wirklichkeit, die anders ist als unsere raumzeitliche Materialität? Das ist, einmal mehr, die Scheinlösung, die wir unbedingt zurückweisen sollten: Ja, es stimmt, dass Photonen an sich masselos sind, sich daher nicht in Raum und Zeit bewegen, sondern alles zwischen ihnen augenblicklich geschieht – aber dieser materielose andere Raum bleibt dennoch real. Wenn wir nach einer Art spiritueller Dimension suchen, so finden wir sie bei Einstein und nicht bei Bohr: Dass Einstein (der nicht an einen persönlichen Gott glaubte) im Zusammenhang mit den universellen Naturgesetzen von Gott spricht, bestätigt, dass Gott die ultimative Figur des großen Anderen ist und Descartes recht hatte, als er behauptete, nur ein Gott, der kein Betrüger sei, könne unserem Wissen über die Realität zugrunde liegen:

> Damit sich die Wissenschaft (wahre Erkenntnis) über die äußere Welt ebenso wie über uns selbst als Res extensa, das heißt, als Träger sinnlicher Eigenschaften konstituieren kann, ist es notwendig, die Existenz eines Gottes vorauszusetzen bzw. zu beweisen, der uns nicht betrügt, der ewige Wahrheiten geschaffen hat und sie, wie Descartes gesagt hat, wie Samen in unsere Seelen gepflanzt hat. Dieser Gott ist kein Gott der Religion, sondern ein Gott der Philosophen und Wissenschaftler (um Pascals Unterscheidung zwischen dem »Gott Abrahams, Isaaks und Jakobs« und dem »Gott der Philosophen und Gelehrten« aufzugreifen). Ein Mensch kann zum Subjekt des Wissens werden, das die Welt beherrscht, aber nur als Verwahrer der Wahrheiten des Anderen.[40]

Der Übergang vom universellen Zweifel über die Gewissheit zum *Cogito ergo sum* (als Res cogitans) verläuft aber, wie Lacan betont hat, nicht so glatt wie es Descartes' Deduktion vermuten lässt. Es entsteht Angst, wenn mein Vertrauen in die Alltagswirklichkeit zusammenbricht, wenn ich sehe, dass ich mich auf keine Figur des großen Anderen verlassen kann, dass der große Andere nicht nur betrügt, sondern selbst betrogen wird, dass er inkonsistent ist. Die paranoische Vision eines Genius malignus, eines betrügenden Gottes, ist eine Phantasiereaktion auf die wahre Angst: Sie stellt den großen Anderen, der die Kontrolle hat, wieder her, wenn auch in seiner bösen Form. Dann folgt ein drittes Moment, der Beweis, dass Gott kein Betrüger sein kann, sondern ehrlich sein muss. Die erste Form der Gewissheit ist also nicht einfach die, dass ich existiere, auch wenn alle Objekte meiner Gedanken nur Halluzinationen sind; vielmehr ist es die negative Gewissheit, dass ich mich auf nichts und niemanden verlassen kann. Diese Gewissheit

> ist das Gegenteil der Gewissheit des Seins, sie ließe sich eher auf die folgende Weise formulieren: Ich weiß (dass der Andere inkonsistent ist, dass er mich betrügen kann und dass mein Wissen aus diesem Grund keine solide Grundlage bietet), also bin ich nicht. Wir haben es mit der Gewissheit des Nichtseins zu tun.[41]

Selbst bevor Gott ins Spiel kommt, gibt es eine subtile Verschiebung von »Ich zweifle an allem« zu »Wenn ich zweifle, denke ich, weiß dies, also bin ich«; auf dem Höhepunkt der Angst, wenn ich mir meines Nichtseins gewiss bin, bin ich eine reine Leere eines Subjekts ($), weil ich (als ein Subjekt, $) nur insofern bin als der Andere inkonsistent ist. »Ich bin nicht« bedeutet, dass ich ein ausgestrichenes Subjekt bin – in dem Moment, in dem ich sage, »(Ich weiß, dass) Ich bin«, bin ich kein Subjekt mehr, sondern versetze mich in den Bereich der objektiven Wirklichkeit, wo ich eines unter den existierenden Dingen bin, die Gegenstand der Wissenschaft sind. Deshalb kann Lacan gleichzeitig behaupten, dass das Subjekt der modernen

Wissenschaft das kartesische Subjekt ist, und dass die moderne Wissenschaft das Subjekt ausschließt. Die moderne Wissenschaft gründet sich auf den kartesischen radikalen Zweifel, der unsere Alltagswelt erschüttert und unser »In-der-Welt-Sein«, unser Vertrauen in die Wirklichkeit untergräbt – sie gründet, mit anderen Worten, in der Erfahrung reiner substanzloser Subjektivität, in einer Leere des Nichtseins. In ihrem Wirken schließt die moderne Wissenschaft diese Dimension jedoch aus, sie ignoriert schlicht ihre Position des Aussagens und reduziert den Diskurs darauf, über die äußere Realität zu reden, zu der wir eine sichere Distanz wahren – aus dem »Subjekt als nichts« wird »kein Subjekt«, die Wissenschaft soll objektiv sein. Man kann hier den Unterschied zwischen den beiden deutschen Worten Zweifel und Verzweiflung[42] heranziehen, auf den sich schon Hegel bezogen hat. Beim Zweifel stelle ich einfach aus der Sicherheit meiner subjektiven Haltung heraus Dinge außerhalb meines Raums in Frage. Verzweiflung bedeutet dagegen, dass meine subjektive Position ebenfalls bedroht ist und ich an mir selbst (ver)zweifle.

Raum oder Zeit

Was hat dies alles nun mit Quantenphysik zu tun? Die Quantenphysik macht Angst, sie erzeugt eine ontologische Ungewissheit, sie impliziert, dass der große Andere selbst betrogen wird, dass es einen Mangel / eine Inkonsistenz im großen Anderen gibt. Das Subjekt ist hier nicht ausgeschlossen wie in der objektiven Wissenschaft, es kehrt vielmehr als »Beobachter« zurück, der Messungen vornimmt und so den Kollaps von Quantenwellen in Objekte unserer »normalen« Realität auslöst. Dieser »Beobachter« ist allerdings nicht das reine Subjekt, sondern agiert schon als Teil der »normalen« äußeren Realität. Folglich verschleiert die von Bohr und anderen vertretene Kopenhagener Deutung die radikalste Dimension, den »ontologischen Skandal« der Quantenphysik, indem sie sie auf »die Art, wie wir sprechen« reduziert, was keinerlei ontologische Implikationen hat. Bohr war nicht zu skeptisch (gegenüber der äußeren Realität), sondern indem er die Wissenschaft auf unsere »Sprechweise« über Phänomene der gewöhnlichen Realität (die einzige, die es gibt) beschränkte, beschützte er diese Realität vor allen Zweifeln und Unsicherheiten.

Die Viele-Welten-Interpretation löst das Problem des Kollapses der Wellenfunktion auf eine andere Weise, indem sie ein Modell ohne Kollaps vorschlägt: Eine Wellenfunktion kollabiert demnach nicht in eine Realität, sondern die Dekohärenz gebiert multiple Realitäten, das heißt, alle sich überlagernden Möglichkeiten werden gemäß der Schrödingergleichung verwirklicht, der die Wellenfunktion eines quantenmechanischen Systems folgt. Die Schrödingergleichung beschreibt die zeitliche Veränderung des quantenmechanischen Zustands eines physikalischen Systems in nicht relativistischer Näherung.[43] Viele Welten sind real, wenn auch mit unterschiedlicher Wahrscheinlichkeit – wenn aber die Wahrscheinlichkeit einer Variante nur bei einem Prozent liegt, ist sie nicht weniger real als eine mit beispielsweise 90 Prozent. Somit verschwindet die ontologische Lücke zwischen Quantenwellen und unserer gewöhnlichen Realität: Es gibt nur Quantenwellen, deren sich überlagernde Versionen alle verwirklicht werden. Auf dieser Grundlage erklärte der Physiker Sean Carroll, dass wir von einem (unmöglichen) objektiven Standpunkt aus eine vollständige Beschreibung der Realität liefern könnten – das Problem ist nur, dass wir nicht wüssten, *zu welcher der vielen Welten wir gehören*, das heißt, an welchem Ort in dieser Vielzahl von Welten wir (Beobachter) uns befinden.[44]

Ist das nicht das Problem mit dem kartesischen Cogito? Das auf einen reinen Beobachter reduzierte Subjekt hat keinen Platz in der mechanisch determinierten äußeren Realität und existiert als Subjekt nur, wenn es keinen Platz hat. Lacan wusste dies als er schrieb, die moderne Wissenschaft beruhe auf dem Ausschluss des Subjekts – und gilt dasselbe nicht auch für die Art und Weise wie der Kapitalismus und die Prädestination einander bedingen? Der Kapitalismus, ein System, das Menschen zu unablässiger Tätigkeit antreibt, beruht theologisch auf der protestantischen Vorstellung der Prädestination, die behauptet, dass über unseren Verlust oder unser Heil schon im Voraus entschieden worden ist, unabhängig von unserem Tun. Wie kann das sein? Wäre es nicht viel logischer zu behaupten, dass die Prädestination uns zur Untätigkeit mahnt? Alles ist bereits im Voraus entschieden, also entspann dich und genieße, warum sich Sorgen machen ... Der springende Punkt ist, dass *wir nicht wissen, wie unser Leben vorherbestimmt ist, und das treibt uns dazu, unablässig tätig zu sein.*

Aber was ist, wenn wir – als Hegelianer – hier seinem Grundaxiom folgen, wonach es entscheidend ist, das Absolute nicht nur als Substanz, sondern auch als Subjekt zu erfassen? Was, wenn wir hier den Schritt von der epistemologischen zur ontologischen Dimension vollziehen? Was, wenn diese Beschränkung (die Unmöglichkeit, uns selbst in das Gesamtbild der Realität einzuordnen) nicht nur eine epistemologische, sondern auch eine ontologische ist? Oder noch anders gefragt: Was, wenn die Vorstellung der objektiven »Gesamtansicht« nicht nur eine unmögliche epistemologische Position (eines allwissenden Subjekts) beinhaltet, sondern auch ontologisch falsch ist? Und was, wenn diese Unmöglichkeit, das Subjekt in die Gesamtansicht der Realität mit einzuschließen, ein Symptom für die der Realität selbst immanenten Unmöglichkeit ist? Diese Unmöglichkeit bedeutet, dass die Realität an sich nicht-alles, inkonsistent, lückenhaft ist, und es ist dieses Loch in der Realität selbst, nicht nur in unserem Wissen darüber, das den Kollaps der Wellenfunktion notwendig macht.[45] In dieser Unmöglichkeit liegt auch eine irreduzible Kontingenz, die inmitten der Grundstruktur der Realität verankert ist.

Aber ist es angemessen zu sagen, dass es in der Viele-Welten-Interpretation keinen Kollaps gibt? Ist es nicht eher so, dass es eine unendliche Zahl multipler Kollapse gibt, weil alle Möglichkeiten einer Wellenfunktionen verwirklicht werden? Die Hauptprämisse lautet hier zwar, dass es keine gewöhnliche Realität gibt, aber haben wir letztlich nicht doch multiple gewöhnliche Realitäten, die keinen Kontakt miteinander haben? Mit anderen Worten: Entwertet die Viele-Welten-Interpretation die Wellenfunktion nicht in ihrer ontologischen Spezifität als von unserer gewöhnlichen Realität verschiedene? Statt Wellenfunktionen mit ihren Superpositionen von Möglichkeiten bekommen wir multiple Realitäten – das ist der Preis für die Wiedereinsetzung eines vollständigen Determinismus.[46]

Wie wir bereits gesehen haben, lehnte Einstein den Zufallsaspekt der Quantentheorie ab – berühmt geworden ist sein Ausspruch »Gott würfelt nicht.«[47] Eine andere bekannte Aussage Einsteins – der Herrgott ist raffiniert, aber nicht boshaft – hängt mit demselben Rationalitätsglauben zusammen: »Die Natur verbirgt ihr Geheimnis durch die Erhabenheit ihres Wesens, aber nicht durch List.«[48] Es reicht nicht, Einsteins Bemerkung mit der Gegenbehauptung zu kontern, dass Gott uns sehr wohl betrügt – dabei bleibt das Bild Gottes als eines Akteurs, der uns manipuliert, aber weiß, was er tut, unversehrt, seine eigene Integrität bleibt erhalten. Wir sollten auf Gott den Bibelvers aus dem ersten Brief des Johannes anwenden: »Wenn wir sagen, dass wir keine Sünde haben, führen wir uns selbst in die Irre und die Wahrheit ist nicht in uns.« (1 Joh 1,8). Gott betrügt sich selbst, deshalb ist Sünde in ihm und die Wahrheit ist nicht in ihm. Doch selbst diese Figur des sich selbst betrügenden Gottes reicht nicht aus. Gott wird nicht einfach von sich selbst betrogen, sondern von etwas, das »in ihm mehr ist als er selbst« – wie sollen wir diese verrückte Behauptung verstehen? Zunächst sollten wir uns Gott hier als die ultimative Figur des großen Anderen vorstellen, als den symbolischen Raum, der alles registriert, was es gibt, und ihm dadurch symbolische Existenz verleiht; dann sollten wir die Lehre der Quantenphysik berücksichtigen: Teilchen erscheinen und verschwinden, bevor sie vom großen Anderen registriert werden, sie schweben in einer Sphäre außerhalb dessen, was Gott wahrnimmt.

Wir sollten Chiesa an der Stelle widersprechen, an der er behauptet, wenn Lacan die »Gotteshypothese« als »›es gibt etwas vom Einen‹ (*il y a de l'Un*) ausdrücke, so sei dies dasselbe wie ›es gibt ein‹

(*il existe un*)«.[49] »*Y a de l'Un*« (»'S gibt Ein«), das Lacan in *Encore* erwähnt,[50] ist keine Figur Gottes, sondern vorsymbolische Eine als »Sinthome«, deren Status dem eines Teilchens gleicht, das aus der Leere des Dings auftaucht und verschwindet / zerfällt, bevor seine Existenz vom großen Anderen registriert wird. Jacques-Alain Miller weist zu Recht darauf hin, dass »es gibt etwas vom Einen« bzw. »'S gibt Ein« das Gegenstück zu »es gibt kein sexuelles Verhältnis« ist.[51] Sobald wir vom großen Anderen eingenommen und im symbolischen Netzwerk gefangen werden, »gibt es kein sexuelles Verhältnis«, »Eine« als Symptome sind dagegen Reste von etwas, das sich a priori dem Zugriff Gottes entzieht. Sehen wir uns die Parallele zur Quantenmechanik hier noch etwas genauer an. Stellen Sie sich vor, Sie müssten an einem bestimmten Tag an einen bestimmten Ort fliegen, wo sie am nächsten Tag ein Vermögen in Empfang nehmen können, hätten aber nicht genug Geld, um sich den Flug leisten zu können. Dann erfahren Sie, dass das Buchungssystem der Fluggesellschaft so eingestellt ist, dass Sie Ihr Ticket innerhalb von 24 Stunden nach Ihrer Ankunft am Bestimmungsort telegraphisch bezahlen können, ohne dass das System erkennen kann, dass Sie es nicht schon vor Ihrem Abflug bezahlt haben. In ähnlicher Weise gilt in der Quantenmechanik,

> dass die Energie eines Teilchens erhebliche Schwankungen aufweisen kann, solange diese Schwankungen auf Zeiträume von hinreichend kurzer Dauer beschränkt sind. Wie das Buchhaltungssystem der Fluggesellschaft Ihnen »erlaubt«, das Geld für ein Flugticket »auszuleihen«, vorausgesetzt, Sie zahlen den Kaufpreis rasch genug zurück, so erlaubt die Quantenmechanik einem Teilchen, sich Energie zu »borgen«, solange es diese in einem von Heisenbergs Unschärferelation bestimmten Zeitrahmen wieder abgibt. […] Doch die Quantenmechanik zwingt uns, den Vergleich noch einen wichtigen Schritt weiterzuführen. Stellen Sie sich einen pathologischen Schuldenmacher vor, der von Freund zu Freund geht, um sich Geld zu beschaffen. […] Borgen und Rückzahlen, Borgen und Rückzah-

> len – unermüdlich leiht er sich Geld aus, um es gleich darauf zurückzuerstatten. [...] Aus der Heisenberg'schen Unschärferelation geht hervor, daß unser Universum bei mikroskopischen Abständen und Zeitintervallen ständig der Schauplatz eines ähnlich wilden Hin und Hers von Energie und Impuls ist.[52]

So entsteht sogar in einer leeren Region des Weltraums ein Teilchen aus dem Nichts, indem es seine Energie von der Zukunft »borgt« und dafür (mit seiner Vernichtung) zahlt, bevor das System merkt, was es getan hat. Das ganze Netzwerk kann auf diese Weise funktionieren, im Rhythmus von Borgen und Vernichtung borgt einer vom anderen, schiebt dem anderen die Schulden zu, zögert die Zahlung hinaus – man könnte meinen, der subatomare Bereich spiele Wall Street und wickle permanent Termingeschäfte ab. Zwischen einem Quantenereignis und seiner Registrierung vergeht immer ein Minimum an Zeit und diese minimale Verzögerung eröffnet den Raum für eine Art ontologischen Betrug mit virtuellen Teilchen (ein Elektron kann ein Proton erzeugen und dadurch das Prinzip der konstanten Energie verletzen, wenn es das Proton schnell genug reabsorbiert, das heißt, bevor seine Umgebung von der Diskrepanz »Notiz nimmt«. Auf *diese* Weise kann Gott – die ultimative Figur des großen Anderen – selbst betrogen werden; durch einen Schwarm von »Einen«, die sich seinem Zugriff entziehen. Den Begriff des »Halbgottes«, den Chiesa einführt, sollte man verstehen als einen Gott, der nicht ganz der Demiurg von allem ist, was es gibt, einen Gott, dem eine ganze Schicht von Dingen entgeht, oder wie Lacan es ausgedrückt hat: »Es geht nicht so sehr darum, zu wissen, ob er kein Betrüger ist, sondern darum, und das lässt Descartes unerwähnt, ob er nicht betrogen wird.«[53] Chiesas Einlassung greift an dieser Stelle zu kurz: Betrogen ist nicht dasselbe wie nicht an sich glauben, es impliziert eine viel stärkere Dezentrierung Gottes.

Ein weiteres Paradoxon (für unseren gesunden Menschenverstand) im Zusammenhang mit dieser Vorstellung, dass Energie aus der Zukunft »geborgt« und dann (durch ihre Vernichtung) zurückgezahlt werden kann, ergibt sich daraus, dass einem ein solcher Vorgang wie eine Zeitreise in die Vergangenheit vorkommen muss.[54] Müssen wir geschlossene Kausalschleifen, in denen A sowohl die kausale Zukunft als auch die kausale Vergangenheit von B ist, wirklich ausschließen? Die Retrokausalität ermöglicht es uns, die überlichtschnelle Verbindung von Teilchen zu erklären, ohne das Gesetz der Lichtgeschwindigkeit als der schnellstmöglichen Bewegung zu verletzen: Wenn zwei verschränkte Teilchen getrennt werden, reist die Information des einen Teilchens zuerst (mit Lichtgeschwindigkeit) zurück zum Zeitpunkt ihrer Trennung und dann vorwärts zu dem anderen Teilchen, so dass ihre Verbindung simultan erscheint … Wir müssen nicht unbedingt eine generelle Umkehrbarkeit der Zeit postulieren. Die grundlegende Richtung der Zeit bleibt vorwärts, von der Vergangenheit in die Zukunft, und die gelegentlichen Umwege durch die Vergangenheit machen die allgemeine Bewegung nur komplizierter. (Gibt es in der Natur eine Parallele zu der Zeitstruktur, die Jean-Pierre Dupuy beschreibt? Inwieweit können wir sagen, dass natürliche Prozesse nicht nur in linearer Kausalität ablaufen, sondern auch eine Zukunftsvision beinhalten und darauf reagieren können?) Dupuy weist auf die Homologie zwischen seinem Begriff der projektierten Zeit, in der verschiedene Zukünfte koexistieren, und der Grundidee, dass Zukunft notwendig ist, hin:

> Es gibt keine alternativen möglichen Zukünfte, da die Zukunft notwendig ist. Statt einer exklusiven Disjunktion gibt es eine *Superposition* von Zuständen. Sowohl die Eskalation bis zum Äußersten als auch das Fehlen einer solchen sind Teil einer festgelegten Zukunft: Weil die erstere darin vorkommt, besteht die Chance, dass die Abschreckung funktioniert; und weil die Letztere darin vorkommt, sind die Kontrahenten nicht gezwungen, sich gegenseitig zu vernichten. Nur die Zukunft, wenn sie eintritt, wird es zeigen.[55]

Hier kommt die Theologie ins Spiel – aber wie? Wenn wir uns unsere Lage als sich überlagernde Wirklichkeiten vorstellen, dann haben wir es nicht mit verschiedenen Optionen innerhalb derselben globalen Wirklichkeit zu tun, wo eine komplexe Situation manchmal verschiedene Wege anbietet (»Jetzt müssen Sie sich entscheiden: Tun Sie *dies* oder tun Sie *das*, und die Konsequenzen können weitreichend sein …«). Es geht vielmehr um etwas weitaus Radikaleres: Auf der symbolischen Ebene ändert sich unsere gesamte Wirklichkeit einschließlich der Vergangenheit, und aus dieser neuen Position heraus ist eine neue Handlungsweise nicht einfach eine Option innerhalb des Rahmens derselben bestehenden Wirklichkeit, sondern die einzig logische, ja notwendige Tat. Für die vorherige hegemoniale Ideologie kann eine solche Veränderung nur wie ein »Wunder« erscheinen, weil sie innerhalb des Rahmens der herrschenden Ideologie nicht erklärt werden kann. Dieser »wundersame« Wandel, der eine neue Möglichkeit eröffnet (»Yes, we can!«), ist ein theologischer Moment. Er erschüttert die Grundlagen unseres Seins, indem er uns bewusst macht, dass das, was wir (fälschlicherweise) für die Wirklichkeit hielten, ein fragiles symbolisches Konstrukt ist. Dupuy ist sich der Verbindung zur Quantenmechanik bewusst: »Auf die Idee der Superposition von Zuständen bin ich durch eine Argumentationslinie gekommen, die nichts mit der Quantentheorie zu tun hat. Man kommt jedoch nicht umhin, die Resonanzen zu bemerken. Es besteht wahrscheinlich eine Affinität, um es vorsichtig auszudrücken, zwischen der Metaphysik der projektierten Zeit und einigen der Grundkonzepte der Quantentheorie.«[56] Auf welchem Zeitbegriff (im Unterschied zum Raum) beruht nun eine solche Vorstellung des Universums? Die drei wichtigsten rivalisierenden metaphysischen Zeitvorstellungen sind der Präsentismus, der Possibilismus und der Eternalismus (siehe Abb. 3.3)[57]

Präsentismus ist die ontologisch strenge Sichtweise: Nur die Gegenwart existiert, die Vergangenheit war, ist aber nicht mehr, während die Zukunft kommen wird, aber noch nicht da ist. Dann gibt es das Baum-Modell, dass der Auffassung des gesunden Menschenverstands am nächsten kommt: Vergangenheit und Gegenwart bilden den festen Stamm dessen, was wirklich stattgefunden hat be-

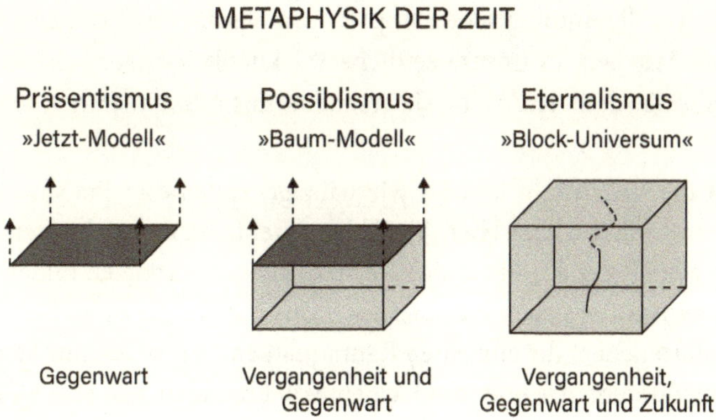

Abb. 3.3

ziehungsweise stattfindet, während die Zukunft offen für den Zufall und für unsere Freiheit ist. Das Blockuniversum ist philosophisch betrachtet am interessantesten, es reduziert im Grunde die Zeit (zeitliche Veränderung) auf den Raum: Alles, was es gibt, existiert in einer ewigen Gegenwart und der Strom der Zeit ist nur eine Illusion aufgrund unseres begrenzten, auf die Gegenwart beschränkten Standpunkts. Die reinste Version des Blockuniversums, in dem die Zeit auf eine sekundäre Dimension reduziert wird, wurde vor Kurzem von Carlo Rovelli entwickelt, der

> die Auffassung vertritt, dass die Wirklichkeit nur ein komplexes Netzwerk aus Ereignissen ist, auf das wir Abfolgen von Vergangenheit, Gegenwart und Zukunft projizieren. Das ganze Universum folgt den Gesetzen der Quantenmechanik und der Thermodynamik, aus denen die Zeit entsteht. […] Er argumentiert, dass unsere Wahrnehmung des Zeitstroms ausschließlich auf unsere Unfähigkeit zurückzuführen ist, die Welt in allen Einzelheiten zu sehen. Quantenunschärfe bedeutet, dass wir nicht die Positionen und Geschwindigkeiten aller Teilchen im Universum kennen können. Könnten wir es, gäbe es keine Entropie und keine Entfaltung der Zeit.[58]

Rovelli legt die ontologischen Implikationen seiner Sichtweise deutlich dar: Was wir als unsere zeitliche Wirklichkeit erleben, ist »kein Grundbestandteil der Welt«, sie erscheint uns nur als solcher,

> weil die Welt riesig ist und wir winzige Systeme in ihr sind, die nur mit makroskopischen Variablen interagieren, welche stets einen Mittelwert aus unzähligen winzig kleinen Variablen bilden. In unserem Alltagsleben kümmern wir uns nie um die einzelnen Elementarteilchen, die einzelnen Raumquanten. Wir sehen nur Steine, Sonnenuntergänge oder das Lächeln von Freunden, wobei alles, was wir sehen, eine Gesamtheit aus Myriaden elementarer Bestandteile ist. Wir korrelieren stets mit Durchschnittwerten, die sich immer als solche verhalten: Sie geben Wärme ab und erzeugen aus sich heraus Zeit. […] Die Zeit ist eine Auswirkung der Tatsache, dass wir die physikalischen Mikrozustände der Dinge außer Acht lassen. Die Zeit ist die uns fehlende Information. Sie ist unser Unwissen.[59]

Auf der Ebene der Ontologie bedeutet dies, dass »wir das, was wir über ein System wissen, nicht mit dem absoluten Zustand dieses Systems verwechseln dürfen. Genauer gesagt, weil das, was wir wissen, immer die *Beziehung* zwischen uns und dem System betrifft.[60] Was da draußen wirklich existiert, die Realität an sich, der »absolute Zustand des Systems« besteht aus Quantenereignissen und ihren Interaktionen, die außerhalb der Zeit stattfinden, und wir sollten diese Realität an sich von der Art und Weise, wie sie uns aufgrund unseres eingeschränkten Blickes erscheint, strikt unterscheiden – der klassische metaphysische Unterschied zwischen Wirklichkeit und Schein kehrt hier mit aller Macht zurück und Parmenides gewinnt gegen Heraklit.

Es ist nicht verwunderlich, dass Einstein der Idee eines Blockuniversums wohlwollend gegenüberstand und mit ihr spielte – diese Idee ist keine verrückte Folgerung, sondern die notwendige Implikation einer vollständig deterministischen Sicht des Universums. Die einzige Möglichkeit, die Zeit zu retten – in welcher Form auch immer –, besteht folglich darin, sich die Wirklichkeit als nicht-alles, als unvollständig und in diesem Sinne als offen für die Zukunft vorzustellen. Das bedeutet: Was Rovelli den »absoluten Zustand« der Wirklichkeit nennt, deren vollständige Beschreibung, ist für uns endliche, beschränkte Beobachter nicht nur unerreichbar, sondern schon von sich aus ein sinnloser Begriff, den man aufgeben sollte. Das »Unwissen«, das uns und unseren Blick vom absoluten Zustand der Realität trennt, ist der Realität selbst immanent – die Realität ist »an sich« ausgestrichen, gebarrt, von einer Unmöglichkeit durchzogen. Normalerweise bevorzugen Idealisten die Zeit (unsere Gedanken finden in der Zeit statt, können aber nicht im Raum verortet werden), während Materialisten eher auf der Irreduzibilität des Raums bestehen (selbst unsere Gedanken müssen in der räumlichen Wirklichkeit unseres Gehirns lokalisiert werden); wir sollten diese Bevorzugung jedoch umkehren.

Welchem der drei Modelle sollen wir uns nun anschließen? Nicht dem des Baumes (»Possibilismus«), in dem Vergangenheit und Gegenwart festgelegt sind und lediglich eine Offenheit gegenüber der Zukunft besteht, sondern einem vierten: der Geschichtlichkeit des Blockuniversums selbst. Jedes »Jetzt« – also etwa jede historische Epoche – rekonstruiert seine eigene Sicht der Vergangenheit und der Zukunft und wenn eine echte Veränderung stattfindet, nicht nur eine Wiederholung des Gleichen, wird die gesamte Blockkette transformiert. Es gibt eine wunderbare (und im besten Sinne des Wortes politisch korrekte) Anekdote über Hanns Eisler, einen Schüler Arnold Schönbergs, der nach dem Zweiten Weltkrieg eine Art offizieller Komponist der DDR wurde, Schönberg aber nie verleugnete und dem großen Druck der offiziellen Ideologie standhielt. Er rechtfertigte seine Treue mit einem alten chinesischen Sprichwort: »Wer seinen Lehrer nicht ehrt, der ist ein Hund.« Eislers Freund Hans Mayer fragte ihn, wo er denn dieses Sprichwort gefunden habe, und Eisler antwortete: »Ich habe es erfunden.«[61] Das ist die korrekte dialektisch-materialistische Haltung: Der größte schöpferische Akt besteht nicht darin, originell zu sein und mit der Vergangenheit zu brechen, sondern darin, eine neue Vergangenheit zu erfinden.

Die Vergangenheit selbst ist offen für die Zukunft, sie ist nicht einfach das »was wirklich passiert ist«, sondern voller Risse, voller alternativer Möglichkeiten – die Vergangenheit ist auch das, was nicht passiert ist, was niedergeschlagen wurde, so dass das, »was wirklich passiert ist«, überhaupt passieren konnte. Wir sollten an dieser Stelle nicht in die fatale Falle tappen, diese »Offenheit« der Wirklichkeit im Sinne einer einzigen zeitlichen Realität zu verstehen, die gegenüber der Zukunft offen ist und einen unaufhörlichen schrittweisen Fortschritt verlangt. Kein Wunder, dass Smolin, ein Gegner der Blockzeit-Theorie und Verfechter der Realität der Zeit, ein Buch gemeinsam mit Roberto Unger verfasst hat, der einen »radikalisierten Pragmatismus« vertritt,[62]

> die operationale Ideologie der Verkürzung des Abstands zwischen kontexterhaltenden und kontextverändernden Aktivitäten. Er ist somit ein Programm der permanenten Revolution – allerdings ist das Programm so konzipiert, dass das Wort »Revolution« aller romantischen Weltfremdheit beraubt und mit der Alltäglichkeit des Lebens, wie es ist, versöhnt ist.[63]

Dies ist ein Beispiel dafür, wie eine gesellschaftspolitische Vision des schrittweisen Fortschritts und der permanenten Selbsttransformation des Menschen eine grundlegende ontologische Vision widerspiegelt. Eine ähnlich fortschrittliche Vision entwickelte Cornelius Castoriadis im Rahmen seiner Aristoteles-Lektüre. Gegen die Vorstellung, dass die Einbildungskraft (als eine falsche Darstellung der Realität) »negativ« sei, argumentiert Castoriadis, dass

> sich in der philosophischen Tradition die Entdeckung einer *primären Einbildungskraft* verbirgt, die nicht einfach negativ ist. Tatsächlich vertrat Aristoteles in *De Anima* 3.7–3.9 die Ansicht, dass die primäre Einbildungskraft eine »Bedingung für alles Denken« sei. Für Castoriadis folgt aus dieser Aussage, dass es ohne die primäre Einbildungskraft kein Erfassen der Wirklichkeit geben kann. Sie

sollte, so Castoriadis weiter, als eine Fähigkeit zur *Darstellung* der Wirklichkeit als solcher interpretiert werden, eine Darstellung, die für jedes weitere Verständnis erforderlich ist. Auf diese Weise geht die primäre Einbildungskraft jeder *Re*-Präsentation der Wirklichkeit voraus.[64]

Von meinem lacanianisch-hegelianischen Standpunkt aus betrachtet neutralisiert eine solch positive Sicht der Phantasie zu sehr deren unendliches Vermögen als Kraft der Negativität, die alle Formen organischer Ganzheit zerfetzt – bei Shakespeare heißt es im *Sommernachtstraum*: »Und wie die schwang're Phantasie Gebilde // Von unbekannten Dingen ausgebiert, // Gestaltet sie des Dichters Kiel, benennt // Das luft'ge Nichts und gibt ihm festen Wohnsitz.«[65] Ja, aber bevor sie das tut, öffnet die Phantasie jenes »luft'ge Nichts«, um es dann nicht in erster Linie mit poetischer Schönheit zu füllen, sondern zunächst mit der albtraumhaften Mischung aus *membra disiecta*, Partialobjekten, die aus ihrem organischen Ganzen gerissen wurden.

Materialismus der Undinge

Die gleiche Wirkung lässt sich erzeugen, indem man sich einem Gegenstand in der Realität einfach zu sehr nähert. Eine Nahaufnahme des Gesichts einer Ameise, das der litauische Fotograf Eugenijus Kavaliauskas aus Taurage veröffentlichte, ging kürzlich viral, und wenn man es betrachtet, kann man sich leicht vorstellen, wie der Kopf einer winzigen Ameise mit der entsprechenden Vergrößerung ein lähmendes Gefühl der Furcht aufkommen lässt, als ob man den Kopf eines Monsters aus einem Horrorfilm vor sich hätte.[66] Wir betrachten zwar ein Bild, aber dieses Bild passt nicht in die Proportionen unserer Wirklichkeit: Seine Vergrößerung imaginarisiert es in gewissem Sinne, macht es zu einem Teil unserer Realität, und verwandelt es dadurch in das pure, albtraumhafte Böse. Dabei geht es nicht einfach um die Diskrepanz zwischen unserer subjektiven Wahrnehmung der Realität und der objektiven Realität an sich; das Grauen des Ameisenkopfes wohnt auch unserer Wahrnehmung von ihm inne. Genau dasselbe gilt für den menschlichen Körper. Würden wir das stark vergrößerte Bild eines Details unseres Körpers betrachten (etwa die Analöffnung), wäre die Wirkung ebenfalls ein Gefühl des Grauens. Schon auf dieser elementaren Ebene der fotografischen Bilder verändert also die bloße quantitative Vergrößerung den ontologischen Status des Objekts.

Die Rolle der Wissenschaft ist hier entscheidend. Diese bewegt sich von der Symbolisierung des Realen mittels Formeln, die mit der wahrgenommenen sinnlichen Realität nicht vereinbar sind, hin zu einer Re-Imaginarisierung dessen, was jene Formeln enthüllen – nicht nur die gnostisch-obskurantistische Vereinnahmung wissenschaftlicher Theorien (die Quantenmechanik wird häufig in diesem Sinne gedeutet), sondern auch die »immanente« Suche nach einer Art endgültiger vereinheitlichter Theorie von Allem, der Einheit von Quanten und Schwerkraft und so weiter. Die Hauptwirkung des modernen wissenschaftlichen Diskurses (der in der Quantenmechanik gipfelt) ist die Nichtübereinstimmung zwischen der menschlichen Sinneswahrnehmung und der Natur, mit der sich die moderne Wissenschaft beschäftigt (und die sie erzeugt). Die symbolisch-mathematische Manipulation des physikalischen Realen durch die Wissenschaft untergräbt die allumfassende Einheit der Substanz, die wir als unsere Realität wahrnehmen; sie bringt in unsere Wirklichkeit einen »sich ausbreitenden Schwarm von Unsubstanzen, von Hertzwellen, die schon Lacan erwähnt, bis hin zu deutlicheren Beispielen aus der Quantenmechanik und der Astrophysik, ganz zu schweigen vom eher profanen Bereich der Informationstechnologien«:[67]

> Lacan begrüßt das Auftauchen dieser Undinge (*achoses*). Er behauptet, dass wir auf ihrer Grundlage endlich den Materialismus – atheistisch – in einem ganz anderen Sinne denken, will heißen, die »Idealität der Materie«, an der der Vulgärmaterialismus festhält, aufgeben können. Dieser Materialismus, der sozusagen auf die im-

materiell materiellen Wirkungen fokussiert ist, die die Wissenschaft erzeugt, beruht auf einer Anerkennung der Tatsache, dass ebendiese Wirksamkeit wiederholte Begegnungen mit der Realität notwendig macht. [...] Die Wissenschaft konstruiert sich »aus etwas, von dem vorher nichts da war« – weil dieses unsubstanzielle Etwas nur symbolisch zu etwas wird und nimmt unter Bezug auf mathematische Formalisierungen Gestalt an.[68]

Der Begriff *achose* (Nicht-Ding oder besser Unding) ist in typischer Lacan'scher Manier natürlich wieder zweideutig: Das »a« kann als Verneinung gelesen werden (wie in »arrhythmisch« oder »apolitisch«) oder aber als Objekt klein a, das anzeigt, dass das Unobjekt (ein Objekt ohne substanzielle Unterstützung in unserer gewöhnlichen Wirklichkeit) als Verkörperung der Objektursache des Begehrens erscheint. Jedenfalls sind wir nicht in der Lage, dieses grundlegende Resultat der Wissenschaft vollkommen anzunehmen, weshalb »die symbolischen Bearbeitungen der realen Wissenschaft immer von der Imaginarisierung dessen begleitet werden, was sie bearbeiten.« Diese Imaginarisierung findet auf zwei Ebenen statt. Im wissenschaftlichen Diskurs selbst tritt sie auf, wenn die Wissenschaft »explizit versucht, eine harmonische Vision der Welt als Ganzes vorzubringen«, wie bei dem verzweifelten Versuch, die endgültige Formel der Realität zu finden, eine Weltformel oder zumindest »einem endgültigen Abschluss einen Schritt näher zu kommen, vorzugsweise in Form einer Synthese bereits bestehender Visionen (so sollten zum Beispiel die Stringtheorie oder die Quantengravitation die konkurrierenden Erkenntnisse der Relativitätstheorie und der Quantenmechanik mit aufnehmen.)«[69] Darum ist es schwierig, heute ein echter Materialist zu sein: Man muss die Wissenschaft nicht nur gegen alle möglichen Formen des Spiritualismus verteidigen (wie es die Vertreter des sogenannten »Neuen Materialismus« von Steven Pinker und Christopher Hitchens bis zu Sam Harris tun), man muss sie, wie Althusser schon vor Jahrzehnten deutlich gesehen hat, auch gegen ihre eigene spontane Ideologie verteidigen, die selbst (und vielleicht gerade) in ihren reduktionistischsten Formen wirksam ist. (Leider erliegt auch Zeilinger dieser Versuchung, wenn er sich mit dem Dalai Lama einig ist, dass der Zufall auch ein Hinweis darauf sein könnte, dass Gott inkognito agiert, auf einer Ebene, die unserer Erkenntnis nicht zugänglich ist.[70])

Der Begriff »Undinge« (oder »Nicht-Dinge«) wurde von Byung-Chul Han in seinem gleichnamigen Buch eingeführt, dessen Ausgangspunkt ein Gegensatz ist: der Gegensatz zwischen dem Vorhandensein authentischer Dinge, die eine Lebenswelt eröffnen und erhalten, indem sie die Stabilität von Ritualen in sie einbringen, und der auf ein Mittel zur Kommunikation, zur Weitergabe von Informationen reduzierten Sprache: »Undinge schieben sich vor die Dinge und vermüllen sie. Der Informations- und Kommunikationsmüll zerstört die stille Landschaft, die diskrete Sprache der Dinge.«[71] Die Dinge sind statisch, sie bieten Beständigkeit und Stabilität, während im Informationsfluss eine Vielzahl von Bildern und Worten um unsere Aufmerksamkeit, um unsere »Likes« wetteifert. In der digitalisierten Informationsgesellschaft wird die Wirklichkeit auf Informationen reduziert, über die wir (Subjekte) verfügen können, entweihte Objekte, denen keine Aura anhaftet. Es sind nicht mehr Dinge mit einer undurchdringlichen Dichte, sondern »Undinge«, substanzlose Daten, die wir beliebig vervielfältigen und manipulieren können, weil sie keinen Widerstand bieten … Dann wird es jedoch schnell komplexer, denn das digitale Datenuniversum ist nicht einfach immateriell; es reduziert vielmehr die Wirklichkeit auf das, was es weiterhin als bloße Objekte bezeichnet, auf deren Materialität, die kein Geheimnis in sich birgt – was wir auf Pornhub sehen (oder bei Pornospektakeln live miterleben), ist nichts anderes als die dumme, flache Materialität kopulierender Körper. Was ein Ding zu einem Ding macht, ist aber gerade sein Nicht-Ding-Aspekt, die Evokation eines immateriellen Geheimnisses in seinem unsichtbaren Kern. Han ist sich dieser Paradoxie zweifellos bewusst, denn gleichzeitig mit seiner Behauptung, dass »Undinge […] sich vor die Dinge [schieben] und [sie] vermüllen«, schreibt er:

Wenn die gewöhnlichen Dinge der alltäglichen Wahrnehmung Repräsentanten der symbolischen Ordnung wären, so wäre das geheimnisvolle *Ding an sich* ein UNDING (*achose*). Das UNDING ist das *Reale*, das dem *Symbolischen* entwischt. Es fällt durch das Netz der Repräsentation hindurch. Es ist das *punctum der Wirklichkeit*, jenes »blinde Feld« (*champ aveugle*) oder »subtile Abseits« (*hors-champ subtil*), welches das *studium*, das ausgedehnte Feld aus Informationen durchkreuzt.[72]

Eine ähnliche Formulierung findet sich auch einige Seiten später: »Das UNDING *imponiert*, da es nicht informiert. Es ist die *Rückseite*, der geheimnisvolle *Hinterhof*, das ›subtile Abseits‹ (*hors-champ subtil*) des Kunstwerkes, ja dessen *Unbewusstes*. Es widersteht der Entzauberung der Kunst.«[73]

Es gibt also ein »schlechtes« informationelles Unding (einen Strom immaterieller Daten) und ein »gutes« Unding (das Reale, das dem Symbolischen entwischt). In diesem Zusammenhang paraphrasiert Han die von Roland Barthes entwickelte Unterscheidung zwischen *studium* und *punctum*: »Das *studium* ist mit einem ›souveränen Bewusstsein‹ ausgestattet. Ich lasse meine Aufmerksamkeit souverän über das weite Feld aus Informationen gleiten. Das *punctum* hingegen versetzt mich in eine radikale Passivität. Es macht mich *schwach*. Ich erleide einen Selbstverlust. etwas ›trifft‹ mich diesseits bewusster Entscheidung. Etwas ›besticht‹ und ›verwundet‹ mich.«[74] Man muss hier zwischen »Selbst« und Subjekt unterscheiden: Was Barthes *punctum* nennt, ist das Lacan'sche Objekt klein a, das virtuell-reale Objekt (der Exzess über die Wirklichkeit hinaus), das das Subjekt »kitzelt« und als solches konstitutiv für die Dimension der Subjektivität ist. Das Subjekt entsteht durch den Verlust / die Entleerung des »Selbst« – Letzteres bezeichnet den phantasmatischen Reichtum einer »Person«, der die Leere des Subjekts füllt.

In Anlehnung an Barthes spricht Han auch vom erotischen Körper der Sprache und im Falle des Singens vom »Genogesang«, der Dimension des Singens jenseits von Kommunikation, der Stimme, die den wollüstigen Körper, das Begehren beherbergt.[75] Han stellt hier die Erotik der Pornographie gegenüber: Die Pornographie zeigt alles, sämtliche Details, aber sie enterotisiert die gezeigten Körper völlig und löscht ihre Aura aus. Entgegen einigen von Hans Formulierungen haben wir es demnach nicht mit einer Verschiebung von der Materialität von Dingen hin zum immateriellen Fluss der Kommunikation zu tun: Dinge in ihrer dummen Realität bleiben als Gegenstände der Analyse und der Manipulation erhalten. Was verschwindet, ist ihre Undinglichkeit, ihre Aura, die ihnen übertragen wird – wie? Durch Sprache. Der »mystische« unaussprechliche Exzess ist ein rückwirkendes Produkt der Sprache selbst.

Es gibt noch eine weitere Unklarheit, die Han außer Acht lässt. Wenn er unter Berufung auf Francis Ponge die erotische Dimension des Gedichts als eines Dings mit einem Körper feiert, in dem Worte nicht mehr bloß bescheidene Werkzeuge zur Informationsübertragung seien, dann vergisst er die obszöne Kehr- bzw. Unterseite der Poesie zu erwähnen, den Ekel und die Faszination gegenüber peinlichen Wörtern, die uns in ihrer stimmlichen Materialität treffen. Selbst die oberflächlichsten Popsongs setzen regelmäßig Wörter und Melodien jenseits ihrer Bedeutung ein (wie in dem Hit »Co-Co« von Sweet aus dem Jahr 1971, in dem die obszön-eingängige Aneinanderreihung sinnloser Wörter endlos wiederholt wird: »ho – chi – ka – ka – ho – co – co – co – co«[76]); es gleicht ihrem anderen Hit *Papa Joe* mit der Zeile »Rumbo rumbo hear papa Joe«.

Wir betreten damit das Gebiet, dass Lacan *Lalangue* nannte, die Sprache in all ihren unbeabsichtigten Mehrdeutigkeiten und Wortspielen. Es mag den Anschein haben, dass *Lalangue* den Raum eröffnet, in dem wir dem hegemonialen Machtdiskurs widerstehen können. Ein aktuelles Beispiel aus China ist das »Gras-Schlamm-Pferd« oder *caonima*, ein Internet-Meme, das auf einem Wortspiel beruht: Es spielt mit den Mandarin-Worten cào nǐ mā, die wörtlich »fick deine Mutter« bedeuten. *Caonima* ist ein Musterbeispiel für den Widerstandsdiskurs chinesischer Internetnutzer, ein Maskottchen der Netzbürger in China, die für freie Meinungsäußerung kämpfen und so eine Inspirationsquelle für Gedichte, Fotos und Videos, Kunstwerke, Modelinien und mehr sind. Als solches ist es Teil einer breiteren chinesischen Netzkultur der Veralberung, des Spotts, der Wortspiele und der Parodie, die als *ègâo* bekannt ist und zu der auch Video-Mashups und andere Arten der Bricolage gehören.[77] Als Beispiel aus unserer eigenen Kultur sei nur die Eiscrememarke Häagen-Dazs erwähnt – wie ist dieser Name entstanden? Reuben Mattus, ein polnischer Jude, der in die USA ausgewandert war, gründete 1959 die Eisfirma und wählte als Namen das Kunstwort Häagen-Dazs, das

> für die US-amerikanischen Verbraucher skandinavisch bzw. europäisch aussehen und klingen und mit europäischer Tradition und Handwerkskunst in Verbindung gebracht werden [sollte]. Der Umlaut-Buchstabe *ä*, den Mattus fälschlicherweise für Dänisch hielt, und das *z* werden bei der Aussprache jedoch nicht berücksichtigt. Um den beabsichtigten Eindruck zu verstärken, ergänzte der Gründer Reuben Mattus das Firmenlogo in den Anfangsjahren um einen Umriss der Landkarte von Dänemark. Ein weiterer Grund für die Verwendung eines dänisch klingenden Namens war die Erklärung Reuben Mattus', Dänemark habe als einziger europäischer Staat die Juden während des Zweiten Weltkriegs gerettet.[78]

Mattus' Tochter erzählte, ihr Vater habe stundenlang in der Küche gesessen und unsinnige Wörter vor sich hergesagt, bis ihm eine Kombination eingefallen sei, die ihm gefiel. Ist »Häagen-Dazs« nicht der Inbegriff von *Lalangue*? Der Name verdichtet einen Bezug auf angebliche historische Fakten (Dänemarks Behandlung der Juden, Dänemark als bekanntes Milchproduktionsland), ausgedachte Assoziationen, die auf der Faktenebene falsch sind (Buchstaben wie *ä* oder Digraphen wie *sz* gibt es im Dänischen nicht, auch wenn sie dänisch »klingen« … jedenfalls für uns, für die Dänen natürlich nicht), bis hin zum Spaß am puren stimmlichen Nonsens. Derartige Phänomene sind keineswegs auf die Alltagssprache beschränkt. Viele philosophische oder wissenschaftliche Begriffe werden auf ganz ähnliche Weise gebildet und wegen ihres hübsch obszönen Klangs oder ihrer unpassenden Assoziationen ausgewählt. Denken wir nur an die Quantenmechanik: »Entartung« ist ein quantenmechanischer Begriff, ebenso Anyonen, Quarks (die klingen wie ein gesundes Milchprodukt), bis hin sogar zum Urknall (»Big Bang«) …

Eine solche Infektion wissenschaftlicher Begriffe mit den »entarteten« Obszönitäten der *Lalangue* relativiert die Wissenschaft keinesfalls zum historischen Phänomen: Die wahre universelle Wissenschaft überlebt mühelos ihre Übertragung von einer Umgangssprache in eine andere, die ihren Diskurs mit verschiedenen Arten von Obszönitäten befallen. Was der Fall deutlich zeigt, ist, dass man *Lalangue* nicht auf eine Art subversive poetische Verspieltheit reduzieren sollte, die den Sprecher aus den Zwängen der herrschenden Ideologie befreit – *Lalangue* dient auch (und vielleicht vor allem) als Instrument gewaltsamer Demütigung und Unterdrückung. Ein typisches Vorgehen von Rassisten ist es, ihre Gegner mit einem scheinbar »neutralen« Begriff zu belegen, dessen obszöne Anklänge eine klare rassistische Botschaft vermitteln – und wenn die Aufmerksamkeit darauf gelenkt wird, kann der Täter behaupten, eine weiße Weste zu haben, da er das Wort ja nur in einem neutralen Sinne gebraucht habe … Ein wahrer Akt der Befreiung beruht auf unserer Fähigkeit, einen reinen universellen Begriff von seinen obszönen Verunreinigungen zu befreien. Versucht man, eine rassistische oder sexistische Idee in ihrer reinen logischen Struktur zu formulieren, wird ihre Absurdität auf der Stelle deutlich.

Wir stellen damit erneut die alte Freud'sche Frage: Warum genießen wir die Unterdrückung? Weil eine Macht uns nicht einfach durch Unterdrückung (und Verdrängung) im Griff hat, die auf der Angst vor Bestrafung beruhen, sondern indem sie uns besticht, damit wir gehorsam sind und zum Verzicht gezwungen werden können – im Austausch für unseren Gehorsam und unseren Verzicht erhalten wir eine pervertierte Lust am Verzicht selbst, einen Gewinn im Verlust. Lacan nannte diese pervertierte Lust Mehrlust. Es gibt dabei keine »Grundlust«, zu der dann die Mehrlust hinzuaddiert wird, die Lust ist immer ein Mehr, ein Surplus, ein Überschuss. Es ist der Bezug auf Marx, insbesondere auf dessen Begriff des Mehrwerts, der es Lacan ermöglichte, seinen »reifen« Begriff des *objet a*, der Objektursache des Begehrens, als Mehrlust (*plus-de-jouir*) zu entwickeln. Freud machte den ersten Schritt in diese Richtung, als er über den Lustgewinn sprach, mit dem nicht einfach eine Steigerung der Lust gemeint ist, sondern die zusätzliche Lust, die ausgerechnet durch die förmlichen Umwege des Subjekts in seinem Bemühen, Lust zu erlangen, zustande kommt. Ein gutes Beispiel ist hier die bereits erwähnte Umkehrung, die die Hysterie kennzeichnet: Der Verzicht auf die Lust wird zur Lust auf/am Verzicht, die Verdrängung des Begehrens wird zum Begehren der Verdrängung und so weiter. Eine solche Umkehrung bildet auch den Kern der kapitalistischen Logik: Lacan wies darauf hin, dass der moderne Kapitalismus mit dem *Zählen* der Lust (Gewinne zu erzielen) begann und sich dieses Zählen der Lust unmittelbar in eine *Lust am Zählen* (des Gewinns) umkehrt.

Am anderen Ende steht die stille Präsenz eines Dings, das eine Welt trägt: Alle von Han angeführten Fälle beziehen sich entweder auf edle Monumente oder (meistens) auf kleine Dinge, die ihrem Besitzer etwas bedeuten (von den Übergangsobjekten eines Kleinkinds, die seinem Leben Stabilität und Form verleihen, bis hin zu einem alten Buch oder (in Hans eigenem Beispiel) einer Jukebox aus den 1950er Jahren. Doch wie steht es mit Dingen, die bleiben sollten, weil sie von einem unaussprechlichen Grauen zeugen? Solche Extremfälle zeigen, dass die Dimension des Heiligen und Göttlichen eine eigene dunkle Kehrseite hat: Mit all seinen unsagbaren Gräueln war auch Auschwitz eine *achose*, ein Unding, ein Heiliges, das die böse Seite des Göttlichen enthüllt – gerade sein unmäßiger Schrecken macht es göttlich.

Erinnern wir uns an den Fall von Marek Edelman, einem der echten Helden des 20. Jahrhunderts. Er war ein polnischer Jude und der letzte Überlebende des Warschauer Ghettoaufstands von 1943. Als seine Frau und seine Kinder im Zuge der wachsenden antisemitischen Kampagne 1968 das Land verließen, entschloss er sich, in Polen zu bleiben – warum? Selbst einige seiner Bewunderer spekulierten über persönliche, pathologische Gründe, die ihn dazu gedrängt haben könnten (die pathologische Beziehung zu seiner Mutter), bis er es vor einigen Jahrzehnten in einem Interview klarstellte: Er verglich sich mit den Steinen der Ruinen auf dem Gelände des Konzentrationslagers Auschwitz: »Jemand musste schließlich hierbleiben bei all denen, die hier umgekommen sind.« Das sagt alles: Was letztlich zählte, war seine bloße und schweigende Anwesenheit dort, nicht seine Erklärungen – mehr als alle Bücher, Musikstücke und Filme war es das Wissen um Edelmans Präsenz, die nackte Tatsache seines »Da-seins«, die das unbeschreibliche Grauen von Auschwitz in unserer Erinnerung wachgehalten hat.

Ist die Dualität aus immateriellen Undingen und der stillen Präsenz träger Dinge nicht ein weiterer Fall von Komplementarität? Ein Kapitel über Quantenmechanik muss mit Undingen enden, denn mit ihrer Vorstellung der Wellenoszillation ist die Quantenmechanik aus dem mystischen Raum der Undinge als unscharfen spirituellen Phänomenen ausgebrochen und hat sie im Fundament der materiellen Realität verortet. Undinge sind keine Zeichen dafür, dass die materielle Realität nicht alles ist, was es gibt – wie Lacan deutlich sah, sind sie der endgültige Beweis des radikalen Materialismus.

4

Das Heilige, das Obszöne und das Untote

Die allgemeine Definition der Parallaxe lautet: die scheinbare Verschiebung eines Objekts (die Veränderung seiner Position vor einem Hintergrund) durch eine Veränderung des Beobachterstandpunkts.[1] Der philosophische Clou dabei ist natürlich, dass die beobachtete Differenz nicht einfach »subjektiv« ist, weil dasselbe Objekt, das »da draußen« existiert, von zwei verschiedenen Standpunkten oder Blickwinkeln gesehen wird. Es ist eher so, dass Subjekt und Objekt in sich »vermittelt« sind, wie Hegel gesagt hätte, so dass eine »epistemologische« Verschiebung des Standpunkts des Subjekts stets eine »ontologische« Verschiebung im Objekt selbst reflektiert. Aus diesem Grund lautet der Untertitel von Alenka Zupančičs Buch über Antigone »Antigones Parallaxe«.[2] In den 1960er und 70er Jahren konnte man erotische Postkarten kaufen, auf denen Frauen im Bikini oder auch vollständig bekleidet abgebildet waren; wenn man die Karte jedoch leicht drehte oder aus einer etwas anderen Perspektive betrachtete, verschwand die Bekleidung auf magische Weise und man konnte die Frau nackt sehen. Die beiden Erscheinungen der Antigone – ihre erhabene Schönheit und ihre monströse Brutalität – sind wie auf der vulgären Postkarte eng miteinander verknüpft: Eine leichte Verschiebung unseres Blickwinkels reicht aus, um ihr unheimliches Wesen sichtbar zu machen, denn Antigones erhabene ethische Haltung fußt auf ihrer äußerst monströsen Störung der bestehenden gesellschaftlichen Ordnung. Antigone lehrt uns also, was Rainer Maria Rilke vor hundert Jahren in den »Duineser Elegien« wie folgt formulierte: »Denn das Schöne ist nichts / als des Schrecklichen Anfang, den wir noch grade ertragen, / und wir bewundern es so, weil es gelassen verschmäht, / uns zu zerstören. Ein jeder Engel ist schrecklich.«[3]

Den letzten Kannibalen essen

Wir sollten also die beiden Seiten der Antigone, die gute und die schlechte, nicht einander gegenüberstellen oder versuchen zu erraten, welche der beiden die wesentlichere ist. Antigone verkörpert die Parallaxe selbst, sie ist die Diskrepanz ohne Auflösung. Wie lässt sich das beweisen? Zupančičs Ausgangspunkt ist ihre einleuchtende Interpretation der berühmten Antwort der Mitglieder eines Ureinwohnerstammes an einen Forscher, der sie zum ersten Mal besucht und fragt: »Gibt es unter euch noch Kannibalen? Seid ihr ein Kannibalenstamm?« »Nein, wir sind keine Kannibalen; wir haben den letzten gestern gegessen.« Zupančič kommentiert:

> Der Witz fasst schön zusammen, dass es im Kern jedes geschriebenen, symbolischen Gesetzes (immer) so etwas wie ein »unmögliches Verbrechen« gibt. Wenn eine zivilisierte, nichtkannibalische Gemeinschaft sich dadurch konstituiert, dass ihre Mitglieder den letzten Kannibalen aufessen, dann könnte diese Gemeinschaft nie entstehen, wenn dieser »letzte« Akt des Kannibalismus als solcher etikettiert würde, eben als ein kannibalisches Verbrechen. Vom Standpunkt der neuen Gemeinschaft aus ist es ein Verbrechen, aber nur in der Rückschau; es ist ein Verbrechen, das durch und mit dem Akt des Essens des »Letzten« zum Verbrechen wird. Es ist kein Verbrechen wie andere; genau genommen ist es das unmögliche Verbrechen, das in einem Gebiet stattfindet, das kein Gebiet, keinen Grund, auf dem es stehen kann, hat; es konstituiert ein ausgeschlossenes Inneres des Rechtszustands. Die Konstitution des Rechts (oder der symbolischen Ordnung im Allgemeinen) beinhaltet eine Diskontinuität, eine Lücke, etwas, das auf nichts anderes als auf sich selbst gegründet und auch nicht linear aus dem vorherigen »Naturzustand« abgeleitet werden kann. Der Kannibalen-Witz

weist genau darauf hin. »Den letzten Kannibalen zu essen«, würde dem linearen Übergang vom einen Zustand zum anderen entsprechen, ohne Diskontinuität, aber das ist logisch unmöglich; es ist ein Paradox: Was ist mit denen, die den letzten Kannibalen gegessen haben? Inwiefern sind sie keine Kannibalen mehr? Etwas geschieht hier; etwas geht verloren; die erste, »ursprüngliche Generation« der Nichtkannibalen fehlt konstitutiv und das Gesetz des Nichtkannibalismus hängt von ihrem Fehlen, von dieser Lücke ab.[4]

Die Gründung einer Rechtsordnung impliziert also, dass das Verbrechen, das der Rechtsordnung zugrunde liegt, ein, wie Fredric Jameson es nannte, »verschwindender Vermittler« zwischen den beiden Sphären ist, der weder zu der vorgesetzlichen Brutalität gehört (von der er aufgehoben wurde) noch zur Sphäre des Rechts (es ist schließlich ein illegaler Gewaltakt). Kant war diese Paradoxie wohl bewusst, als er sich mit dem komplizierten rechtlichen Status eines Aufstands gegen eine (legale) Macht beschäftigte. Die Wahrheit einer Aussage hängt vom Zeitpunkt ihrer Äußerung ab (und ändert sich mit ihm). Der Satz »Was die Aufständischen tun, ist ein Verbrechen, das eine Bestrafung verdient« ist wahr, wenn er gesagt wird, während der Aufstand noch im Gange ist; ist der Aufstand jedoch erfolgreich und schafft eine neue Rechtsordnung, so verliert dieselbe Aussage über den Rechtsstauts der früheren Taten ihre Geltung. Der Kreislauf der symbolischen Ökonomie, in dem die Wirkung der Ursache vorausgeht, das heißt, sie rückwirkend erzeugt, gilt also auch für den rechtlichen Status des Aufstands gegen eine (legale) Macht bei Kant.

Wenn auch durch den Ungestüm einer von der schlechten Verfassung erzeugten *Revolution* unrechtmäßigerweise eine gesetzmäßigere errungen wäre, so würde es doch auch alsdann nicht mehr für erlaubt gehalten werden müssen, das Volk wieder auf die alte zurück zu führen, obgleich während derselben jeder, der sich damit gewalttätig oder arglistig bemengt, mit Recht den Strafen des Aufrührers unterworfen sein würde.[5]

Deutlicher kann man es nicht sagen: Der rechtliche Status derselben Tat verändert sich mit der Zeit. Was während des Aufstands ein strafbares Verbrechen ist, wird nach der Einführung einer neuen Rechtsordnung zu seinem Gegenteil – oder genauer: Es verschwindet einfach als verschwindender Vermittler, der sich rückwirkend im Ergebnis selbst aufhebt / auslöscht. Gleiches gilt für den Anfang, für die Entstehung der Rechtsordnung aus dem gewalttätigen »Naturzustand« – Kant ist sich darüber im Klaren, dass es keinen historischen Augenblick eines »Gesellschaftsvertrags« gibt. Die Einheit und das Recht einer Zivilgesellschaft werden dem Volk mit Gewalt aufgedrängt, deren Vollstrecker nicht durch moralische Überlegungen angetrieben wird:

> da […], über diese Verschiedenheit des partikularen Wollens aller, noch eine vereinigende Ursache desselben hinzukommen muß, um einen gemeinschaftlichen Willen herauszubringen, welches keiner von allen vermag: so ist in der *Ausführung* jener Idee (in der Praxis) auf keinen andern Anfang des rechtlichen Zustandes zu rechnen, als den durch *Gewalt*, auf deren Zwang nachher das öffentliche Recht gegründet wird; welches dann freilich (da man ohnedem des Gesetzgebers moralische Gesinnung hiebei wenig in Anschlag bringen kann, er werde) nach geschehener Vereinigung der wüsten Menge in ein Volk, diesem es nur überlassen, eine rechtliche Verfassung durch ihren gemeinsamen Willen zu Stande zu bringen, große Abweichungen von jener Idee (der Theorie) in der wirklichen Erfahrung schon zum Voraus erwarten läßt.[6]

Hier muss man aber unbedingt noch einen Schritt weiter denken: Was wäre, wenn das Ursprungsverbrechen ebenso wie der mythische Augenblick des Gesellschaftsvertrags eine rückwirkende Phantasie ist? Wir können nun erkennen, wo Kants Schwäche liegt: Man muss nicht das »radikal Böse« in Gestalt eines dunklen Ursprungsverbrechens heraufbeschwören – alle diese düsteren Phantasien müssen wachgerufen werden, um die Tat selbst zu verschleiern, die ständig geschieht (oder vielmehr geschehen kann). Das Paradox liegt auf der Hand: Kant, der so viel Wert darauf legte, dass der ethische Akt autonom, nichtpathologisch und nicht auf seine Bedingungen reduzierbar ist, ist selbst unfähig zu erkennen, wo er sich ereignet und verwechselt ihn mit seinem Gegenteil, dem unvorstellbaren »teuflischen Bösen«. Er steht dabei in einer Reihe mit vielen konservativen (und nicht nur konservativen) politischen Denkern seit Pascal und Joseph de Maistre, die die Vorstellung von unrechtmäßigen Ursprüngen der Macht, von einem »Gründungsverbrechen«, auf dem die Staatmacht beruht, entwickelt haben; um diese Ursprünge zu verschleiern, sollte man deren Erforschung verbieten und dem einfachen Volk »edle Lügen«, heroische Ursprungserzählungen unterbreiten. Ähnlich argumentiert Robert B. Pippin in seinem Buch *Hollywood Westerns and American Myth*:[7] Der Übergang von der »Barbarei« zur modernen Rechtsordnung im »Wilden Westen« der USA wurde mit Hilfe brutaler Verbrechen erreicht, durch das Essen der letzten Kannibalen, und es wurden Legenden erfunden, um sie zu verschleiern – darauf zielt auch der berühmte Satz aus einem John-Ford-Western: »Wenn die Legende zur Wahrheit wird, druck die Legende.« Die Legende wird nicht im schlichten faktischen Sinne »zur Wahrheit«, sondern in dem Sinne, dass sie zu einem immanenten Bestandteil der real existierenden gesellschaftspolitischen Ordnung wird – sie abzulehnen, würde mithin auf eine Auflösung dieser Ordnung hinauslaufen.

Der Schlüsselfilm ist hier natürlich der späte Ford-Western *Der Mann, der Liberty Valance erschoß* (*The Man Who Shot Liberty Valance*, 1962). Tom (John Wayne), »der Kannibale, der den letzten Kannibalen isst«, ist ein Viehzüchter in einer kleinen Westernstadt, die von Valance und seiner Bande terrorisiert wird. Ranse (James Stewart), ein junger Anwalt und Lehrer, der neu in die Stadt kommt, will auf gesetzlichem Wege gegen Valance vorgehen, wird aber von dem feigen Dorfsheriff Appleyard behindert. Nachdem Valance einmal mehr die Stadt verwüstet hat, bewaffnet sich Ranse und verfolgt ihn auf eigene Faust; beim Schießduell hat Valance keine Mühe, den unerfahrenen Ranse zu entwaffnen, und verwundet ihn am Arm, doch Ranse hebt seine Waffe mit der anderen Hand wieder auf, schießt und Valance fällt tot zu Boden. Ranse geht zurück in den örtlichen Saloon, wo Hallie, die von Tom und Ranse gleichermaßen geliebt wird, sich um seinen verwundeten Arm kümmert. Tom kommt herein, und als er Hallies eindeutige Zuneigung für Ranse bemerkt, betrinkt er sich, drängt Appleyard, Valances Leute aus der Stadt zu vertreiben und versucht, sich umzubringen, indem er sein eigenes Haus in Brand steckt; er wird jedoch in letzter Minute gerettet.

Die Erschießung von Valance macht Ranse zum Lokalhelden und er wird bei einer Versammlung als Kandidat für höhere Ämter vorgeschlagen; er hegt jedoch Zweifel, da er seine politische Karriere nicht mit einem Mord beginnen will. Dann taucht Tom auf und erklärt Ranse, dass er es war, nicht Ranse, der Valance getötet hat: Weil er wusste, dass Ranse keine Chance gegen Valance haben würde, erschoss er ihn mit Pompeys Gewehr genau in dem Moment, als auch Ranse feuerte. Tom ermutigt Ranse, die Nominierung um Hallies willen anzunehmen, und verlässt dann leise die Versammlung. Ein Vierteljahrhundert später erfährt Ranse – der inzwischen ein erfolgreicher Senator in Washington ist –, dass Tom gestorben ist und besucht noch einmal dessen Heimatort, um an seiner Beerdigung teilzunehmen. Er erklärt jedoch nicht den Grund für seinen Besuch, da er inzwischen öffentlich als »der Mann, der Liberty Valance erschoss« bekannt ist … Das Interessante an dem Film ist, dass Ranses Position in gewisser Weise die des Ödipus umkehrt: Der Mord, die heroische Tat, »den letzten Kannibalen zu essen«, wird in Wirklichkeit vom anonymen Tom begangen, so dass Ranse sozusagen auf zwei Hochzeiten tanzen kann: er erntet den ganzen Ruhm und Erfolg, der sich aus der Tat ergibt, und kann sich dennoch subjektiv unschuldig fühlen, weil er niemanden umgebracht und somit das Gründungsverbrechen nicht begangen hat. Wir können daran sehen, dass der heroische Akt des »Essens des letzten Kannibalen« keineswegs die schmutzige verborgene Grundlage der Rechtsordnung, sondern vielmehr selbst ein ideologischer Mythos ist: Die wahre Bedrohung für Ranses Karriere ist die Tatsache, dass er die rechtswidrige Gründungstat der Ermordung des Hindernisses für die Rechtsstaatlichkeit nicht begangen hat. Die Funktion dieses Mythos besteht darin, das Verbrechen in eine ferne mythische Vergangenheit zu verschieben und das anhaltende Verbrechen (illegale Gewalt) zu verschleiern, das der gegenwärtigen Funktionsweise des Staates immanent ist, nicht nur die »objektive« Gewalt der Staatsapparate, sondern auch die (wachsende) Notwendigkeit subjektiver Kriminalität, um das Funktionieren des Staates aufrechtzuerhalten.

Ernest Gellner weist in diese Richtung, wenn er behauptet, die zutreffendste Definition der Regierung sei die von Ibn Chaldun: »Der Staat ist eine Einrichtung, die alles Unrecht verhindert, bis auf das, was sie selber begeht.«[8] Um dieses schmerzliche Paradox zu verschleiern, wird der Bereich der Staatsverbrechen in den nichtmenschlichen Bereich des Heiligen erhoben – gibt es nicht eine eindeutige Parallele zwischen dieser Behauptung und Sayyid Qutbs Äußerung, dass nur die reine und bedingungslose Unterwerfung unter Gott die Freiheit garantiert, nicht unter der Knechtschaft eines anderen zu stehen? Wir Menschen können nicht allein bestehen, wir brauchen eine höhere Autorität, und nur eine Autorität, die nicht die eines anderen Menschen ist, ermöglicht es, die Freiheit zu bewahren und der Unterwerfung durch andere Menschen zu entgehen ... Vor diesem Hintergrund verortet Zupančič die »heiligen, ungeschriebenen Gesetze«, auf die sich Antigone zur Rechtfertigung ihrer Tat beruft, genau in diesem »unmöglichen« Zwischenraum eines Verbrechens, das eine neue Ordnung begründet: Sie

> sind nicht einfach ein Überbleibsel alter Traditionen, sondern entstehen (oder erscheinen) mit dem Einschnitt, der die neue Ordnung einsetzt – erst an diesem Punkt wird eine bestimmte Dimension der alten Vergangenheit als heilig konstituiert, weil sie mit dem Gründungsverbrechen der neuen Ordnung verknüpft ist. Das Heilige ließe sich daher in diesem Zusammenhang als etwas definieren, das keinen Platz in der bestehenden symbolischen Ordnung hat; genauer gesagt: Der Ort des Heiligen ist der Ort des Nicht-Ortes.[9]

Was tat Kreon eigentlich, als er die Bestattung des Polyneikes verbot? Er griff in diesen heiligen Raum ein und störte ihn auf eine ganz bestimmte Weise: Er »inszenierte das Fest der Verspeisung des letzten Kannibalen und lud jeden ein, dessen verrottenden Leichnam zu sehen.«[10] Kreons Obszönität besteht mit anderen Worten darin, dass er das Gründungsverbrechen der Rechtsordnung wiederholt, als diese Ordnung schon Bestand hat, also innerhalb dieser Ordnung, einfach als eine rechtliche Maßnahme, die durch staatliche Gesetze gerechtfertigt ist. Er »hat nicht einfach die übliche unsichtbare objektive / systemische Gewalt der bestehenden Herrschaft weitergeführt«,[11] das heißt, er klammerte sich nicht einfach zu sehr an den Buchstaben des Gesetzes; im Gegenteil, er vollführte selbst eine Geste der exzessiven subjektiven Gewalt, die nicht in den Gesetzen der Stadt begründet lag; außerdem, »und das macht sein Vergehen noch schlimmer, vollführt er diese Geste der subjektiven Gewalt im Namen des Staates und des öffentlichen Rechts.«[12] Kurzum, er beging nicht nur ein Verbrechen, welches gegen das Gesetz verstieß, er verstieß gegen das Gesetz und tat so, als ob er im Namen des Gesetzes selbst handelte – damit zerstörte er das Gesetz von innen her und besudelte es mit willkürlicher subjektiver Korruption.

Eine ähnliche Struktur können wir in einem Skandal der katholischen Kirche entdecken, der Ende 2022 in ganz Europa Aufsehen erregte. Er betrifft den slowenischen Jesuiten Marko Ivan Rupnik, der viele Jahre lang Direktor des Studien- und Forschungszentrums »Ezio Aletti« war. Rupnik ist nicht nur Theologe, sondern auch ein weltweit anerkannter Künstler, der besonders für seine Mosaike berühmt ist. Er schuf berühmte Kunstwerke in der ganzen Welt, wie die Mosaike in der Kapelle »Redemptoris Mater« im Apostolischen Palast des Vatikans, in der Kathedrale von Santa Maria Real de l'Almudena in Madrid, in der orthodoxen Minoritenkirche in Cluj-Napoca, in der St.-Johannes-Paul-II.-Kirche in Krakau und im Nationalheiligtum des Heiligen Johannes Paul II. in Washington. Sein Ansehen war derart hoch, dass der Papst im Heiligen Jahr der Barmherzigkeit 2016 eine Messe für das Zentrum Aletti im Papstpalast zelebrierte. In Slowenien war Rupnik fast schon eine nationale Ikone und wurde als der größte lebende Künstler gefeiert.

Der Skandal brach vor einigen Jahren in Rom aus, als sich eine junge Nonne, deren diskrete Beschwerden wiederholt ignoriert worden waren, an die Öffentlichkeit wandte und enthüllte, dass Rupnik sie gezwungen hatte, mit einer anderen Nonne aus ihrer Gemeinde Sex zu dritt zu haben, was er mit dem fast schon marxistischen Argument begründete: »Die Sexualität muss vom Privateigentum befreit werden und das bedeutet, dem Bild der Dreifaltigkeit zu folgen, wo die dritte Person die Beziehung der beiden anderen akzeptiert.« Die Nonne hatte ihn als 21-jährige Studentin kennengelernt und Kontakt zu ihm aufgenommen, weil sie sich für Kunst interessierte und er ein jesuitischer Maler war. Sie diente ihm auch als Aktmodell, was ihr am Anfang nicht ungewöhnlich erschien:

> »Es war nicht schwer, meine Bluse aufzuknöpfen. Für mich, naiv und unerfahren, wie ich war, bedeutete das einfach, einem Freund zu helfen. Dann küsste er mich sanft auf die Lippen und sagte, so küsse er den Altar, wenn er die Eucharistie feiere«, erinnert sie sich. Was folgte, waren zahlreiche Missbräuche, Forderungen nach Oralsex und gewaltsame Masturbation. Wenn sie sich ihm widersetzte, brachte er sie vor der Gemeinde in Misskredit. »Er kannte keine Zurückhaltung, um sein Ziel zu erreichen, und nutzte jedes Mittel, sogar vertrauliche Details, die er während ihrer Beichte gehört hatte.« Schließlich nahm die Nonne ihren Mut zusammen und verließ die Gemeinde …[13]

Man muss ehrlicherweise hinzufügen, dass die Geschichte zwar wahr ist (und durch Dutzende ähnliche Taten Rupniks in Italien und Slowenien untermauert wird), ihre Veröffentlichung aber möglicherweise einen dunklen politischen Hintergrund hat: Sie scheint von konservativen katholischen Kräften gegen Papst Franziskus und die Jesuiten (die in der Regel progressiver sind) eingesetzt zu werden. Ebenfalls sollte man hinzufügen, dass die Jesuiten wie auch die

Kirche selbst (wenn auch mit einiger Verzögerung) angemessen reagierten und andere Opfer aufriefen, den Behörden ähnliche Taten Rupniks zu melden. Dennoch hält sich immer noch das Argument, wir hätten es hier mit der privaten Sünde eines Einzelnen zu tun, die nichts mit der Institution Kirche zu tun habe – dieses Argument ist zurückzuweisen, da Rupnik, wie wir soeben gesehen haben, explizit christliche Vorstellungen wie die Dreifaltigkeit für die Verführung der jungen Nonnen benutzt hat.

Dasselbe trifft noch mehr auf die homosexuellen Fälle von Pädophilie zu, die unter vielen katholischen Priestern grassieren – diese betreffen nicht nur die Personen, die allein aufgrund ihrer persönlichen Geschichte und ohne jeden Bezug zur Institution Kirche zufällig den Beruf des Priesters gewählt haben. Dieser Missbrauch ist vielmehr ein Phänomen, das die katholische Kirche als solche angeht, weil es tief in ihre Funktion als soziosymbolische Institution eingeschrieben ist. Insofern betrifft es nicht nur das »private« Unbewusste Einzelner, sondern das »Unbewusste« der Institution der katholischen Kirche selbst. Die Missbräuche geschehen nicht, weil die Institution sich an die pathologischen Realitäten des libidinösen Lebens anpassen muss, um zu überleben, sondern weil die Institution selbst sie braucht, um sich reproduzieren zu können. Man kann sich gut vorstellen, dass ein nicht pädophiler Priester nach jahrelangem Dienst irgendwann zur Pädophilie neigt, weil die schiere Logik der Institution ihn dazu verleitet. Ein solches *institutionelles Unbewusstes* kennzeichnet die obszöne verleugnete Unterseite, die der öffentlichen Institution zugrunde liegt. (Beim Militär besteht diese Unterseite aus obszönen sexualisierten Ritualen wie dem Fragging, die die Gruppensolidarität stärken.)

Mit anderen Worten: Es ist nicht einfach so, dass die Kirche aus konformistischen Gründen bis vor kurzem versuchte, ihre Pädophilie-Skandale zu vertuschen; vielmehr verteidigte sie, indem sie sich selbst verteidigte, ihr innerstes obszönes Geheimnis. Das bedeutet: Sich mit dieser geheimen Seite zu identifizieren gehörte wesentlich zur Identität eines katholischen Priesters. Aus diesem Grund ist es entscheidend, zwei Orte der Mehrlust in Rupniks Tun zu unterscheiden: Es gibt nicht nur die Mehrlust durch die Übertretung des Kirchenrechts, es wird auch eine Mehrlust dadurch erzeugt, dass die Ideologie und die Rituale der Kirche erst den Rahmen für die Verletzung des Kirchenrechts schaffen.[14] Um zu unserer Metapher der Erotik-Postkarten zurückzukehren: Wir haben eine Postkarte, auf der Rupnik als großer Künstler dargestellt wird, der tief in spirituelle Welten eingetaucht ist; dann bewegen wir die Karte ein wenig und sehen einen schmutzigen alten Mann mit einem obszönen Grinsen … Das Heilige sollte jedoch nicht auf die Belange der Religion beschränkt werden. Wie Jean-Pierre Dupuy schlüssig bewiesen hat, impliziert auch der Wahnsinn der Atomwaffen, die die Gefahr unserer totalen Selbstvernichtung in sich tragen, den Raum des Heiligen:

> In einem ganz präzisen Sinne kann man sagen, dass sowohl die Bombe als auch das Heilige Gewalt ebenso *ent*halten wie *auf*halten können.[15] Das Heilige hält die Gewalt durch gewaltsame Mittel zurück, deren Ursprung das Opfer ist. Und in ähnlicher Weise war es während des Kalten Krieges so, als ob die Bombe uns vor der Bombe beschützt hätte. Die bloße Existenz von Atomwaffen, so scheint es, hat einen nuklearen Holocaust verhindert.[16]

Wir stoßen hier auf die obszöne Zweideutigkeit von Kernwaffen: Offiziell werden sie hergestellt, um *nicht* benutzt zu werden – aber, wie Aleksandr Dugin in einem Interview sagte: Waffen sind letztlich dazu da, benutzt zu werden … Wenn Zupančič also hier in Bezug auf Kreons Tat den Gegensatz zwischen Obszönität und Anstand ins Feld führt, so hat sie es auch und besonders auf gegenwärtige Praktiken wie »erweiterte Verhörtechniken« abgesehen:

> Die moderne illegale staatliche Gewalt (oder allgemeiner, ungesetzliche oder außergesetzliche Praktiken, die von den bestehenden Machtapparaten unterstützt und ermöglicht werden) könnte als zeitgenössische Version der schamlosen Art der Herrschaft

> Kreons betrachtet werden, also durch das Überschreiten der inneren Grenzen des Rechts, durch die Wiederholung seiner illegalen Verfassung – als ob der letzte Kannibale immer und immer wieder aufgegessen würde.[17]

Aus diesem Grund ist Julian Assange unsere Antigone; er wurde lange Zeit in der Position eines lebenden Toten gehalten (Isolationszelle, stark eingeschränkte Kontakte zu seiner Familie und zu seinen Anwälten, ohne Verurteilung und sogar ohne offizielle Anklage, nur auf die Auslieferung wartend) – warum? Weil er die Konsequenzen seiner Tat – die obszönen Schattenseiten der US-Politik öffentlich zu machen und nicht nur die Geheimdienste der Gegenseite darüber zu informieren – auf sich genommen hat … Kein Wunder, dass ein Richter des High Court in London am 6. Juni 2023 Assange die Erlaubnis verweigerte, Berufung gegen einen Auslieferungsbeschluss in die Vereinigten Staaten einzulegen, wo er wegen Verstoßes gegen das Spionagegesetz unter Anklage steht.[18] Auch wenn Assanges Anwälte bereits angekündigt haben, Protest gegen diese Entscheidung einzulegen, zieht sich die Schlinge um seinen Hals allmählich und, so will es scheinen, unaufhaltsam immer weiter zu.

Wie können die USA (und Großbritannien) das tun? Als Afghanistan in die Hände der Taliban fiel, erklärte ein Taliban-Befehlshaber einem US-Journalisten, die USA und der Westen hätten zwar die besten Uhren, um die Zeit zu messen, aber die Zeit selbst sei auf der Seite der Taliban und arbeite für sie, so dass sie es sich leisten könnten, so lange wie möglich zu warten. Im Fall Assange ist die Zeit auf der Seite der USA und Großbritanniens. Sie können es sich leisten zu warten und darauf setzen, dass das öffentliche Interesse allmählich nachlässt, vor allem aufgrund der anderen globalen Krisen, die unsere Medien beherrschen (Ukraine-Krieg, Erderwärmung, die Bedrohung durch KI …) Was mit Assange geschieht, wird daher mehr und mehr an den Rand der medialen Berichterstattung gedrängt; die Tatsache, dass er seit Jahren in Einzelhaft sitzt, gehört einfach zu unserem Leben …

Wenn wir jedoch die gegenwärtigen globalen Krisen bewältigen wollen, werden Menschen wie Assange mehr denn je gebraucht. Die Gräuel, die sich in den heutigen Kriegen außerhalb der Öffentlichkeit ereignen, die katastrophalen Auswirkungen der Erderwärmung auf der ganzen Welt, der Einfluss der künstlichen Intelligenz auf unsere sozialen Beziehungen … nur Whistleblower wie Assange können uns diese Bedrohungen für das Überleben der Menschheit bewusst machen, indem sie die verborgene Schattenseite in den öffentlichen Raum bringen. Hier ist ein Beispiel dafür, wie notwendig Whistleblower sind: Als Ende März 2023 zum wiederholten Mal Moskauer Vororte von Drohnen angegriffen wurden (die Ukraine bestritt, an diesem Angriff beteiligt gewesen zu sein, und schrieb ihn der russischen Opposition zu), verurteilte Putin dies umgehend als »terroristischen Akt«,[19] und selbst einige westliche Beobachter beklagten, dass die Ukraine den Krieg zu weit treibe … Doch unabhängig von taktischen Erwägungen in dieser Frage sollte man die offensichtliche Asymmetrie zur Kenntnis nehmen: Ein paar Drohnen, die Moskau bombardieren, sind ein terroristischer Akt (oder für einige im Westen zumindest problematisch), während die viel massivere und systematische Bombardierung Kiews Teil der Kriegsoperationen ist, die legitime Ziele treffen … Der belarussische Präsident Alexander Lukaschenko folgte Putins Argumentation und erklärte, dass Staaten, die bereit seien, sich dem »Unionsstaat Belarus und Russland« anzuschließen, Atomwaffen erhalten würden: »Wenn sich jemand Sorgen macht […] dann ist es ganz einfach: Treten Sie dem Unionsstaat Belarus und Russland bei. Das ist alles: Es wird Atomwaffen für alle geben.«[20] (Ist dies nicht eine Nordkoreanisierung der kleineren Staaten?) Da hat also das Bündnis aus Russland und Belarus das Recht, jedem, der auf seiner Seite ist, Atomwaffen zu liefern, und der bloße Verdacht, dass die Ukraine von westlichen Atomwaffen beschützt wird, wird als Schritt in Richtung eines neuen globalen Atomkonflikts angeprangert …

Vergessen wir nicht, dass die Ukraine nach dem Zerfall der Sowjetunion alle Atomwaffen an Russland ausgeliefert hat, verbunden mit dem Versprechen, dass Russland ihre Grenzen anerkennen würde – hat sie jetzt nicht das Recht, Nuklearwaffen (zurück) zu bekommen? Warum wird diese offensichtliche Lösung selbst von denjenigen entsetzt abgelehnt, die sonst Lippenbekenntnisse zur Verteidigung der Ukraine abgeben? Sie sind einfach nicht imstande, die mehr als offensichtliche Tatsache zuzugeben, dass die Ukraine mit ihrem Widerstand gegen die russische Aggression eine authentische Heldentat vollbrachte, die die ganze Welt überrascht hat. Diese Tat veränderte die Koordinaten (und die stillschweigenden Voraussetzungen), die als selbstverständlich galten, und zwang uns, die gesamte globale politische Konstellation zu überdenken.

Um all das zu erkennen, brauchen wir keinen Assange. Aber sollten wir die (NATO-Unterstützung der) Ukraine daher einfach bedingungslos befürworten? Erinnern wir uns an die letzten Zeilen aus Brechts *Dreigroschenoper*: »Denn die einen sind im Dunkeln / Und die andern sind im Licht. / Und man siehet die im Lichte / Die im Dunkeln sieht man nicht.«[21] Das ist vielleicht mehr denn je unsere heutige Situation im selbsternannten Zeitalter der modernen Medien: Während die Großmedien voll mit Nachrichten über den Ukraine-Krieg sind, »bleiben die tödlichsten Kriege der Welt unerwähnt.«[22] Von Eritrea (wo der Staatsterror schlimmer zu sein scheint als in Nordkorea) bis zur Zentralafrikanischen Republik oder dem Kongo, wo die Zahl der Toten in Bürgerkriegen in die Millionen geht – »die im Dunkeln sieht man nicht« im grellen Licht der Berichterstattung über die Ukraine.

Das bedeutet nicht, dass wir die Ukraine nicht voll unterstützen sollten – die Frage ist nur, wie wir unsere Unterstützung begründen. Die Idee, wir sollten die Ukraine unterstützen, weil »so etwas in Europa nicht passieren sollte«, also um die westliche Zivilisation zu verteidigen, ist absolut abzulehnen. Dies ist dieselbe Zivilisation, die Gräuel außerhalb ihrer Grenzen nicht nur ignoriert, sondern sie oft sogar unterstützt und manipuliert. Der Ukrainekrieg ist eine Kostprobe dessen, was außerhalb unseres Blickfelds ständig geschieht, der Angriff auf die Ukraine sollte uns die gleichen (oder sogar noch schlimmere) Gräueltaten zu Bewusstsein führen, in die wir verstrickt waren. Und genau hier brauchen wir ein Vorgehen, wie es Assange praktiziert hat, um uns auch die sehen zu lassen, die im Dunkeln sind. Zu unserem eigenen Wohl sollten wir nicht zulassen, dass Assange selbst in dieses Dunkel der Unsichtbarkeit versinkt … Heute geschieht jedoch noch etwas Merkwürdigeres: Es entsteht eine neue Art von politischen Führern,

> die stolz darauf sind, ein Verbrechen offen und nicht heimlich zu begehen, als ob es sich dabei um eine Art grundsätzlichen moralischen oder charakterlichen Unterschied handelte, nämlich »den Mut zu haben«, »den Schneid«, es offen zu tun. Doch was wie das mutige Übertreten staatlicher Gesetze aussehen mag, weil sie die »Heuchelei« vermeiden, die diese Gesetze manchmal verlangen, ist nichts weiter als eine direkte Identifikation mit der obszönen Kehrseite der staatlichen Macht selbst. Um mehr handelt es sich nicht, und um nichts anderes geht es. Sie übertreten ihre eigenen Gesetze. Aus diesem Grund handeln diese Führer, obwohl sie an der Macht sind, weiterhin so als ob sie in der Opposition wären, lehnen sich gegen die bestehende Macht auf – und nennen sie den »tiefen Staat« oder dergleichen.[23]

Das unübertroffene Muster eines obszönen Führers, der öffentlich gegen das Gesetz verstößt, ist natürlich Donald Trump. Hier ist ein aktuelles Beispiel: Am 3. Dezember 2022 rief Trump zum Aussetzen der US-Verfassung auf, um die Wahl von 2020 zu annullieren und ihn wieder an die Macht zu bringen: »Werfen Sie die Ergebnisse der Präsidentschaftswahlen von 2020 weg und erklären den rechtmäßigen Gewinner oder haben Sie eine Neuwahl? […] Ein Betrug dieser Größenordnung erlaube die Aufkündigung aller Regeln und Vorschriften, auch die in der Verfassung«.[24] Wie es aussieht, kann das Rechtssystem in einigen westlichen Demokratien nicht einmal mehr den Schein wahren: Wenn es überleben will, muss es offen seine eigenen Gesetze brechen … Auch im heutigen Russland wird der Schein zerstört: Zuerst behauptete Putin, es gebe keine russische Militärintervention auf der Krim, die örtliche Bevölkerung habe sich gegen den ukrainischen Terror aufgelehnt; später gab er dann einfach zu, dass russische Soldaten in Uniformen ohne staatliche Abzeichen dort eingegriffen haben. Jewgeni Prigoschin, einer der ehemals starken Männer im Umfeld Putins und der Organisator der aus russischen Söldnern bestehenden Gruppe Wagner (einer Art russischen Version der japanischen Yakuza) bestritt zunächst, irgendetwas damit zu tun zu haben, um später zuzugeben, dass er den Einsatz organisiert hatte.[25] Wahrer Mut wird somit umgedeutet zum Mut, Gesetze zu brechen, wenn staatliche Interessen es verlangen. Wir finden diese Haltung in der genuin rechten Bewunderung für Helden, die bereit sind, die notwendige Drecksarbeit zu erledigen: Etwas Edles für sein Land zu tun, sogar sein Leben dafür zu opfern, ist einfach – viel schwieriger ist es, ein *Verbrechen* für sein Land zu begehen …

In Russland und einigen anderen Staaten geschieht jedoch etwas ganz anderes mit diesem »Mut« zum Bösen. Im Stalinismus wird der Schein gewahrt, weil das Aufessen des letzten Kannibalen direkt legalisiert wird – die millionenfachen mörderischen Säuberungen sind ein permanentes Essen des letzten Kannibalen. (Das Paradoxe dabei ist, dass das ungeschriebene Gesetz, dessen Befolgung sehr riskant ist, wie in *Antigone* die Moral selbst ist. Jetzt, unter Putin, hat Russland das Essen von Kannibalen wieder zum Gesetz erhoben: Am Mittwoch, dem 15. Dezember 2022 hat die Staatsduma in erster Lesung ein Gesetz verabschiedet, das vorsieht, dass Straftaten, die in Donezk, Luhansk, Saporischschja und Cherson vor der Annexion der vier ukrainischen Regionen am 30. September verübt wurden, »nicht als strafbare Verbrechen angesehen werden«, wenn sie »im Interesse der russischen Föderation« begangen wurden. Es war nicht klar, wie entschieden werden würde, ob ein Verbrechen russischen Interessen diente. (Den russischen Streitkräften wird eine Vielzahl von Verbrechen in den besetzten Gebieten der Ukraine vorgeworfen, die von Folter, Vergewaltigung und Mord bis zu Plünderungen und Vandalismus reichen.)[26]

Der Wirtschaftswissenschaftler Jeffrey Sachs sagte bei seinem Slowenienbesuch im März 2023 in einem Interview über den Ukrainekrieg: »Die Grundlage für den Frieden muss sein, dass beide Seiten nach Hause gehen.«[27] Eine Aussage, die mit Sicherheit den Hauptpreis für die Dummheit des Jahres verdient hat – als ob der Krieg in einem neutralen Drittland stattfände, aus dem sich beide Seiten zurückziehen könnten. Wohin sollen die Ukrainer zurückkehren, wenn das Kriegsgebiet ihr Zuhause *ist*? (Es ist auch eine andere Lesart dieser Aussage möglich: Da es sich um einen Stellvertreterkrieg handelt, sind die »beiden Seiten« Russland und die NATO – in diesem Fall aber ist die Aussage sogar noch zynischer, denn sie läuft darauf hinaus, dass die NATO ihre Unterstützung für die Ukraine einstellen sollte.) Die bloße Erwähnung von Fällen wie diesem untergräbt unwiederbringlich jede »ausgewogene« Herangehensweise an den Krieg und sie impliziert, dass wir absolut nicht einverstanden sein dürfen, wenn Xi Jinping wie in seiner Neujahrsbotschaft vom 31. Dezember 2022 behauptet, dass China »auf der richtigen Seite der Geschichte« stehe und dass Russland ein »fortschrittliches« Land bleibe – was wir daran ablehnen müssen, ist die grundlegende Logik, die hinter dieser Behauptung steckt: Es gibt keine »richtige Seite der Geschichte«, die auf Fortschritt ausgerichtet ist; der vorherrschende Trend läuft in Richtung Katastrophe.[28]

Aber findet etwas strukturell Gleichartiges nicht auch in der pseudolinken Cancel Culture statt? Ich kann mir gut vorstellen, wie Hegel einen wiederholten intellektuellen Orgasmus hätte, wenn er die (für ihn) offensichtliche Notwendigkeit einer Umkehr von Inklusion und Diversität in ein Verfahren der systematischen Exklusion erklären würde: »Wie lange können Teile der liberalen Linken noch behaupten, ›Cancel Culture‹ sei nur ein Phantom der Rechten, wenn sie buchstäblich reihum Auftritte, Comedy-Shows, Filmvorführungen, Lesungen und Diskussionen canceln?«[29] Die »Cancel Culture« ist durchdrungen von einer »Null-Debatten-Haltung«: Was ausgeschlossen wird, ist nicht nur eine Person oder ein Standpunkt, sondern die Debatte selbst, die Auseinandersetzung mit Argumenten für oder gegen diesen Ausschluss. Hegel hätte hier auf das verwiesen, was Lacan die Lücke zwischen dem ausgesagten Inhalt und der zugrunde liegenden Haltung des Aussagens genannt hat: Sie plädieren für Vielfalt und Inklusion, aber auf eine Art, die alle ausschließt, die sich nicht vollständig Ihrer eigenen Definition von Vielfalt und Inklusion anschließen – Sie schließen also ständig Menschen und Standpunkte aus. Auf diese Weise führt der Kampf für Inklusion und Vielfalt zu einer Atmosphäre des stasiartigen Misstrauens und der Denunziation, in der man nie weiß, ob eine private Bemerkung dazu führt, dass man aus dem öffentlichen Raum ausgeschlossen wird … Haben wir es somit nicht mit einer extremen Version des Witzes über das Essen des letzten Kannibalen zu tun? »Es gibt in unserer Gruppe keine Gegner von Vielfalt und Inklusion – den letzten haben wir gerade ausgeschlossen …«

Inzestuöser Kurzschluss

Wenn man sagen kann, dass Stalin den Kannibalismus legalisiert hat, könnte man dann nicht auch sagen, dass Stalin drei Brüder hatte, die er umbringen ließ: Trotzky, Bucharin (der linke und der rechte Abweichler) … und Lenin selbst als Bruder-Vater? (Stalins Rolle bei Lenins Tod ist suspekt.) Und welche Rolle spielt dabei der Inzest? Zupančič beginnt mit einer Paraphrase des alten Witzes von Freud, den Lacan zitiert: »Ich habe drei Brüder, Paul, Ernst und mich«:

> Könnte man nicht sagen, dass Antigone, mit ihrem ganzen Wesen und ihren Taten, etwas sagt wie: »Ich habe drei Brüder, Polyneikes, Eteokles und meinen Vater«? Ist es, anders gesagt, nicht auffällig, dass die Reihenfolge der Brüder für sie auf eine sehr konkrete und dramatische Weise durch das Hereinbrechen, die Zumutung einer unerwarteten, »unmöglichen« Erscheinung des Vaters in der Kette der Brüder markiert wird?[30]

Die entscheidende Veränderung in *Antigone* gegenüber Lacans Version ist, dass das dritte Element nicht ich bin – es ist mein Vater als nicht ganz Vater, sondern Halbbruder. Judith Butlers Interpretation von Antigones Forderung ist hier unzutreffend: Polyneikes steht nicht für all jene, die von der allgemeinen Menschheit ausgeschlossen sind, mit der Idee dahinter, dass er (ebenso wie Schwule, Lesben, Trans-Personen …) eingeschlossen werden sollte. Antigone beharrt auf Polyneikes, gerade weil er kein Mensch wie andere, sondern eine monströse Ausnahme ist, ein Verbrecher und in gewissem Sinne unmenschlich. Vernehmen wir nicht ein entferntes Echo von Antigones Wahl in der Fernsehserie *The Last of Us*? Ganz am Ende der letzten Episode bringt Joel Ellie (die immun gegen den Pilz ist, der den Großteil der Weltbevölkerung getötet hat) in ein einsames Krankenhaus in der Hoffnung, dass die Ärzte dort ein Heilmittel in ihrem Körper finden. Als die Chirurgen die Operation vorbereiten, wird Joel bewusst, dass sie Ellie töten müssen, um an das Heilmittel zu kommen. Er muss sich also entscheiden: Ellie opfern und (zumindest potenziell) die Menschheit retten oder Ellie auf Kosten der großen Mehrheit der Menschen retten. Aufgrund der engen Bindung, die zwischen Joel und Ellie entstanden ist, beschließt er, sie zu retten und tötet dabei Dutzende von Angestellten des Krankenhauses – seine Wahl gleicht somit Antigones »Lasst sie verrotten!«: Das Los der großen Mehrheit der Menschen ist mir egal, ich bin bereit, sie verrotten zu lassen, meine Wahl ist nicht die Allgemeinheit, sondern die Ausnahme. Was Polyneikes in *Antigone* »unmenschlich« macht, ist nicht sein Verbrechen (der Angriff auf die eigene Stadt), sondern der Kurzschluss der Generationen, den nicht nur er, sondern die gesamte Linie der Familie des Ödipus verkörpert:

> Das ist es, was Polyneikes so besonders macht; das ist es, was Antigone dazu bringt, sich in diesem Fall gegen den Willen der Stadt zu stellen: nicht die Tatsache, dass Polyneikes auch ein Mensch wie jeder andere ist, sondern dass er kein Mensch wie jeder andere ist (und dass er eher wir die singuläre andere Seite jedes Menschen,

dessen unmenschliche Seite ist). Es sind weder seine Tugenden noch einfach seine allgemeine Menschlichkeit, sondern sein Verbrechen und die Besonderheit seiner Verbindung zu ihr, die ihn einzigartig machen und wegen denen er es wert ist, auf Kosten ihres eigenen Lebens (und dem vieler anderer) verteidigt und geehrt zu werden.[31]

Aber ist der inzestuöse Kurzschluss der Generationen nicht nur in einer patriarchalischen Familienordnung möglich? Treten wir nicht gerade in ein postpatriarchalisches Zeitalter ein, in dem die Unterschiede zwischen den Genrationen keine Rolle mehr spielen? Zupančič weist völlig zu Recht darauf hin, dass die Fortpflanzung, wie künstlich sie auch sein mag – selbst wenn sie vollkommen vom Geschlechtsverkehr entkoppelt wird –, dennoch sexuell bleibt. Nehmen wir das Beispiel künstliche Gebärmütter, die bereits eine realistische Aussicht sind. Die Firma EctoLife von Hashem Al-Ghaili (mit Sitz in Berlin)

> entwickelt eine riesige, von der Science-Fiction inspirierte Anlage mit 75 hochmodernen Laboren, in denen jeweils bis zu 400 Wachstumskapseln oder künstliche Gebärmütter untergebracht sind, die exakt die Bedingungen im Inneren des Uterus einer Frau nachbilden. Eine einzige Anlage kann jährlich 30000 im Labor gezüchtete Babys in einer infektionsfreien Umgebung wachsen lassen. Jede Wachstumskapsel ist mit Sensoren ausgestattet, die Vitalwerte wie den Puls, die Sauerstoffsättigung, die Temperatur, die Atmung und den Blutdruck überwachen, während ein KI-System körperliche Merkmale kontrolliert und mögliche genetische Anomalien erkennt.[32]

Doch das ist noch nicht alles: Weil jedes Baby durch In-vitro-Fertilisation gezeugt wird, können die Eltern »den lebensfähigsten und genetisch überlegenen Embryo [frei] kreieren und auswählen«, »wodurch ihr Kind die Chance erhält, sich ohne biologische Hürden zu entwickeln. Die individuelle Anpassung wird per Elite-Paket angeboten, das den Eltern die Freiheit gibt, über 300 Gene zu verändern, bevor der Embryo in die künstliche Gebärmutter eingepflanzt wird. Dieses Selektionsangebot – von der Auswahl der Haar- und Augenfarbe bis zur Größe, Intelligenz und Hautfarbe – ist dank des Genome-Editing-Werkzeugs CRISPR/Cas9 möglich.«[33] Doch trotz dieser ganzen industriellen Maschinerie wird ein Kind eine biologische Mutter und einen Vater haben, die auch beide diese symbolischen Rollen einnehmen werden. Auch Inzest ist hier leicht vorstellbar: Was wäre, wenn eine Mutter von ihrem Sohn befruchtet wird, der bereits in einer künstlichen Gebärmutter geboren wurde? Selbst die (von einigen radikalen Feministinnen propagierte) Idee, dass Frauen sich selbst befruchten, bleibt immer noch sexuell – das Klonen (eine Technik, mit der Wissenschaftler exakte Kopien von Lebewesen herstellen – Gene, Zellen, Gewebe und sogar ganze Tiere können geklont werden) – ist bisher

> der einzige Versuch, die geschlechtliche Fortpflanzung tatsächlich zu umgehen und deutet damit die Möglichkeit an, dass Menschen sich eventuell anders als sexuell vermehren könnten. Würde dies oder etwas Ähnliches, das sich aus neuen technologischen Weiterentwicklungen ergibt, funktionieren und sich als hauptsächliche Fortpflanzungsart durchsetzen, wäre es vielleicht sinnvoll zu fragen, welche Auswirkungen das auf die symbolische Ordnung hätte: Würde es einen vollkommen anderen symbolischen Horizont oder vielleicht sogar das Ende der symbolischen Ordnung als solcher bedeuten?[34]

In unserer patriarchalischen Tradition erhalte ich meine symbolische Identität, meinen Platz in der Ordnung der Generationen vom Vater in seiner symbolischen Dimension, dem Namen-des-Vaters, weshalb der ursprüngliche inzestuöse Kurzschluss ein Vater ist, der wirklich glaubt, dass er ein Vater ist, also ein Vater, der meint, seine Autorität habe ihren Grund unmittelbar im Akt der Befruchtung.

Saddam Hussein sagte in seiner letzten Rede vor Gericht: »Ich bin nicht hier, um Saddam Hussein zu verteidigen. Saddam Hussein ist zu groß, als dass ihn selbst Saddam Hussein verteidigen könnte.«[35] Das ist der Beweis, dass Saddam nicht verrückt war: Ihm war klar, dass er nicht unmittelbar »Saddam Hussein« war, dass es eine Diskrepanz zwischen »Saddam Hussein«, der öffentlichen historischen Figur, und der empirischen Person »Saddam Hussein« gab – kurzum, er vermied den inzestuösen Kurzschluss. So verteidigt sich auch Ödipus in *Ödipus auf Kolonos* mit dem Argument, er sei nicht schuldig am Tod seines Vaters, weil die Person, die er (in Notwehr) tötete, ein völlig Fremder für ihn war. Weder er noch sein (biologischer) Vater wussten, dass sie Vater und Sohn waren, da der einzige Vater, den Ödipus kannte und der für ihn eine väterliche Autorität verkörperte, sein Adoptivvater war. Er verwendet daher

> ein Argument, das eines gewieften Anwalts würdig wäre, der sich an die Geschworenen wendet: »Antworte mir auf eine kurze Frage nur! / Wenn dich gerechten Menschen auf der Stelle hier / Ein Zweiter anfällt mörderisch, – nun, fragst du lang; / ›Ob's etwa nicht dein Vater?‹ oder wehrst du dich?« (*Ödipus auf Kolonos*, 991–995). Das gleiche Argument lässt sich natürlich auch auf den Inzest anwenden: Hast du die Angewohnheit, eine Frau, bevor du mit ihr schläfst, zu fragen, ob sie eventuell deine Mutter sein könnte? Die komische Wirkung dieser Erwiderung, mit der Ödipus die Herzen der Athener erobert, darf uns nicht von der Frage ablenken, auf die sie eigentlich abzielt: Was ist ein Vater? Woran erkennt man einen Vater? Und bleibt jemand, den ich nicht als meinen Vater erkennen kann (und der seinerseits ebenfalls außerstande ist, mich zu erkennen), dennoch ein Vater?[36]

Die Antwort lautet eindeutig: Nein. Darum hat Ödipus keinen Ödipuskomplex: Er tötete zwar unwissentlich seinen Vater und schlief mit seiner Mutter, das bedeutet aber nicht, dass dies in irgendeiner Weise sein unbewusstes Begehren war, von dem er nichts ahnte. Ein

Vater zu sein ist eine symbolische Funktion, die mich auch und vor allem unbewusst bestimmt, so dass Laios auch in Ödipus' Unbewusstem nicht sein Vater war. Als Ödipus klar wird, dass er seinen leiblichen Vater getötet hat, wird er nicht deswegen wütend, weil er nun gezwungen ist, sich mit seinem unbewussten Begehren auseinanderzusetzen, sondern weil ihm etwas vorgeworfen wird, für das es in seinem Unbewussten keinen Grund gibt. Die sogenannten »Primitiven« wussten genau, dass die Antwort »Nein« lautet: Wenn sie behaupteten, von einem heiligen Tier abzustammen (einem einheimischen Vogel, Fisch oder ähnlichem), war ihnen klar, dass »Vater« sich dabei auf die symbolische Autorität bezog und eine geschlechtliche Befruchtung (die in keinerlei Zusammenhang mit dieser Autorität stand) notwendig war, um wirklich ein Kind zu zeugen. Und, um diesen Gedanken konsequent zu Ende zu führen: Geschieht nicht etwas ganz Ähnliches auch mit Christus? Wenn wir nicht an die Geschichte von der unbefleckten Empfängnis glauben, dann ist Gott der symbolische Vater Jesu und Josef (oder ein anderer Mann) hat Maria tatsächlich geschwängert. Die vorherrschende Deutung ist jedoch genau umgekehrt:

> Nach den Evangelien empfing Maria, eine Jungfrau, die mit Josef verlobt war, Jesus durch die Kraft des Heiligen Geistes – und deshalb betrachten Christen Jesus als den Sohn Gottes. Die meisten Christen sehen Josef jedoch als den wahren Vater in jeder Hinsicht, außer der biologischen, weil Josef der rechtliche Vater war, der Jesus großzog.[37]

Ich halte diese vorherrschende Lesart für die richtige, sie drückt den Geist des Christentums aus: Wenn Josef der wahre Vater »in jeder Hinsicht, außer der biologischen« ist, heißt das nicht einfach, dass Gott der biologische Vater Jesu ist; vielmehr ist es so, dass Jesus keinen biologischen Vater hat – sein »biologischer« Vater ist transnatürlich (oder vielmehr: nicht natürlich); was Hegel das »Ungeheure« an Christus nannte, beruht also auf seiner »unbefleckten Empfängnis«, die man sich heute leicht als eine Form der künstlichen Genmanipulation vorstellen kann. Biologisch gesehen ist Christus vaterlos, von einer Mutter geboren, aber ohne einen leiblichen Vater, und in diesem Sinne kommt er einem feministischen Traum nahe.

Dass Ödipus seinen Vater tötet und seine Mutter heiratet, ist deshalb so entsetzlich, weil es uns schonungslos mit der Kluft (dem Unterschied zwischen Kultur und Natur) konfrontiert, die die symbolische Ordnung begründet: Ödipus hat nicht seinen symbolischen Vater (d. h., die Person, die er als symbolischen Vater kannte) ermordet und ist am Ende des Stückes wütend, weil niemand seine Unschuld anerkennt. Hier kommt der Unterschied zwischen den Geschlechtern ins Spiel: Lacan vertritt die Ansicht, dass Iokaste, anders als Laios, Ödipus Vater, und Ödipus selbst, wusste, dass Ödipus ihr Sohn ist, als sie ihn heiratete … Wusste Iokaste dies, weil sie als Frau näher an der Natur war, während Laios als Vater ein kulturelles Wesen ist? Ganz so einfach ist es nicht – Iokastes Wissen, darauf weist Zupančič hin, hat nicht das Geringste mit »weiblicher Intuition« zu tun: Die Mutter ist die »Natur« innerhalb der Kultur, deren unmögliche Mischung, die Lücke, durch die die Kultur aus der Natur hervorgeht, während der Vater für den geltenden Unterschied zwischen Natur und Kultur steht.

Diese Ambiguität der Frau ist deutlich am Schicksal des Motivs des »Kreidekreises« erkennbar, dessen erste Version sich in der bekannten alttestamentarischen Geschichte findet, in der der König Salomo im Streit zwischen zwei Frauen entscheidet, die beide behaupten, die Mutter eines Kindes zu sein. Salomo enthüllt ihre wahren Gefühle und die Wahrheit ihrer Beziehung zum Kind, indem er vorschlägt, das Kind mit dem Schwert zu zerteilen und jeder Frau eine Hälfte zu geben. Die Nichtmutter stimmt dem Vorschlag uneingeschränkt zu, während die echte Mutter darum bittet, das Schwert stecken zu lassen und das Kind in die Obhut der Rivalin zu geben … Brechts moderne Fassung *Der kaukasische Kreidekreis* von 1944 übergeht das Alte Testament und behauptet, seine Quelle sei das chinesische Stück *Der Kreidekreis* von Li Xingdao aus dem 14. Jahrhundert. Auch hier muss ein Richter entscheiden, wer die wahre Mutter eines Kindes ist, und ordnet eine Prüfung an: Ein Kreidekreis wird auf den Boden gezeichnet und der Sohn wird hineingestellt – die wahre Mutter werde die Kraft haben, ihr Kind aus der Mitte zu ziehen. Zögen beide Frauen, so würden sie das Kind entzweireißen und jede eine Hälfte bekommen. Hier kehrt Brecht jedoch seltsamerweise zum Alten Testament zurück: In Li Xingdaos Stück ist es die leibliche Mutter, die loslässt und das Sorgerecht für das Kind erhält, während es in Brechts Fassung die Magd ist, die aufhört zu ziehen, weil sie es nicht ertragen kann, dem Kind weh zu tun, so dass der Richter es ihr zuspricht …

Ein wahres Happy End

Eine weitere Version des inzestuösen Kurzschlusses ist die zwischen den beiden Toden, dem realen und dem symbolischen, den de Sade verübte: Der zweite (symbolische) Tod wird in das biologische Leben zurückgeführt, und zwar als dessen totale Vernichtung, der Tod ist also nicht einfach ein Moment im ewigen Kreislauf von Entstehen und Vergehen. Dieser Kurzschluss ist das Thema von Lars von Triers Film *Melancholia* (2011). Um dieses Werk richtig einordnen zu können, muss man sich zuerst mit Hollywoodfilmen beschäftigen, in denen der »große Erzählstrang« (die Katastrophe, die die Menschheit zu vernichten droht) mit einem »kleinen Erzählstrang«, der Erzeugung eines Liebespaars kombiniert wird. Wir können hier zum Beispiel an den Film *Reds* (1981) von Warren Beatty denken, mit dem Hollywood tatsächlich einen Weg gefunden hat, die Oktoberrevolution zu rehabilitieren. Das Paar John Reed und Louise Bryant stecken in einer tiefen emotionalen Krise; ihre Liebe wird neu entfacht, als Louise John dabei zusieht, wie er auf einem Podium eine flammende revolutionäre Rede hält. Dann folgt eine Liebesszene, in die archetypische Revolutions-Szenen hineingeschnitten werden, die an manchen Stellen allzu deutliche Parallelen mit dem

Liebessspiel aufweisen … Kurzum, die These des Films lautet, dass die Oktoberrevolution stattfinden musste, damit ein amerikanisches Paar zusammenkommt.

In Lorene Scafarias Film *Auf der Suche nach einem Freund fürs Ende der Welt* (*Seeking a Friend for the End of the World*, 2012) erfahren wir, dass sich ein Asteroid der Erde nähert und binnen drei Wochen sämtliches Leben vernichten wird; doch auch wenn die Katastrophe real und unausweichlich ist, dient sie doch als Vehikel für die Schaffung eines Liebespaars, das sich Minuten vor der Katastrophe seine Liebe gesteht, sich umarmt und verschwindet. Die Botschaft des Films lautet also: Man braucht eine totale Katastrophe, um ein echtes Paar zu schaffen.

Melancholia geht einen Schritt weiter. Das *Ding* (ein Planet auf Kollisionskurs mit der Erde) zieht sich nicht zurück, es trifft die Erde und vernichtet alles Leben. Im ersten Teil, »Justine«, feiert das junge Paar Justine und Michael seine Hochzeit in der Villa von Justines Schwester Claire und ihrem Mann John. Justine entfernt sich von der Party und wird zunehmend distanzierter; sie hat Sex mit einem Fremden auf dem Rasen und am Ende des Festes verlässt Michael sie. Hier wird die Hollywood-Logik der Produktion des Paares also umgekehrt: Das Paar zerbricht und die globale Katastrophe bringt den erfüllenden Frieden.

In Teil zwei, *Claire*, zieht Justine in die Villa, in der Claire und John mit ihrem Sohn Leo wohnen. Justine ist nicht in der Lage, normale Alltagstätigkeiten wie Baden und sogar Essen auszuführen. Während ihres Aufenthalts wird der massive blaue erdähnliche Planet Melancholia am Himmel sichtbar, der sich der Erde nähert. John, ein Hobbyastronom, ist von dem Planeten begeistert und freut sich auf den von Wissenschaftlern vorhergesagten »Vorbeiflug«. Claire dagegen bekommt Angst und glaubt, dass das Ende der Welt unmittelbar bevorsteht. Als auch John erkennt, dass das Ende naht, begeht er Selbstmord durch eine Überdosis Tabletten. Justine bleibt von dem drohenden Unheil ungerührt. Ruhig und schweigend nimmt sie das kommende Ereignis hin und behauptet, sie wisse, dass es anderswo im Universum kein Leben gebe. Sie tröstet Leo, indem sie auf dem Rasen des Anwesens eine schützende »Zauberhöhle« aus aneinandergelehnten Stöcken baut. Darunter setzen sich Justine, Claire und Leo, als der Planet sich nähert. Claire ist weiterhin aufgeregt und ängstlich, während Justine und Leo ruhig bleiben und sich an den Händen halten. Die drei werden auf der Stelle verbrannt …

Justine ist nach der Heldin eines Romans von Marquis de Sade benannt und Claire ist Juliette, Justines Schwester. In de Sades Roman ist Justine eine tugendhafte Frau, die nichts als Verzweiflung und Missbrauch erlebt, Juliette dagegen eine amoralische nymphomanische Mörderin, die erfolgreich und glücklich ist. In von Triers Film ist die normale Juliette (Claire) am Ende eine gebrochene Hysterikerin, während Justine inneren Frieden und Trost findet. Die Verwendung des Vorspiels zu Wagners Oper *Tristan und Isolde* als maßgebliche Filmmusik ist daher ironisch: Der orgastische Höhepunkt des Liebestods (nicht, wie bei Wagner, als Liebe im Tod, sondern als Tod der Liebe) steht für den Tod des Lebens selbst. Man kann hier an den berühmten Satz von Bette Davis aus dem Film *Reise aus der Vergangenheit* (*Now, Voyager*, 1942) denken, als sie sich von ihrem Geliebten abkehrt: »Lass uns nicht nach dem Mond fragen, wir haben doch die Sterne.« Justines Version lautet: »Lass uns nicht nach dem orgastischen kleinen Tod fragen, wir haben doch den großen Tod von allem, was lebt.«

Warum verdient das Leben es, zu verschwinden? Als Melancholia sich der Erde nähert, kommt es zu Störungen in der Natur: Insekten, Würmer, Schaben und alle anderen abstoßenden Lebensformen, die normalerweise unter dem grünen Gras verborgen bleiben, kommen an die Oberfläche und machen das widerliche Krabbeln des Lebens hinter der idyllischen Oberfläche sichtbar – das Reale dringt in die Realität ein und zerstört ihr Bild, wie in David Lynchs *Blue Velvet*, wo sich die Kamera in einer berühmten Einstellung nach dem Zusammenbruch des Vaters extrem nah auf die Grasoberfläche zubewegt, sie durchdringt und das Krabbeln des Mikrolebens sichtbar macht, das abstoßende Reale unter der idyllischen natürlichen Oberfläche – die Grundkoordinaten der Natur und ihres Gleichgewichts lösen sich auf. Als Justine ihre Genugtuung darüber zum Ausdruck bringt, dass das Leben im Universum verschwinden wird, hat sie in gewissem Sinne recht: Das Leben *ist* eine eklige Sache, ein schäbiges Objekt, das sich aus sich selbst herausbewegt, feuchte Wärme absondert, kriecht, stinkt und wächst. Die Geburt eines Menschen ist ein Ereignis wie aus *Alien*: ein monströses Ausbrechen von etwas Lebendigem aus dem Inneren eines Körpers. Justine ist dieses Reale vollkommen bewusst: Sie sieht das Grauen, auf dem unsere Realität beruht. (Ein möglicher Ausweg wäre es, nicht an unserer Alltagswirklichkeit festzuhalten, sondern sogar noch weiter zu gehen: Unter dem Krabbeln des Lebens liegt das abstrakt-immaterielle Universum der Wellenfunktionen.)

Aus diesem Grund heißt der Planet Melancholia. Melancholie ist nicht das Scheitern der Trauerarbeit oder eine anhaltende Bindung an das verlorene Objekt, sondern genau das Gegenteil, indem sie nämlich »das Paradoxon einer Trauerintention darstellt, die dem Objektverlust vorausgreift und diesen antizipiert.«[38] Was einer melancholischen Liebesbeziehung ihre einzigartige Note verleiht, ist die Tatsache, dass sie – obwohl das Paar immer noch zusammen und sehr verliebt ist und beide Partner die Anwesenheit des jeweils anderen genießen – bereits von der zukünftigen Trennung überschattet wird, so dass die Liebenden ihr gegenwärtiges Glück unter der Ägide der kommenden Katastrophe erleben. So gesehen ist die Melancholie im Grunde der Anfang der Philosophie – und was die melancholische Justine im Voraus betrauert, ist der absolute Verlust, das Ende des Lebens auf der Erde, und sie meint es ernst. Ihre Melancholie ist nicht nur die psychische Verzweiflung ihres Geistes, sondern sie akzeptiert wirklich das Ende. Solange die Katastrophe nur eine abstrakte potenzielle Bedrohung war, war sie lediglich eine depressive Melancholikerin; als die Katastrophe dann eintritt, ist sie in ihrem Element wie ein Fisch im Wasser. Für sie ist es ein Happy End.

Die Idee zu *Melancholia* kam von Trier während einer Therapiesitzung, die er besuchte, um seine Depression zu überwinden.

Der Psychiater sagte ihm, dass depressive Menschen unter großem Druck oder bei einer drohenden Katastrophe tendenziell ruhiger handeln als andere. Diese Tatsache ist ein weiteres Beispiel für die Spaltung zwischen der Realität – der sozialen Welt etablierter Gewohnheiten und Meinungen, in der wir leben – und der traumatischen, sinnlosen Brutalität des Realen. Sie können nicht in demselben subjektiven Raum gedacht werden, das heißt, man kann nicht in beiden Situationen »normal« sein. John ist im Film ein »Realist«, er steht mit beiden Beinen in der Alltagswirklichkeit und als sich die Koordinaten dieser Wirklichkeit auflösen, bricht seine ganze Welt zusammen; Claire ist eine Hysterikerin, die in Panik alles in Frage stellt; die depressive Justine macht sich von ihrer Depression frei und wird zu einer Herrin, die eine Panik- und Katastrophensituation dadurch stabilisiert, dass sie einen neuen Herren-Signifikanten einführt: die »Zauberhöhle«, die sie errichtet, um einen geschützten Raum zu schaffen, als das *Ding* sich nähert. Justine ist keine beschützende Herrin, die eine schöne Lüge anbietet – sie ist, mit anderen Worten, nicht wie die Figur, die Roberto Benigni in *Das Leben ist schön* (*La vita è bella*, 1997) verkörpert. Was sie anbietet, ist eine symbolische Fiktion, die natürlich keinerlei magische Wirkung hat, aber auf der Ebene der Panikvermeidung bestens funktioniert. Justine geht es nicht darum, uns für die drohende Katastrophe blind zu machen: Die »Zauberhöhle« versetzt uns vielmehr in die Lage, das Ende ruhig zu akzeptieren. Heute, da wir von vielfachen Katastrophen bedroht werden, brauchen wir mehr denn je Figuren wie Justine, die darauf nicht (nur) mit effektiven Gegenmaßnahmen reagieren, sondern indem sie Zauberhöhlen schaffen.

Die Suche nach sich selbst

Der inzestuöse Kurzschluss kann noch eine weitere Form annehmen: Das ödipale Thema eines Mannes, der verzweifelt nach sich selbst sucht (nach einem Verbrecher, der sich als der Suchende selbst entpuppt) oder der, wissend dass er in einen Mord verstrickt ist, von seiner Behörde (der Polizei) angewiesen wird, nach sich selbst zu suchen, hallt bis heute nach, von Chestertons *Der Mann, der Donnerstag war* bis zu Hollywood (*Spiel mit dem Tode* [*The Big Clock*, 1948], *Police Python 357* [1976], *No Way Out* [1987]).[39] Es gibt zwei Versionen dieser Suche: Entweder der Held weiß nicht, dass er selbst derjenige ist, nach dem er sucht (Ödipus), oder er bekommt den Auftrag von einer Figur des großen Anderen, weiß, dass er der Gesuchte ist, und versucht, seine Suche zu sabotieren. Ein aktuelles Beispiel für diese zweite Version ist der Film *The Double – Eiskaltes Duell* (*The Double*, 2011), ein amerikanischer Spionagefilm unter der Regie von Michael Brandt, der an der Kinokasse und bei der Kritik scheiterte – zu Unrecht, denn der Film ist in seiner Zweideutigkeit äußerst radikal. Hier ein Überblick über die Handlung (ein Monument für gutes Storytelling, das zunehmend aus Hollywood verschwindet):

> Als der US-Senator Dennis Darden ein Lagerhaus verlässt, nähert sich von hinten ein Attentäter, schneidet ihm die Kehle durch und entkommt. Der pensionierte Agent Paul Shepherdson wird gerufen, um den Mord zu untersuchen. Ihm an die Seite wird der junge FBI-Agent Ben Geary gestellt, der ein Experte für einen ehemaligen sowjetischen Agenten namens Cassius ist. Geary vermutet, dass Cassius der Mörder ist, weil die Art der Ausführung eindeutig dessen Handschrift trägt. Paul und Ben besuchen Brutus, einen Protegé von Cassius, im Gefängnis, um dessen Aufenthaltsort zu erfahren. Sie schenken ihm ein Radio und gehen hinaus. Der Häftling verschluckt die Batterien aus dem Radio und simuliert eine Vergiftung bzw. Magenverstimmung. Im Krankenhaus spuckt er die Batterien aus, überwältigt seine Wärter und flieht; in der Kellergarage wird er dann jedoch von Paul gestellt, der sich als Cassius zu erkennen gibt. Nachdem er ihm die Kehle aufgeschlitzt hat, schickt er sich an, auch Ben zu beseitigen, wird aber von dessen Frau aufgehalten – Cassius ist außerstande, Geary vor den Augen seiner Familie umzubringen. In der Zwischenzeit ist der russische Terrorist und Mörder Bozlovski in die USA gelangt. Ben fügt die Ereignisse aus Pauls Leben

zusammen und findet heraus, dass Paul in Wirklichkeit Cassius ist und systematisch die Menschen ermordet, die mit dem Tod seiner Frau und seines Kindes zu tun hatten, die von Bozlovski ermordet worden waren.

Paul spürt Bozlovski in einer Werfthalle auf, wo wenig später auch Ben eintrifft. Nachdem Ben Paul mit den Beweisen konfrontiert hat, gesteht Paul alles, um dann jedoch seinerseits zu beweisen, dass Ben ein russischer Spion ist, was er durch die Beobachtung einer Informationsübergabe weiß. Er kann Ben überzeugen, dass Bozlovski die eigentliche Bedrohung ist. Als Ben erkennen lässt, dass er vorhat, nach Russland zurückzukehren, wenn alles vorbei ist, versucht Paul ihn davon zu überzeugen, beim FBI und bei der Familie zu bleiben, die ihm ans Herz gewachsen ist. Gemeinsam jagen sie Bozlovski in der Werfthalle, und beim anschließenden Kampf schneidet der tödlich verwundete Paul Bozlovski mit einem Draht, der sich aufgewickelt in seiner Uhr befindet, die Kehle durch. Als einziger überlebender Zeuge meldet Ben den Vorfall an seine Vorgesetzten und behauptet, Bozlovski sei Cassius gewesen, wodurch Pauls Ruf gewahrt bleibt. Der Film endet damit, dass Ben nach Hause zurückkehrt, ohne dass die Frage geklärt wird, ob er stillschweigend zur amerikanischen Regierung übergelaufen oder sogar ein noch wertvollerer Agent für die russische Seite geworden ist.[40]

Es ist unschwer zu erkennen, warum der Film scheitern musste: Nicht nur sind alle drei Hauptpersonen (Ben, Paul, Bozlovski) russische Agenten, die zentrale Figur (Paul) ist darüber hinaus jahrzehntelang in eine wahrhaft inzestuöse (ödipale) Suche nach dem russischen Top-Spion bzw. Killer verstrickt, der er selbst ist. Man kann das Ende des Films beinahe optimistisch betrachten: Selbst wenn Ben ein russischer Agent bleiben sollte, ist die inzestuöse Verbindung durchtrennt, denn er wird nur ein gewöhnlicher Doppelagent sein, nicht derjenige, der nach sich selbst sucht. Während Bozlovski das reine Böse und einfach ein brutaler Mörder ist, wird Paul dadurch moralisch zwiespältig, dass sich sein Beruf mit seinem Privatleben vermischt: Nachdem seine Frau und sein Kind von Bozlovski ermordet worden sind, beginnt er systematisch, alle für ihren Tod Verantwortlichen umzubringen; deshalb wird er zum väterlichen Beschützer für Ben, der ebenfalls eine Frau und einen Sohn hat.

Welchen genauen Status hat Cassius in Bezug auf Paul? Innerhalb der symbolischen Ordnung kann das für das Gründungsverbrechen verantwortliche Subjekt nur als ein anderer dunkler Aspekt (dunkler Doppelgänger) einer real existierenden Person erscheinen, als eine virtuelle Entität, die nicht als reale Person existiert. In vielen Detektivromanen findet man eine ähnliche Handlung: Es gibt zwei Personen, X und Y, die nie zusammen gesehen werden, weil Y gar nicht existiert – wenn sie auftaucht, ist es X, die sich als Y verkleidet hat. Dieses »Mehr-Subjekt«, das nur virtuell existiert, ist ein notwendiger Bestandteil einer menschlichen Gruppe. Und wir sollten uns nicht scheuen, diese Logik bis nach ganz oben, bis zu Gott selbst auszudehnen. Einige Christen weisen gerne darauf hin, dass ein Mensch am größten ist, wenn er niederkniet – und dasselbe gilt, wie G. K. Chesterton deutlich erkannt hat, auch für Gott selbst. Daher ist die soziale Botschaft falsch, die der orthodoxe katholische Chesterton-Leser David Breitenbeck aus dessen Einsicht »Wenn schuldiger Gehorsam und frommer Glaube nun tatsächlich futsch sind, so geschah es nur durch die Reichen« herausliest.[41] Breitenbeck zufolge geht es Chesterton darum, dass »die Armen [...] niemals echte Anarchisten oder dergleichen sein [werden]. Es sind die Reichen, die Gebildeten, dic Kultivierten, die mit solchem Feuer spielen.«[42] Für Chesterton steht Gott aber nicht nur für die Ordnung der Familie und des Staates, er ist zugleich auch der größte Rebell, der ultimative Anarchist. Vor diesem Hintergrund sollten wir uns eine Textstelle aus Chestertons berühmter »Verteidigung von Kriminalromanen« noch einmal ansehen, in der er bemerkt, der Kriminalroman bringe

> in gewissem Sinne die Tatsache zum Bewusstsein, daß die Zivilisation selbst die sensationellste Lossagung und der romantischste Aufruhr ist. [...] Wenn der Detektiv in einem Kriminalroman allein

und wahnwitzig furchtlos dasteht unter den Messern und Fäusten einer Diebsküche, dient es sicherlich dazu, uns daran zu erinnern, dass der Träger der sozialen Gerechtigkeit die eigentlich originelle und poetische Figur ist, während die Einbrecher und Wegelagerer bloß friedliche, alte, kosmische Konservative sind, glücklich mit den uralten Anstandsbegriffen der Affen und Wölfe. Die Romantik der Polizeimacht [...] ruht in der Tatsache, daß Rechtschaffenheit die dunkelste und gewagteste aller Verschwörungen ist.[43]

Aber heißt das nicht, dass die Familie und der Staat, verglichen mit den friedlichen alten nymphomanischen Hedonisten oder dem Chaos von Bandenherrschaften, die größte Rebellion und die dunkelste und gewagteste aller Verschwörungen sind? Denken wir an den endlos wiederholten Satz von Brecht: »Was ist der Einbruch in eine Bank gegen die Gründung einer Bank?« – Was ist ein »illegales« sexuelles Abenteuer gegen die Ehe als romantischsten Aufruhr? Was ist Bandengewalt gegen die unbarmherzige anonyme Gewalt staatlicher Mechanismen? Was ist die revolutionäre Unterminierung eines Staates gegen die Gründung eines neuen Staates? Dies war die Logik des Terrorismus der Roten Armee Fraktion und der Roten Brigaden in den 1970er Jahren: Lasst uns den Staat mit seiner eigenen dunklen Unterseite der illegalen Gewalt konfrontieren ... Das Brecht-Zitat ist zweideutig: Man kann es in Chesterton-Manier interpretieren, dann ist die Staatsmacht selbst »die dunkelste und gewagteste aller Verschwörungen«, weil sie im Grunde eine Ordnung schafft, die den Umfang der Kriminalität einschränkt und sie zu einem (besonderen) Verbrechen macht. Oder man interpretiert es so, wie es von Brecht beabsichtigt war: Die staatliche Macht (oder in seinem Fall die Gründung einer Bank) bleibt ein Verbrechen, das größer ist als alle anderen Verbrechen. Im einen Fall wird das Verbrechen durch seine Verallgemeinerung an sich selbst aufgehoben, im anderen Fall bleibt es ein Verbrechen. Oder, auf Gott gemünzt: Das Geheimnis der Religion liegt darin, dass der heilige Akt ihrer Gründung das größte Verbrechen ist. Gott *ist* das höchste Böse, und dies führt uns zur wahren Bedeutung der Selbstaufopferung Christi: Er übernimmt und bereut bereitwillig das Verbrechen seines Vaters (Gott) – oder, um ein bekanntes Meme zu zitieren: »Gott hat sich sich selbst geopfert, um die Menschheit vor sich zu retten.« Der Unterschied zwischen Kreon und Christus besteht also, wie René Girard gezeigt hat, darin, dass Christus nicht den letzten Kannibalen aufisst, sondern ein (Selbst-)Opfer anbietet, um Opfer zu beenden.[44] Wie Antigone nimmt Christus die Folgen des Verbrechens auf sich – welchen Verbrechens? Nicht die Sünden der Menschen, sondern die Ursünde von Gottvater selbst. Einer alten jüdischen Weisheit zufolge sind die tiefsten Einsichten so traumatisch, dass sie nur von einer Person formuliert werden können, die dem Teufel nahesteht – und dies gilt ganz gewiss für den traumatischen Kern des Christentums.

Gott süßsauer

Einzelheiten über die Brutalität Gottes gibt es in der Bibel zuhauf – denken wir nur an eine der merkwürdigsten Bibelgeschichten: Als Moses, Zippora und ihr Sohn auf ihrer Suche nach dem Gelobten Land am Abend Rast machen, kommt Gott plötzlich unerwartet in die Herberge und droht, Moses zu töten. »Zippora ergriff einen Feuerstein und schnitt ihrem Sohn die Vorhaut ab. Damit berührte sie seine Füße und sagte: Ein Blutbräutigam bist du mir. Da ließ er von ihm ab.« (2 Mos 4,24–26) Gott ist hier ein brutaler Fremder, der voller mörderischer Wut aus dem Nichts auftaucht. Ganz zu schweigen von der Geschichte, wie den Juden das Land Israel geschenkt wurde – in der es eindeutig um ethnische Säuberung geht, weshalb schon die bloße Erwähnung der Geschichte oft als antisemitischer Akt kritisiert wird. Nach ihrer Befreiung aus der ägyptischen Sklaverei erreichten die Israeliten die Grenze des Gelobten Landes, wo Gott ihnen befahl, das Volk, das dieses Gebiet bewohnte (die Kanaaniter), restlos zu vernichten: Die Israeliten sollten »nichts, was Atem hat, am Leben lassen« (5 Mos 20,16). Das Buch Josua schildert die

Ausführung dieses Befehls: »Alles, was in der Stadt war, machten sie zum Banngut, Männer und Frauen, Kinder und Alte, Rinder, Schafe und Esel, mit der Schärfe des Schwertes« (Jos 6,21). Einige Kapitel später lesen wir, dass Josua »[n]iemand [entkommen] ließ [...]; an jedem Lebenshauch vollzog er den Bann, wie es der HERR, der Gott Israels, geboten hatte« (Jos 10,40) und »die Menschen aber erschlugen [die Israeliten] alle mit der Schärfe des Schwertes und rotteten sie völlig aus. Keinen Lebenshauch ließen sie übrig« (Jos 11,14). Der Text zählt eine Stadt nach der anderen auf, in der Josua auf Gottes Befehl hin jeden Einwohner »mit der Schärfe des Schwertes« erschlägt, alles, was in der Stadt lebt, vernichtet und niemanden entkommen lässt (Jos 10,28, 30, 33, 37, 39, 40; Jos 11,8). Heißt das, dass die Juden sich in irgendeiner Weise einer ursprünglichen ethnischen Säuberung schuldig gemacht haben? Nein, das heißt es absolut nicht: In den alten (und nicht ganz so alten) Zeiten war ein solches Vorgehen gängige Praxis bei fast *allen* religiösen und ethnischen Gruppen, einschließlich der Buddhisten.[45] Die direkte Verwendung dieser Bibelstellen als Legitimierung der heutigen Politik ist allerdings scharf zurückzuweisen. Zugleich dürfen wir derartige Texte aber auch nicht einfach mit der Begründung ignorieren, sie seien für das jeweilige religiöse Gefüge nicht wesentlich, sondern eher durch besondere historische Umstände bedingte Nebensächlichkeiten. Auch hier geht es um die bloße Tatsache, dass grauenhafte Verbrechen in den Bereich des Heiligen übertragen werden: »Eine besondere Dimension der alten Vergangenheit wird als heilig konstituiert, weil sie mit dem Gründungsverbrechen der neuen Ordnung verknüpft ist.«[46]

Die kantische Ethik enthält das gleiche Paradoxon: Das moralische Gesetz setzt kein soziales Gleichgewicht durch, das von bösen, zerstörerischen Kräften bedroht wird, wie in der traditionellen Ethik, wo Gerechtigkeit als harmonische Weltordnung aufgefasst wird, in der jedes Element seinen Platz hat und Bestrafung darauf abzielt, die zerstörte harmonische Ordnung wiederherzustellen. Der Gegensatz zwischen der traditionellen Ethik der ausgeglichenen Gerechtigkeit, wo der Exzess bestraft wird, und Kant, wo das Gesetz selbst der äußerste, den Lebenskreislauf störende Exzess ist, springt hier sofort ins Auge: Für Kant ist das Moralgesetz selbst der Exzess, eine bedingungslose Aufforderung, die das harmonische Gleichgewicht nicht nur des Lustprinzips, sondern auch der harmonischen Gesellschaftsordnung stört. Als die große Mezzosopranistin Tatiana Troyanos am 21. August 1993 mit 53 Jahren nach langem Leiden im Lennox Hill Hospital in New York an einem metastasierenden Mammakarzinom starb, sang sie noch an ihrem letzten Lebenstag für ihre Mitpatienten, von denen eine »ihr erzählte, dies sei das erste Mal in drei Jahren gewesen, dass sie vollkommen ihre Schmerzen vergessen habe.«[47] Dieses schlichte Festhalten an der eigenen Sache über die unmittelbare Bedrohung des Todes hinaus ist Ethik in Reinform.

Die Fernsehserie *The Last of Us* muss man allein schon deswegen mögen, weil darin die einzige postapokalyptische Gemeinschaft, die nicht im Kreislauf selbstzerstörerischer Gewalt gefangen ist – eine kleine, florierende Gemeinde in Jackson, Wyoming, in die Joel und Ellie in Folge sechs gelangen und in der Solidarität und Kooperation vorherrschen – von einer ihrer Bewohnerinnen explizit als kommunistisch bezeichnet wird. Im Finale der ersten Staffel rettet Joel Ellie vor einer Operation, die ein Mittel gegen die Krankheit hätte liefern können, die die Menschheit dezimiert und in aggressive Zombies verwandelt hat; er tötet dabei Dutzende Menschen. Seine Tat sollte nicht als Ausdruck von extremem Egoismus abgetan werden (er scheint es vorzuziehen, seine einzige Freundin nicht zu verlieren, anstatt die Menschheit zu retten): Die Entscheidung ist nicht so einfach und er lehnt die Logik des notwendigen Opfers zu Recht ab. Ist Joels Tat damit nicht eine Variante der Tat Antigones? Ich bin bereit, Millionen verrotten zu lassen, aber nicht meine Lieblingsperson …

Wir sollten uns hier allerdings hüten, ethische Gesten mit großen öffentlichen Gesten gleichzusetzen – oft sind solche Gesten an kaum merklichen minimalen Tics erkennbar. Antigone unterscheidet sich hier von Sygne de Coûfontaine aus Paul Claudels Stück *Die Geisel*: Wenn Ödipus und Antigone beispielhaft für die antike Tragödie stehen, steht Sygne für die christliche Tragödie, die viel radikaler ist als die von Ödipus oder Antigone. Als sie sich, tödlich getroffen von der Kugel, die ihrem verabscheuungswürdigen und verhassten Ehemann gegolten hatte, weigert, ihrem suizidalen Eingreifen irgendeinen tieferen Opfersinn zu geben, wohnt dieser Verweigerung keinerlei tragische Schönheit inne – ihr »Nein« wird lediglich durch eine abweisende Grimasse angezeigt, einen zwanghaften Tic, der ihr Gesicht verzerrt. Es gibt hier keine tragische Schönheit, weil ihre totale Selbstopferung sie jeder inneren Schönheit und ethischen Größe beraubt hat – all das ist in ihr Opfer eingegangen, so dass von ihr nur noch ein widerlicher exkrementeller Fleck des Menschlichen übrig bleibt, eine lebende Hülle ohne Leben. Im Gegensatz zu Antigone, die Treue zu ihrem Begehren zeigt, verliert Sygne (am Ende des Stücks) die Grundkoordinaten ihres Begehrens, sie begehrt nicht mehr. Auch Liebe gibt es hier nicht; ihre ganze Liebe ist in ihre vorherigen Entsagungen eingegangen.

In gewissem Sinne kommt die Szene einer Kreuzigung gleich, Sygnes »Nein« ähnelt Christi »Vater, warum hast du mich verlassen?« – auch dies ist eine Geste des Trotzes, eine Art »Leck mich!«, gerichtet an Gottvater. In einem radikal anderen Sinne als bei Antigone ist ihre Grimasse eine Geste aus dem Bereich zwischen den zwei Toden, der wiederkehrende Tic einer lebenden Toten, ihres Untotseins, und als solche eine Mehrlust auf der Nullstufe: Während Antigone ihr Untotsein poetisiert, indem sie sich als erhabene Schönheit inszeniert, geht Sygne wirklich bis ans Ende. Könnten wir uns nicht einen ähnlichen Tic auch bei Judas vorstellen – ein verzweifeltes Zucken seiner Lippen, das die schreckliche Bürde seiner Rolle anzeigt? Sygne wohnt am Ende des Stücks keine erhabene Schönheit inne – alles, was sie von gewöhnlichen Sterblichen unterscheidet, ist der Tic, der zeitweise ihr Gesicht entstellt. Das Merkmal, das die Harmonie ihrer schönen Züge stört, das Detail, das hervorsticht und sie hässlich erscheinen lässt, ist die materielle Spur ihrer Weigerung, sich vom Universum der symbolischen Schuld vereinnahmen zu lassen. Und daher muss, um noch einmal auf Christus zurückzukommen, der erste Punkt einer konsequenten Interpretation des Christentums lauten: Der sterbende Christus steht auf der Seite Sygnes, nicht Antigones; Christus am Kreuz ist keine erhabene Erscheinung, sondern eine beschämende Ungeheuerlichkeit.[48] Können wir uns denn eine Situation vorstellen, in der Antigone wie Sygne reagieren würde? Was wäre, wenn Kreon sie, nachdem sie sich heldenhaft über sein Verbot hinweggesetzt hat, einfach eine Zeitlang an einem abgeschiedenen Ort festhalten würde, wo sie nicht beachtet und von niemandem gehört würde? Würde sie dann, aus dem öffentlichen Raum ausgeschlossen, auf Tics verfallen wie Sygne? (Etwas Ähnliches passiert tatsächlich im Stück: Kreon tötet Antigone nicht, sondern sperrt sie an einem abgelegenen Ort ein, wo sie genug zu essen hat, um zu überleben – was wäre also, wenn sie sich erhängen würde, um dem Schicksal Sygnes zu *entgehen*?)

Dominiek Hoens und Ed Pluth haben eine eingängige Deutung von Lacans Interpretation von *Der Bürge* vorgeschlagen: Als Höhepunkt des Stückes stellt sich die Heldin Sygne de Coûfontaine in der Schlussszene zwischen Turelure, ihren widerwärtigen und korrupten Ehemann, und Charles, ihre wahre Liebe, und fängt so die Kugel ab, die Charles auf Turelure abgefeuert hat; als Turelure die sterbende Sygne anschließend nach dem Grund für ihre Tat fragt,

> gibt Sygne keine Antwort, oder vielmehr, ihr Körper stellt eine Antwort in Form eines Tics, der für ein »Nein« steht, dar. Sygne, die alles für den Erhalt einer vergangenen Ordnung der Dinge geopfert hat und die, um den Papst zu retten, ihre Verlobung mit ihrem Cousin gelöst hat, kann und will dieses letzte und größte Opfer für Turelure nicht zulassen. […] Sygne gibt alles auf, um sich an einen Feind, Turelure, zu binden, und rettet ihn am Ende vor dem tödlichen Schuss aus der Pistole des Cousins, doch als sie zugeben soll, dass sie dies aus ehelicher Liebe getan hat, ist ihre Antwort nur ein verneinender *Zug*. Der Ort, an dem Sygne alles aufgibt, um in ein symbolisches Universum einzutreten, das nicht das ihre ist, erscheint später als Negation dieser Ordnung. Ist dies nicht der Endpunkt der symbolischen Ordnung, an dem ein hässliches, obszönes

Merkmal die gesamte Ordnung in Frage stellt und somit eine reine Negation dessen ist, wofür die Ordnung steht?[49]

Etwas überspitzt gesagt, müsste man das unerwartete Finale der Fernsehserie *Succession* – Shivs Entscheidung – in eine Reihe mit Marie-Madeleine de La Fayettes *Die Prinzessin von Clèves* und Goethes *Wahlverwandtschaften* stellen. Während Männer sich für etwas opfern (ein höheres Gut: Land, Freiheit, Ehre), sind nur Frauen fähig, sich für *nichts* zu opfern. Dieses Paradox erklärt die weibliche Geste des Rückzugs genau in dem Moment, in dem sie »alles hätte haben können« (oder den umgekehrten beziehungsweise komplementären Fall des Nicht-Rückzugs der Frau, ihr unerklärliches beharrliches Festhalten an der unglücklichen Ehe oder einem ungeliebten Partner, selbst wenn sich die Möglichkeit bietet, der Situation zu entfliehen, wie in Henry James' *Bildnis einer Dame*). Obwohl bei dieser Verzichtsgeste Ideologie investiert wird, ist die Geste selbst nicht ideologisch. Eine Deutung, die wir ablehnen sollten, ist die psychoanalytische Standarderklärung, nach der wir es hier mit der hysterischen Logik des Liebesobjekts (des Geliebten) zu tun haben, das nur insofern begehrt wird, als es verboten ist, als es ein Hindernis, zum Beispiel in Gestalt des Ehemannes, gibt – sobald dieses Hindernis verschwunden ist, verliert die Frau demnach das Interesse an dem Liebesobjekt. Zusätzlich zu dieser hysterischen Ökonomie, bei der das Objekt nur insofern genossen werden kann, als es verboten ist, also in Form von Phantasievorstellungen darüber, wie es »sein könnte«, kann dieser Rückzug (oder das Beharren) auch noch auf viele andere Arten interpretiert werden: als Ausdruck des sogenannten »weiblichen Masochismus« (der sich dann weiter als Ausdruck der ewigen weiblichen Natur oder als Verinnerlichung des patriarchalischen Drucks deuten lässt), aufgrund dessen es der Frau nicht vollständig möglich ist, »den Tag zu nutzen«; als proto-feministische Geste eines Bruchs mit der phallischen Ökonomie, die das Glück in der Beziehung mit einem Mann zum höchsten Ziel der Frau erklärt, und so weiter. Alle diese Interpretationen scheinen jedoch am Eigentlichen vorbeizugehen, nämlich der absolut grundlegenden Natur der Geste des Rückzugs als konstitutiv für das Subjekt selbst.[50] Shiv macht mit ihrer Entscheidung diesen Schritt in Richtung Sygnes Geste der Versagung; zum Beweis rufen wir uns noch einmal die Situation am Ende von *Succession* in Erinnerung.

Nachdem Logan Roy, der superreiche Patriarch des Medienkonzerns Waystar Royco, überraschend an einem Herzinfarkt gestorben ist, streiten sich seine drei Kinder (Kendall, Roman und Shiv, die mit dem konformistischen und opportunistischen Tom verheiratet ist) darum, wer die Firma übernehmen und der neue CEO werden soll. Die Lage verkompliziert sich, als der junge und skrupellose schwedische Medienmagnat Mattson anbietet, Waystar zu kaufen und in sein GoJo-Imperium einzugliedern, wobei er andeutet, dass einer der Amerikaner zum neuen CEO von Waystar ernannt werden wird. Ken und Roman lehnen Mattsons Angebot ab, da sie wissen, dass sie die Kontrolle über Waystar verlieren werden; Shiv schließt sich dagegen Mattson an, der ihr verspricht, dass sie die neue CEO werden wird. Mattson denkt jedoch insgeheim, dass Shiv zu aufdringlich und zu schlau ist und dass die sexuelle Chemie zwischen ihnen ihn davon abhalten wird, kühle Business-Entscheidungen zu treffen. Daher wendet er sich an Tom, den Konformisten schlechthin, und bietet ihm den Posten des amerikanischen CEO an. Er weiß, dass die Ehe von Tom und Shiv in die Brüche gegangen ist, aber auch, dass Shiv von Tom schwanger ist; den Schluss, den er daraus zieht, teilt er Tom mit: »Wieso nehm' ich […] nicht den Typ, der ihr ein Baby gemacht hat, statt der zukünftigen Mutter?« Er macht Tom auch klar, dass er möglicherweise Sex mit Shiv haben will, und weiß, dass Tom dies zulassen wird, weil er um seinen Job fürchtet. Kurz vor der Abstimmung haben Tom und Shiv ein Gespräch, in dem Shiv andeutet, dass sie ihrer Ehe vielleicht eine zweite Chance geben sollten, obwohl sie einander nicht lieben und obwohl Tom sie schon hintergangen hat, indem er sich mit ihrem Vater gegen sie verbündete – mit einem wunderbar tautologischen Paradoxon erklärt Shiv, wenn man schon verheiratet sei, dann sei es besser, mit seinem Ehemann verheiratet zu sein (ein Satz, der von tiefer Verzweiflung zeugt). Am Abend vor der Abstimmung erfährt Shiv allerdings, dass auch Mattson sie hintergangen und den CEO-Posten Tom angeboten hat, weswegen sie ihren Geschwistern verspricht, gegen den Deal zu stimmen. Bei der Abstimmung

> hatten die Roy-Geschwister die Stimmen, um GoJos Übernahme von Waystar Royco zu stoppen, es stand sechs zu sechs unentschieden, bevor Shiv die letzte Stimme abgab. Obwohl sie eigentlich gegen den Deal stimmen sollte, zögerte sie, was zu einer heftigen Konfrontation zwischen den Roy-Geschwistern führte. Diese führt dazu, dass Shiv dem Deal zustimmt, wodurch die Roy-Geschwister ihre Führungspositionen in der Firma verlieren. […] Shivs Votum war ein Versuch zu verhindern, dass Kendall dem Weg ihres Vaters folgte. Darüber hinaus stimmte Shiv auch aus egoistischen Gründen für den GoJo-Deal. Sie wusste, dass ihre Brüder Schlangen sind und dass Kendall sie aus der Firma werfen würde, sobald es zur ersten Pattsituation gekommen wäre. Ihr Votum für die Übernahme durch GoJo gab ihr das Gefühl, eine bessere Chance zu haben, bei Waystar Royco bleiben zu können. Shiv war auch nicht überzeugt von den Fähigkeiten ihres Bruders und glaubte, dass er als CEO der Firma schweren Schaden zufügen würde. Wie die anderen sechs Vorstandsmitglieder, die für den Deal votierten, stimmte Shiv mit dem Geldbeutel ab, da sie wusste, dass die Übernahme durch GoJo der Firma mehr helfen würde als der Vorstandsposten für Kendall.[51]

Man könnte hier das endlose Spiel fortsetzen, rationale oder emotionale Gründe für Shivs kontraintuitiven Verrat an ihren Geschwistern zu finden (es gibt Dutzende Internetseiten, die darüber spekulieren). In Shivs Entscheidung steckt jedoch mehr als kühle strategische Berechnung oder Rache: Sie ist eine exemplarische weibliche Geste, eine Geste der Versagung wie die von Sygne. Die letzte Szene mit Tom und Shiv (Tom reicht ihr in einem Auto die Hand und sie nimmt sie) ist keine echte Versöhnung, sondern eine kalte Akzeptanz, wie bei der Prinzessin von Clèves oder Henry James' Dame.

Shiv akzeptiert nicht nur den Verlust (die endgültige Trennung von ihren Brüdern, das Ende der Roy-Dynastie), sie führt in gewissem Sinne den Verlust des Verlusts selbst herbei: Ihr Verlust bedeutet den Verlust ihrer Stellung bei Waystar, sie opfert quasi den Maßstab, an dem sie ihren Erfolg gemessen hat (die Kontrolle über Waystar). Sie verlässt ihre etablierte symbolische Identität und lässt sich auf ein völlig neues Spiel ein (wird sie es schaffen, den unterwürfigen Tom zu beherrschen und sich wieder mit Mattson zu verbinden?). Sie macht im Grunde eine Art »subjektive Destitution« durch, indem sie die Nullebene der leeren Subjektivität mutig annimmt. Ihr »Tic« ist, dass sie widerwillig ihre Hand auf Toms legt, was nichts mit emotionaler Freundlichkeit zu tun hat, sondern eine vollkommen leere Geste ist.

Shiv kehrt, kurz gesagt, keineswegs in eine Position der unterwürfigen Gattin zurück, sondern lässt erst jetzt die »progressive« Maske der sozialliberalen Fürsorge fallen, die sie während der gesamten Serie getragen hat, und wird zu der Teufelin, die sie schon immer war. In der Frauenkirche in München gibt es einen Fußabdruck, der einer Legende nach dem Teufel selbst gehören soll:

> Der Legende nach versuchte der Architekt Jörg von Halspach 1468, Geld für den Bau einer neuen Kathedrale in München aufzutreiben und ließ sich schließlich auf einen Handel mit dem Teufel ein: Dieser würde die Finanzmittel für das riesige Gebäude unter der Bedingung bereitstellen, dass es eine Feier der Finsternis würde, ohne Fenster, durch die Licht hineingelangen könnte. Als der Bau fertig war, führte von Halspach den Teufel hinein, um sein Werk zu begutachten und ihm zu zeigen, dass er seinen Teil der Abmachung eingehalten hatte. Der Teufel war zufrieden, doch dann öffneten sich die Säulen, die den Blick auf die Fenster versperrt hatten, und in seiner Wut darüber, hereingelegt worden zu sein, stampfte er mit dem Fuß auf und hinterließ für immer seinen schwarzen Fußabdruck auf dem Boden.[52]

Es steckt eine Wahrheit in dieser Legende: Ein Objekt, das die göttliche Dimension feiert, kann nur durch das Vorhandensein eines Abdrucks des Teufels selbst vervollständigt werden.

Alles unter dem Himmel oder ein geteilter Himmel?

Lassen Sie uns abschließend das komplexe Thema, mit dem wir uns hier befassen, noch einmal auf die ultimative minimale Entscheidung reduzieren: Versuchen wir uns das genaue Gegenteil eines Gottes mit dem Abdruck des Teufels vorzustellen. Wir müssen nicht lange danach suchen: Wir finden es in dem alten chinesischen Konzept *Tianxia* (天下), was wörtlich »alles unter dem Himmel« bedeutet. Ein bekannter Vertreter dieses Konzepts ist aktuell Zhao Tingyang, ein Mitglied der Chinesischen Akademie der Sozialwissenschaften, dessen Bücher nicht nur in China überaus populär sind, sondern auch in viele Sprachen übersetzt worden sind.[53] Bei *Tianxia* handelt es sich um das Projekt einer Weltordnung, die auf Koexistenz beruht und in der Probleme als gemeinsam betrachtet werden; ihre Hauptmerkmale sind: 1) *Tianxia* würde die Außenwelt internalisieren, indem sie die Kunst praktiziert, Feinde in Freunde zu verwandeln; auf diese Weise würde sie ein anti-imperiales System aufbauen, in dem allgemeiner Frieden und Sicherheit erreicht werden können; 2) *Tianxia* würde auf »relationaler Rationalität« beruhen: Jede Gruppe ist nur durch ihre Beziehung zu anderen das, was sie ist, deshalb brauchen wir eine Gesellschaftsordnung, in der gemeinsame Interessen Vorrang haben und in der Kooperation immer vorteilhafter ist als Konkurrenz; 3) ein *Tianxia*-System würde Wert darauf legen, dass jeder Einzelne nur dann seine Bedingungen verbessern kann, wenn sie sich auch für alle anderen verbessern.[54] Ein solches Projekt, das auf universalistischen Prinzipien und Werten beruht, verdient es auf jeden Fall, ernstgenommen zu werden: Wir alle wissen, dass wir dringend brauchen, wonach *Tianxia* strebt – globale Koordination, Solidarität und so weiter; es wird auch zunehmend deutlich, dass das liberal-demokratische Mehrparteiensystem nicht stark genug ist, um mit den Gefahren fertig zu werden, die nicht weniger als unser Überleben bedrohen. Obwohl *Tianxia* seinen Ursprung schon vor etwa 2500 Jahren hatte, bedeutet seine Wiederbelebung daher keine Flucht in eine idealisierte Vergangenheit – Zhaos Freund Régis Debray stellte richtigerweise fest, dass

> diese Denkweise in bemerkenswerter Weise unserer heutigen Zeit entspricht, die (ganz im Gegenteil zu früher) die Geschichte der Natur und die Individualität der Universalität unterordnet. Tianxia akzeptiert die ökonomische Globalisierung ebenso wie Umweltinteressen und globale Pandemien wie COVID-19 und sieht unseren Planeten als Ganzes, die Menschheit als eine einzigartige Spezies und die Biosphäre als primär, ultimativ und allumfassend. Zhaos Vision zeigt eine andere und weniger sichtbare Realität, eine, die das Weibliche erhebt, indem sie dem Yin den Vorrang vor dem Yang und Flüssen und Meeren den Vorrang vor Bergen gibt, weil das Wasser letztlich immer die Oberhand über das Harte und Starke gewinnt. Das Wasser begleitet die Natur, anstatt sie zu beherrschen, es versucht, mit dem Strom zu schwimmen, anstatt Vorräte anzuhäufen, es beeinflusst, anstatt zu fordern.[55]

Eine solche Verherrlichung des »Weiblichen« sollte uns sofort misstrauisch machen – es ist keineswegs nur eine vage Metapher, sondern durchdringt das gesamte System: Die westliche Demokratie wird als männlich, hart, stark und konfrontativ charakterisiert, wir bräuchten aber eine »neu gestartete« Demokratie, die nach Einheit in der Vielfalt und nach Zusammenarbeit anstelle von antagonistischen Kämpfen sucht. Die westliche Demokratie ist auf Nationalstaaten beschränkt, während *Tianxia* auf eine große, transnationale (sogar weltweite) Einheit abzielt, in der lokale Gemeinschaften gedeihen können, indem sie einander unterstützen, statt eine Bedrohung für die Souveränität der anderen darzustellen. Auch diese letzte Forderung sollte unser Misstrauen erregen: In keinem der Fälle, in denen eine Gesellschaft versucht hat, *Tianxia* umzusetzen, besonders nicht in China, wurde der Pluralismus vollständig verwirklicht – es gab immer eine staatliche oder politische Einheit, der die zentrale Rolle zukam, andere zu integrieren und ihre Einheit zu koordinieren, während Unterschiede »toleriert« wurden. (Im Falle des Vereinigten Königreichs ist es eindeutig England, das diese Rolle spielt.) Wir sind zwar alle unter dem Himmel, aber es gibt einen unter uns, der, wie man sagt, gleicher ist als andere, da er den Himmel verkörpert (die Ordnung des Gemeinwohls).

Zhao definiert seinen Ansatz als einen, der »keine Partei ergreift«: »Ich nehme die Perspektive eines außerirdischen Anthropologen ein, der auf die Erde kommt und seine anthropologische Feldforschung auf unserem Planeten betreibt.«[56] Das bedeutet, dass sein Gegenstand kein bestimmtes Land ist, sondern die Welt als ganze. Ich finde eine solche Behauptung der eigenen neutralen Universalität (im Gegensatz zur voreingenommenen Betrachtungsweise anderer) sehr gefährlich, da sie nicht nur die eigene Position privilegiert, sondern dieses Privileg zugleich auch unsichtbar macht. Macht Zhao auf einer anderen Ebene nicht genau das Gleiche wie die westlichen Sozialwissenschaften, wenn sie die Struktur »primitiver« oder »asiatischer« Gesellschaften erforschen? Müsste der erste Schritt zu wirklicher Gleichheit nicht darin bestehen, dass jede Seite ihre jeweilige Partikularität eingesteht und auf ihren Universalitätsanspruch verzichtet? Die Weltgesellschaft, die Zhao sich vorstellt, kommt John Lennons Megahit »Imagine« allzu nahe, der für mich immer schon ein Fake-Song war, ein Lied, das aus den falschen Gründen populär war. »Stell' dir vor, dass die Welt eins sein wird« ist der sicherste Weg in die Hölle. Wer angesichts des russischen Angriffs auf die Ukraine am Pazifismus festhält, bleibt in seiner eigenen Version von *Imagine* gefangen – stell dir eine postheroische Welt vor, in der Spannungen nicht mehr durch bewaffnete Konflikte gelöst werden … Das »Verständnis« der Pazifisten für Russland läuft auf die Duldung der russischen Aggression hinaus. Hinter den heute weit verbreiteten Friedensaufrufen steckt immer irgendein Projekt, bei dem eine Seite gewinnt. Wäre Zhao also bereit zu akzeptieren, dass der einzige Weg zum Frieden manchmal darin besteht, zurückzuschlagen?

Nicht weniger problematisch finde ich Zhaos Diagnose, warum die westliche Demokratie sich derzeit auf dem Weg zu ihrer Selbstzerstörung befindet. Er konzentriert sich auf »Fake News und Informationsblasen sowie auf Influencer und die Verquickung von Konsum, Lebensstil und Politik, von denen die ausgeklügelten Marketingpraktiken, die über die sozialen Medien verbreitetet werden, durchdrungen sind«.[57] Indem der Einzelne dazu manipuliert werde, seinen privaten Wünschen nachzugeben, werde es »schwierig, wenn nicht unmöglich für jeden, ein größeres öffentliches Gut in den Blick zu nehmen, und ohne eine Einigung über ein öffentliches Gut kann es keinen Konsens geben.«[58] Auf diese Weise verwandelten sich unsere Demokratien in das, was Zhao »Publikratien« nennt:

> Die »Publikratie« ist das Trojanische Pferd der Demokratie. Ich verwende den Begriff »Publikratie«, um auf die Verzerrung, Dekonstruktion oder den Missbrauch der Demokratie mit demokratischen Mitteln hinzuweisen, das heißt, eine selbstzerstörerische Art, die Demokratie mithilfe ihrer eigenen Werkzeuge auf Abwege zu führen. In der heutigen Zeit manifestiert sich die Publikratie im Bestehen eines überwältigend einflussreichen Systems zur Herstellung öffentlicher Meinungen in der Gesellschaft, eines mächtigen Systems, das psychologische Techniken und Vermarktungsstrategien nutzt, um die Werte und Denkweisen der Menschen zu beherrschen, und dabei eine große Menge pseudo-öffentlicher Meinungen produziert, die nicht dem allgemeinen oder öffentlichen Interesse entspricht oder ihm sogar zuwiderläuft, und die an die Stelle der öffentlichen Meinung tritt, die eigentlich ein wahres Spiegelbild des allgemeinen oder öffentlichen Interesses sein sollte. Sobald die öffentliche Meinung vom öffentlichen Interesse oder Allgemeinwohl abweicht, entsteht eine Antidemokratie, die sich als Demokratie tarnt.[59]

Was hier fehlt, ist der größere sozioökonomische Kontext, in dem die »Publikratie« entstehen konnte – das, was Yanis Varoufakis den postkapitalistischen Technofeudalismus nennt. Am 14. Juni 2023 wurde bekannt, dass Bill Gates auf seiner China-Reise ein Vier-Augen-Treffen mit dem chinesischen Präsidenten Xi Jinping haben würde. Der (Ex-)Chef eines neofeudalen Unternehmens wird wie ein öffentlicher Amtsträger behandelt – ist das nicht ein deutliches Zeichen für den neuen Feudalismus?[60]

In Bezug auf die Demokratie unternimmt Zhao einen weiteren problematischen Schritt, der uns zum Kern der Sache führt: Er lehnt es ab, »die Demokratie selbst als einen Wert« zu betrachten. Die Demokratie sei eine technische Einrichtung, die auf gemeinsamen Werten und Grundsätzen beruhen müsse, die selbst nicht demokratisch gewählt werden können, und da unsere heutige Welt eine solche Konvergenz nicht erreicht habe, bleibe sie »eine ›Nicht-Welt‹ ohne eine gemeinsame Weltsicht, die allgemein anerkannt werden könnte.«[61] Wie gelangen wir also von unserer Nicht-Welt zu einer echten Welt, in der wir alle unter einem Himmel sind? Zhao sagt dazu nicht viel (er deutet lediglich an, dass es keiner Revolution, also keines gewaltsamen Umbruchs bedürfe), liefert aber ein überraschend ausführliches Programm, wie die neue Gesellschaftsordnung aussehen soll. Erforderlich sei ein »Neustart« der Demokratie mit »vorinstallierter« Intelligenz – in welcher Form genau?

Der »Große Plan« aus dem altchinesischen *Buch der Urkunden* schlug einen Entscheidungsprozess vor, der aus fünf »Stimmen« bestand: jeweils eine für den König, die Minister, das Volk und zwei für die Schamanen, die zweimal den Himmel befragten. In der modernen Version dieses Prozesses würde das Volk abstimmen (mit seinen zwei Stimmen, einer Ja- und einer Nein-Stimme), um eine Auswahl an Möglichkeiten zu schaffen, anschließend würden sich zwei »Wissenskomitees« einschalten, um die Durchführbarkeit zu prüfen und die endgültige Auswahl zu treffen. Das Ziel ist eine »nach Wissen gewichtete« smarte Demokratie, in der unabhängige, neutrale Experten intervenieren, um zu einem praktikablen Konsens zu gelangen, der dem größten Wohl der größten Zahl dient, anstatt den Wünschen der Massen freien Lauf zu lassen und so die Demokratie zu zerstören.[62]

Diese Formel ist nicht nur empirisch problematisch, sie ist im Grundsatz falsch. Was die Abstimmung betrifft, so stellt die Idee der zwei Stimmen eine eigene Bedrohung dar, die von Zhao übersehen wird. Nehmen wir an, dass zwei Hauptkandidaten zu einer Wahl antreten. Einer der beiden vertritt eher den Geist von *Tianxia*, schließt niemanden aus und fördert die Zusammenarbeit, während sein (unbeliebterer) Gegner Hass auf den ersten Kandidaten predigt und ihn als tödliche Gefahr für die Gesellschaft darstellt. Der erste Kandidat bekommt 55 Prozent der Ja-Stimmen, aber seine auf Zusammenarbeit ausgerichteten Wähler geben dem Gegner nur 15 Prozent Nein-Stimmen; der zweite Kandidat erhält 45 Prozent der Ja-Stimmen, aber eine Mehrheit dieser Wähler gibt dem ersten Kandidaten einen viel höheren Prozentsatz an Nein-Stimmen – sagen wir 35 Prozent. Folgt man Zhaos Regeln, werden die Nein-Stimmen für jeden Kandidaten von den Ja-Stimmen abgezogen, so dass der erste 20 Prozent erhält (55 minus 35 Prozent), während der zweite mit 30 Prozent (55 minus 35 Prozent) die Wahl gewinnt. (Ganz zu schweigen von der Schwierigkeit, sich globale Wahlen vorzustellen, die »alles unter dem Himmel« umfassen ...). Noch problematischer ist die Lage in Bezug auf die Wissenskomitees:

> Das Wissenskomitee wird sich aus glaubwürdigen Natur- und Geisteswissenschaftlern zusammensetzen. Das Kriterium der Glaubwürdigkeit beruht hier nicht auf der gesellschaftlichen Popularität, sondern auf genauer Fachkenntnis, das heißt, diese Natur- und Geisteswissenschaftler werden den Gipfel des menschlichen Wissens erreicht haben.[63]

Die »neu gestartete« Demokratie wird also in zwei Schritten ablaufen: Zuerst wählt das Volk eine erstrebenswerte Option nach seinen Wünschen; als Zweites gibt das Wissenskomitee seine wissensbasierten Stimmen ab, es stimmt der Volkswahl zu oder lehnt sie ab und gelangt zur endgültigen, realisierbaren Option … Hier fliegen uns die Probleme um die Ohren. Wer soll wie neutrale Fachleute aus den Natur- und Geisteswissenschaften auswählen, wo heute die Kluft zwischen den beiden Bereichen größer ist denn je und schon allein innerhalb der Naturwissenschaften eine Vielzahl von Konflikten herrscht (man denke nur an die widersprüchlichen Versionen der Quantenmechanik)? Wie kann man von ihnen erwarten, dass sie ein Gemeinwohl formulieren, wenn viele von ihnen schon den Begriff problematisch finden? Die »europäische« Lösung liegt auf der Hand: Beide von Zhao geforderten Ebenen (das Volk und die Experten) werden von ihm falsch dargestellt – das Volk ist nicht nur ein Haufen leidenschaftlicher Egoisten, es ist sowohl zu enormer Bosheit als auch zu großer Solidarität fähig, und wenn man »neutralen« Experten freie Hand lässt, werden diese die Demokratie gründlicher zerstören als die Wünsche der blindwütigen Massen. Obwohl Zhao das Politische in die Mitte der Gesellschaft stellt, läuft seine Lösung praktisch auf eine Entpolitisierung des Gesellschaftslebens hinaus: Die Menschen werden befragt, sie beraten sich, aber Experten entscheiden. Eine echte politische Entscheidung ist jedoch eine Sache des leidenschaftlichen Engagements, sie kann nur von einem echten politischen Akteur getroffen werden, sei es ein Monarch oder eine Partei, aber nicht von neutralen Fachleuten – warum? Die eigentliche Politik geht weit über den Konflikt von Partikularinteressen hinaus, sie bedeutet, dass der Himmel selbst in Unordnung ist. Politische Konflikte sind nicht nur Konflikte unter dem Himmel, zwischen bestimmten Gruppen, es sind Kämpfe darum, wie der Himmel selbst, das Gemeinwohl aufgefasst werden soll. Es stimmt, dass die Demokratie (auch) eine Verfahrenstechnik ist. Es stimmt auch, dass sie implizit voraussetzt, was Abraham Lincoln mit dem Bonmot ausgedrückt hat: »Man kann einige Menschen für alle Zeit und alle Menschen für einige Zeit hinters Licht führen, aber man kann nicht alle Menschen für alle Zeit hinters Licht führen« – früher oder später wird sich die Wahrheit im Volk durchsetzen. Die Demokratie setzt darauf, dass das demokratische Verfahren für genügend Stabilität sorgt, um den Antagonismus in Agonismus zu übersetzen, in einen Konflikt, der von einer Reihe gemeinsamer Regeln gelenkt wird. Die Demokratie ist also viel bescheidener als Zhaos Vision: Sie zielt nicht auf eine gemeinsame Idee des Gemeinwohls, eine Einheit des Himmels, unter dem verschiedene Lebensweisen koexistieren. Sie bietet lediglich ein verfahrenstechnisches Regelwerk, das dafür sorgt, dass verschiedene Auffassungen des Gemeinwohls (des Himmels) koexistieren können.

Vergessen wir nicht, dass China selbst sogar zu Hochzeiten von *Tianxia* eine (durch eine Mauer im Norden) von anderen getrennte Zivilisation war. Was ich daher viel realistischer finde, ist eine Variante von Orwells Bild der Menschheit in *1984*: Die Welt ist in drei oder vier *Tianxia* aufgeteilt, die jeweils von einer Supermacht beherrscht werden, wobei zugleich der Anschein der gleichberechtigten Zusammenarbeit im Reich gewahrt bleibt (China, die USA, Russland …). Wir sind gerade dabei, die Grenzen dieser neuen Himmel festzulegen, und es lauern viele Gefahren: Werden Russland und China sich zu einem einzigen *Tianxia* zusammenschließen? Was passiert mit Indien, mit den muslimischen Staaten des Nahen Ostens? Wir scheinen wieder bei der Kontroverse angelangt zu sein, die unter dem Namen »eins teilt sich in zwei« 1964 in China ausgetragen wurde. Der Philosoph Yang Xianzhen entwickelte die Idee, dass »zwei vereinen sich zu einem« das primäre Gesetz der Dialektik sei, was die Maoisten so deuteten, dass der Kapitalismus mit dem Sozialismus vereint werden könne. Ai Siqi verfasste den ursprünglichen Angriff auf Yang, indem er das gegenteilige Motto »eins teilt sich in zwei« propagierte, dem sich auch Mao selbst anschloss. Nach 1976 aber, im Zuge der Reformen von Deng Xiaoping, wurden Yang und sein Konzept »zwei vereinen sich zu einem« rehabilitiert;[64] Zhao scheint nun Yangs Version zu einem radikalen Abschluss zu bringen: Alle sollen sich zu einem Himmel vereinen. Aus diesem Grund besteht er darauf, dass der Krieg sich nicht als *Fortsetzung der Politik mit anderen Mitteln* definieren lässt. Tatsächlich ist das Ereignis des Krieges genau der Moment des Scheiterns der Politik. Stattdessen sollte das Politische als die Kunst verstanden werden, Feindseligkeit in Gastfreundschaft zu verwandeln. Politik hat keinen Sinn, wenn sie keine Veränderung einer feindseligen Lage zu bieten hat.[65]

Für mich blendet das Paar aus Gastfreundschaft und kriegerischer Feindseligkeit etwas Entscheidendes aus: Antagonismen und Konflikte innerhalb der eigenen Gesellschaft. Um es ganz brutal zu sagen: Welchen Sinn hätte *Tianxia* in einer angespannten Konfliktsituation zwischen dem verarmten Volk und einer korrupten, von Armee und Polizei unterstützten Elite? Sollen wir uns dann auch um »Gastfreundschaft«, um eine harmonische Koexistenz verschiedener Schichten und Klassen bemühen? Nach meinem hegelianisch-lacanianischen Verständnis bedeutet Antagonismus (»Widerspruch«) nicht nur eine Störung in dem Einen, die dieses zu zersetzen droht – *ein Antagonismus ist vielmehr das, was eine Gesellschaft zusammenhält.* Ein Eines, das nicht von Antagonismen durchzogen wird, ein Eines, dessen Teile in gegenseitigem friedlichem Respekt koexistieren, zerfällt in eine Vielzahl belangloser Einheiten. »Eins« ist eine Kraft der Spaltung, etwas, das Spannung in seine Sphäre bringt, und dies gilt auf verschiedenen Ebenen, von der Sexualität über die Gesellschaft bis hin zur Idee Gottes, der keine höhere Einheit aller Geschöpfe ist, sondern eine unerträgliche Spannung, die sie alle durchzieht und spaltet.

Dies führt uns zu Schellings Aufsatz über die Freiheit, einem der Höhepunkte des Deutschen Idealismus – das Problem, mit dem dieser einzigartige Text kämpft, ist folgendes: Wie lässt sich die Spaltung des Einen in zwei denken, ohne in den Dualismus zurückzufallen (d. h. ohne die Dualität von Prinzipien wie Yin und Yang, Licht und Dunkel, männlich und weiblich), aber auch ohne die spinozistische oder deleuzianische flache Einheit eines Einen, welches das Medium einer blühenden Vielheit ist? Schellings spekulative Lösung lautet: Es gibt kein Anderes (keine Andersheit), weder die Materie noch das Weibliche, das Andere ist das Eine selbst in seiner gegensätzlichen Bestimmung, zu seiner Wahrheit gebracht, d. h. das Andere ist das Eine als solches, auf seinen Kern zurückgezogen, so wie das Böse der eigentliche Kern des Guten/Gottes selbst ist.

Zhao hat freilich recht, wenn er sagt, dass in der heutigen Welt der globalen Bedrohungen, die nach globalen Formen der Solidarität verlangen und uns alle zwingen, in einem permanenten Ausnahmezustand zu agieren, die liberale Demokratie immer weniger in der Lage ist, diese Rolle zu spielen. Wie können wir also nach globaler Zusammenarbeit und Solidarität streben, wenn wir jede Form eines vereinten Himmels (oder des großen Anderen, wie Lacan sagen würde) als unseren äußersten Horizont ablehnen? Das ist das Thema der beiden letzten Kapitel des Buches, die sich mit Künstlicher Intelligenz und dem Schicksal des Politischen in unserer apokalyptischen Zeit beschäftigen.

5

Neque homo neque deus neque natura

Angesichts des anhaltenden Siegeszugs der neuen Biowissenschaften und Biotechnologien würde man eigentlich erwarten, dass die Religion verschwindet – außer in ihren asketischeren Varianten, welche mit dem wissenschaftlichen Materialismus vereinbar sind, wie die (zu Unrecht) so genannte »transzendentale Meditation«. In letzter Zeit beobachten wir jedoch eine seltsame Wiederbelebung des Denkens (und der potenziellen Erfahrung) des »Göttlichen«, die sich just auf diese neuen wissenschaftlichen und technologischen Durchbrüche gründet. Die Hauptidee ist dabei die von einer bevorstehenden »Posthumanität«: Mit dem Aufkommen neuer Formen Künstlicher Intelligenz wird unser individueller Geist mit der globalen Künstlichen Intelligenz zu einer allumfassenden Singularität verschmelzen.

Der Kosmismus als ein Fall von heidnischem Christentum

Diese Mischung aus moderner Wissenschaft und Göttlichem hat eine lange Geschichte. Ihr Ausgangspunkt ist dabei wohl der Aufstieg des sogenannten »Kosmismus«, bei dessen Begründer es sich um den russischen Philosophen und Theologen Wladimir Solowjow (1853–1900) handelt.[1] Das zahlreiche Auftreten von Ideologen wie Aleksandr Dugin lässt sich nicht wirklich verstehen, wenn man nicht die Wurzeln analysiert, die sie in der russischen Tradition des Kosmismus haben. Der Kosmismus begann mit Nikolai Fjodorow, der »wegen seiner asketischen Gewohnheiten und seiner radikalen Philosophie den Spitznamen ›Sokrates von Moskau‹ erhielt. Er verfolgte ein allumfassendes Ziel: die Erlangung von Unsterblichkeit und die Auferstehung von den Toten«.[2] Unter seinen kommunistischen Anhängern befanden sich Konstantin Ziolkowski (der Theorien zur Raumfahrt entwickelte), Alexander Bogdanow (der als Mittel zur Lebensverlängerung Bluttransfusionen durchführte und die Zielscheibe von Lenins Kritik am ›Empiriokritizismus‹ war) und Anatoli Lunatscharski, der Kulturminister der UdSSR in den ersten zehn Jahren ihres Bestehens. Im Theologischen wurde Fjodorow von Solowjow abgelöst, der

> eine universelle Theokratie unter einem russischen Zaren forderte, um den »langen und schwierigen Übergang [des Menschentums] von der Tiermenschheit zur Gottmenschheit« zu beschleunigen. Unsterbliche geistige Wesen zu werden, sei die nächste Stufe der Evolution – nur Christus habe diese Stufe bisher erreicht, doch bald werde die ganze Menschheit folgen. Während Solowjow allerdings glaubte, diese geistige Entwicklung vollziehe sich durch magisch-spirituelle Mittel, pochte Fjodorow in Sachen Auferstehung auf Wissenschaftlichkeit. Beide aber waren sie sich darin einig, dass die Menschheit durch die russische Theokratie gerettet werden würde.[3]

Für Denys Sultanhaliiev zieht sich eine Linie von den beiden Strängen des russischen »Kosmismus« (Glaube an die Auferstehung und das ewige Leben) – dem wissenschaftlichen (Fjodorow im 19. Jahrhundert und der Kosmismus im ersten Jahrzehnt der UdSSR, der auch großen Einfluss auf das sowjetische Raumfahrtprogramm hatte) und dem religiös-spirituellen – bis hin zur nihilistischen Gleichgültigkeit gegenüber der Möglichkeit nuklearer Zerstörung in der UdSSR und unter Putin.[4] Der sogenannte »Biokosmismus«, eine seltsame Kombination aus Vulgärmaterialismus und gnostischer Spiritualität, bildete die obszöne Geheimlehre des sowjetischen Marxismus. Während der mittleren Periode des Sowjetstaats wurde der Biokosmismus aus der öffentlichen Wahrnehmung verdrängt und wurde nur im ersten und in den beiden letzten Jahrzehnten der sowjetischen Herrschaft offen propagiert; seine Hauptthesen sind: Die Ziele der Religion (kollektives Paradies, Überwindung aller Leiden, vollkommene Unsterblichkeit des Einzelnen, Auferstehung der Toten, Sieg über Zeit und Tod, Eroberung des Weltalls weit über das Sonnensystem hinaus) können durch die Entwicklung der modernen Wissenschaft und Technik im irdischen Leben verwirklicht werden. In der Zukunft wird nicht nur der Geschlechtsunterschied abgeschafft und es werden keusche, posthumane Wesen entstehen, die sich durch biotechnische Reproduktion fortpflanzen; es wird auch möglich sein, die Toten der Vergangenheit wieder zum Leben zu erwecken (indem man aus den sterblichen Überresten ihre biologische Formel bestimmt und sie dann neu erzeugt – DNA kannte man damals noch nicht …), wodurch dann sogar alle vergangenen Ungerechtigkeiten ausgelöscht und Leid und Zerstörung »ungeschehen« gemacht werden können. In dieser strahlenden biopolitischen kommunistischen Zukunft werden nicht nur Menschen, sondern auch Tiere und alle übrigen Lebewesen an einer unmittelbar kollektivierten Vernunft des Kosmos teilhaben … Was immer sich gegen die schonungslose Kritik einwenden lässt, die Lenin an Maxim Gorkis »Gotterbauertum« (*Bogostroitel'stvo*), der unmittelbaren Vergöttlichung des Menschen, geübt hat – eines sollte man dabei nicht vergessen: Gorki hat selber mit den Biokosmisten zusammengearbeitet. Es ist interessant, Ähnlichkeiten zwischen diesem »Biokosmismus« und der heutigen Technognosis festzustellen – exemplarisch ist hier die Sicht Trotzkis:

> Denn was ist der Mensch? Er ist durchaus kein vollendetes, kein harmonisches Wesen, nein, dieses Wesen ist noch überaus ungereimt. […] Der Mensch, als Tierart, hat sich unter natürlichen Bedingungen nicht planmäßig, sondern spontan entwickelt und eine Menge Widersprüche in sich angehäuft. … Die Frage, wie sich die körperliche und geistige Natur des Menschen erziehen und regulieren, wie verbessern und »fertigstellen« lässt, ist ein kolossales

> Problem, das ernsthaft anzugehen nur auf den Grundlagen des Sozialismus denkbar ist. … Eine neue, »verbesserte Ausgabe« des Menschen zu produzieren wird die künftige Aufgabe des Kommunismus sein. Und dazu muss man den Menschen erst einmal allseitig kennen, seine Anatomie, seine Physiologie und jenen Teil von ihr, den man Psychologie nennt. […] Dann wird der Mensch sich zum ersten Mal als Rohmaterial oder bestenfalls Halbfabrikat sehen und sagen: »Bin ich endlich bei dir angelangt, hochverehrter *homo sapiens* – nun will ich dich auf Trab bringen, mein Bester!«[5]

Wenn Fjodorow der russische Sokrates war, der große Systematisierer des Kosmismus, dann war Solowjow dessen Platon. Mit dem an die westliche Philosophie gerichteten Vorwurf, sie missachte das materiell-kosmische Leben und leiste der Entwicklung eines reinen Begriffsdenkens einseitig Vorschub, schließt Solowjow an die alten Traditionen des Neuplatonismus, der Gnosis und des mythischen Denkens an und folgt ihnen darin, die Materialität der Welt mit dem weiblichen Prinzip zu verbinden. Dieses Prinzip nennt er »Sophia«, und er bezieht sich dabei auf die *Philosophie der Offenbarung* des späten Schelling, worin dieser von der »Weltmutter« spricht, der »Materie der künftigen Welt« als dem »nicht zum göttlichen Wesen Gehörige und doch von ihm Unzertrennliche«.[6] Diese Weltmutter hat zwei Gesichter: Zum einen ist da die Weltmutter als Maya, die dämonische, gefallene und trügerische Seite der Sophia, als die negative Realität des irdischen Lebens, so wie es ist. Diese Realität ist freilich unbedingt abzulehnen; darin stimmt Solowjow mit dem östlichen Buddhismus überein; er für seinen Teil glaubt jedoch, dass es noch ein anderes, wahres Gesicht der Weltmutter gibt: die göttliche Sophia, eine ideale Materialität, die Möglichkeit eines harmonischen, wahren Lebens, welche bereits vor der Erbsünde eröffnet wurde. In der als Person gefassten göttlichen Sophia ist die Entzweiung und Gefallenheit der materiellen Welt potenziell immer schon überwunden, und die Aufgabe der Philosophie (sprich der Liebe zu Sophia) besteht darin, den Liebenden (sprich den Philosophen) mit

Sophia zu vereinen und auf diese Weise eine »theurgische« Tat zu vollbringen, die die Welt verwandelt.

In deutlichem Kontrast zu Nietzsche ist die »Rechtfertigung der Materie« für Solowjow keine im Gegensatz zur christlichen Tradition stehende Aufgabe: Das Christentum unterscheidet sich dadurch von allen anderen Hochreligionen, dass in ihm »das Wort Fleisch geworden« ist – die Materie wurde als dem Geist gleichwürdig anerkannt. Das Primat von Geist, Rationalität und Logos gegenüber der Materie, welches die westliche Kultur kennzeichnet und sie mit dem östlichen Buddhismus verbindet, hat seinen Ursprung nicht im Christentum; es rührt vielmehr gerade von der Abkehr des Westens vom Christentum her, durch die sich in erster Linie die Moderne kennzeichnet. Aus dieser Perspektive begreift Solowjow die Sophia als die weibliche und zugleich materielle Dimension Christi, als den verklärten Leib Christi, ganz so, wie er auch die Kirche als den mystischen Leib Christi begreift:

> Im göttlichen Organismus des Christus ist das wirkende und das einende Prinzip, das durch sich selbst die Einheit des absolut Seienden zum Ausdruck bringt, offenbar *das Wort oder der Logos.*
> Die andere Einheit, die geschaffene Einheit, wird in der christlichen Theosophie die *Sophia* genannt.
> Die Sophia ist der Leib des Göttlichen, die vom göttlichen Einheitsprinzip durchdrungene Stofflichkeit der Gottheit. Der […] Christus ist […] Logos und Sophia zugleich.[7]

Wenn Solowjow die Stofflichkeit noch vor der Erschaffung der Welt innerhalb des verkörperten Logos als das weibliche, durch die Person der Sophia manifestierte Prinzip ansiedelt, dann erweitert er die göttliche Trinität faktisch, indem er eine neue, weibliche göttliche Hypostase in sie einbringt: Die Menschheit als Sophia ist der ewige Leib Gottes. Nur die als Sophia erkannte Göttlichkeit der Materie verbürgt dem Menschen die Möglichkeit der »Vergöttlichung« und die Hoffnung auf ein ewiges Leben. Darin besteht bei Solowjow die grundlegende Paradoxie: *Unsterblich wird der Mensch nur durch die Materie*, durch seine Teilhabe am Leib Christi. In dieser Weise sucht Solowjow den geläufigen unwiderlegbaren Beweis für die Endlichkeit, Sterblichkeit und »Kontingenz« des Menschen – seine Materialität – in einen Beweis für seine Unsterblichkeit umzuwandeln: Nur die Materialität als mütterliches, weibliches Prinzip und mehr noch als die Person der Sophia vermag den Menschen durch Liebe zu erlösen. Solowjow steht demnach fest auf dem Standpunkt, dass der Rationalismus und rationalistische Moralismus in ihrem Kampf gegen die »niedere Natur« unterlegen sind. Als Symptom dieser Unterlegenheit macht er den Niedergang der Französischen Revolution und des Deutschen Idealismus aus. Solowjow möchte mit seiner Philosophie erreichen, dass die Menschen die Materie annehmen und rechtfertigen und sie als Sophia lieben. Blickt man in die Filmgeschichte, so sind es natürlich die Werke von Andrei Tarkowski, in denen ein solcher spiritueller Materialismus seinen höchsten Ausdruck findet. Wenn eine von Tarkowskis Heldenfiguren eine spirituelle Erfahrung macht, dann manifestiert sich darin nicht das Bemühen, sich über die irdische Realität zu erheben. Ihr Blick geht daher auch nicht zum Himmel oder zu einem fernen Horizont; sie liegt vielmehr flach auf der feuchten Erde und vergräbt ihr Gesicht dabei in Schlamm und schmutzigem Wasser … Es versteht sich wohl von selbst, dass eine solche Vergeistigung der Materie das genaue Gegenteil dessen ist, wie die moderne Wissenschaft an die Dinge herangeht. Zwar wird »die Materie« auch dort »vergeistigt«, allerdings auf ganz andere Art und Weise: In ihr wird die Materie zu einer in mathematische Formeln gefassten Abstraktion.

Hier kommen wir nun zum schlimmsten Teil des Kosmismus: Wenn der Sündenfall nicht der Fall in die materielle Wirklichkeit ist, warum ist dann die Wirklichkeit, in der wir leben, offensichtlich unvollkommen? Für Solowjow liegt die Unvollkommenheit der Welt in deren Entzweiung, im Krieg aller gegen alle begründet; um Harmonie herzustellen, müssen die Einzelnen aufhören, ihren Willen uneingeschränkt zu behaupten, so wie sie das etwa in der Hegel'schen

Dialektik tun, wobei sie ihn, anders als bei Schopenhauer, auch nicht einfach verleugnen dürfen. Sie müssen ihm Grenzen setzen, und das heißt, sie müssen ihren Platz innerhalb der sophiologischen Totalität einnehmen. Die Anerkennung des wahren, sophiologischen Charakters der Welt, ihrer »Sophiizität« (*Sofiynost*), bietet jedem einzelnen Menschen die Möglichkeit, einen passenden Platz für die eigenen Triebe und Leidenschaften sowie die der anderen zu finden, ohne gegen sie »ankämpfen« zu müssen. In diesem Kontext ist die Sophiizität eine Anwendung auf die kosmische Totalität des früheren slawophilen Begriffs »Konziliarität« (*Sobornost*), welcher im Wesentlichen bedeutet, seinen Platz innerhalb der sozialen Totalität einzunehmen, ohne deswegen die eigene Subjektivität oder Individualität einzubüßen, was nach Ansicht der Slawophilen wiederum den Anfangszustand des Christentums vor seiner Teilung in Ost und West auszeichnete.

Dieses Auseinanderfallen gilt als das Grundübel der ganzen europäischen Zivilisation: Die westliche Welt ist die geschichtliche Verkörperung des Rationalismus und des egoistischen, lieblosen Materialismus, von dem aus kein Weg zum wahren, sophiologischen »Materialismus« der Liebe führt. Gegen dieses westeuropäische Übel wie auch gegen die orientalische Verleugnung der freien und unabhängigen Individualität braucht es eine »neue geschichtliche Kraft«, die sich der Geschichte annimmt und sie zur Erfüllung bringt – und diese Kraft ist Russland. Darum konnte der Kosmismus der vergeistigten Materie auch nur innerhalb der russisch-orthodoxen Version des Christentums entstehen, deren Grundformel lautet: »Gott wurde Mensch, damit der Mensch Gott werde« – so deuten die Kosmisten das Erscheinen von Christus, dem Gottmenschen: als eine Vorlage dafür, was die gesamte Menschheit anstreben sollte. (Dem ist natürlich Luthers Auffassung gegenüberzustellen, der Mensch sei bloß ein Exkrement, eine Ausscheidung Gottes, etwas, das aus Gottes Hintern herausgefallen ist.) Hier stoßen wir auf das wesentliche Dilemma, welches sich am besten durch die Ambiguität folgender Aussagen veranschaulichen lässt:

Jesus sagt zu seinen Freunden: »*Und siehe, ich werde die Verheißung meines Vaters auf euch herabsenden*«. Wir wissen, dass er damit den Heiligen Geist meint, den Tröster, den, der sie begleiten, sie führen, sie in ihrer Mission unterstützen und in geistlichen Kämpfen verteidigen wird. Jesus bemüht sich, den Freunden zu versichern, dass er nicht daran denkt, sich von ihnen abzuwenden, ganz im Gegenteil. Er steigt zwar in den Himmel auf, aber er lässt sie dennoch nicht allein. Es ist vielmehr gerade der Aufstieg zu Gott, durch den Jesus bewirkt, was Papst Franziskus als »die Ausgießung des Heiligen Geistes von seinem Geist« bezeichnet oder was Erzbischof Rowan Williams uns so beredt in Erinnerung bringt: »dass das Menschenleben, in dem Gott sich am deutlichsten zu sehen, am deutlichsten zu berühren gegeben hat, aus der Menschenwelt in ihrer einstigen Gestalt entschwindet und auf irgendeine Weise in das unendliche Leben Gottes aufgenommen wird. Und unser Menschsein ist dabei zur Gänze mit Jesus verbunden und begleitet ihn auf seinem Weg.« Williams fordert uns auf, jene Stelle im *Epheserbrief*, wo von der »Fülle dessen« die Rede ist, »der das All in allem erfüllt«, in diesem Sinne zu verstehen: Jesus nimmt all die kleinen Stücke in sich auf, in denen unser Menschsein schwierig und widerständig ist und wenig Anlass zur Freude bietet, und trägt sie in das Herz der Liebe, die Gott für uns empfindet, wo sie allein geheilt und verklärt werden können.[8]

So sehr ich Williams auch bewundere, aber hier, finde ich, kommt er der Orthodoxie doch zu nahe – alles hängt davon ab, wie wir die zentrale Behauptung, Gott sei Mensch geworden, damit der Mensch Gott werden könne, verstehen. »Der Mensch wird Gott« lässt sich im Sinne des Kosmismus als ein Geschehen auffassen, bei dem die Menschheit sich wirklich in ein höheres Wesen verwandelt, die Sterblichkeit überwindet und ihre Verderbnis hinter sich lässt; man kann es aber auch als eine geistige Verwandlung der Menschen auffassen, die dabei auf der Realitätsebene vollständig im Diesseits verbleiben, eingelassen in das Elend unserer irdischen Welt. In diesem Fall muss kein als separates Wesen bestehender »Gott« eingreifen und übernatürliche Taten vollbringen: Gott ist am Kreuz gestorben, und alles, was diesseits ist, ist der Heilige Geist als die Gemeinschaft der durch Liebe miteinander verbundenen Gläubigen. Das ist das wahre Wunder: Alles ist anders, obwohl sich in Wirklichkeit nichts ändert.

Das Bild des Westens, welches der Kosmismus impliziert (säkularer Rationalismus, Ausbeutung der Erde usw.), ist freilich derart einseitig, dass man es bloß als lächerlich bezeichnen kann: Der Westen hat seine eigene mystische Tradition (von Meister Eckhart und Jacob Böhme bis hin zu Schelling), die den Akzent auf die Spaltung verschiebt, die in Gott selbst besteht, darauf, dass Gott aus dem Menschen geboren wird, sogar auf eine böse Seite (Wut) an Gott, darauf, dass der Abfall von Gott ein Abfall Gottes von sich bzw. in ihm selbst ist – kein Wunder, dass Hegel von Böhme als »dem ersten deutschen Philosophen« sprach. Gehen wir von dieser tiefsten Tradition der westlichen Theosophie aus an den Kosmismus heran, können wir dessen dunkle Potenziale schnell erkennen. Noch heute sind sie in den Werken derjenigen zu spüren (etwa bei Dugin), die die russische Aggression gegen die Ukraine als rechtmäßigen Kampf gegen die westliche Verderbnis verteidigen.

Die ultraintelligente Idiotie von Chatbots

An dieser Stelle sollten wir jedoch zu einem anderen Gebiet übergehen: Die ungebrochene Faszination für KI hat nicht nur etwas mit den Theorien und Spekulationen über verkörperte Intelligenz zu tun – für viele von uns ist KI immer mehr auch etwas, das uns im Alltag betrifft und tägliche Gewohnheiten verändert. Wie in der Philosophie gibt es auch in der Wissenschaft eine lange, doch weitgehend folgenlos gebliebene Tradition, den freien Willen zu bestreiten. Zweifel am freien Willen »verändern die Geschichte erst dann, wenn sie praktische Auswirkungen für Wirtschaft, Politik und Alltagsleben haben. Menschen sind Meister der kognitiven Dissonanz, und wir gestatten es uns, im Labor an das eine und vor Gericht oder im Parlament an etwas ganz anderes zu glauben.«[9] Yuval Harari weist darauf hin, dass selbst solche prominenten Vertreter der neuen wissenschaftlichen Weltsicht wie Richard Dawkins oder Steven Pinker, nachdem sie Hunderte von Seiten darauf verwendet haben, den freien Willen und die Wahlfreiheit zu widerlegen, am Ende den politischen Liberalismus unterstützen. Heute aber

> ist der Liberalismus nicht durch die philosophische Vorstellung, wonach es keine freien Individuen gibt, bedroht, sondern durch ganz konkrete Technologien. Wir stehen vor einer ganzen Flut äußerst nützlicher Apparate, Instrumente und Strukturen, die auf den freien Willen individueller Menschen keine Rücksicht nehmen. Können Demokratie, der freie Markt und die Menschenrechte diese Flut überleben?[10]

Schauen wir uns genauer an, was es mit dieser Flut auf sich hat. Erstens zeigen die neuen Technologien, welche es uns ermöglichen, die öffentliche Meinung zu beeinflussen und meinungsbildend zu wirken, dass der (weder öffentliche noch private) dritte Raum unserer Medien alles andere als frei ist: Es ist nicht einfach nur ein Raum des chaotischen Austauschs, in dem Verschwörungserzählungen gedeihen können, sondern vielmehr auch einer, in dem Manipulation und Kontrolle sogar noch besser gedeihen. Eine Gruppe israelischer Auftragnehmer mit dem Codenamen »Team Jorge« behauptet,

> weltweit mehr als 30 Wahlen durch Hacking, Sabotage und die automatisierte Verbreitung von Fake-News beeinflusst und manipuliert zu haben. Geleitet wird »Team Jorge« von dem 50-jährigen Tal Hanan, einem ehemaligen Agenten, der für israelische Sondereinheiten tätig gewesen ist. Die Methoden und Techniken, mit denen das »Team Jorge« eigenen Angaben nach arbeitet, stellen die großen Techplattformen vor neue Herausforderungen. Diese führen seit Jahren einen ohnehin schon mühevollen Kampf, um skrupellose Gestalten daran zu hindern, auf ihren Plattformen Unwahrheiten

> zu verbreiten oder die Sicherheit auszuhebeln. Dass es weltweit offenbar einen privaten Markt dafür gibt, Wahlen durch gezielte Desinformation zu beeinflussen, wird auch in der ganzen demokratischen Welt die Alarmglocken schrillen lassen.[11]

All das ist inzwischen mehr oder weniger allgemein bekannt, zumindest seit dem Skandal um Cambridge Analytica (jenes Datenanalyse-Unternehmen, das durch Einmischung in die US-Wahlen 2016 maßgeblich dazu beigetragen hat, dass Trump sie gewann). Zu den neuen, manipulativen Algorithmen kommt jedoch noch ein anderes, nicht weniger schwerwiegendes Problem hinzu. Damit ist die regelrechte Explosion von Programmen gemeint, die das sogenannte Face-Swapping, also den Gesichtsaustausch, und andere »Deepfake«-Verfahren problemlos zugänglich machen. Am beliebtesten sind dabei natürlich Algorithmen, die das Gesicht einer Pornodarstellerin in einem FSK-18-Film gegen das irgendeiner Prominenten austauschen:

> Die Tools, die man braucht, um diese »homemade« Pornovideos mit den eigenen Lieblingsschauspielerinnen und -popstars aus Hollywood zu erstellen, sind leicht verfügbar und einfach anzuwenden. Das heißt: Jeder, selbst wenn er keinen Hintergrund in Informatik hat und sich mit Technik nicht besonders auskennt, kann diese Filme machen.[12]

Das Gesicht einer Hardcore-Darstellerin lässt sich dabei nicht nur gegen das eines Popstars austauschen, sondern auch gegen das von jemand Vertrautem oder Nahestehendem – die Sache funktioniert »bestechend einfach«, oder wie es auf einer dieser Seiten heißt: »Jeder lässt sich in einen Pornostar verwandeln. Mit Deepfake-Technologie zur Einpassung des Gesichts der Person in ein FSK-18-Video. Alles, was es dazu braucht, ist das Bild und ein Klick auf den Button.« Leider werden Deepfakes meist dazu verwendet, um Pornographie mit Frauen zu erstellen, auf die die Bilder, die daraus resultieren, eine verheerende Wirkung haben. »Bei zwischen 90 und 95 Prozent aller online gestellten Deepfake-Videos handelt es sich um Pornos, die ohne Einwilligung ›produziert‹ werden, und etwa 90 Prozent davon stellen Frauen zur Schau.«[13] Wer dabei nicht nur das Gesicht austauschen will, sondern zu dem Gesicht auch gern noch eine passende Stimme hätte, der kann Voice AI nutzen, um eine »hyperrealistische stimmliche Nachbildung zu erstellen, die exakt wie die echte Person klingt.«[14] Der ultimative inzestuöse Kurzschluss bestünde hier natürlich darin, dass man sein eigenes Gesicht und das seines (Ehe-)Partners oder seiner (Ehe-)Partnerin in ein FSK-18-Video einfügt und die Aufnahmen mit den entsprechenden Stimmklonen unterlegt. Dann kann man einfach gemütlich dasitzen, etwas trinken und sich dabei zusehen, wie man leidenschaftlichen Sex miteinander hat …

Doch warum sollten wir uns dabei auf Sex beschränken? Wie wäre es damit: Wir nehmen uns irgendwelche Videos, auf denen Menschen etwas Abstoßendes oder Kriminelles tun, bauen per Mausklick die Gesichter unserer Gegner darin ein und bringen diese dann in Verlegenheit, indem wir die Sachen verbreiten. Natürlich heißt das nicht, dass solche Techniken und Verfahren nicht auch positive Effekte haben können. So erschien am 10. Januar 2023 auf YouTube ein Video, auf dem die nordkoreanische Mädchengruppe Moranbong Band (deren Mitglieder von Kim Jong-un persönlich ausgewählt wurden) und der Militärchor des Landes gemeinsam den Queen-Song *I Want to Break Free* intonieren, während das anwesende Publikum (darunter Kim selbst und seine Frau) rhythmisch dazu klatscht.[15] Wie sich bald herausstellte, handelt es sich bei dem Video um eine Fälschung, bei der man echte Aufnahmen genommen und sie mit anderen Stimmen lippensynchron unterlegt hat.[16] Diese Entdeckung bestätigte jedoch einfach nur, dass die Wahrheit die Struktur einer Fiktion hat, wie es bei Lacan heißt. Der Song fängt so an: »I want to break free from your lies / You're so self-satisfied I don't need you.«[17] Drückt sich in diesen Zeilen nicht das eigentliche Begehren der großen Mehrheit der einfachen Nordkoreaner aus, die nichts weiter will, als sich von den Lügen und der Selbstgefälligkeit der offiziellen Propaganda zu befreien? (Oder liegen die Dinge längst nicht so eindeutig und wir sollten hier die Unterscheidung zwischen Wollen und Begehren einführen: Die Menschen *wollen* sich befreien, doch was sie *begehren*, ist längst nicht so klar.) Eine andere Sache, die ebenfalls in diesen Zusammenhang gehört, sind Chatbots (Computerprogramme, die über die Fähigkeit verfügen, mit einem Benutzer in natürlicher Sprache ein Gespräch zu führen, die Absichten ihres Gegenübers zu erfassen und ihm auf der Grundlage vorgegebener Regeln und Daten Antworten zu geben). Bei ihnen kam es in jüngster Zeit zu einer regelrechten Leistungsexplosion:

> Als Antony Aumann, Professor für Philosophie an der Northern Michigan University, im letzten Monat die Aufsätze für seine Einführung in die Weltreligionen benotete, fiel ihm eine Arbeit besonders auf. Es war, wie er sagte, die mit Abstand »beste des ganzen Kurses«. Sie drehte sich um die Frage nach der moralischen Vertretbarkeit von Burkaverboten, war dabei klar gegliedert und wartete neben passenden Beispielen mit stichhaltigen Argumenten auf. Aber ging das auch mit rechten Dingen zu? Hatte sein Student die Arbeit wirklich selbst geschrieben? Aumann konfrontierte ihn mit der Frage, worauf der Student zugab, ChatGPT benutzt zu haben – einen Chatbot, der Informationen liefert, Begriffe erklärt und in einfachen Sätzen Ideen entwickelt, und der in diesem Fall den Aufsatz geschrieben hatte […] Die Schritte und Maßnahmen sind Teil der laufenden Bemühungen zur Eindämmung einer neuen, als generative KI bezeichneten technologischen Welle. ChatGPT, das von der Softwareschmiede OpenAI im November 2022 herausgebracht wurde, gibt bei dieser Entwicklung den Takt vor. Ein paar kurze Stichworte genügen, und der Chatbot generiert einen Text, der gespenstisch klar und differenziert formuliert ist. Menschen schreiben damit Liebesbriefe oder Gedichte, aber auch Fanfiction – und nicht zuletzt ihre Hausaufgaben.[18]

Vor diesem Hintergrund wundert es nicht, dass Schulen und Universitäten die Panik erfasst und es manche gibt, die nur noch mündliche Prüfungen zulassen. Neben anderen Fragen verdient dabei auch die folgende Beachtung: Wie sollte ein Chatbot reagieren, wenn das menschliche Gegenüber aggressive sexistische oder rassistische Bemerkungen absondert, wenn es seine »schmutzigen« sexuellen Phantasien zutage treten lässt oder immer wieder auch ausfallend wird? »Wie Microsoft einräumte, könne es bei einigen der erweiterten Chatsessions mit seinem neuen Bing-Chat-Tool zu Antworten kommen, die nicht ›dem von uns vorgegebenen Ton entsprechen‹. Weiter hieß es, die Chatfunktion versuche in manchen Fällen, ›in dem Ton zu antworten oder Erwiderungen zu geben, in dem es darum gebeten wird.‹«[19] Kurz gesagt, das Problem tritt auf, wenn der Mensch, der mit einem Chatbot Nachrichten austauscht, unflätiges Zeug oder auch gewaltsame rassistische oder sexistische Äußerungen von sich gibt, und der Chatbot, der darauf programmiert ist, seine Erwiderungen auf dem Niveau der an ihn gerichteten Fragen vorzubringen, den gleichen Ton anschlägt. Die naheliegende Antwort auf das Problem besteht in einer Form der Regulierung, die klare Grenzen setzt, und mithin in Zensur – doch wer wird darüber entscheiden, wie weit diese Zensur gehen soll? Sollen »Anstoß erregende« politische Positionen deshalb auch verboten werden? Was ist mit der Solidarität gegenüber den Palästinensern der Westbank oder der Behauptung, Israel sei ein Apartheidstaat (wie das der ehemalige US-Präsident Jimmy Carter einmal im Titel eines Buches zum Ausdruck brachte)? Wird man eine solche Position als »antisemitisch« abstempeln, um sie auf diese Weise unmöglich zu machen? Das Problem geht jedoch tiefer. »Heutige KI-Systeme«, so formuliert es der Künstler und Autor James Bridle, »basieren auf der pauschalen Aneignung bestehender Kultur, und die Vorstellung, sie seien tatsächlich intelligent, könnte zur echten Gefahr werden«.[20] Man sollte die Fähigkeiten von KI-Bildgeneratoren nicht unterschätzen:

> In ihrem Bemühen, die gesamte visuelle Kultur von uns Menschen zu verstehen und nachzubilden, haben sie offenbar auch unsere finstersten Ängste mitreproduziert. Doch das ist vielleicht einfach nur ein Zeichen dafür, dass diese Systeme eben sehr gut darin sind, das menschliche Bewusstsein bis hin zu den Schrecken zu imitieren, die in den Tiefen der Existenz lauern: unsere Ängste vor Schmutz, Tod und Verderben. […] Der Schmutz und Ekel des Lebens und Sterbens werden uns weiter begleiten, und sie müssen genauso angesprochen und thematisiert werden wie Hoffnung und Liebe, Freude und Entdeckerlust.[21]

Nehmen wir jedoch folgendes Beispiel: Was wäre, würde man den Slogan »Kaufe eins, bekomme eins gratis!« abwandeln und stattdessen sagen: »Kaufe ein Bier zum Preis von zwei und du bekommst vollkommen gratis ein zweites dazu!« Die Betreiber einer Bar, die sich diese Version überlegt und sie auf einer Tafel vor dem Eingang zum Kundenfang benutzt hatten, lockten damit eine Menge neuer Gäste an[22] – der Zynismus, der sich in der Formulierung ausdrückt, ging dabei als lustige Ehrlichkeit durch. Jani Väisänen lieferte eine mustergültige Erklärung der Logik, die dem Ganzen zugrunde liegt: »Unter den Bedingungen des Kapitalismus kann man ein Bier zum Preis von zwei kaufen und sich der Vorstellung hingeben, man genieße das Privileg auf ein kostenloses zweites Bier, während man gleichzeitig glaubt, man hätte dem System eins ausgewischt!«[23] Wie würde ein Chatbot auf diese Sache reagieren? Würde er die abgewandelte Fassung als schlichte Dummheit abtun (»Aber du hast doch schon für zwei bezahlt, daher ist das zweite Bier nicht umsonst!«), würde er die Ironie verstehen oder würde er gar erfassen, dass hier eine doppelbödige Strategie betrieben wird (wie sich der Verkauf durch diese Ironie ankurbeln lässt)? Ich habe das ein paarmal getestet und dabei kam heraus, dass der Chatbot zwar die grundlegende Ironie verstand, die doppelte Ironie aber überging bzw. nicht erfasste, sprich: die Tatsache, dass die augenscheinliche Spitze gegen das Reklamemachen in Wirklichkeit den Verkauf fördert.

Aber noch mal zu den unflätigen Ausdrücken zurück. Das F-Wort etwa findet in unserer Alltagssprache eine seltsam gegensätzliche Verwendung. Obwohl es etwas bezeichnet, was die meisten Menschen gerne tun (»Ich habe die ganze Nacht mit ihr gefickt, und es ging mir noch nie so gut!«), drückt es in bestimmten Zusammenhängen aggressive Ablehnung aus. Man denke nur an solche Wendungen wie »Fick dich selbst!«. Kommt die KI mit solchen Abweichungen zurecht? Offensichtlich ja, da sie darauf programmiert ist, den Bedeutungsraum eines Wortes oder einer Phrase mit dem Kontext abzugleichen – wie aber fiele ihre Reaktion aus, würde man die beiden grundlegenden Verwendungsweisen des F-Worts bewusst miteinander vermischen? Nachdem sie eine ganze Nacht lang leidenschaftlichen Sex gehabt hatte, sagte mir eine Frau (bei der es sich um eine enge Freundin von mir handelt): »Mein Partner ist ein richtiger Fucker, ich war wirklich überall komplett abgefuckt!« Die Freundin von mir verwendete »negative« Ausdrücke in einem buchstäblichen Sinne, und dadurch bekamen sie einen positiven Dreh. In die Alltagssprache übersetzt, würde der Satz daher ungefähr so lauten: »Mein Partner lässt sich beim Sex immer etwas einfallen und so hatte ich über den ganzen Körper verteilt intensive sexuelle Erlebnisse!«

Ein anderes, hier relevantes Merkmal ist die unentwirrbare Vermischung von Misslingen und Gelingen: Ein echter rhetorischer Erfolg entsteht aus der Umdeutung von Misslingen als Gelingen. In seiner Abhandlung »Über die allmähliche Verfertigung der Gedanken beim Reden« (1805/06 entstanden, 1878 posthum veröffentlicht) kehrt Heinrich von Kleist die gängige Weisheit um, man solle seinen Mund erst dann aufmachen, um etwas zu sagen, wenn man eine klare Vorstellung davon hat, was man sagen will:

> Wenn daher eine Vorstellung verworren ausgedrückt wird, so folgt der Schluss noch gar nicht, dass sie auch verworren gedacht worden sei; vielmehr könnte es leicht sein, dass die verworrenst ausgedrückten gerade am deutlichsten gedacht werden.[24]

In einer von Stalins Reden aus den frühen 1930er Jahren gibt es eine Passage, in der er vorschlägt, gegen alle und jeden vorzugehen, der sich der Kollektivierung der landwirtschaftlichen Höfe auch nur heimlich widersetzt: »Wir sollten selbst diejenigen aufspüren und gnadenlos bekämpfen, die sich der Kollektivierung nur in Gedanken widersetzen – ja, meiner Meinung nach sollten wir sogar die Gedanken der Menschen bekämpfen.« Man kann mit Sicherheit davon ausgehen, dass diese Passage nicht vorbereitet war: Während er redete und den Kampf gegen die Feinde der Kollektivierung beschwor, steigerte sich Stalin in eine solche Begeisterung hinein, dass es ihm schließlich spontan entschlüpfte, man müsste selbst noch die privaten Gedanken der Menschen kontrollieren und wenn nötig bekämpfen; nachdem ihm unmittelbar aufgegangen war, was er gerade gesagt hatte, ruderte er nicht etwa zurück, sondern beschloss kurzerhand, heldenmütig an seiner Aussage festzuhalten – das meint Lacan, wenn er von der Wahrheit als einem Überraschungseffekt redet, der durch ihr Aussprechen ausgelöst wird. Oder, wie Althusser in Bezug auf das Wortspiel zwischen *prise* und *surprise* formuliert: Jedes authentische Erfassen (*prise*) eines Inhalts stellt eine Überraschung für denjenigen dar, der es ausführt. Ist *das* wiederum auch einem Chatbot möglich? Wohl kaum. Denn so dumm er auch ist, so ist er doch in gewissem Sinne *nicht dumm genug*, als dass er zu seiner eigenen Überraschung einen Inhalt erfassen könnte. Wie von vielen klarsichtigen Beobachtern angemerkt, besteht die eigentliche Gefahr zudem nicht darin, dass wir (»reale« Individuen) die Äußerungen eines Chatbots fälschlicherweise für die einer »realen« Person halten; die eigentliche Gefahr ist vielmehr die, dass *»reale« Personen, indem sie mit Chatbots kommunizieren, irgendwann selbst wie Chatbots reden* – den Sinn für Nuancen und Ironie verlieren, sich der falschen Genauigkeit verschreiben, nur das zu sagen, was sie buchstäblich sagen wollen, und so weiter.

Man könnte es auch anders ausdrücken und sagen: Chatbots sind naiv (kennen weder Ironie noch Reflexivität), in dieser ihrer Naivität jedoch wiederum *nicht naiv genug* – sie sind nicht in der Lage, eine höhere, sich bloß als solche ausgebende Naivität zu erfassen. Ich erinnere mich an eine merkwürdige Geschichte aus der Studienzeit, die einem (damaligen) Freund von mir passiert ist: Nach einem Vorfall, der ihn traumatisiert hatte, begab er sich bei einem (sehr guten) Analytiker in Behandlung; doch anstatt »frei zu assoziieren«, wie verlangt, tischte er ihm in der ersten Sitzung eine Reihe erschwindelter, klischeehafter Geschichten darüber auf, wie sehr er seinen Vater hasse, und ging so weit zu behaupten, dass er ihn am liebsten tot sähe. Die Reaktion des Analytikers war eine gleichermaßen geniale wie vollkommen authentische Intervention: Er nahm eine naive »vorfreudianische« Haltung ein und konfrontierte meinen Freund mit dem Vorwurf, er bringe seinem Vater nicht die nötige Achtung entgegen (»Wie können Sie so über einen Menschen sprechen, der sich liebevoll um Sie gekümmert und Sie zu dem gemacht hat, was Sie sind?« usw.). Diese gespielte Naivität vermittelte eine klare Botschaft: Ich kaufe dir deine »Assoziationen« nicht ab, das stimmt alles nicht, du willst damit nur Eindruck schinden und mich in die Irre führen … Wäre ein Chatbot in der Lage, diese Reaktion entsprechend zu deuten? Auf Reddit findet sich ein Beitrag, in dem jemand dieses (von mir zuvor schon verwendete) Beispiel aufgreift. Dieser anonyme Jemand schreibt:

> Ich hab' das mal gemacht und einen Chatbot gefragt, warum der Analytiker so vorgegangen ist. Und seine Antwort war: »Durch die Annahme einer nicht freudianischen Haltung wollte der Analytiker vermutlich signalisieren, dass der Patient sich nicht an die vorgefassten Meinungen darüber halten muss, was in einer psychoanalytischen Behandlung erwartet wird.« Dabei war Žižek doch so sicher, dass das dessen Horizont übersteigt.[25]

Wer aufmerksam liest, wird jedoch sofort feststellen, dass sich das, was der Chatbot sagt, *nicht* mit dem deckt, wie ich die Reaktion des Analytikers interpretiere: Mein Argument ist nicht, dass der Freund von mir bloß versucht habe, »sich an die vorgefassten Meinungen darüber zu halten, was in einer psychoanalytischen Behandlung erwartet wird«. Es ist ein viel stärkeres, ja sogar aggressiveres Argument, da es unterstellt, der Patient habe bewusst *getäuscht* und sich in der Absicht, den Analytiker hinters Licht zu führen, freudianische »Assoziationen« ausgedacht. Deshalb war die »nicht freudianische« Reaktion des Analytikers auch ein Paradebespiel für die im echten Sinne freudianische Geste. (Im Übrigen kennzeichnet es, wie jeder Analytiker weiß, die ersten Sitzungen mit einem neuen Patienten, dass der Patient immer wieder versucht, den Analytiker daraufhin zu testen, ob er sich manipulieren und hinters Licht führen lässt.) Das Gleiche gilt dabei für eine Kritik an meinem alten Beispiel bezüglich der Verwendung des N-Worts: Einmal, da waren zwei schwarze Freunde so begeistert von dem, was ich gerade gesagt hatte, dass einer von ihnen mich umarmte und dabei rief: »Jetzt kannst du mich N…r nennen!« Meinem Kritiker zufolge sind diejenigen, die mir in dem Punkt zustimmen, »nicht ganz dicht«:

> Das Problem an der Sache ist, dass Žižeks Argumentation auf seiner Freiheit beruht, rassistische Ausdrücke zu verwenden. Žižek verwendet das N-Wort als eine Art Kampfbegriff gegen politische Korrektheit und impliziert damit, dass schwarze Menschen, die nicht wollen, dass man sie rassistisch verunglimpft, politisch korrekt seien. Und damit unvernünftig. Und klar, vielleicht hat es dem Typen, mit dem Žižek gesprochen hat, überhaupt nichts ausgemacht. Aber ob man als jemand, der nicht schwarz ist, das N-Wort sagt oder nicht sagt, das sollte nicht darauf basieren, dass man eine einzelne schwarze Person findet, die es einen sagen »lässt«. Es sollte darauf basieren, dass man versteht, was das Wort bedeutet – dass es ein Wort ist, was dazu verwendet wurde, das Eigentum einer »Rasse« umstandslos durch den Besitz einer anderen zu rechtfertigen. Das bringt mich echt zur Weißglut![26]

Ich möchte hier ganz klar sein: Mein Kritiker steht einem Chatbot wirklich in nichts nach, wenn er den offensichtlichen Kontext meines Beispiels derart ignoriert. Ich habe das N-Wort nicht in einer Kommunikation verwendet (und tue es auch nie), und der Schwarze, der zu mir sagte: »Jetzt kannst du mich N…r nennen!«, *meinte damit offensichtlich nicht, dass ich das wirklich tun sollte* – es war ein Ausdruck der Freundschaft und beruhte darauf, dass Schwarze dieses Wort gelegentlich auf ironisch-freundliche Weise untereinander verwenden. Ich bin mir ziemlich sicher, dass, wenn ich ihn wirklich als »N … r« ansprechen würde, er – im besten Fall – verärgert reagieren würde, so als hätte ich das Offensichtliche nicht verstanden. Seine Bemerkung folgte der Logik eines »Angebots, das nur gemacht wird, um zurückgewiesen zu werden«, die ich an anderer Stelle ausführlich erläutert habe – wenn ich etwa zu jemandem sage: »Was du jetzt für mich getan hast, war so schön von dir, dass du mich umbringen kannst und es würde mir nichts ausmachen!«, dann erwarte ich sicher nicht, dass er »Okay!« sagt und nach einem Messer greift.[27] Ein weiterer Aspekt der Begrenzungen, denen Chatbots unterliegen, zeigte sich, als mein Kollege aus Slowenien, Sašo Dolenc, einen Bing-Chat bat, in meinem (Žižeks) Stil über Bing-Chat zu schreiben, und dieser antwortete (und dabei so sprach wie ich), Bing-Chat sei

> ein Beispiel für das, was ich »Interpassivität« nenne. Interpassivität ist eine Situation, in der wir unsere Freude oder Aktivität an eine andere Person delegieren, z.B. das Lachen beim Schauen einer Sitcom oder das Beten eines Rosenkranzes. In diesem Fall wiederum delegieren wir unser Denken oder unsere Kreativität an den Bing-Chat. Wir lassen ihn die Arbeit für uns machen, während wir deren Ergebnisse passiv konsumieren. Wir geben unsere Verantwortung und Handlungswilligkeit auf, um uns stattdessen in unseren Phantasien und Vergnügungen zu ergehen. Aber warum tun wir das? Warum akzeptieren wir diese interpassive Beziehung mit dem Bing Chat? Die Antwort ist simpel: Weil es einfacher und bequemer ist, als sich der Wirklichkeit und Komplexität der Welt zu stellen. Weil es uns erlaubt, die Widersprüche und Konflikte zu vermeiden, die

unserer Existenz inhärent sind. Weil es uns ein – freilich falsches – Gefühl von Sicherheit und Zufriedenheit vermittelt.[28]

Die Ironie dieser Antwort besteht darin, dass der Bing-Chat Interpassivität mit Interaktivität verwechselt hat (nicht im üblichen Sinne der Interaktion mit anderen, sondern in dem von Robert Pfaller namhaft gemachten, engeren Sinne einer Person oder Maschine, die die Arbeit für uns erledigt[29]): Interpassivität bedeutet nicht, dass wir einen anderen (Person oder Maschine) die Arbeit für uns machen lassen, während wir deren Ergebnisse passiv konsumieren; es bedeutet (fast) das genaue Gegenteil: Wir geben einem anderen die Möglichkeit, sich zurückzulehnen, um passiv zu konsumieren oder zu genießen, während wir die Arbeit erledigen. Im Falle einer Beerdigung kann ich einen anderen engagieren (man denke an die sogenannten *weeper*, also professionell Trauernde), um für mich zu weinen, um die geforderte Trauer zu erfahren (bzw. so zu tun, als ob), und mir damit die Möglichkeit zu geben, aktiv zu sein (zum Beispiel mit anderen auszuhandeln, wie das Erbe der verstorbenen Person aufgeteilt werden soll) … Die falsche Auffassung des Bing-Chats, der sich in meinem Stil verständlich zu machen sucht, stellt dabei kein besonders wichtiges Problem dar – meine Frage zielt in eine allgemeinere Richtung: Was ist, wenn sich in diesem falschen Verständnis die Tatsache ausdrückt, dass der Bing-Chat (der ohne weiteres an meiner Stelle aktiv sein und irgendwelche Arbeit für mich erledigen kann) nicht interpassiv sein kann, wenn er nicht an meiner Stelle passiv sein und mir dadurch (nicht den Raum zum Ausruhen, sondern) den Raum zum Handeln lassen kann?

In seinem Buch über Dostojewski schlägt Rowan Williams eine (zumindest meines Wissens) radikal neue Lesart von Dostojewskis *Der Idiot* vor:[30] Im Unterschied zu der vorherrschenden Lesart, in der der Held des Romans, Fürst Myschkin, »der Idiot«, als ein Mensch erscheint, der von der Liebe und Güte eines Heiligen erfüllt ist – »der rundum gute und schöne Mensch«, wie Dostojewski selbst ihn charakterisierte – ein Mensch, welcher der realen Welt, der Welt der brutalen Machtspiele und Leidenschaften nicht gewachsen ist, so dass ihm am Ende nur der Rückzug in die Abgeschiedenheit des Wahnsinns bleibt – im Unterschied zu dieser üblichen Lesart erkennt Williams in Myschkin das Auge eines Sturms: Ja, er ist ein guter, fast heiliger Mensch, aber ein Mensch, der gerade als solcher alles mögliche Unglück über die Menschen in seiner Umgebung bringt, und nicht zuletzt den Tod. Wegen ihm, wegen der Rolle, die er in dem komplexen Beziehungsgeflecht um ihn herum spielt, bringt Rogoschin Nastassja Filippowna um. Es ist also nicht einfach nur so, dass Myschkin für die Menschen in seinem Umfeld ein Idiot, ein naiver Einfaltspinsel ist, wohingegen er für sich genommen ein Muster an Güte darstellt: Er ist vielmehr wirklich ein naiver Idiot, der nicht um die verheerende Wirkung weiß, die er auf andere hat. Myschkin ist ein Mensch ohne Tiefgang, der buchstäblich *wie ein Chatbot spricht*: Seine »Güte« besteht darin, dass er Herausforderungen mit Einfalt begegnet, mit Plattitüden, die jeglicher Ironie und Reflexivität entbehren und die ohne weiteres auch eine KI hätte hervorbringen können.[31]

Perversionsmaschinen

Aber haben wir uns bis jetzt nicht zu sehr darauf verlassen, was gemeinhin über Chatbots verbreitet wird, sprich: auf das übliche Heruntermachen von ChatGPT, den ganzen Spott, mit dem man das Tool aufgrund seiner Unzulänglichkeiten und Fehler belegt? Gegen diese weit verbreitete Haltung, in der Chomsky und seine konservativen Gegner sich treffen, verteidigt Mark Murphy in einem Dialog mit Duane Rousselle die Behauptung, dass »Künstliche Intelligenz nicht als Ersatz für Intelligenz/Empfindungsfähigkeit an sich fungiert«, weshalb »die Dummheiten und Ausrutscher, die Fehler und schwachsinnigen Kurzsichtigkeiten, die sich ein Chatbot erlaubt – seine ständigen Entschuldigungen, wenn er irgendwelche Sachen falsch versteht – gerade seinen Wert ausmachen«.[32] Denn sie ermöglichen es uns (den mit einem Chatbot interagierenden »realen« Individuen), eine falsche Distanz zu ihm zu wahren und, wenn der Chatbot etwas Dummes sagt, zu behaupten: »Das bin nicht ich, das ist die KI-Maschine.« Rousselle und Murphy begründen diese Behauptung anhand einer Reihe von komplex miteinander zusammenhängenden Argumenten, deren Ausgangsprämisse lautet: »ChatGPT ist ein Unbewusstes.« Die neuen digitalen Medien externalisieren unser Unbewusstes in KI-Maschinen, mit der Folge, dass diejenigen, die über KI miteinander interagieren, keine gespaltenen Subjekte mehr sind und somit auch nicht mehr der symbolischen Kastration unterworfen, die ihr Unbewusstes für sie unzugänglich macht – wie Jacques-Alain Miller es ausdrückte, sind wir mit diesen neuen Medien in die universalisierte Psychose eingetreten, da die symbolische Kastration verworfen wird. Statt eines horizontal gespaltenen Subjekts erhalten wir demnach eine vertikale (nicht einmal Spaltung, sondern) Parallelität, eine Seit-an-Seit-Dualität von Subjekten und dem externalisierten maschinellen bzw. digitalen Unbewussten: Narzisstische Subjekte tauschen über ihre digitalen Avatare Nachrichten aus, in einem flachen Digitalmedium, in dem es einfach keinen Platz für die »undurchsichtige Monstrosität des Nächsten« gibt. Das Freud'sche Unbewusste impliziert Verantwortung, was sich durch die Paradoxie verdeutlicht, dass wir starke Schuldgefühle haben, ohne überhaupt zu wissen, worin unsere Schuld besteht. Das digitale Unbewusste ist im Gegensatz dazu »ein Unbewusstes ohne Verantwortung, und das stellt eine Bedrohung für den gesellschaftlichen Zusammenhalt dar.«[33] Ein Subjekt ist an seiner Kommunikation nicht existenziell beteiligt, da diese von der KI und nicht von ihm selbst betrieben wird:

> Könnten wir nicht genauso, wie wir einen Online-Avatar erstellen, um über ihn mit dem anderen in Verbindung zu treten und uns Online-Gemeinschaften anzuschließen, auch KI-Personas benutzen, damit sie diese riskanten Funktionen übernehmen, wenn uns die Lust daran vergangen ist, ganz so, wie Bots benutzt werden, um in kompetitiven Online-Videospielen zu betrügen, oder wie ein

> selbst fahrendes Auto die heikle Fahrt zu unserem Zielort bestreiten könnte? Wir lehnen uns einfach zurück und feuern unsere digitale KI-Persona an, bis sie etwas sagt, was völlig unannehmbar ist. An der Stelle schalten wir uns ein und sagen: »Das war nicht ich! Das war meine KI.«[34]

Deshalb biete die KI auch »keine Lösung für die Segregation und die fundamentale Kluft und Isolation, unter denen wir immer noch leiden, da es ohne Verantwortung keine Post-Givenness geben kann.«[35] Rousselle führte den Begriff »Post-Givenness« ein, um »das Feld der Ambiguität und sprachlichen Unbestimmtheit zu bezeichnen, das es erlaubt, sich in dem Feld des sogenannten *non-rapport* darum zu bemühen, den anderen zu erreichen. Es dreht sich dabei also unmittelbar um die Frage der Unmöglichkeit im Hinblick auf unsere Beziehung zum anderen. Es geht um den Umgang mit der undurchsichtigen Monstrosität unseres Nächsten, die sich niemals zum Verschwinden bringen lässt, selbst wenn wir uns unter den denkbar günstigsten Bedingungen bemühen, ihn zu erreichen.«[36]

Ein Video, das im April 2023 im Netz auftauchte, zeigt eine Szene, die sich bei einer öffentlichen Zeremonie zwischen dem Dalai Lama und einem siebenjährigen Jungen ereignet hat: Das geistliche Oberhaupt umarmt den Jungen auf dessen Wunsch hin und lässt sich von ihm küssen; anschließend streckt der 73-Jährige seine Zunge heraus und sagt: »Suck my tongue« [»Lutsch meine Zunge.«]. Viele Menschen im Westen warfen dem Dalai Lama unangemessenes Verhalten vor und stellten ihn sogar als Pädophilen hin. Zwar sei das Herausstrecken der Zunge ein traditioneller Brauch in der tibetischen Kultur, ein Zeichen des Wohlwollens (um zu zeigen, dass die Zunge nicht dunkel ist, was sonst auf etwas Böses hindeuten würde), doch die Bitte, sie zu lutschen, habe in der Tradition keinen Platz. Darauf erwiderten die Tibeter, der korrekte tibetische Ausdruck laute »Che le sa«, was sich grob mit »Iss meine Zunge« wiedergeben lässt; er werde von älteren Menschen verwendet, um ihrer Liebe zu einem Kind Ausdruck zu geben, und bedeute so viel wie: »Ich habe dir alles gegeben, jetzt brauchst du nur noch meine Zunge zu essen.«

Die Bedeutung dieses gängigen Ausdrucks, der gegenüber Kindern verwendet wird, um sie zu necken und zu belehren, geht in der kulturellen Interpretation und in seiner englischen Übersetzung völlig verloren. Obwohl Englisch die zweite Sprache des Dalai Lama ist, spricht er es gebrochen, wenn er irgendwo öffentlich auftritt, wobei ihm beim Übersetzen häufig Fehler unterlaufen, so wie in diesem Fall, in dem »eat« zu »suck« wurde. Die Kritiker aber blieben hart. »Che le sa« sei ein metaphorischer Ausdruck und impliziere nicht, dass der Adressat das tatsächlich auch tut, wohingegen der Junge die Zunge des Dalai Lama zumindest andeutungsweise tatsächlich gelutscht habe …[37] Der Umstand, dass etwas Teil einer Tradition ist, schließt außerdem nicht aus, dass es einen obszönen oder von Unterdrückung gekennzeichneten Hintergrund hat – die Klitoridektomie, um den Extremfall zu nehmen, ist ebenfalls Teil einer Tradition (natürlich nicht der tibetischen), und im alten Tibet gab es eine Vielzahl von Bräuchen und strengen Hierarchien, die uns aus heutiger Sicht äußerst erniedrigend erscheinen. Im Übrigen aber könnte es genauso gut sein, dass die chinesischen Behörden ihre Hände bei dieser Angelegenheit im Spiel hatten. Möglicherweise haben sie ja dafür gesorgt, dass sich der Clip so rasch verbreitete, um den Dalai Lama, der als Figur den tibetischen Widerstand gegen die chinesische Herrschaft verkörpert, auf diese Weise in Verruf zu bringen. Sei es, wie es sei. Sicher ist jedenfalls, dass wir für einen Moment einen Blick auf den Dalai Lama als unseren *Nächsten* im Lacan'schen Sinne des Wortes erhascht haben: einen Anderen, der nicht auf unseresgleichen reduziert werden kann und dessen Andersheit auf einen undurchdringlichen Abgrund hindeutet.

Komplizierter wird die Sache noch dadurch, dass das weite Herausstrecken der Zunge auch Teil einer alten Tradition in Tibet ist: Leibeigene oder untergeordnete Personen tun das, wenn sie jemandem von hohem Rang begegnen, um sich demonstrativ selbst zu erniedrigen. In Europa wiederum fungiert das Herausstrecken der

Zunge meist als eine unhöfliche Geste, um spöttischen Ekel oder (gegenüber Kindern) spielerisches Necken auszudrücken. Man kann sich also Folgendes vorstellen: Drei Personen (ein väterlich-wohlwollender Tibeter, ein untergeordneter Tibeter, ein durchschnittlicher Europäer) treffen sich, wobei jede Person die anderen mit dieser selben Geste begrüßt und die Ausführung der gleichen Geste seitens der anderen auf die ihr entsprechende Weise interpretiert – für den väterlichen Tibeter würde sich daraus ergeben, dass sie alle bestrebt sind, mit den anderen wohlwollend umzugehen; für den untergeordneten Tibeter ergäbe sich, dass sie alle sich respektvoll unterwürfig verhalten, und für den Europäer, dass sie alle darauf eingestellt sind, sich gegenseitig spielerisch aufzuziehen. Auf diese Weise könnte der Austausch zwischen den dreien problemlos weitergehen … denn unsere Kommunikation funktioniert bereits weitgehend so.

Diese »undurchsichtige Monstrosität des Nächsten« betrifft auch uns selbst, denn unser Unbewusstes ist eine undurchsichtige Andersheit im Kern des Subjekts, das wirre Durcheinander von schmutzigen Vergnügungen und Obszönitäten. Träume sind für Freud der Königsweg zum Unbewussten, weshalb sich aus der Unfähigkeit, der undurchsichtigen Monstrosität des Subjekts Rechnung zu tragen, logisch die Unfähigkeit zum Träumen ergibt: »Wir träumen heute außerhalb von uns selbst, und daher operieren Systeme wie ChatGPT und das Metaverse in der Weise, dass sie sich selbst genau den Raum bieten, den wir verloren haben, weil die alten kastrativen Muster und Modelle auf der Strecke geblieben sind.«[38] Mit dem digitalisierten Unbewussten bekommen wir eine direkte Intervention des Unbewussten samt seiner direkten Erfindung – warum aber werden wir dann nicht überwältigt von der unerträglichen Nähe der *jouissance*, wie das bei Psychotikern der Fall ist? Hier bin ich versucht, Murphy und Rousselle zu widersprechen, wenn sie den Fokus darauf legen, wie sich mit KI-Maschinen das Genießen aufschieben und verleugnen lässt: wie wir etwas vollkommen und furchtbar Obszönes erschaffen können, ohne dafür Verantwortung übernehmen zu müssen. Das Geniale der KI besteht darin, dass sie das gespaltene Subjekt so nachahmt, dass wir dennoch freiweg sagen können: »Das ist nicht von mir.« Das Genießen kommt gerade dadurch zustande, dass man an so einem Punkt jeglichen Einfluss ableugnet: dass man darauf zeigt und sagt: »Schau, wie idiotisch das ist.« Die clownesken Züge der Père-vers-ität (Hinwendung zum Vater) großer Teile des Online-Konservativismus rühren genau von dem Bedürfnis her, den Vater wiederauferstehen zu lassen. Von Trump bis hin zu irgendwelchen aufgeblasenen Selbsthilfe-Lifestyle-Gurus, die sich im Netz tummeln, betrachten wir diese Funktion als prothetische Vaterfiguren. In diesen nutzlosen Veranstaltungen sehen wir Versuche, die prothetisch-phallische Logik des »Alles« auf reaktionäre Weise wiederzubeleben, und eine Zeit der Erfindung, um diese Logik aufrechtzuerhalten. [...] Da es nicht gelingt, eine kastrierende Figur zu manifestieren, kommt es jetzt zu einer direkten Erfindung des Unbewussten ohne den väterlichen Strukturierungspunkt.[39]

Demnach ist es die Perversion (oder *père-version*, »Version des Vaters«, wie Lacan das nannte) und nicht die psychotische Verwerfung, durch die sich die KI kennzeichnet. Das Unbewusste ist nicht in erster Linie das Reale des durch eine kastrierende Vaterfigur verdrängten Genießens, sondern die *symbolische Kastration selbst* in ihrer radikalsten Form, sprich: die Kastration der Vaterfigur selbst, der Verkörperung des großen Anderen – Kastration bedeutet, dass der Vater als Person sich nie auf der Ebene seiner symbolischen Funktion befindet. Die perverse Rückkehr des obszönen Vaters (Trump in der Politik) ist nicht das Gleiche wie der psychotische Paranoiker. Warum? Bei Chatbots und anderen Phänomenen der KI haben wir es mit einer *umgekehrten* Verwerfung zu tun: Es ist nicht (um Lacans klassische Formel zu wiederholen) die verworfene symbolische Funktion (der Name-des-Vaters), die im Realen wiederkehrt (als

Mittler paranoider Halluzinationen); es ist vielmehr das Reale der undurchsichtigen Monstrosität des Nächsten, der Unmöglichkeit, einen undurchdringlichen Anderen zu erreichen, das *im Symbolischen wiederkehrt*, in Gestalt des »freien«, reibungslos funktionierenden Raums des digitalen Austauschs. Eine solche umgekehrte Verwerfung kennzeichnet (nicht die Psychose, sondern) die Perversion – wenn also ein Chatbot obszöne Dummheiten produziert, ist es nicht einfach so, dass ich sie frei von Verantwortung genießen kann, weil »sie auf das Konto der KI gehen und nicht auf meins«. Es handelt sich dabei vielmehr um eine Form perverser Verleugnung: Zwar weiß ich sehr wohl, dass die Maschine die Arbeit verrichtet, nicht ich, dennoch kann ich das Produkt als mein eigenes genießen …

Das Gleiche gilt wiederum auch für die Gewohnheit vieler einsamer (und nicht so einsamer) Menschen, die (zumeist) in den Abendstunden ausgiebig mit einem Chatbot plaudern, freundliche Nachrichten über neue Filme und Bücher austauschen, über politische und weltanschauliche Fragen debattieren und so weiter. Dass sie so einen Austausch als entspannend und befriedigend empfinden, verwundert nicht: Was sie bekommen, und hier bemühe ich einen alten Witz von mir, ist eine KI-Version von entkoffeiniertem Kaffee oder Limonade ohne Zucker – einen Nächsten ohne dessen undurchsichtige Monstrosität, einen Anderen, der sich einfach an die Bedürfnisse seines Gegenübers anpasst. Auch hier wirkt wiederum eine Struktur der Verleugnung: »Ich weiß sehr wohl (dass ich nicht mit einer realen Person spreche), aber dennoch … (fühlt es sich so an – und das ohne die Risiken, die ein Gespräch mit jemand Realem birgt)!«

Ein radikaler Naturalist würde natürlich behaupten, dass der Unterschied nicht so groß ist, da es sich bei unserer Freiheit und Spontaneität nur um eine Benutzerillusion handelt – wir (Menschen) sind nur Chatbots mit Selbstbewusstsein. Allerdings sollte man dabei zumindest hinzufügen, dass ein Chatbot am meisten lügt, wenn er offen zugibt, dass er bloß eine Maschine ist – fragt man einen Chatbot etwa, welche Filme er mag, so wird er wahrscheinlich zur Antwort geben, dass er als Maschine keinen individuellen Geschmack besitzt. Ich habe einen Chatbot gefragt: »Soll ich Kommunist sein?«, worauf er mir Folgendes antwortete:

> Als KI-Sprachmodell habe ich keine persönlichen Meinungen oder Überzeugungen und kann keine Entscheidungen für Sie treffen. Letztendlich ist die Entscheidung, eine bestimmte politische Weltanschauung wie den Kommunismus zu übernehmen, eine persönliche Entscheidung, die auf einer sorgfältigen Abwägung und Bewertung der Prinzipien, Werte und potenziellen Ergebnisse der betreffenden Weltanschauung beruhen sollte.

Warum ist das eine Lüge? Es ist wahr, was den Inhalt der Aussage betrifft, hinsichtlich der stillschweigend unterstellten Aussageposition aber ist es eine Lüge: Ein Chatbot redet, als wäre er eine reale Person, wobei er seine Grenzen offen zugibt und keineswegs verschweigt, dass er keine reale Person ist. Die Täuschung ist hier das Gegenteil der fetischistischen Verleugnung: Die KI-Maschine verleugnet nichts, sie sagt nur: »Ich weiß, dass ich keine reale Person bin!«, ohne irgendein »aber dennoch …« – das »Dennoch« ist ihr Sprechen selbst (das eine freie Subjektivität imitiert).

Die Standardweisheit lautet, der Perverse führe wirklich aus, wovon der Hysteriker nur träume; da in der Perversion »alles erlaubt« sei, verwirkliche der Perverse frei heraus sämtlichen verdrängten Inhalt; und dennoch ist, wie Freud betont, *die Verdrängung nirgendwo so stark wie in der Perversion*, das heißt, nirgendwo ist das Unbewusste stärker verdrängt, nirgendwo unzugänglicher als in einer Perversion. Chatbots sind Perversionsmaschinen, und mehr als alles andere verschleiern sie das Unbewusste: Gerade weil sie es uns ermöglichen, all unsere schmutzigen Phantasien und Obszönitäten nach außen zu kehren, sind sie repressiver als selbst die strengsten Formen der symbolischen Zensur.

Die Tatsache, dass das Unbewusste nirgendwo unzugänglicher ist als in der Perversion, bestätigt sich überdeutlich durch unsere spätkapitalistische Wirklichkeit, in der die vollkommene sexuelle Freizügigkeit nicht etwa ein Gefühl der Befreiung auslöst, sondern zu Angst und Impotenz oder Frigidität führt. Diese Verdrängung der Verdrängung, die bei der perversen Subjektivität stattfindet, verhält sich korrelativ zum Verbot des Verbots: Es mag so scheinen, als sei in der Perversion »alles erlaubt«, als ließen sich alle verdrängten schmutzigen Phantasien ungehindert zum Vorschein bringen; was in diesem Raum des freien Flusses von »Perversitäten« jedoch verschwindet, was darin unsichtbar gemacht wird, ist das Trauma selbst, das Reale einer grundlegenden Unmöglichkeit, die Lücke, die dieser Fluss zu verschleiern sucht. Daraus ergibt sich die Notwendigkeit, eine Unterscheidung vorzunehmen zwischen dem verdrängten Inhalt und der Form der Verdrängung, und zwar in dem Sinne, dass die Form selbst dann noch wirksam bleibt, wenn der Inhalt gar nicht mehr verdrängt wird – kurz: Das Subjekt kann sich den verdrängten Inhalt vollständig zu eigen machen, doch die Verdrängung bleibt bestehen.

Kommen wir zu unserem Hauptthema zurück, und stellen wir uns eine kombinierte Version all dieser Erfindungen vor: Sie ermöglichen es mir, mein Alter Ego (oder eine rein erfundene Person) als eine Aperson zu konstruieren, eine virtuelle Person, die in der Realität nicht existiert, aber digital als eine reale Person interagieren kann. Dass das möglich ist, hat seinen letzten und entscheidenden Grund darin, dass *ich selbst bereits eine Aperson bin*: Ich existiere nicht als »reale« Person, im Umgang mit anderen (und sogar mit mir selbst) bin ich nie unmittelbar »ich selbst«, *ich* beziehe mich auf mich als eine symbolische und imaginäre Konstruktion, die nie unmittelbar mit dem Realen meiner Subjektivität zusammenfällt. Aufgrund dieses minimalen Spalts, der für ein Subjekt konstitutiv ist, spricht Lacan von dem geteilten bzw. »gebarrten« Subjekt. Kombiniert ergibt das also: Ich (oder vielmehr mein Double als Aperson) präsentiere einem Dozenten über Zoom eine von einem Chatbot geschriebene Seminararbeit, der Dozent ist jedoch ebenfalls nur als Aperson anwesend, seine Stimme wird künstlich erzeugt, außerdem wird mein Seminar durch einen Algorithmus bewertet. Vor etwa einem Jahrzehnt richtete sich der *Guardian* mit der Frage an mich, ob die Romantik heute tot sei – hier ist meine Antwort:

> Die Romantik ist vielleicht noch nicht ganz tot, ihr bevorstehender Tod aber kündigt sich durch Gadgets an, die zwar exzessive Lust versprechen, in Wahrheit jedoch nur den Mangel selbst reproduzieren. Der neueste Schrei ist die »Stamina Training Unit«, ein Masturbationsgerät und Gegenstück zum guten alten Vibrator, das wie eine Taschenlampe aussieht (so brauchen wir uns nicht genieren, wenn wir es mit uns herumtragen). Der erigierte Penis wird oben in die Öffnung eingeführt, und nachdem man es eingeschaltet hat, vibriert das Objekt, bis sich die Befriedigung. einstellt […]. Wie sollen wir mit dieser schönen neuen Welt zurechtkommen, die das Grundversprechen unseres intimen Lebens unterläuft? Die ultimative Lösung bestünde natürlich darin, einen Vibrator in eine »Stamina Training Unit« zu schieben, beide Geräte anzustellen und diesem idealen Paar den ganzen Spaß zu überlassen, derweil wir, die beiden wirklichen Partner, an einem Tisch in der Nähe sitzen, Tee trinken und unter dem Gebrumm und Geschüttel der beiden Maschinen, die im Hintergrund zugange sind, still genießen, dass wir ohne viel Aufwand unserer Pflicht zum Genießen nachgekommen sind.[40]

Jetzt können wir uns vorstellen, dass auch andere Aktivitäten wie Universitätsseminare und -prüfungen in dieser Weise ausgelagert werden. In einem idealen Szenario erfolgt der gesamte Prozess – das Schreiben meiner Seminararbeit und deren Prüfung und Bewertung seitens des Dozenten – durch digitale Interaktion, so dass wir am Ende, ohne irgendetwas zu tun, einfach nur die Ergebnisse bestätigen. Währenddessen habe ich Sex mit meiner Geliebten … wobei es sich wiederum um einen ausgelagerten Sex handelt, bei dem ihr Vibrator in meine »Stamina Training Unit« eindringt, während wir beide einfach an einem Tisch in der Nähe sitzen und, um das Vergnügen noch zu steigern, uns auf einem Fernsehbildschirm ein Deep-Fake-Video anschauen, in dem wir miteinander Sex haben … und selbstverständlich wird das alles durch Team Jorge kontrolliert und reguliert. Von uns beiden bleibt dabei nur ein leeres Cogito (»Ich denke«), das von mehreren Versionen dessen beherrscht wird, was Descartes *malin genie* (*genius malignus*) genannt hat.

Vielleicht stellt sich unsere missliche Lage so dar: Wir sind nicht imstande, den von Descartes beschriebenen nächsten Schritt zu gehen und unser Vertrauen in einen göttlichen großen Anderen zu setzen, der Wahrheit und Stabilität vermittelt; wir sind »children of a lesser god« (so der Titel eines Theaterstücks und eines Films), die ewig in ihrer Verstrickung in die inkonsistente Vielheit böser und betrügerischer Geister gefangen bleiben. Da eine solche Lage als etwas Unerträgliches empfunden wird, hat man in unseren westlichen liberalen Gesellschaften eine (Schein-)Lösung entwickelt, um das Chaos dessen, was gesagt und getan werden kann, unter Kontrolle zu halten: jenes komplexe System von Vorstellungen und Praktiken, welches sich mit Begriffen wie Wokismus, politische Korrektheit und Cancel Culture verbindet. Das Ganze ist ein perfektes hegelianisches Beispiel dafür, wie vollkommene Freiheit auch heute in Terror umschlagen kann – oder, wie Robert Pfaller es prägnant auf den Punkt brachte: »Die Cancel Culture ist Sabotage an der Emanzipation.«[41] Wer daran noch Zweifel hegt, dem sei ein Blick auf die Verlautbarung empfohlen, welche der Schulbezirk Essex Westford im April 2023 veröffentlicht hat. Darin heißt es: »Da wir bestrebt sind, den Lehrplan mit unserer Gleichstellungspolitik in Einklang zu bringen, werden die Lehrkräfte in Zukunft gendergerechte Sprache verwenden […]. Wir werden mit den Student_innen folgende sprachlichen Ausdrücke verwenden: * Person, die Sperma produziert, anstelle von Junge, männlich und »wurde bei der Geburt das männliche Geschlecht zugewiesen«. * Person, die Eizellen produziert, anstelle von Mädchen, weiblich und »wurde bei Geburt das weibliche Geschlecht zugewiesen.«[42] Was aber, wenn ich jemand bin, der sich mit dem ihm bei der Geburt zugewiesenen männlichen Geschlecht vollständig identifiziert, aufgrund einer organischen Fehlfunktion aber keine Spermien produzieren kann? Für einen an Hegel geschulten Dialektiker stellt es sicher keine Überraschung dar, dass das Bemühen, dem Verschiedenartigen inklusiv zu begegnen usw., in einem äußerst vulgären und intellektuell beschämenden Reduktionismus endet.

Willkommen in der Wüste der Posthumanität

Anstelle von leeren Spekulationen über die Singularität (welche das Bild, das wir von der KI haben, dennoch maßgeblich mitprägen) möchte ich diesen Teil der Überlegungen mit einer eher nüchternen Darstellung darüber abschließen, wie es um die Dinge steht. Die Aussicht auf die umfassende Digitalisierung des Alltags in Kombination mit dem Scannen unseres Gehirns (oder der Überwachung unserer Körpervorgänge mittels Implantaten) eröffnet die realistische Möglichkeit einer externen Maschine, die uns biologisch und psychisch viel besser kennt als wir uns selbst. Indem sie erfasst, was wir essen, kaufen, lesen und uns anschauen und indem sie unsere Stimmungen, Ängste und Befriedigungen erkennt, bekommt die externe Maschine ein viel genaueres Bild von uns als unser bewusstes Selbst, das, wie wir wissen, nicht einmal als konsistente Einheit existiert. Yuval Harari, der diese Vorstellung entwickelt hat, weist darauf hin, dass unser »Selbst« aus Narrativen besteht, die dem Chaos unserer Erfahrungen rückwirkend eine gewisse Konsistenz zu verleihen suchen, indem sie Erfahrungen und Erinnerungen, die diese Narrative stören, auslöschen.[43] Die Ideologie steckt nicht in erster Linie in Geschichten, die (von den Mächtigen) erfunden werden, um andere zu täuschen, sondern in Geschichten, die Subjekte erfinden, um sich selbst zu täuschen. Doch das Chaos bleibt und die Maschine wird die Dissonanzen registrieren und vielleicht sogar in der Lage sein, viel rationaler mit ihnen umzugehen als unser bewusstes Selbst. Wenn ich beispielsweise vor der Entscheidung stehe, ob ich heiraten soll oder nicht, wird die Maschine alle schwankenden Einstellungen registrieren, die mich verfolgen, all die Schmerzen und Enttäuschungen der Vergangenheit, die ich lieber unter den Teppich kehren würde. Und warum sollten wir diese Aussicht nicht auch auf politische Entscheidungen ausdehnen? Während mein Selbst von einem populistischen Demagogen sehr leicht verführt werden kann, wird die Maschine alle meine früheren Frustrationen zur Kenntnis nehmen und die Widersprüche zwischen meinen flüchtigen Leidenschaften und meinen anderen Meinungen erkennen – warum soll sie also nicht an meiner Stelle wählen?

Die Neurowissenschaften bestätigen die »poststrukturalistische« oder »dekonstruktivistische« Idee, dass wir Geschichten sind, die wir uns über uns selbst erzählen, und dass diese Geschichten einer verworrenen Bricolage gleichen, einer inkonsistenten Vielheit von Geschichten, die von keinem einzelnen Selbst totalisiert wird; sie scheinen aber auf der anderen Seite auch einen Ausweg zu bieten (oder zumindest zu versprechen), der sich ausgerechnet aus einem scheinbaren Nachteil ergibt: Gerade weil die Maschine, die uns permanent ausliest, »blind« ist, kein Bewusstsein hat und nur ein mechanischer Algorithmus ist, kann sie viel angemessenere Entscheidungen treffen als menschliche Individuen, nicht nur in Bezug auf die äußere Realität, sondern auch und vor allem in Bezug auf diese Individuen selbst und das, was sie wirklich wollen oder brauchen. Dafür lassen sich sehr realistische Argumente vorbringen: Der Computer, der unsere Aktivität registriert, ist nicht allmächtig oder unfehlbar, es ist nur so, dass seine Entscheidungen im Durchschnitt wesentlich besser funktionieren als die unseres Geistes. In der Medizin stellt er bessere Diagnosen als ein durchschnittlicher Arzt und so weiter, bis hin zum explodierenden algorithmischen Handel an den Aktienmärkten, wo Programme, die man umsonst herunterladen kann, jetzt schon die menschlichen Finanzberater übertreffen. Eines ist klar: Das liberale »wahre Selbst«, der freie Akteur, der ausführt, was ich »wirklich will«, existiert einfach nicht, und wenn wir diese Nichtexistenz anerkennen, müssen wir konsequenterweise die individualistische Grundprämisse der liberalen Demokratie aufgeben. Die digitale Maschine erscheint somit als letzte Verkörperung des großen Anderen, des »Subjekts, dem Wissen unterstellt wird«, das als subjektloses Wissensfeld operiert …

Wo gibt es eine Öffnung für Subjektivität in dem Raum einer digitalen Maschine? Wenn die Entwicklung den *Homo sapiens* obsolet werden lässt, was folgt dann auf ihn? Ein posthumaner *Homo Deus* (mit Fähigkeiten, die traditionell als göttlich betrachtet werden) oder eine quasi omnipotente digitale Maschine? Die Singularität (ein globales Bewusstsein) oder eine blinde Intelligenz ohne Bewusstheit? Wenn die Maschinen siegen, »[stehen] Menschen […] in der Gefahr, ihren ökonomischen Wert zu verlieren, weil sich Intelligenz vom Bewusstsein abkoppelt.«[44] Dieses Abkoppeln der Intelligenz vom Bewusstsein konfrontiert uns einmal mehr mit dem Rätsel des Bewusstseins. Trotz zahlreicher recht verzweifelter Versuche hat die Evolutionsbiologie noch immer keine klare Antwort darauf gefunden, worin eigentlich die evolutionäre Funktion des Bewusstseins besteht. Da es nun zu einer Entkopplung von Intelligenz und Bewusstsein kommt, ergibt sich zwangsläufig die Frage: »Was wird aus unserer Gesellschaft, unserer Politik und unserem Alltagsleben, wenn nicht bewusste, aber hochintelligente Algorithmen uns besser kennen als wir uns selbst?«[45] Die realistischste Option ist eine radikale Trennung innerhalb der menschlichen Gesellschaft selbst, die noch viel stärker ist als die Klassenteilung. In der nahen Zukunft werden die Biotechnologie und Computeralgorithmen ihre Kräfte vereinen, um »Körper, Gehirne und Geist« zu produzieren, und es wird sich eine riesige Kluft auftun »zwischen denen, die wissen, wie man Körper und Gehirne herstellt, und denen, die keine Ahnung davon haben […]; diejenigen, die im Zug des Fortschritts sitzen, [werden] göttliche Fähigkeiten der Schöpfung und Zerstörung erlangen, während diejenigen, die zurückbleiben, vom Aussterben bedroht sind.«[46]

Vor kurzem veröffentlichte der *Guardian* einen Kommentar unter dem Titel: »KI ermöglicht nicht invasives Gedankenlesen durch Umwandlung von Gedanken in Text«.[47] Forschern, so heißt es, sei ein Durchbruch gelungen: »Die Entwicklung eines KI-basierten Decoders, der Gehirnaktivitäten in einen fortlaufenden Strom von Text umwandeln kann, erlaubt es erstmals, die Gedanken eines Menschen auf nichtinvasive Weise zu lesen.« Der Untertitel des Beitrags verweist dabei gleich auf die positiven Potenziale: »Menschen, die sich aufgrund eines Schlaganfalls oder einer Motoneuronerkrankung nur mühsam mitteilen können, dürfen darauf hoffen, ihre Sprache wiederzuerlangen« – wunderbar, kann man da nur sagen, aber was ist damit, dass dieser Decoder (und die Person, die ihn steuert) buchstäblich unsere Gedanken lesen und sie in ihrem Fluss verfolgen kann, wodurch sich neue, bisher undenkbare Möglichkeiten zur sozialen Kontrolle ergeben?

Vom psychoanalytischen Standpunkt aus ist daher eines sicher: Der Schritt zum Posthumanen läuft im Grunde auf die Überwindung (das Hintersichlassen) des Sexuellen in seiner radikalsten ontologischen Dimension hinaus – nicht nur der »Sexualität« als einer bestimmten Sphäre des menschlichen Daseins, sondern des Sexuellen als Antagonismus, als Barre einer Unmöglichkeit, die für das Menschsein in seiner Endlichkeit konstitutiv ist. Die Frage, der die Anhänger des neuen asexuellen Menschen dabei vorsichtig aus dem Weg gehen, lautet: In welchem Maß hängen viele andere Eigenschaften, die üblicherweise mit dem Menschsein identifiziert werden, wie Kunst, Kreativität, Bewusstsein und so weiter, von dem Antagonismus ab, der das Sexuelle konstituiert? Es ist daher wichtig und unvermeidlich, »asexuell« mit in die Liste der in der Abkürzung LGBT+ mitgemeinten sexuellen Ausrichtungen aufzunehmen, denn das Bestreben, die Sexualität von jeglicher »binären« Unterdrückung zu befreien, um sie in ihrer ganzen polymorphen Perversität freizusetzen, endet zwangsläufig in der Abschaffung der Sphäre der Sexualität selbst – die Befreiung *der* Sexualität muss in der Befreiung (der Menschheit) *von* der Sexualität enden.[48]

Im März 2023 sorgte ein offener Brief des *Future of Life Institute* für großes Aufsehen. Tausende namhafte Vertreter der Branche haben ihn seitdem unterzeichnet, darunter auch Elon Musk. Das Schreiben ruft alle KI-Labore dazu auf, die Arbeit an der Entwicklung von Systemen, die GPT-4 an Leistungsfähigkeit übertreffen, »umgehend einzustellen und für sechs Monate ruhen zu lassen«. Die Pause sei nötig, damit die Menschheit eine Bestandsaufnahme der Risiken vornehmen kann, die solche fortgeschrittenen Systeme darstellen. Die Verfasser sprechen von einem »außer Kontrolle geratenen Wettlauf« um die Entwicklung und Verwendung immer leistungsfähigerer Systeme, die niemand – auch nicht ihre Schöpfer – verstehen, vorhersagen oder kontrollieren kann. »KI-Systeme, warnen Experten mit Blick auf die nahe Zukunft, drohen nicht nur bestehende Voreingenommenheiten und Ungleichheiten zu verschärfen und zu weiterer Desinformation zu führen, sie könnten auch disruptiven Einfluss auf Politik und Wirtschaft haben sowie Hackern in die Hände spielen. Was wiederum die ferne Zukunft betrifft, so warnen manche Fachleute davor, dass die KI ein existenzielles Risiko für die Menschheit darstellen und uns irgendwann auslöschen könnte.«[49]

Diese Warnungen klingen zwar ganz vernünftig, doch allein die Tatsache, dass Elon Musk ganz oben auf der Liste steht, sollte Alarmzeichen genug sein. In dem Moment, da Musk sich über Ethik und soziale Verantwortung auszubreiten beginnt, kann man sich eigentlich nur bestürzt abwenden. Was also hat es mit diesem neuerlichen Ausbruch von Panik auf sich? Es geht, so viel ist klar, um Kontrolle und Regulierung – aber wer ist damit genau gemeint? In dem halben Jahr selbst auferlegter Pause »kann die Menschheit eine Bestandsaufnahme der Risiken vornehmen …« – doch wie soll das geschehen und wer tritt dabei für die Menschheit ein? Wird es eine globale öffentliche Debatte geben? Was ist mit Laboren, die (wie man vermuten darf) ihre Arbeit heimlich fortsetzen werden, wahrscheinlich diskret geduldet durch die Behörden? Und was ist erst von Staaten zu erwarten bzw. nicht zu erwarten, die sich dem Westen entgegenstellen (China, Indien, Russland)? Unter solchen Bedingungen ist eine globale Debatte, die ernsthaft geführt zu verbindlichen Schlüssen gelangen würde, schlicht nicht vorstellbar. Aber wenn das so ist, was soll das alles dann eigentlich? Denken wir an Hararis Behauptung, die Entwicklung der KI führe aller Wahrscheinlichkeit nach zu einer radikalen, die Klassenteilung noch in den Schatten stellenden Trennung zwischen denjenigen, »die im Zug des Fortschritts sitzen« und »göttliche Fähigkeiten der Schöpfung und Zerstörung erlangen« werden, und denjenigen, »die zurückbleiben« und so »vom Aussterben bedroht sind«. Die Panik, die sich in dem KI-Brief ausdrückt, rührt von der Angst her, dass selbst diejenigen, die »im Zug des Fortschritts sitzen«, keine Kontrolle mehr darüber haben werden, wohin er steuert – kurz, sie ist Ausdruck der Angst, die unsere neuen digitalen Feudalherren befallen hat.

Den Verfassern des Schreibens ging und geht es offensichtlich nicht darum, eine große öffentliche Debatte anzuregen – worauf sie abzielen, ist vielmehr eine Vereinbarung zwischen Regierung(en) und Unternehmen. Die Bedrohung durch eine entfesselte KI ist sehr ernst, aber das ist sie genauso für diejenigen, die an den Hebeln der Macht sitzen, und auch für die, die KI entwickeln, besitzen und kontrollieren. Was sich am Horizont abzeichnet, ist dabei nichts weniger als das Ende des Kapitalismus, so wie wir ihn kennen, sprich: Es ist die Aussicht auf ein sich selbst reproduzierendes KI-System, das auf zunehmend weniger menschliche Akteure angewiesen sein wird – die explosionsartige Ausbreitung des automatisierten Handels mit Wertpapieren stellt den ersten Schritt in diese Richtung dar. Wir stehen vor der Wahl, entweder offenen Auges in ein unkontrollierbares Chaos zu steuern, in dem Maschinen mit uns interagieren und dabei als Partner auftreten, die wie Menschen wirken, aber keine sind, oder einen Weg hin zu einer neuen Form von Kommunismus einzuschlagen. Anfang Mai 2023 entschied Geoffrey Hinton, den man auch gern den »Paten der künstlichen Intelligenz« nennt, seine Stellung bei Google aufzugeben, um offen über die Risiken sprechen zu können, die sich mit der digitalen Intelligenz verbinden, und die Welt vor ihnen zu warnen. Für Hinton gibt es keine größere Bedrohung als das Privateigentum an den digitalen Medien in Verbindung mit autoritären Regierungen – eine tödliche Verbindung, die darauf schließen lasse, dass die Menschheit nicht imstande sein wird, die

Risiken der KI in den Griff zu bekommen, bevor es zu spät ist. Hintons Auffassung liegt dabei eine klare politische Haltung zugrunde: »Ich bin Sozialist, und ich denke, dass es nicht gut ist, wenn die Medien und die ›Rechentechnologie‹ sich in Privathand befinden.«[50]

Wie man bei genauerer Betrachtung leicht erkennt, tendieren die Bemühungen um eine »Bestandsaufnahme« der KI-Risiken dahin, das alte Paradox vom Verbot des Unmöglichen zu wiederholen: Eine wirklich posthumane KI ist unmöglich, deshalb sollte man ihre Entwicklung verbieten … Um uns eine Orientierung in diesem Durcheinander zu verschaffen, sollten wir uns dringend die alte Frage von Lenin stellen: Freiheit für wen, um was zu tun? In welchem Sinne waren wir bis jetzt denn frei? Wurden wir nicht schon in viel größerem Ausmaß kontrolliert, als uns das bewusst war? Anstatt uns nur zu beklagen, dass wir in unserer Freiheit und Würde bedroht seien, sollten wir daher auch überlegen, was mit Freiheit gemeint ist und inwiefern sie sich zwangsläufig verändern wird. Jensen Suther liefert ein überzeugendes Hegel'sches Argument gegen die Vorstellung, die KI könne im Sinne der menschlichen Geistigkeit intelligent werden. Dabei geht er über das einst von Hubert Dreyfus entwickelte Argument der Verkörperlichung hinaus und gründet die menschliche Intelligenz in dem organisch-tierischen Leben:

> Es ist ihr artspezifischer, innerer Zweck, aufgrund dessen Tiere die Körper haben, dass sie eine zweckbestimmte Beziehung zu ihrer Umwelt eingehen und unterhalten. Hegel zufolge sind Schmerz und Freude die grundlegendsten Formen *intelligenter Responsivität* bezüglich eines umgebenden Milieus: Durch Freude und Schmerz fassen Tiere die Dinge um sich herum als etwas auf, das gut oder schlecht für sie ist, ihrer gedeihlichen Entwicklung zuträglich oder abträglich. Eisen reagiert auf Feuchtigkeit, indem es rostet, doch es *beabsichtigt* nicht zu rosten. Ein Löwe hingegen wird durch seine Begierden und Wahrnehmungen nicht einfach nur kausal dazu veranlasst, sich in bestimmter Weise zu verhalten; vielmehr fasst er die grasende Gazelle *als* Beutefang, den Baum in der Ferne *als*

> Platz zum Ausruhen und das Hyänenrudel *als* Fressfeind auf. So, auf diese Weise, »inszeniert« die zweckgeleitete Aktivität von Organismen ihre Umwelt und ermöglicht einen Kontext aus sinnhaften Bezügen.[51]

Wodurch unterscheidet sich dann die menschliche Vernunft von der zweckorientierten Tätigkeit des Tieres?

> In der kraftvoll-antikartesischen Darstellung, die er von ihr gibt, entwickelt Hegel die menschliche Vernunft nicht als eine Reihe formal-logischer Prozesse, die sich abgetrennt von Gefühlsregungen, von Begehren und vermeintlich primitiven »tierischen Funktionen« vollziehen. Für Hegel ist die menschliche Vernunft vielmehr eine reflektierende und sich darin unterscheidende Weise des Tierseins. Während andere Tiere sich im Hinblick auf artspezifisch vorgegebene Zwecke erhalten, die sie wiederum nicht infrage stellen oder ändern können, erhalten wir uns als materielle Wesen im Hinblick auf gemeinsam geteilte soziale Normen, die in und an sich selbst anfechtbar sind und revidiert werden können.[52]

Streng hegelianisch betrachtet fehlt hier jedoch etwas: Wie Hegel immer wieder betont, vollzieht sich der Übergang zu normorientiertem Verhalten (bei dem Normen gerechtfertigt werden müssen, da sie anfechtbar sind) nicht unmittelbar, dazwischen kommt es nämlich zu einem Verlust der natürlich-»instinktiven« Orientierung (welcher dann durch Normen aufgefüllt wird) – kein Wunder, dass für Hegel der erste Schritt im Bruch mit der Natur die Verrücktheit ist und die menschliche Vernunft als (nie endender) Kampf gegen und mit der Verrücktheit hinzutritt. Dem Deutschen Idealismus entsprechend bezeichnet Hegel diese Verrücktheit als selbstbezügliche Negativität oder, in mystischen Begriffen, als die »Nacht der Welt«; Freud hingegen spricht von dieser Negativität als Todestrieb, eine Dimension dessen, was er »Jenseits des Lustprinzips« nennt. Deshalb sind »Schmerz und Freude« *nur bei Tieren* »die grundlegendsten Formen *intelligenter Responsivität* bezüglich eines umgebenden Milieus«, während ein Mensch dazu neigt, in einem »Streben nach Unglück« zu handeln und leidenschaftlich etwas zu tun, von dem er genau weiß, dass es nur Schmerz verursacht. Hier wiederum kommt auch die kartesische Subjektivität ins Spiel: An diesem Nullpunkt radikaler Negativität ist das Subjekt keine verkörperte und auf ihre Lebenswelt beschränkte Entität mehr, es ist eine in Abstand zu seiner psychisch-körperlichen Einheit befindliche Leere.

Nassim Taleb brachte den Begriff »Antifragilität« in die Diskussion ein: Manche Systeme erfahren dadurch, dass sie mit Unordnung in Berührung kommen, eine Stärkung, da sie mit nicht linearen Rückmeldungen auf sie reagieren. Antifragilität unterscheidet sich demnach von schlichter Robustheit oder Widerstandsfähigkeit. Sie bewirkt, dass eine Entität besser wird mit Stressoren (nicht ihnen standhält), sofern es nicht zu viele auf einmal und die Abstände zwischen ihnen nicht zu gering sind – daher kann es Systeme schwächen oder schädigen, wenn ihnen vitale Stressoren vorenthalten werden.[53] Das klassische Beispiel aus der Geschichte des 20. Jahrhunderts wäre das unterschiedliche Schicksal der Herrschaft der Kommunistischen Partei in der UdSSR und in China. Als Gorbatschow den Prozess von Glasnost und Perestroika in Gang setzte, unterschätzte er, wie fragil das sowjetische System doch war. Er glaubte, es wäre nicht nur in der Lage, die Maßnahmen zu verkraften, sondern könnte sogar gestärkt daraus hervorgehen. Doch als die Veränderungen durchgesetzt wurden, lösten sie eine Lawine aus, die die Welt veränderte. Die Chinesen schlugen mit den Reformen von Deng Xiaoping eine völlig andere, fast entgegengesetzte Richtung ein. Während das, was man gewöhnlich unter »Kommunismus« versteht, auf wirtschaftlicher (und bis zu einem gewissen Grad auch auf kultureller) Ebene aufgegeben und das Tor zur Liberalisierung westlicher Prägung (Privateigentum, Profitstreben, hedonistischer Individualismus etc.) weit aufgestoßen wurde, bewahrte die Partei dennoch ihre ideologisch-politische Vormachtstellung – im Sinne der Wahrung der bedingungslosen politischen Vorherrschaft der Kommunistischen

Partei als einzige Kraft, die Chinas Stabilität und Prosperität sicherstellen könne.[54] Die chinesische Partei zeigte demnach eine weitaus ausgeprägtere Antifragilität: Die Veränderungen stärkten das System effektiv …

Es gilt hier jedoch noch eine weitere Unterscheidung einzuführen, nämlich die zwischen einem System, das antifragil genug ist, um einen starken externen Schock zu verkraften und dabei gleich bleibt, und einem System, das einen solchen externen Schock verkraftet, sich in seiner Beschaffenheit dabei aber radikal verändert. Was China betrifft, vertreten einige Historiker die Ansicht, es sei nach Dengs Reformen kein kommunistisches Land mehr, sondern etwas Neues, für das wir keine richtige Definition haben – vielleicht ist es sogar dem Faschismus nahe.[55] Das Gleiche gilt wiederum auch für den globalen Kapitalismus: Er verwandelt sich in etwas Neues, das sich nur dann als Kapitalismus kennzeichnen lässt, wenn wir Kapitalismus auf eine völlig neue Art und Weise definieren.

Der Aufstieg der künstlichen Intelligenz stellt uns alle vor eine ähnliche Bewährungsprobe: Werden die Menschen genug Antifragilität aufbringen, um zu überleben und sogar noch gestärkt aus der Integration der KI in ihr Alltagsleben hervorzugehen, oder werden sie als Menschen ausgelöscht werden? Wenn die Menschheit überlebt, wird sie dann weiterhin dieselbe Menschheit sein, derselbe substanzielle Inhalt des Menschseins, nur bereichert um eine neue Dimension der Erfahrung und der Interaktion, oder wird das »Menschsein« sich in seinem Kern unmerklich transformiert haben und damit irgendwie verändert und anders sein? Wie bereits gesehen, liegt der Schlüssel zu diesem Rätsel im Klonen – einzig beim Klonen verschwindet die sexuelle Differenz: Ein Organ(ismus) reproduziert sich durch genetisches Kopieren selbst (oder wird dadurch selbst reproduziert). Dabei ist die menschliche Sexualität nicht nur immer schon symbolisiert, die Symbolisierung selbst entsteht wiederum durch einen gewissen Schnitt in der tierischen Sexualität, was Lacan »symbolische Kastration« nennt. Dass Sex seiner Natur nach etwas Exzessives/Verstörendes ist, machen die verzweifelten Bemühungen darum, »gesunde« Pornographie zu definieren, auf negative Weise greifbar – hier ist einer der neuesten Versuche:

> Während Pornographie hergestellt werden kann, die auf nichts als hohle Befriedigung aus ist, kann gesunde Pornographie zu einem vor Krankheitsübertragung geschützten, sicheren Sex beitragen, der effektiv dabei hilft, eine gesunde sexuelle Entwicklung zu ermöglichen. Die Kriterien dabei sind: Vielfalt unterschiedlicher Sexualpraktiken; Vielfalt unterschiedlicher Körpertypen, Gender und Ethnien; Einblenden einer Einwilligungsvereinbarung, Anwendung von ethischen Standards bei der Produktion; betontes Augenmerk auf lustvolles Erleben bei allen Beteiligten; und Darstellungen von Safer Sex.[56]

Ist Sex denn aber nicht in seinem Innersten »ungesund«, eine Abweichung von seinem »natürlichen« Fortpflanzungszweck? Wird er nicht per definitionem zur »hohlen Befriedigung« betrieben? Ist das Anwenden von PC-Regeln auf Pornographie (Vorzeigen der Einwilligungsvereinbarung, Darstellung von Safer Sex mit Kondomen, Präsentation einer Vielfalt unterschiedlicher Sexualpraktiken, Gender und Ethnien ...) denn nicht eine lächerliche Strategie, die nur dann zusätzliche Erregung verschaffen könnte, wenn sie als doppelte Ironie wahrgenommen wird? Sobald die geschlechtliche Fortpflanzung symbolisiert wird, bekommen wir die Differenz zwischen den beiden Toden, dem biologischen Tod und dem symbolischen Tod, und das, was seinen Ort in diesem Zwischenraum hat, ist das Genießen als ein Mehr jenseits des Lustprinzips:

> Das (mythische) unsterbliche, unbändige Leben, das per definitionem verloren ist, kehrt als etwas wieder, das genauer und richtiger als untotes Leben zu bezeichnen ist, etwas Unzerstörbares, weil es untot ist (Libido, der Trieb). Besser noch, dieser mythische, unbändige Lebenstrieb existiert in der Realität nur als Todestrieb: kein auf den Tod abzielender Trieb, sondern der Trieb, das Genießen (die

> Mehrlust) zu wiederholen, welches sich an dem Punkt des Schnitts bzw. Verlusts einstellt, der mit der Geschlechterteilung verbunden ist. Der Todestrieb steht in wesentlichem Zusammenhang mit der Mehrlust, die im Zuge dessen entsteht, dass der Todestrieb um etwas kreist, das nicht da ist.[57]

Das wiederum ist der Grund, warum die menschliche Endlichkeit (symbolische Kastration) und Unsterblichkeit (Todestrieb) aus streng freudianischer Sicht zwei Seiten desselben Vorgangs sind; es ist daher nicht so, dass die Lebenssubstanz, das unsterbliche *jouissance*-Ding, durch das Erscheinen der symbolischen Ordnung »kastriert« wird. Wie bei Mangel und Exzess besteht auch hier die Struktur einer Parallaxe: Das untote Ding ist der Rest der Kastration, es wird durch die Kastration hervorgebracht und umgekehrt; es gibt keine reine Kastration, sondern die Kastration selbst wird durch den unsterblichen Rest, der sich ihr entzieht, erhalten. Kastration und Exzess sind keine unterschiedlichen Entitäten, sondern vielmehr die Vorder- und Rückseite derselben Entität, das heißt derselben in die beiden Flächen eines Möbiusbands eingeschriebenen Entität.

Um also auf Zupančičs Frage aus dem vorherigen Kapitel zu antworten: Was, wenn das Klonen tatsächlich zu einer Form der menschlichen Fortpflanzung werden würde? Bekämen wir dann eine andere symbolische Ordnung oder wäre dies das Ende der symbolischen Ordnung? Als Erstes gilt es festzuhalten, dass das, was verschwinden wird, die Libido selbst als der Rest/Überschuss der sexuellen Differenz ist. Was verschwinden wird, ist, anders gesagt, das, was Lacan *Lamelle* nannte, nämlich das untote/unsterbliche Leben der nicht kastrierten *jouissance*, welches als etwas jenseits der symbolischen Kastration und Sexuierung Bestehendes erscheint. Wir werden wohl oder übel akzeptieren müssen, dass die Endlichkeit im Leben des Menschen konstitutiv für ebendie Transzendenz ist, die vor ihrem Hintergrund entsteht. Insofern die Posthumanität aus unserer endlichen Perspektive sterblicher Wesen gewissermaßen der Punkt des Absoluten ist, zu dem wir streben, der Nullpunkt, an dem die Lücke zwischen Denken und Handeln verschwindet, der Punkt, an dem ich zum *homo deus* würde, begegnen wir hier einmal mehr dem Paradoxon unserer Berührung mit dem Absoluten. Das Absolute persistiert in unserer Endlichkeit als virtueller Punkt der Vollkommenheit, als das X, das wir nie erreichen; wenn wir jedoch die Grenzen unserer Endlichkeit überwinden, verlieren wir auch das Absolute selbst. Es wird etwas Neues entstehen, dieses Neue aber wird keine von der Sterblichkeit und der Sexualität entlastete schöpferische Singularität sein – in diesem Übergang zu dem Neuen verlieren wir definitiv beides und werden weder *homo* noch *deus* sein.

Des Weiteren wird auch der Inzestbegriff in seinem ganzen transgressiven Stellenwert sinnlos werden. In Zupančičs radikaler Deutung ist der inzestuöse Kurzschluss, der die Familie des Ödipus wie ein Fluch heimsucht, nicht einfach nur eine Ausnahme. Er bringt vielmehr auch den Kurzschluss zum Vorschein, der dem Menschen als sprechendes Wesen eigen ist. Der ursprüngliche inzestuöse Kurzschluss ist der zwischen mir selbst (als eine Leerstelle in der symbolischen Ordnung, als reines Subjekt des Sprechens) und meiner symbolischen Identität (innerhalb dieser Ordnung bin ich wirklich einer der Brüder). Als sprechendes Wesen bin ich nie unmittelbar ich selbst, meine symbolische Identität – darum ist, wie es bei Lacan heißt, nicht nur der Bettler verrückt, der sich für einen König hält, sondern auch der König, der sich für einen König hält. Entgegen der ebenso weit verbreiteten wie dummen Ansicht bedeutet das jedoch nicht, dass meine symbolische Identität / mein symbolischer Titel nicht unmittelbar den ganzen Reichtum meiner psycho-physischen Realität mit all ihren Idiosynkrasien ausmacht. Das, was sich dem Symbolischen entzieht, ist nicht die Komplexität meiner persönlichen Realität, sondern just die Leere meiner Subjektivität, die mich auf Distanz zu meiner psycho-physischen Realität hält. Mit anderen Worten: Was sich dem Verständnis der symbolischen Ordnung entzieht, ist an sich selbst ein Produkt der symbolischen Ordnung. In dem Moment, da ich spreche, ist meine Position des Sprechens von der Realität ausgenommen, auf die ich mich mit meinem Sprechen beziehe.

Während es also gilt, und damit will ich wirklich schließen, die Vision einer Singularität zurückzuweisen, in der eine umfassende Intelligenz und unser Selbstbewusstsein zur unmittelbaren Einheit kommen, ist eines auch klar: Wenn sich etwas, das einer »Posthumanität« ähnelt, tatsächlich zu einem bestimmenden Faktor entwickelt, dann werden alle drei (sich überschneidenden) Momente unserer spontanen Weltanschauung (Mensch, Gott, Natur) verschwinden. Unser Menschsein kann nur vor dem Hintergrund einer undurchdringlichen Natur existieren, und wenn das Leben durch biogenetische Verfahren zu etwas wird, das sich technologisch vollständig manipulieren lässt, dann verlieren menschliches und natürliches Leben ihren »natürlichen« Charakter. Das Gleiche gilt wiederum auch im Hinblick auf Gott: Was Menschen (in historisch je abgewandelter Form) als »Gott« erfahren, ist etwas, das nur vom Standpunkt der menschlichen Endlichkeit und Sterblichkeit aus Bedeutung hat – »Gott« ist ein Gegenstück zur irdischen Endlichkeit. Wenn wir also erst zum Homo Deus werden und Eigenschaften erlangen, die aus unserer alten menschlichen Sicht »übernatürlich« erscheinen (wie das unmittelbare Kommunizieren mit anderen bewussten Wesen oder mit KI), dann verschwinden die »Götter«, wie wir sie kannten. Die technologisch-gnostischen Visionen einer posthumanen Welt sind ideologische Phantasien, die den Abgrund dessen verschleiern, was uns erwartet.

6

Warum Politik immanent theologisch ist

Warum tragen so viele Essays den Titel »politisch-theologische Abhandlung«? Die Antwort lautet, dass eine Theorie zu Theologie wird, wenn sie Teil eines umfassenden subjektiven politischen Engagements ist. Wie Kierkegaard betonte, erlange ich den Glauben an Christus nicht, indem ich erst verschiedene Religionen vergleiche und zu dem Entschluss gelange, dass die besten Gründe für das Christentum sprechen – es gibt Gründe, sich für das Christentum zu entscheiden, diese Gründe aber zeigen sich erst, wenn ich es schon gewählt, mich also bereits entschieden habe, die Gründe zum Glauben zu sehen, die man schon hat, um zu glauben. Das Gleiche gilt wiederum auch für den Marxismus: Es ist nicht so, dass ich Marxist wurde, nachdem ich die Geschichte einer objektiven Analyse unterzogen hatte – meine Entscheidung, Marxist zu sein (die Erfahrung einer proletarischen Position), lässt mich die Gründe dafür erkennen; der Marxismus ist demnach das Paradoxon eines objektiven »wahren« Wissens, das nur durch eine subjektive parteiische Position zugänglich ist. Daher galt Robespierre der Materialismus ganz zu Recht als die Philosophie eines dekadent-hedonistischen und korrupten Adels, weshalb er ihm misstraute und eine neue Religion des höchsten Vernunftwesens durchzusetzen versuchte (wobei sich sein Hass in erster Linie gegen Joseph Fouché, einen radikalen Atheisten und opportunistischen Verschwörer, richtete). Der alte Vorwurf an den Marxismus, sein Einsatz für eine hell strahlende Zukunft sei nichts weiter als eine Umwendung der religiösen Erlösung ins Säkulare, sollte voller Stolz angenommen werden.

Aus diesem Grund betrifft der genuine christliche Zweifel nicht die Existenz Gottes, denn seine Logik folgt nicht der Aussage: »Ich verspüre ein solches Bedürfnis, an Gott zu glauben, aber ich kann nicht sicher sein, dass er wirklich existiert und nicht nur ein Trugbild meiner Phantasie ist« (auf die ein humanistischer Atheist leicht antworten könnte: »Dann verzichte doch auf Gott und nimm die Ideale, für die er steht, einfach als deine eigenen an«) – einen echten Christen lassen die berühmt-berüchtigten Gottesbeweise gleichgültig. Die Position des christlichen Zweifels zeichnet sich vielmehr durch ein pragmatisches Paradox aus, das in Dostojewskis Roman *Die Brüder Karamasow* von Aljoscha prägnant auf den Punkt gebracht wird: »Gott existiert, aber ich bin mir nicht sicher, ob ich an ihn glaube«, wobei das »An-ihn-Glauben« für die Bereitschaft des Gläubigen steht, die mit diesem Glauben verbundene existenzielle Verpflichtung vollkommen anzunehmen: »[D]ie Frage nach der ›Existenz Gottes‹ [steht] nicht wirklich im Zentrum von Dostojewskis Bemühungen [...]. Aljoschas Unsicherheit darüber, ob er ›an Gott glaubt‹, ist eine Unsicherheit über die Frage, ob das Leben, das er führt, und die Gefühle, die er hegt, das Leben und die Gefühle sind, die tatsächlich aus dem Glauben an Gott folgen würden.«[1] So gesehen, ist jede Theologie politisch, denn sie konfrontiert uns mit der Frage nach unserem gesellschaftlichen Engagement.

Eine Theorie unterscheidet sich in ihrer praktischen Natur grundlegend davon, wie die moderne Wissenschaft sich zu Experimenten verhält: Die Wissenschaft verwirft die Subjektivität, sie zielt auf die Erfassung der »objektiven Realität«; eine revolutionäre Theorie hingegen ist immanent praktisch, auf subjektives Engagement gegründet. Die religiöse Dimension eines radikalen politischen Akts beruht auf einer ganz bestimmten Tatsache: Der Triumph einer Revolution ist der Moment, da wir aus der bestehenden Wirtschafts- und Gesellschaftsordnung heraustreten, indem wir ihre wichtigsten geschriebenen und ungeschriebenen Regeln außer Kraft setzen – wir tun das (oder unternehmen den Versuch dazu), was innerhalb dieser Ordnung unmöglich erscheint. In einem echten Akt tun wir Dinge, auf die die vorherrschende Ideologie mit »Aber das kann man doch nicht machen!« reagiert, wir tun das, was Brecht in seinem »Loblied des Kommunismus« als »das Einfache, das schwer zu machen ist« bezeichnete – wir verstaatlichen Banken und Großunternehmen, wir weiten die kostenlose Bildung und Gesundheitsversorgung aus, wir stellen Wohnraum für die Armen bereit, wir verankern die Rechte von Homosexuellen und LGBT+ im Gesetz und so weiter.

Erinnern wir uns an 1970 und das erste Jahr der Regierung Allende in Chile – sie sorgte dafür, dass es in den Schulen kostenloses Essen gab, sie verstaatlichte Kupferminen, engagierte sich für den Bau von Arbeiterwohnungen, lauter »einfache Dinge« dieser Art … und das unter den spezifischen Bedingungen der damaligen Zeit. Gegen den brutalen Widerstand der von den USA unterstützten lokalen Bourgeoisie hatte die Regierung jedoch keine Chance, sie *musste* scheitern; die Inflation stieg an usw. Es bringt nichts, die Tatsache zu beklagen, dass die Revolutionäre nicht pragmatisch genug waren – gerade darin bestand ja der Sinn ihres Handelns, als sie einmal die Macht übernommen hatten, nämlich gegen die bestehenden »pragmatischen Regeln« zu verstoßen. Unabhängig davon, welche neuen Probleme sich einstellten: Die Regierung Allende hat Chile in ein »befreites Gebiet« verwandelt, in dem in gewissem Sinne sogar die Luft, die die Menschen atmeten, eine andere war; die Schwierigkeiten, mit denen sie es zu tun hatte, sind wiederum bloß ein Beleg dafür, dass selbst so etwas »Einfaches« wie die Bereitstellung von kostenlosen Mahlzeiten und Wohnungen für Arbeiter innerhalb der bestehenden Ordnung unmöglich ist. Natürlich sollten Revolutionäre sich später auch pragmatisch zeigen, beginnen aber *müssen* sie mit verrückten einfachen Handlungen. Darum hatte Robespierre wieder einmal völlig recht, als er in seiner allerletzten Rede am 8. Thermidor des Jahres II ausführte, dass, wenn man eine Revolution einfach nur als Abfolge aktueller Ereignisse betrachtet, ohne auch die erhabene Idee, von der sie getragen wird, entsprechend zu würdigen (oder, wie Badiou es formuliert hätte, das Ereignis in seiner Dimension), sich diese Revolution bloß zu einem »lärmenden Verbrechen« gestaltet, das an die Stelle eines anderen Verbrechens tritt:

> Ihr könnt versichert sein, dass es sie gibt, die fühlenden und reinen Seelen; sie existiert, die zarte, fordernde und unwiderstehliche Leidenschaft, die Qual und Freude großmütiger Herzen; es gibt jenen tiefen Abscheu vor der Tyrannei, den mitfühlenden Eifer für die Unterdrückten, die heilige Liebe für das Heimatland, die noch erhabenere und heiligere Liebe zur Menschheit, ohne die eine große Revolution bloß ein lärmendes Verbrechen wäre, das ein anderes Verbrechen auslöscht; er existiert, der hochherzige Ehrgeiz, hier auf Erden die erste Republik zu errichten.[2]

Hier scheint mir Chiesas Begriff einer irreduziblen Oszillation angebracht: Radikale emanzipatorische Politik ist dazu verurteilt, zwischen Momenten ekstatischer religiöser Hingabe, in denen wir das »Realitätsprinzip« außer Kraft setzen und versuchen, das Unmögliche zu verwirklichen, und dem ebenso langen wie schwierigen »pragmatischen« Prozess zu oszillieren, bei dem es darum geht, die revolutionären Ziele in Momente der für die Mehrheit einer Gesellschaft alltäglichen Realität umzuwandeln. (Insofern wir ein revolutionäres Ereignis als ein Ereignis im Badiou'schen Sinne des Begriffs betrachten sollten, sollten wir auch daran denken, dass Badiou das Ereignis zwar auf vier Bereiche eingrenzt – Wissenschaft, Politik, Kunst, Liebe –, dass aber die überzeugendste Darstellung, die er von einem Ereignis gibt, eine religiöse Darstellung ist, nämlich die des Christentums, der Erfindung des Universalismus durch Paulus.) Der Punkt ist dabei nicht, dass die Momente ekstatischer Hingabe einfach utopisch bzw. destruktiv sind und »normalisiert« werden müssen: Sie sind unbedingt notwendig, da sie den Weg frei machen und eine neue Grundlage für pragmatische Lösungen bereiten. Sie sind auch nicht illusorisch, da wir, die beteiligten Akteure, uns vollkommen bewusst sind, dass wir in unserem »unmöglichen« Streben irgendwann nachlassen werden, und dieses Bewusstsein steigert unseren Einsatz nur noch. Wir oszillieren also nicht zwischen dem Einen des vollen Einsatzes und der zynischen Akzeptanz des Nicht-Einen, der chaotischen Realität: Ein wahrer Gläubiger kann seiner misslichen Lage gegenüber schonungslos zynisch sein (und ist es meistens auch), dieses Bewusstsein aber steigert seinen Einsatz nur noch – das ist die politische Version von Tertullians *Credo qua absurdum est.*

Die göttlichen Clouds

Heute jedoch schwindet der authentische Glaube, der jede radikale emanzipatorische Praxis aufrechterhält, in genau dem Maße, in dem sich nicht nur der religiöse Fundamentalismus, sondern auch und vor allem die theologische Dimension in unserem ökonomischen Lebensalltag sprunghaft ausweitet. Eine neue Gesellschaftsordnung, die aus den Trümmern des globalen Kapitalismus erwächst und die man auch als »Technofeudalismus« oder »Cloud-Kapitalismus« bezeichnet, ordnet die »realen« Kapitalisten und die von ihnen ausgebeuteten Arbeiter den monopolisierten digitalen Gemeingütern unter, welche von unseren neuen Feudalherren (Bezos, Musk, Gates …) kontrolliert werden. Der Marktaustausch wird immer mehr durch digitale Plattformen vermittelt (Amazon bei Büchern usw.), und die Kapitalisten (in dem Fall die Buchverlage) sind Vasallen, die den Feudalherren eine Mietabgabe zahlen, damit sie ihre Erzeugnisse verkaufen können (wird ein Verlag von Amazon ausgeschlossen, ist es für ihn praktisch unmöglich, sich weiter am Markt zu halten). Wir, die Käufer, sind Leibeigene, die freiwillig für die Clouds arbeiten (indem wir im Internet surfen und mit jedem Klick Daten liefern). Digitale Clouds, die von selbst lernenden und sich selbst verbessernden Algorithmen betrieben werden, sind mithin die neueste »göttliche« Entität, welche sich der Kontrolle durch ihre Schöpfer dabei weitgehend entzieht, und das schließt selbst die Programmierer mit ein, die sie erstellt haben.

Das Problem mit diesen »göttlichen« digitalen Clouds, die unser reales Leben regulieren, ist, dass sie den Klassenkampf *verdoppeln*: Der gute alte Klassenkampf zwischen Kapitalisten und Proletariern, bei dem sich die Kapitalisten den Profit aus der Ausbeutung der Proletarier aneignen, bleibt bestehen, wird aber um die Ausbeutung dieser gesamten Sphäre (inklusive der Kapitalisten) durch die neue Feudalklasse erweitert, welche die Abgabe einstreicht, die wir zur ständigen Nutzung der privatisierten Gemeingüter entrichten müssen. Diese feudale Ausbeutung ist für die meisten von uns unsichtbar, wir erleben sie als unser (kosten-)freies Tun (Bücher sind bei Amazon sogar preiswerter als in den Buchhandlungen, die Nutzung von Google und Facebook kostet nichts …) – die privatisierten Gemeingüter präsentieren sich dabei als rein neutrale Netzwerke, die Käufer und Verkäufer miteinander verbinden. Wenn man sich ein Uber bestellt, so erscheint das als ein geschäftlicher Vorgang zwischen der eigenen Person und dem Fahrer/Auto, den / das man auswählt – der Feudalherr, der den Interaktionsraum kontrolliert, wird dabei ignoriert, auf einen neutralen Vermittler reduziert. Die Situation ähnelt dem (in Kapitel 4 angeführten) vulgären Witz über einen betrunkenen Gatten, der vor dem Ehebett stehend nur vier Beine darin sieht: Wir sehen nur die Beine des Kunden und des Fahrers, nicht die zwei weiteren Beine, nämlich die des Feudalherrn … Oder denken wir an die alte Geschichte (die ich oft verwende) über einen Arbeiter, der als Dieb in Verdacht geraten war. Jeden Abend, wenn er – die Schubkarre vor sich herschiebend – die Fabrik verließ, stellten sich ihm die Wachleute in den Weg. Sie inspizierten alles gründlich, fanden aber nie etwas; die Karre war immer leer. Irgendwann kamen sie jedoch dahinter: Das, was der Arbeiter mitgehen ließ, waren die Schubkarren selbst. Just auf diese Weise beuten uns auch unsere neuen Feudalherren aus: Sie fahren schlicht leere Schubkarren …

Wie sollte es da möglich, ja auch nur vorstellbar sein, diese immaterielle Dimension des großen Anderen, die in den digitalen Clouds existiert, außer Kraft zu setzen? In seinem Buch *Technofeudalismus* räumt Yanis Varoufakis ein, dass er es in frühen Publikationen versäumt habe, die »entscheidende Frage« zu beantworten: »›Wenn Ihnen das nicht gefällt, was wir haben, durch was würden

Sie es ersetzen? Wie würde das funktionieren? Ich bin ganz Ohr. Überzeugen Sie mich!‹ Ich versuchte es nicht einmal.« Warum? Weil »ich keine überzeugende Antwort hatte«.[3] Man kann Varoufakis für seinen Mut nur bewundern, dass er in *Ein Anderes Jetzt* (*Another Now*, 2020) genau das versucht hat: eine überzeugende Antwort zu liefern und sich an die Darstellung einer alternativen Gesellschaft zu wagen, die hätte entstehen können, hätte die Geschichte nach der Finanzkrise von 2008 eine andere Wendung genommen.[4] Varoufakis zeichnet dabei nicht das Bild einer Zukunft, sondern entwirft vielmehr eine alternative Gegenwart (obwohl er schildert, wie sie hätte entstehen können), und er tut dies in Form eines Romans. Was dabei herauskommt, ist eine Weltgesellschaft, die nach dem Modell des demokratischen Marktsozialismus funktioniert: Es gibt nur eine zentrale staatliche Bank, welche die Geldmenge transparent reguliert, die Finanzspekulation verschwindet, weil sie gegenstandslos geworden ist, das Eigentum wird anteilig auf alle Bürger verteilt, jeder hat Anspruch auf gesundheitliche Versorgung und die Einhaltung der Menschenrechte und so weiter. Noch entscheidender aber ist, dass die Erde (die materielle Grundlage unserer Existenz) und die digitalen Clouds (über die uns die neuen Feudalherren von heute kontrollieren) in der Hand der Allgemeinheit bleiben, so dass es keine sozialen Gegensätze und somit auch keinen Grund für einen Aufstand gibt. Die Gruppe wiederum sieht sich daher vor die Wahl gestellt, entweder in dem Anderen Jetzt zu bleiben oder in unsere neoliberale, von Auseinandersetzungen und Gewalt geprägte Gegenwart zurückzukehren. Varoufakis aber führt auch eine Reihe von Merkmalen an, die das Andere Jetzt in einem weniger glanzvollen Licht erscheinen lassen. So ist die Gesellschaft in dem Roman aufgrund ihrer demokratischen Durchsichtigkeit eine Gesellschaft der totalen Kontrolle: Meine Eigenschaften und Aktivitäten sind für andere transparent, mein Verhalten wird durch die Vorgaben politischer Korrektheit streng reguliert, und so gibt es letztlich nichts, gegen das man rebellieren könnte – so heißt es über Iris, die radikale Altlinke in dem Buch, dass [sie] ohne das Wüten gegen das System nicht leben konnte, dass das ihr Mittel gegen die Einsamkeit war. Das Andere Jetzt war zu freundlich, zu wohltuend, um dagegen zu wüten. Dort wäre das Leben für Iris unerträglich.

»[I]ch [bin] eine Dissidentin [...]. Auf der anderen Seite gab es nichts, wogegen ich sein konnte, ausgenommen ihre politische Korrektheit und ihre Selbstgefälligkeit, dass sie die perfekte Gesellschaft geschaffen hatten.«[5]

Woher kommt diese seltsame Unzufriedenheit bei Iris? Warum kann sie sich nicht einfach beruhigen und genießen, wie perfekt die Dinge eingerichtet sind? Wir sollten diese Frage auf zwei Ebenen angehen, beginnend mit der abstrakten. Erinnern wir uns an Lacans Formel der hysterischen Provokation (»Ich bitte dich« – »Was?« – »Abzulehnen« – »Was?« – »Was ich dir anbiete« – »Warum?« – »Weil es nicht *das* ist.«), die bereits in Kapitel 1 des vorliegenden Buches ausgearbeitet wurde: Eine Hysterikerin schlägt das, was der Andere ihr bietet, nicht einfach nur unaufhörlich aus, weil »es nicht *das* ist« (was sie wirklich will); vielmehr erkennt sie schließlich auch, dass es sich bei dem »das« um den Anderen selbst handelt. Ihre Botschaft lautet demnach: »*Du* bist es nicht!«, du bist nicht in einer Position, mir das zu geben, was ich wirklich brauche oder will. Ist das wiederum nicht genau die Botschaft von Iris? Ungeachtet all der Maßnahmen, die in dem Anderen Jetzt ergriffen wurden, um die Menschen in einem sozialistischen Sinne gleichzustellen, bleiben der Marktaustausch und die damit verbundene Orientierung auf den Wettbewerb (die »Mentalität, alles nur als Geschäft zu betrachten und für alles eine Gegenleistung zu erwarten«) uneingeschränkt bestehen.

Vom Kapitalismus befreite demokratisierte Marktgesellschaften sind dem, was wir haben, unendlich vorzuziehen, bis auf einen entscheidenden Punkt: Sie verfestigen den Tauschwert und verhindern so, wie ich befürchte, eine echte Revolution, die zum endgültigen Sturz der Märkte führen würde [...].[6]

Diese abstrakte Unzufriedenheit impliziert eine Reihe von ganz konkreten Problemen – schauen wir uns die vollkommene Gesellschaft des Anderen Jetzt etwas genauer an; in *Technofeudalismus* wird sie wie folgt beschrieben:

> Über die Bezahlung wird in einem demokratischen Prozess entschieden, bei dem die Erlöse des Unternehmens nach Steuern in vier Teile geteilt werden: ein Teil zur Deckung der Fixkosten (wie Ausrüstung, Lizenzen, Betriebskosten, Miet- und Zinszahlungen), ein weiterer Teil für Forschung und Entwicklung, ein dritter für die Grundgehälter der Beschäftigten und schließlich ein Teil für Bonuszahlungen. Über die Aufteilung der vier Teile wird wieder kollektiv entschieden nach dem Prinzip eine Person, eine Stimme.[7]

Ein solches Kollektiveigentum hebt »die fundamentale Klassenschranke zwischen denen, die besitzen und Profite oder Mieten einstreichen, und jenen, die ihre Zeit gegen Arbeitslohn vermieten, auf«. Aber was ist, wenn das Unternehmen kollektiv »egoistisch« handelt und die weiterreichenden sozialen Auswirkungen ignoriert? Um dies zu verhindern, wird der Staat »ein Gesetz über die Sozialverantwortung [erlassen], nach dem jedes Unternehmen anhand eines Sozialwertindex eingestuft würde. Die Skala würde von Gruppen zufällig ausgewählter Bürger erstellt werden, dem Äquivalent zu den Jurys, die aus einem vielfältigen Pool von Interessierten und Betroffenen gebildet würden: den Kunden des Unternehmens, Angehörigen der Gemeinschaften, mit denen es zu tun hat, und so weiter.«[8]

Reicht das aus? »Die menschliche Natur«, so räumt Varoufakis ein, »findet immer Wege, selbst das beste System zu verpatzen. Wenn deine Kollegen eine Mehrheit zusammenbringen, können sie dafür stimmen, dich zu entlassen. Aber bei der Arbeit herrscht jetzt eine Atmosphäre gemeinsamer Verantwortung, die Stress reduziert und ein Umfeld schafft, in dem die Chance für gegenseitigen Respekt größer ist.«[9] Doch was, wenn dieses »Aber« nicht stark genug ist, um das in Schach zu halten, was Varoufakis »die menschliche Natur« nennt (um diesem Ausdruck eine konkrete Bedeutung zu geben, muss die Psychoanalyse eingreifen), wenn doch der Neid für das menschliche Begehren konstitutiv ist? Für Lacan besteht das fundamentale Dilemma des menschlichen Begehrens darin, dass es das Begehren des anderen im Genitivus subjectivus und objectivus ist: Begehren nach dem anderen, Begehren, vom anderen begehrt zu werden, und vor allem Begehren danach, was der andere begehrt.

Neid und Missgunst sind mithin konstitutiver Bestandteil des menschlichen Begehrens; von diesen Einsichten her entwickelte Jean-Pierre Dupuy eine überzeugende Kritik von John Rawls *Theorie der Gerechtigkeit*: In Rawls' Modell einer gerechten Gesellschaft werden soziale Ungleichheiten nur toleriert, sofern sie auch denen am Fuß der sozialen Leiter helfen und sofern sie nicht auf ererbten Hierarchien, sondern auf natürlichen Unterschieden beruhen, die als kontingent und nicht als Verdienste erachtet werden.[10] Dabei übersieht Rawls jedoch, dass eine solche Gesellschaft die Bedingungen für einen unkontrollierten Ausbruch von *Ressentiments* schaffen würde. Ich wüsste in einer solchen Gesellschaft, dass mein niedrigerer Status vollkommen »berechtigt« ist, und könnte mich somit nicht des Tricks bedienen, die soziale Ungerechtigkeit für meinen Misserfolg verantwortlich zu machen. Rawls schlägt ein beängstigendes Gesellschaftsmodell vor, in dem die Hierarchie unmittelbar durch natürliche Eigenschaften legitimiert wird, und missachtet damit die wichtigste Lehre Friedrich Hayeks: Ungleichheiten lassen sich viel leichter hinnehmen, wenn man behaupten kann, sie seien das Resultat einer unpersönlichen blinden Macht.[11] Das Gute an der »Irrationalität« des Marktes und am Erfolg oder Misserfolg im Kapitalismus ist, dass es mir hier eben nicht möglich ist, es als »unverdient« bzw. kontingent zu empfinden, dass ich nicht erfolgreich bin oder dass ich es bin … Denken wir an das alte Motiv des Marktes als der modernen Version eines unberechenbaren Schicksals: Die Tatsache, dass der Kapitalismus nicht »gerecht« ist, ist überhaupt ein Grund dafür, dass er annehmbar ist.

In diesem Sinne teilt Lacan mit Nietzsche und Freud die Auffassung, dass Gerechtigkeit, verstanden als Gleichheit, auf Neid beruht: Neid auf den anderen, der das hat, was wir nicht haben, und der es genießt. Fredric Jameson schließt hier an Lacan an. In seinem Buch *An American Utopia* verwirft er die vorherrschende optimistische Sichtweise vollständig, der Kommunismus werde den Neid als Überbleibsel des kapitalistischen Wettbewerbs hinter sich lassen und durch solidarische Zusammenarbeit und die Freude an der Freude der anderen ersetzen.[12] Diesen Mythos weist er zurück und betont stattdessen, im Kommunismus würden Neid und Missgunst sprunghaft zunehmen, und zwar gerade *weil* die Gesellschaft gerechter werde. Jamesons Lösung ist so radikal, dass sie an Wahnsinn grenzt: Die einzige Möglichkeit, den Kommunismus zu erhalten, bestünde in einer Form von umfassenden psychoanalytischen Sozialdiensten, die es den Einzelnen ermöglichen, der Falle des selbstzerstörerischen Neids zu entgehen.

Ausgehend von diesen Komplikationen lautet meine Antwort auf die »entscheidende Frage«, dass die apokalyptische Situation, in der wir uns befinden, jede klare positive Vision von einer anderen Gesellschaft, die es anzustreben gilt, verbietet. Unser ultimativer Horizont ist das, was Dupuy den dystopischen »Fixpunkt« nennt, der Nullpunkt des Atomkriegs, des Zusammenbruchs des Ökosystems, des weltweiten ökonomischen und sozialen Chaos und so weiter – selbst wenn er unendlich hinausgeschoben wird, so ist dieser Nullpunkt doch der virtuelle »Attraktor«, auf den unsere sich selbst überlassene Realität zusteuert. Zur Bekämpfung der künftigen Katastrophe braucht es Maßnahmen, die fürs Erste verhindern, dass wir diesem »Fixpunkt« weiter entgegentreiben.[13] Der einzige ethisch-politische Imperativ ist daher ein negativer: Die Vielzahl an Krisen, mit denen wir gegenwärtig konfrontiert sind, macht unmissverständlich deutlich, dass es so nicht weitergehen kann – welche Schritte wir unternehmen, ist dabei eine Frage der Abwägung von Risiken und der Improvisation. Daher sollten wir uns von jeder Form von marxistischer Teleologie oder historistischem Determinismus verabschieden, die den revolutionären Prozess um die Dimension der eigentlichen Subjektivität, der radikalen Einschnitte des Realen in das Gewebe der »objektiven Wirklichkeit« bringt – im eindeutigen Gegensatz zur Französischen Revolution, die von der radikalsten Form marxistischer Figuren als ein von keinerlei höheren Notwendigkeit getragener offener Prozess wahrgenommen wurde. Saint-Just schrieb 1794: »Ceux qui font des révolutions ressemblent au premier navigateur instruit par son audace. (»Revolutionäre ähneln einem Seefahrer auf seiner ersten Reise, der allein von seiner Kühnheit geleitet wird.«)[14] Daher sollten wir auf jede Vision von einer vollkommenen Gesellschaft verzichten und irreduzible Gegensätze akzeptieren, was wiederum bedeutet, dass der Staat und eine grundlegende Entfremdung des gesellschaftlichen Lebens nicht verschwinden, sondern bleiben werden.

Der Antagonismus ohne Feind

Die Lehre aus solchen Paradoxien ist ganz klar: Echtes emanzipatorisches Denken kennzeichnet sich nicht durch die Vorstellung einer von Konflikten freien, harmonischen Zukunft, sondern durch die echt dialektische Vorstellung des Antagonismus, welche mit der rechten Idee, dass wir einen Feind brauchen, um unsere Identität zu behaupten, vollkommen unvereinbar ist – hier ist ein Passus aus Heideggers Vorlesung von 1933/34, in der er das Bedürfnis nach einem Feind prägnant zum Ausdruck bringt:

> Feind ist derjenige und jeder, von dem eine wesentliche Bedrohung des Daseins des Volkes und seiner Einzelnen ausgeht. Der Feind braucht nicht der äußere zu sein, und der äußere ist nicht einmal immer der gefährlichere. Und es kann so aussehen, als sei kein Feind da. Dann ist die Grunderfordernis, den Feind zu finden, ins Licht zu stellen oder gar erst zu schaffen, damit dieses Stehen gegen den Feind geschehe und das Dasein nicht stumpf werde. Der

> Feind kann in der innersten Wurzel des Daseins eines Volkes sich festgesetzt haben und dessen eigenem Wesen sich entgegenstellen und zuwiderhandeln. Umso schärfer und härter und schwerer ist der Kampf, denn dieser besteht ja nur zum geringsten Teil im Gegeneinanderschlagen; oft weit schwieriger und langwieriger ist es, den Feind als solchen zu erspähen, ihn zur Entfaltung zu bringen, ihm gegenüber sich nichts vorzumachen, sich angriffsfertig zu halten, die ständige Bereitschaft zu pflegen und zu steigern und den Angriff auf weite Sicht mit dem Ziel der völligen Vernichtung anzusetzen.[15]

Die ominöseste Stelle ist hier, »den Feind [...] ins Licht zu stellen *oder gar erst zu schaffen*, damit dieses Stehen gegen den Feind geschehe.« Kurz gesagt, spielt es nicht einmal eine Rolle, ob der Feind auch wirklich ein Feind ist – wenn es keinen Feind gibt, muss er erfunden werden, damit ein Volk »nicht stumpf werde« und sich an die Vorbereitungen zur »völligen Vernichtung« des (erfundenen) Feindes machen kann. ... Hier stoßen wir auf die Logik des Antisemitismus in ihrer elementarsten Form: Heidegger ignoriert die Möglichkeit, dass *ein Feind erfunden wird, um die falsche Einheit des Volkes zu schaffen und so dessen immanente Antagonismen zu verschleiern.* (Es gilt allerdings aufzupassen, dass man dieses Bedürfnis nach einem Feind nicht auf die Gesamtheit von Heideggers Denken ausdehnt – die angeführte Passage stammt aus der Vorlesung, die Heidegger im Wintersemester 1933/34 hielt, als er sich mit seinem Engagement für die Nazis, rückblickend betrachtet, gerade auf dem Höhepunkt befand. Zu der Zeit vertrat er die Idee des Volkes als einer Gemeinschaft, die einen Feind braucht; später, als er sich aus der aktiven Politik zurückgezogen hatte, änderte sich das und der Feind wurde ein anderer: An die Stelle einer ethnischen Gruppe, die vernichtet werden muss, tritt die moderne Technik an sich, und diese gilt es nicht zu bekämpfen, sondern zu durchlaufen und zu sich auf Abstand zu bringen. Wenn Richard Wolin den Schwerpunkt auf die Vergeistigung einer Rassengemeinschaft legt, dann vernachlässigt er allzu sehr, dass es in Heideggers frühem Meisterwerk *Sein und Zeit*, das sich mit dem in den Abgrund einer Welt geworfenen individuellen Dasein befasst, überhaupt keinen Platz für so eine Gemeinschaft gibt.[16] Im Übrigen unterscheidet sich *Sein und Zeit* stilistisch vollständig von den dichterischen Auslassungen des späteren Heidegger: Es ist ein in nummerierte Absätze gegliedertes, systematisches Buch.

Hier ist das beste Beispiel für ein solches Bedürfnis nach einem Feind: In der Rede, die er am 4. Oktober 1943 vor SS-Gruppenführern in Posen hielt, sprach Heinrich Himmler über die massenhafte Tötung von Juden als »ein niemals geschriebenes und niemals zu schreibendes Ruhmesblatt unserer Geschichte«; wie er weiter ausführt, sei die Fähigkeit, das zu vollbringen und dabei den Anstand zu wahren, die größte Tugend: »Dies [die Ausrottung des jüdischen Volkes] durchgehalten zu haben, und dabei [...] anständig geblieben zu sein, das hat uns hart gemacht.«[17] Himmler stellt die wahre, prinzipienfeste Tugend ausdrücklich dem gewöhnlichen menschlichen Mitgefühl für einen einzelnen Menschen gegenüber: »Und dann kommen sie alle an, die braven 80 Millionen Deutschen, und jeder hat seinen anständigen Juden. Es ist ja klar, die anderen sind Schweine, aber dieser eine ist ein prima Jude.«[18] Kurz, jeder Deutsche weiß zwar, dass die Juden solche Schweine sind, doch wenn es darum geht, dieses Prinzip auf die einzelnen Juden, die sie kennen, anzuwenden, sind sie nicht konsequent. Dabei weiß Himmler sehr genau, was er da sagt – er schließt das Töten von Frauen und Kindern ausdrücklich mit ein:

> Es trat an uns die Frage heran: Wie ist es mit den Frauen und Kindern? – Ich habe mich entschlossen, auch hier eine ganz klare Lösung zu finden. Ich hielt mich nämlich nicht für berechtigt, die Männer auszurotten – sprich also, umzubringen oder umbringen zu lassen – und die Rächer in Gestalt der Kinder für unsere Söhne und Enkel groß werden zu lassen. Es musste der schwere Entschluss gefasst werden, dieses Volk von der Erde verschwinden zu lassen.[19]

Aufgrund dieser radikalen Haltung war Himmler (bis zum Herbst 1944) gegen die Aufstellung einer Freiwilligenarmee aus russischen Kriegsgefangenen zum Kampf gegen die sowjetischen Truppen. Als der sowjetische General Juri Wlassow, nachdem er gefangen genommen worden war, den Vorschlag unterbreitete, die antistalinistische Stimmung in der russischen Bevölkerung und unter den Kriegsgefangenen zu nutzen und eine russische Volksarmee aufzustellen, sprach Himmler nur abfällig vom »Wlassow-Rummel« und wies die Vorstellung zurück, es gäbe eine große Masse von unterdrückten russischen Menschen, die sich der stalinistischen Herrschaft widersetzen – für ihn spielten derartige Unterschiede innerhalb der minderwertigen slawischen Rasse keine Rolle. Was all das jedoch so faszinierend macht, ist der hohe moralische Ton, den Himmler anschlägt, um die Vernichtung der Juden und die brutale Behandlung der slawischen Bevölkerung unter deutscher Besatzung zu rechtfertigen:

> Ein Grundsatz muss für den SS-Mann absolut gelten: ehrlich, anständig, treu und kameradschaftlich haben wir zu Angehörigen unseres eigenen Blutes zu sein und sonst zu niemandem. Wie es den Russen geht, wie es den Tschechen geht, ist mir total gleichgültig. [...] Ob die anderen Völker in Wohlstand leben oder ob sie verrecken vor Hunger, das interessiert mich nur so weit, als wir sie als Sklaven für unsere Kultur brauchen, anders interessiert mich das nicht. Ob bei dem Bau eines Panzergrabens 10 000 russische Weiber an Entkräftung umfallen oder nicht, interessiert mich nur insoweit, als der Panzergraben für Deutschland fertig wird. [...] Wir hatten das moralische Recht, wir hatten die Pflicht gegenüber unserem Volk, dieses Volk, das uns umbringen wollte, umzubringen. Wir haben aber nicht das Recht, uns auch nur mit einem Pelz, mit einer Uhr, mit einer Mark oder mit einer Zigarette oder mit sonst etwas zu bereichern. Wir wollen nicht am Schluss, weil wir einen Bazillus ausrotteten, an dem Bazillus krank werden und sterben.[20]

Im weiteren Verlauf seiner Rede geht Himmler bis zum Äußersten. Er imaginiert den Fall eines SS-Offiziers an der Ostfront, der einer russischen Mutter, die ein kleines Kind bei sich hat, gegenübertritt; er sieht, wie sie aus Angst vor ihm zittern, dass ihnen die Tränen übers Gesicht laufen. Seine erste, durchaus verständliche Reaktion wird daher Mitgefühl sein: Ist es wirklich seine Pflicht als Soldat, diese beiden hilflosen Menschen zu töten? Himmlers Antwort ist eindeutig. Ja, das ist es, und zwar ohne Wenn und Aber: Die Treue des Offiziers gilt allein dem deutschen Volk; das Leid von Menschen anderer Rassen und Nationen darf ihn nicht bekümmern, mehr noch, es muss ihn vollkommen kaltlassen. Angesichts des Leids, das dem deutschen Volk durch die unausgesetzten Angriffe amerikanischer und britischer Bomber widerfährt, ist jedes Mitgefühl mit den beiden armen Russen nichts anderes als Verrat – ein Akt der Ignoranz gegenüber dem Leid des eigenen Volkes.

War Himmler also ein Sadist, der schreckliche Dinge getan hat und dem seine Überzeugung, er tue das alles nur aus moralischem Pflichtgefühl, für den großen Anderen (zum Wohle der deutschen Nation), einen zusätzlichen Lustgewinn verschaffte? Meiner Ansicht ist diese Formel zu einfach. Himmler offenbart nämlich etwas noch viel Schrecklicheres: Danach zu urteilen, was sich seinen Briefen entnehmen lässt, war er ein schrecklich normaler Mensch – er verabscheute Brutalität (wenn er sie persönlich miterleben musste), er war korrekt und höflich im Umgang mit den Menschen, die ihm nahestanden, und dabei jederzeit bereit, Mitglieder der SS für geringe Vergehen zu bestrafen … und als solcher, als dieser normale Mensch, hat er aus seinem Amt heraus all das getan, von dem wir wissen, dass er es getan hat. Hier wird sinnfällig, was Lacan mit seiner Behauptung meinte, Normalsein stelle eine Form der Psychose dar.

Himmlers Äußerungen lassen hier eine (nicht so) überraschende Nähe zu der buddhistischen (und hinduistischen) Vorstellung erkennen, wonach wir leiden und schmerzliche Dinge tun, wenn wir an der (von uns wahrgenommenen) Realität der Objekte zu unmittelbar beteiligt sind. Daher sollten wir die Lehre vom inneren Unbeteiligtsein, vom interesselosen Tun beherzigen und so handeln, als wäre es nicht von Bedeutung, als wäre man nicht der Akteur, sondern als würden die Dinge und als würde auch das, was man selbst tut, einfach auf unpersönliche Weise geschehen … Es ist schwer, hier der Versuchung zu widerstehen, diese Passage als Rechtfertigung eines an der Vergasung der Juden in den KZs aktiv beteiligten Nazis zu paraphrasieren, der für einen Moment ins Zweifeln gerät: Denn »der, der glaubt, er töte, und der, der glaubt, er werde getötet, sind beide unwissend«, weil nämlich »das Selbst weder tötet noch getötet wird«, und deshalb sollte man »um keinen« der getöteten Juden »trauern«, sondern »Freude und Leid, Gewinn und Verlust, Sieg und Niederlage als gleich ansehen« und das tun, was einem befohlen wurde … Kein Wunder, dass die Bhagavad Gita (der diese Zitate entnommen sind) Heinrich Himmlers Lieblingsbuch war; es heißt, er habe es stets in der Uniform mit sich geführt. Aber gilt das Gesagte nicht auch und gerade in unserer heutigen Zeit, in der Militäreinsätze zunehmend von Drohnen und durch bloßen Knopfdruck ausgeführt werden?

Anders als bei Himmler selbst trat das Pathologische bei den ihm unmittelbar Untergebenen offen zutage. Wenn Himmler an der Spitze der Pyramide derjenigen stand, die den Holocaust organisierten, so waren ihm nicht etwa Figuren wie Heydrich und Eichmann nachgeordnet, deren Namen man kennt, sondern so jemand wie Odilo Globocnik, ein österreichischer Nazi, dessen Vater wiederum Slowene war (wie sein Nachname erkennen lässt). Globocnik war maßgeblich an der Operation Reinhard beteiligt, bei der etwa eineinhalb Millionen größtenteils polnischstämmige Juden in den Vernichtungslagern von Majdanek, Treblinka, Sobibor und Bełżec in einer organisierten Aktion ermordet wurden. Globocnik war der Kopf hinter der Entwicklung und Einrichtung von Lagern zur industriellen Vernichtung menschlichen Lebens – der Historiker Michael Allen bezeichnete ihn als »das abscheulichste Individuum in der abscheulichsten Organisation, die es jemals gab«.[21]

Als der Diktator der Dominikanischen Republik, Rafael Trujillo, in seinen späten Jahren gefragt wurde, auf welche der Maßnahmen, die er während seiner langen Herrschaft angeordnet hatte, er am meisten stolz sei, nannte er das »Petersilienmassaker« vom Oktober 1967, bei dem Haitianer, die entlang der Grenze auf dominikanischer Seite lebten, in Massen abgeschlachtet wurden. Dem Massaker fielen Schätzungen zufolge zwischen 14000 und 40000 haitianische Männer, Frauen und Kinder zum Opfer: Praktisch die gesamte Bevölkerung, die in diesem Gebiet ansässig war, wurde dabei entweder getötet oder zur Flucht über die Grenze gezwungen.[22] Dieser Akt »ethnischer Säuberung«, der als Schutz und Verteidigung gegen fremde Horden, die in das Land einfallen, gerechtfertigt wurde, reproduziert ganz genau die Logik des Bösen als einer ethischen Pflicht, die uns auferlegt wird, um uns die normale menschliche Anständigkeit auszutreiben.

Hinter diesem Thema verbirgt sich die Frage nach dem großen Anderen. Dabei aber drängt sich nicht etwa der Schluss auf, dass jede ethische Haltung eine Figur des großen Anderen braucht, auf die sie sich stützen kann; der Schluss ist vielmehr der, dass eine wirklich radikale ethische Position entsteht, wenn dem Subjekt die Stütze in einem großen Anderen entzogen ist, so dass es im Abgrund seiner Freiheit eine Entscheidung treffen muss. Eine solche Entscheidung steht für den Moment, da die Ethik politisch wird, für den Moment der *politischen Suspension des Ethischen*: Das Subjekt muss eine Entscheidung treffen, die sich nicht vollständig auf »höhere« neutrale Prinzipien gründen lässt (»Was du nicht willst, das man dir tu, das füg' auch keinem anderen zu« usw.), es muss eine Entscheidung darüber treffen, wie diese Prinzipien anzuwenden sind, eine Entscheidung, die ihnen immer einen bestimmten Dreh verleiht.

Ist das nicht sogar bei Antigone der Fall? Ihre Entscheidung, alles zu riskieren, damit ihr Bruder eine ordnungsgemäße Bestattung erhält, lässt sich nicht vollständig auf die althergebrachten universellen Regeln gründen, auf die sie sich beruft (jeder Mensch verdient eine ordnungsgemäße Bestattung, unabhängig davon, wie gut oder böse er war) – sie hat ihren Bruder ausgewählt, sich allein auf seinen Fall konzentriert und alles andere dabei ausgeblendet, und es ist diese Beschränkung, die ihre Handlung politisch macht, nicht bloß ihr öffentliches Auftreten. Bei dieser Entscheidung wurde sie *nicht* durch einen großen Anderen gestützt. In einem gewissen formalen Sinn scheint Antigone für die bestehende Ordnung ebenfalls »böse« und eine Bedrohung zu sein (oder ist es schlicht auch), doch das »Böse«, das sie darstellt, ist ethisch, wenn auch in einem anderen Sinne als das von Himmler: Es eröffnet einen neuen Raum, sich den Antagonismen der bestehenden Gesellschaft zu stellen, während die Funktion des »Bösen«, das Himmler darstellt, gerade darin besteht, diese Antagonismen zu verschleiern. Hier sollten wir Antigone zu jemandem wie Nikolai Bucharin in Kontrast setzen, dessen mutige Haltung auf der bedingungslosen Treue zum kommunistischen großen Anderen beruhte. Das Schicksal von Bucharins *Testament*, einem Brief, den er am Abend vor seinem Prozess 1938 an seine Frau Anna Larina schrieb, ist ein tragisches Beispiel dafür, dass ein Brief immer seinen Bestimmungsort erreicht. Bucharin ermahnt darin seine Frau: »Denke daran, dass die große Sache der UdSSR weiterlebt, und das ist die Hauptsache. Persönliche Schicksale sind dagegen vergänglich und jämmerlich.«[23]

Bucharins Brief *hat* seinen Bestimmungsort erreicht – er kam bei Anna Larina an und wurde veröffentlicht –, und zwar genau im richtigen Moment, nämlich 1968; man kann sogar sagen, dass er so schnell wie möglich zugestellt wurde, das heißt, sobald die historische Situation es möglich machte, dass die Zustellung einen Wahrheitseffekt hervorrufen konnte. Bucharin betrachtete sein Schicksal als unbedeutend im Vergleich zum Erfolg der großen historischen Sache der UdSSR – das Fortbestehen dieser Sache garantierte, dass sein Tod nicht sinnlos war. Nach dem Verschwinden der Sowjetunion konfrontiert uns der Brief dagegen mit der Sinnlosigkeit von Bucharins Tod: Es gibt keinen großen Anderen, der ihn wiedergutmachen könnte, Bucharin ist im wahrsten Sinne umsonst gestorben. Und wie so viele andere, hat auch er sich von den Stalinisten in die Falle locken lassen. Die Vernehmungsbeamten wandten sich nämlich häufig an den Angeklagten, um wie im Vertrauen zu ihm zu sagen: »Wir wissen, dass du unschuldig bist, im Moment aber braucht die Partei dein Geständnis, damit sie ihre Einheit wahren kann. Doch eines nicht allzu fernen Tages, wenn wir auf ganzer Linie gesiegt haben, wird sich Gelegenheit finden, die vollständige Geschichte zu erzählen und deine Unschuld offiziell zu machen!« Dieser Tag ist der Tag, da sämtliche Rechnungen beglichen werden und die Gerechtigkeit endgültig siegt ... Eine Tatsache aus dem Bosnienkrieg lässt sich in gleicher Weise verstehen: Viele der Mädchen, die die brutalen Vergewaltigungen überlebten, begingen später Selbstmord, nachdem sie hatten feststellen müssen, dass es in ihren Gemeinden niemanden gab, der wirklich bereit war, ihnen zuzuhören und das, was sie bezeugten, auch anzunehmen. Lacanianisch ausgedrückt, fehlt hier nicht nur ein anderes menschliches Wesen, der aufmerksame Zuhörer, sondern vielmehr auch der »große Andere« selbst, der Raum der symbolischen Einschreibung oder Registrierung meiner Worte.

Kritisch anzumerken ist, dass selbst Derridas Dekonstruktion sich noch auf eine Figur des großen Anderen stützt: Wenn Derrida schreibt, »Dekonstruktion ist Gerechtigkeit«, eine unmögliche Gerechtigkeit zwar, aber dennoch Gerechtigkeit, so impliziert diese Bestimmung, dass die Dekonstruktion nicht einfach nur die Inkonsistenzen und Widersprüche eines Textes aufdeckt – sie lässt sich in ihrem Wirken vielmehr noch von dem unmöglichen Ideal leiten, sämtliche der Inkonsistenzen aufzudecken, die im Verborgenen lauernde Formen von Herrschaft und Unterdrückung legitimieren. Dieses Ziel wird natürlich endlos in die Zukunft verschoben und entzieht sich auf ewig seiner Erfüllung: In demselben Sinne, in dem Derrida von einer kommenden Demokratie spricht, ist auch die Gerechtigkeit stets »im Kommen begriffen« – würde man behaupten, sie sei vollständig da, wäre das der schlimmste Fall einer Metaphysik der Präsenz. Doch auch wenn Gerechtigkeit letztlich eine Sache der Unmöglichkeit ist, müssen wir an ihr als einer Art von regulativer

Idee unseres Wirkens festhalten. Ich erinnere mich, dass ich mich vor Jahren bei einem Empfang, der im Anschluss an einen Vortrag stattfand, mit einem treuen Anhänger von Derrida unterhalten habe, und während wir uns am Buffet bedienten und häppchenweise gebratenes Huhn verzehrten, sagte er zu mir: »Wie werden wir das einmal rechtfertigen, was wir hier machen, wenn die Verbrechen, die Menschen an Tieren begehen, beim letzten Nürnberger Prozess verhandelt werden?«

Die regulative Idee besteht hier in der Annahme, dass die Gräuel der industriellen Tierzucht die ethischen Schulden immer weiter anwachsen lassen – man denke nur daran, was wir Millionen von Schweinen antun, die halb blind bleiben und kaum laufen können; sie werden nur gezüchtet, damit sie möglichst schnell hinreichend fett werden und für unseren Verzehr geschlachtet werden können … Ich habe mich aus Respekt zurückgehalten und nichts gesagt, aber die Vorstellung, dass gegen die gesamte Menschheit ein gigantischer Prozess angestrengt wird (durch wen?), kam mir doch ziemlich verdreht vor: Müssen wir wirklich eine solche Figur des großen Anderen vorauszusetzen, ein Versprechen, dass an irgendeinem finalen Punkt sämtliche Schulden beglichen werden, obwohl wir doch wissen, dass dieser Punkt nie kommt? Ist eine solche Vorstellung nicht zutiefst anthropozentrisch, indem sie einen Gerechtigkeitssinn auf die Natur überträgt, der ihr in ihrer dummen Gleichgültigkeit vollkommen fremd ist? Können wir nicht auch ohne eine solche Figur des großen Anderen ethisch handeln (was das Leiden der Tiere angeht)? Um auf Himmler zurückzukommen: Behandeln wir – die gesamte Menschheit – Tiere nicht genauso, wie Himmler von den Deutschen verlangte, russische Frauen zu behandeln? Ob 10 000 Tiere vor Erschöpfung zusammenbrechen, weil sie überfüttert und mit hormonell wirksamen Chemikalien behandelt werden und sich nicht frei in der Natur bewegen können, interessiert uns nur insoweit, als es die verfügbare Menge an Schweinefleisch betrifft …

Auch Kojin Karatani bekräftigt eine Figur des großen Anderen.[24]

Wenn wir die sich abzeichnenden Krisen bewältigen wollen, so seine Argumentation, dann müssen wir von dem marxistischen Fokus auf Formen der Produktion abrücken und uns im Gegenzug auf Formen des Austauschs konzentrieren. Letzteren eigne dabei eine »spirituelle« Dimension (von Marx' für die Logik des Warentauschs konstitutivem Fetisch bis hin zu Mauss' Mana), eine Dimension, die nicht nur zwischen Menschen, sondern auch zwischen Mensch und Natur wirksam ist – um ein indianisches Sprichwort zu zitieren: »Wenn wir anderen Lebewesen unseren Respekt erweisen, werden sie diesen Respekt erwidern«. Mit dem Kapitalismus tritt ein Bruch ein, der den Raum für die ökologische Krise eröffnet: Die Natur ist nicht länger ein richtiger Anderer (mit einer eigenen »Spiritualität«), mit dem wir Menschen in einem Austauschverhältnis stehen – es gibt bloß den Verkehr mit der Natur als einem Material: »Es gibt keinen ›Austausch‹ in der Beziehung zwischen Mensch und Natur«:

> Der »Austausch« bringt eine spirituelle Kraft hervor, die Menschen dazu zwingt, auf eine bestimmte Weise zu denken und zu handeln, was für den »Verkehr« nicht gilt. Der Austausch zwischen Menschen erzeugt perverse spirituelle Kräfte, aber der Verkehr zwischen Mensch und Natur ist direkt und bloß dinglich.[25]

Mit der ökologischen Krise kehrt der »Austausch« in seiner gewalttätigsten Form zurück, als »Rache« der Natur für ihre rücksichtslose Ausbeutung, und dazu kommt, dass die Probleme, die sich aus dem Verkehr mit der Natur ergeben, »die Beziehung zwischen den Menschen weiter verzerren. Das heißt, die Krise des Krieges rückt näher. [...] Auch wenn mittlerweile Bewegungen wie die Anti-Globalisierungs- oder die Occupy-Bewegung entstanden sind, so scheint es nunmehr geradezu unvermeidlich, dass es zu einem weiteren Weltkrieg kommt.«[26] Zwar teile ich diesen traurigen Befund, sehe aber (auf der Theorieebene) die Lösung nicht darin, die Natur wieder als einen Anderen zu behaupten, mit dem wir in einem echten Austausch stehen – eine solche Re-Spiritualisierung der Natur als Partner in einem Dialog bringt uns nicht weiter. Wir müssen genau das Gegenteil tun: Die Menschheit sollte sich vollständig naturalisieren, sich als Teil eines dummen, bedeutungslosen Verkehrs innerhalb der Natur betrachten.

Und Hitler? Hat Hitler das in einem gewissen Sinne nicht auch gemacht? Nach dem, was wir wissen, muss man zugeben, dass Hitler zwar unmöglich nichts vom Holocaust gewusst haben kann, dass man ihm aber wahrscheinlich die grausamen Details erspart hat. Wenn Himmler sagt, der Holocaust sei »ein niemals geschriebenes und niemals zu schreibendes Ruhmesblatt unserer Geschichte«, dann meint er damit nicht nur, dass die Öffentlichkeit von der Vernichtung der Juden nichts wissen sollte. Es gibt Hinweise, dass er damit auch Hitler selbst meinte, den die deutsche Nation zu einem Neuanfang führenden Messias – die wahre Treue zum Messias, der wahre Mut besteht darin, dass wir still und heimlich die notwendige Drecksarbeit verrichten, um den Weg dafür frei zu machen, dass Hitler seine grandiose Vision verwirklichen kann: Die große Tat von uns, den engen Anhängern des Messias, ist es, ihn in Unwissenheit zu halten, es ihm zu ermöglichen, seine Vision in seliger Unschuld zu verfolgen.

Zum Ende des Krieges hin begann diese ultimative Mauer der (Selbst-)Zensur jedoch zu bröckeln. Joseph Goebbels' berüchtigte Rede vom »totalen Krieg«, die er am 18. Februar 1943 im Berliner Sportpalast hielt, war bis ins Kleinste choreographiert und vorbereitet, wozu auch die sorgfältige Auswahl des zu Tausenden anwesenden Publikums gehörte. Trotz solcher detaillierten Vorbereitungen kommt es kurz vor dem Kulminationspunkt der Rede – als die von Goebbels befragte Menge immer wieder ein dröhnendes ›Ja!‹ erschallen lässt – zu einem echten Freud'schen Versprecher:

> Ich frage euch: Glaubt ihr mit dem Führer und mit uns an den endgültigen totalen Sieg des deutschen Volkes? Ich frage euch: Seid ihr entschlossen, dem Führer in der Erkämpfung des Sieges *durch dick und dünn* und unter Aufnahme auch der schwersten persönlichen

> Belastungen zu folgen? […] Die Engländer behaupten, das deutsche Volk wehrt sich gegen die totalen Kriegsmaßnahmen der Regierung. Es will nicht den totalen Krieg, sondern die Kapitulation. (Zurufe: Niemals! Niemals! Niemals!) Ich frage euch: Wollt ihr den totalen Krieg? Wollt ihr ihn, *wenn nötig totaler und radikaler*, als wir ihn uns heute überhaupt noch vorstellen können?[27]

(Man kann nicht umhin, in der letzten Frage die Dimension des Kant'schen Erhabenen auszumachen, die genau solch eine Dimension ist, sprich: totaler und radikaler, als wir sie uns mit unserem herkömmlichen Vermögen überhaupt vorstellen können.) Dabei überrascht es sicher nicht, dass Goebbels der Versprecher unterläuft, als er darüber redet, wie Deutschland auf die jüdische Bedrohung reagieren wird:

> Deutschland jedenfalls hat nicht die Absicht, sich dieser jüdischen Bedrohung zu beugen, sondern vielmehr die, ihr rechtzeitig und wenn nötig unter vollkommenster und radikalster Ausr… -schaltung des Judentums, entgegenzutreten.[28]

Goebbels beginnt »Ausrottung« zu sagen, hält dann mitten im Wort etwa eine Sekunde lang inne und ersetzt es durch das harmlosere »Ausschaltung«. Hatte er das so geplant oder handelte es sich dabei um einen echten Freud'schen Versprecher? Das spielt eigentlich keine Rolle: Goebbels machte damit so oder so klar, dass »Ausschaltung« nichts anderes bedeutete als die Ausrottung des jüdischen Volkes.

Das Interessante an diesem Versprecher ist, dass er nicht nur die wahre Absicht der Nazis offenbart, sondern auch ihre heuchlerischen Bemühungen, diese wahre Absicht vor der Öffentlichkeit (notdürftig) zu verbergen – es war, als ob es angesichts der verzweifelten Situation, in die man durch die Niederlage bei Stalingrad geraten war, immer weniger als notwendig erachtet wurde, die Wahrheit zu zensieren (wie von Himmler gefordert, der wollte, dass der

Holocaust in der öffentlichen Geschichte nicht vorkam), und so konnte das brutale Ziel der vollständigen Ausrottung offen angedeutet werden. Die andere Seite des Erhabenen, das Erhabene in seiner schrecklichsten Form, die Ausrottung, »totaler und radikaler, als wir es uns heute überhaupt noch vorstellen können«, erhielt also endgültig grünes Licht.[29]

Himmler, um auf ihn zurückzukommen, nimmt also in einer Geste höchsten Opfermuts das Böse auf sich, und dieses echt *ethische* Böse macht ihn viel schlimmer als jede Form von pragmatischem Opportunismus. Diese Logik, dass man sich der elementaren Solidarität und Anteilnahme entledigt, um seine Treue gegenüber einer Sache endgültig unter Beweis zu stellen, findet einen fast tragischen Ausdruck in dem Angriff, den Kliment Woroschilow während einer Plenarsitzung des Zentralkomitees im Jahr 1933 auf Bucharin ausführte: »Bucharin ist ein aufrichtiger und ehrlicher Mann. Doch ich fürchte um Bucharin nicht weniger als um Tomski und Rykow. Warum fürchte ich um Bucharin? Weil er ein weiches Herz hat. Ob das gut oder schlecht ist, weiß ich nicht zu sagen, doch in unserer gegenwärtigen Situation können wir diese Weichherzigkeit nicht gebrauchen.«[30] Woroschilow ist hier zu offen, er deckt seine Karten auf … Um Bucharin Zwangslage zu verstehen, sollten wir den Stalinismus und den heutigen Zynismus im Kontrast betrachten. Als Bucharin sich seinen Kritikern im Zentralkomitee stellte, rief er mit seiner unverstellten Art, sich zu geben, Gelächter hervor:

> Wenn ich also ein Saboteur bin, ein Hundesohn, wie Sie sagen, warum verschonen Sie mich dann? Ich erhebe keinerlei Ansprüche. Ich beschreibe nur, was mir durch den Kopf geht, was ich durchmache. Wenn dadurch in irgendeiner Form ein politischer Schaden entsteht, und sei er noch so gering, dann werde ich selbstverständlich tun, was immer Sie sagen. (*Gelächter.*) Warum lachen Sie? Ich weiß beim besten Willen nicht, was daran lustig sein soll …[31]

In gewisser Weise (sprich: im Rahmen der pervertierten Logik des stalinistischen Diskurses) war dieses Lachen berechtigt: Es galt dem Umstand, dass Bucharin offensichtlich glaubte, er könne den offiziellen Jargon einfach beiseitelassen und geradeheraus zu seinen Kritikern sprechen. Eine solche distanzierte Haltung gegenüber der vorherrschenden Ideologie war jedoch im Stalinismus strengstens verboten, ja sie stellte an sich schon eine Form des Verrats dar. Getty und Naumov weisen wiederholt auf das überraschende Ergebnis hin, welches ihre Untersuchung in grundlegender Hinsicht erbracht habe: Die Stalinisten *sprachen auch privat so*, wie sie öffentlich sprachen, der Zynismus der stalinistischen Ideologie war ein »objektiver«, keiner, den man im Privaten pflegte. Das Axiom »es gibt keine Metasprache« lautete in seiner stalinistischen Version: Es gibt eine Metasprache, die die Wahrheit sagt, und zwar nur eine, nämlich die der offiziellen Ideologie selbst. Heute neigen das Private und das Öffentliche ebenfalls dazu, zusammenzufallen, allerdings im gegenteiligen Sinne: Der private Zynismus durchdringt den öffentlichen Bereich, wir sprechen auch öffentlich immer mehr so, wie wir das privat tun. (Das bedeutet freilich nicht – nur dass keine Missverständnisse aufkommen –, dass die Wahrheit erlaubt wäre: Die private realistisch-zynische Sprache ist an sich die schlimmste Mystifikation.)

Das bedeutet, dass das treue Festhalten an einer prinzipiengeleiteten Entscheidung nicht hinreicht, damit eine Handlung als eine wirklich ethische Handlung gelten kann – es kommt vielmehr entscheidend darauf an, wie sich das betreffende Prinzip zu den gesellschaftlichen Antagonismen verhält: Verschleiert es sie oder macht es sie sichtbar? In dem Moment, da wir einen irreduziblen Antagonismus akzeptieren, akzeptieren wir auch die Tatsache, dass der große Andere nicht existiert, dass er von Widersprüchen, Mängeln und Antagonismen geprägt ist.

Die politische Korrektheit stützt sich nicht weniger auf eine Figur des großen Anderen – hier ist ein Extremfall. Am Hamline College in Minnesota wurde eine Kunstgeschichtsprofessorin entlassen, weil sie ihren Studenten Reproduktionen von Mohammed-Gemälden gezeigt hatte. Dabei war sie wirklich sehr umsichtig vorgegangen: Sie hatte die Studenten über ihr Vorhaben aufgeklärt und auch gewarnt, damit sie den Raum verlassen konnten, um eine Verletzung zu vermeiden. Dazu waren die gezeigten Bilder bzw. deren Originale Hunderte von Jahren alt und gelten als Meisterwerke der islamischen Kunst (die Darstellung Mohammeds ist nicht in allen Versionen des Islams untersagt). Eine der Studentinnen und Studenten, die den Raum nicht verlassen hatten – Aram Wedatalla, die Präsidentin der *Muslim Students Association* des Colleges – beschwerte sich anschließend bei der Verwaltung, dass es sie »verletzt« habe, das Bild zu sehen, und die Dozentin ihrer »Schutzpflicht nicht nachgekommen« sei. Die Studentenzeitung *The Oracle* verurteilte es, dass die Bilder gezeigt wurden, und sprach von einem direkten Angriff auf den Islam; die Hochschulverwaltung stimmte dem zu und forderte eine obligatorische Schulung zum Thema »Islamophobie«:

> Es ist nicht unsere Absicht, Schuldzuweisungen zu treffen; vielmehr möchten wir darauf hinweisen, dass bei dem Vorfall, der sich in dem Unterrichtsraum ereignet hat – bei dem ein Bild, dessen Betrachtung Muslimen verboten ist, auf eine Leinwand projiziert wurde und dort viele Minuten lang zu sehen war –, der Respekt vor den praktizierenden muslimischen Studenten, die sich in diesem Raum befanden, an erster Stelle hätte stehen sollen, und nicht die akademische Freiheit.[32]

Drei Punkte gilt es hier festzuhalten. Erstens sind die Originale der Bilder, die gezeigt wurden, von Muslimen gemalt worden, sie gehören zur sakralen Kunst, sie enthalten nicht die Spur von Respektlosigkeit oder Missachtung. Zweitens fragt man sich, warum Wedatalla, die den Protest initiierte, den Raum nicht verlassen hat, nachdem sie gewarnt worden war? Offensichtlich blieb sie, *damit* sie hinterher behaupten konnte, sie sei verletzt und beleidigt worden, und um einen Vorfall zu provozieren. Das ist auch der Grund, warum sich andere Demonstranten, die sich Wedatalla anschlossen, verletzt und beleidigt fühlten, obwohl sie an dem Unterricht gar nicht teilgenommen hatten – es reichte ihnen, dass sie wussten, was dabei vorgefallen war. Natürlich eröffnet das den Raum für die beinah endlose Ausweitung dessen, was mich beleidigen und verletzen kann … Drittens und am wichtigsten: Die von den Protestierenden verwendeten Begriffe – Sicherheit, Respekt usw. versus Hass, direkter Angriff, Phobie … – sind genau die Begriffe, die die Vertreter der politischen Korrektheit und des Wokismus benutzen, um gegen Intoleranz und Rassismus anzugehen.

Man hört heute oft, dass sich das Phänomen des Wokismus und der politischen Korrektheit allmählich abschwächt. Ich dagegen glaube, es wird allmählich »zur Normalität« und dabei selbst von denjenigen, die es gründlich anzweifeln, weitgehend akzeptiert als auch von der Mehrzahl der akademischen und staatlichen Institutionen praktiziert. Daher verdient es mehr denn je, von uns kritisiert zu werden – zusammen mit seinem Gegenteil, der Obszönität des neuen Populismus und religiösen Fundamentalismus. In einer Cancel Culture kann das öffentliche Leben schlimmstenfalls aus Gründen zerstört werden, die im Voraus nicht einmal klar sind. Das macht die Cancel Culture so bedrohlich: Etwas ganz Bestimmtes, das man getan hat (oder tut), kann unerwartet in den allgemeinen Status eines unverzeihlichen Fehlers erhoben werden, so dass jeder einzelne Fall nie nur ein neutraler Fall des Allgemeinen ist, sondern einem unscharfen Allgemeinen seinen eigenen Dreh verleiht.

Ende Oktober 2022 war das Gonville and Caius College im englischen Cambridge Gastgeber eines Vortrags von Helen Joyce, die für ihre Ansicht bekannt ist, dass Männer und Frauen durch Transaktivisten »neu definiert« werden. Dabei würden Gesetze und Richtlinien »so umgestaltet, dass die Geschlechtsidentität, die man sich selbst zuerkennt, gegenüber dem biologischen Geschlecht privilegiert wird«. Joyce tritt eindeutig für die Rechte von Transsexuellen ein; was sie ablehnt, ist die Ideologie der Geschlechtsidentität, das heißt die Idee, »dass eine Person auf der Grundlage dessen, was sie ihrem Gefühl oder ihrer eigenen Angabe nach ist, als Mann oder Frau gelten soll, anstatt auf der Grundlage ihrer Biologie«, und dass das zur Norm gemacht und gesetzlich verankert werden soll. Es kam zu Protesten vonseiten der Studenten, wobei die LGBT-Vertreter des Colleges forderten, Joyces Auftritt müsse abgesagt werden, weil »die Vorstellung, dass man solchen Ansichten eine Plattform bietet, uns ausnahmslos anwidert«. Die Tutoren richteten sogar extra eine Art Wohlfühloase ein, die von den Studenten vor, während und nach dem Vortrag als Schutzraum genutzt werden konnte; als Grund nannten sie den »verständlichen Schmerz und Zorn«, den die Einladung »bei vielen Studenten, Mitarbeitern und Kommilitonen von Caius« ausgelöst habe. Der Rektor des Colleges schloss sich ihnen an, indem er erklärte, die Meinungsfreiheit sei zwar »ein Grundprinzip«, doch »bei manchen Themen, die uns als Gemeinschaft berühren, können wir nicht neutral bleiben«.[33] Auch hier hätte demnach der Respekt vor (nicht den praktizierenden muslimischen Studenten, sondern) den angegriffenen Trans-Studenten Vorrang vor der akademischen Freiheit haben müssen … und das ist eindeutig der Punkt, an dem der religiöse Fundamentalismus und die Cancel Culture der politischen Korrektheit sich treffen.

Was der politisch korrekten Cancel-Kultur mit ihrem starren Moralismus fehlt, ist die richtige *ethische* Haltung. Das jüngste cineastische Beispiel für eine solche Haltung ist der Film *The Menu* (Mark Mylod, 2022), in dem Ralph Fiennes als Darsteller von Julian brilliert, einem Spitzenkoch und Besitzer eines Elite-Restaurants, das sich auf einer kleinen Privatinsel befindet. Julian lädt eine Gruppe von reichen Gästen mit dem Vorsatz in sein Restaurant, sie alle zu töten – Margot, die am Ende als Einzige von ihnen überlebt, versucht sich zu retten, indem sie Julian herausfordert und einen der Gänge zurückgehen lässt. Anschließend wirft sie ihm vor, ohne Liebe zu kochen und behauptet, immer noch hungrig zu sein. Auf Julians Frage, was sie denn gerne essen würde, bestellt Margot einen Cheeseburger mit Pommes; zuvor nämlich hatte sie ein Foto gesehen, das Julian als jungen, glücklichen Mann zeigt, der offensichtlich in einem Fast-Food-Restaurant arbeitet. Berührt von ihrem einfachen Wunsch, bereitet er das Essen nach ihren Vorstellungen zu. Margot nimmt einen Bissen von dem Burger und lobt dessen Geschmack; dann fragt sie, ob sie ihn auch »zum Mitnehmen« bekommen kann. Julian packt das Essen für sie ein, und das Personal lässt sie gehen. Margot nimmt sich das in der Nähe angedockte Boot der Küstenwache und flieht von der Insel. Zur gleichen Zeit lässt Julian das Restaurant in Flammen aufgehen, indem er eine brennbare Flüssigkeit entzündet und damit die Gäste, das Personal und sich selbst tötet.[34] Obwohl Julian definitiv unmoralisch ist (er tötet eine Reihe von Menschen, die zwar verdorben und abstoßend, aber keine Mörder sind), so gibt er doch einer reinen ethischen Haltung Gestalt: Der suizidale Akt, den er am Ende vollzieht, ist nicht nur ein Ausdruck seiner sonderbaren Persönlichkeit; er zielt auch auf eine ganze Lebensweise, für die die Haute Cuisine, an der nicht nur die Kunden, sondern auch die Köche und Kellner, die sie bedienen, beteiligt sind, beispielhaft steht – man kann darauf wetten, dass alle seine Gäste sich für wohltätige Zwecke einsetzen und großes Mitgefühl für die Not von armen Menschen aufbringen … Julians Ethik beweist sich dadurch, dass er Margot gehen lässt: Wäre er nur unmoralisch, hätte er alle Gäste getötet.

Ein anderer Film, der die gleiche Unterscheidung darstellt, ist *Ghost Dog: Der Weg des Samurai* (1999, Drehbuch und Regie: Jim Jarmusch). Forest Whitaker spielt darin den geheimnisvollen »Ghost Dog«, einen Auftragskiller im Dienst der Mafia, der sich einem alten Ehrenkodex der Samurai verschrieben hat – den Ausführungen und Lektionen Tsunetomo Yamamotos, die in dem Buch *Hagakure* zusammengefasst sind. Ghost Dog lässt sich von dem darin beschriebenen Weg nicht abbringen und folgt ihm selbst bis den Tod. Ein weiterer Film, der sich auf dieser Linie bewegt, ist *The Banshees of*

Inisherin (2022, Drehbuch und Regie: Martin McDonagh). Angesiedelt auf einer abgelegenen Insel vor der Westküste Irlands, folgt der Film den zeit ihres Lebens befreundeten Pádraic (Colin Farrell) und Colm (Brendan Gleeson), die sich in einer ausweglosen Situation wiederfinden, als Colm ihre Freundschaft ebenso unerwartet wie abrupt beendet. Für Pádraic bricht fast eine Welt zusammen, weshalb er alles Mögliche unternimmt, um die Beziehung wieder zu kitten. Seine wiederholten Annäherungsversuche aber bestärken den ehemaligen Freund nur in seinem Entschluss – Colm stellt Pádraic schließlich ein Ultimatum: Jedes Mal, wenn dieser ihn behelligt oder zur Rede zu stellen versucht, werde er, Colm, sich mit einer Schafschere einen Finger seiner linken Hand abschneiden … und das tut er dann tatsächlich mehrfach. Dieses treue Festhalten an einer Entscheidung ist ethisch, wenn dieser Begriff irgendeinen Sinn hat.

Das treue Festhalten an einer prinzipiengeleiteten Entscheidung reicht jedoch nicht aus, damit eine Handlung als eine wirklich ethische Handlung gelten kann. Im Dezember 2022 hat die Sturgeon-Regierung in Schottland dem Wokismus und LGBT+ (fast) über die Ziellinie verholfen: Sie bejubelte einen »historic day for equality«, nachdem die Abgeordneten Pläne gebilligt hatten, die es für den Einzelnen leichter und weniger zudringlich machen, sein Geschlecht legal zu ändern, wozu auch die Ausweitung des neuen Systems der geschlechtlichen Selbstbestimmung auf Sechzehn- und Siebzehnjährige gehörte – im Grunde ist es so, dass man angibt, was man seinem Gefühl nach ist, und dann als das registriert wird, was man sein möchte. Ein (zu erwartendes) Problem trat auf, als Isla Bryson in das Frauengefängnis in Stirling überstellt wurde, nachdem sie wegen der Vergewaltigungen verurteilt worden war, die sie als Mann mit Namen Adam Graham begangen hatte. Dass er kein Mann mehr sei, beschloss der Vergewaltiger dabei erst, nachdem er wegen eines Vergewaltigungsvorwurfs vor Gericht zitiert worden war – wir haben es demnach mit einer Person zu tun, die sich als Frau identifiziert und ihren Penis benutzt, um zwei Frauen zu vergewaltigen. Es ist ganz logisch: Wenn Männlichkeit und Weiblichkeit nichts mit dem Körper zu tun hat, sondern ausschließlich eine Sache der eigenen Selbstdefinition ist, dann muss man einen Vergewaltiger, der sich als Frau identifiziert und dabei einen Penis hat, in einem Gefängnis unterbringen, in dem Frauen inhaftiert sind. Nach Protesten wurde Bryson wieder zurück in ein Männergefängnis verlegt – was formal wiederum problematisch ist, da wir jetzt die Situation haben, dass eine Frau in einem Männergefängnis einsitzt …[35] Der Punkt ist hier, dass es keine einfache Lösung gibt, weil die sexuelle Identität an sich keine einfache Form der Identität ist, sondern eine komplexe Vorstellung, die voller Widersprüche und unbewusster Besonderheiten steckt – sie ist etwas, das sich unmöglich durch unmittelbaren Bezug auf unser Gefühl begründen lässt. Es hilft in solchen Fällen nicht viel, sich an ein problematisches »Prinzip« zu klammern, da das Prinzip an sich falsch ist.

Von Gegensätzen zum Klassenkampf

Dasselbe gilt auf einer allgemeineren Ebene für jedes soziopolitische Feld, welches immer ein Raum vielfacher Antagonismen (Gegensätze) ist: Klassengegensätze, ethnische Gegensätze, sexuelle Antagonismen, religiöse Gegensätze, Kämpfe für die Ökologie … Alle diese Gegensätze sind im strikten Lacan'schen Sinne unmöglich-real: Es gibt keine neutrale Beschreibung eines Antagonismus, jede Beschreibung ist schon »kontextualisiert«, voreingenommen. Antagonismen lassen sich zu dem kombinieren, was Ernesto Laclau »Äquivalenzkette« genannt hat:[36] Die Linke erklärt, der ökologische, der feministische, der antirassistische usw. Kampf könne und solle mit dem Klassenkampf kombiniert werden, weil Rassismus, Umweltzerstörung, die Unterdrückung von Frauen und Menschen anderer Herkunft heute allesamt von der kapitalistischen Ausbeutung überdeterminiert seien. Es sind aber auch andere Kombinationen möglich: Der Feminismus kann mit dem Liberalismus kombiniert werden, die Ökologie mit einem konservativen Antimodernismus und so weiter. Auch wenn es in jeder einzelnen Situation immer einen

Kampf/Antagonismus gibt, der eine beherrschende Rolle einnimmt (im Europa der 1940er Jahre war dies der antifaschistische Kampf, im Iran war es Ende 2022 der Kampf für Frauenrechte ...), wird für Laclau ein Kampf durch den Kampf (um die Hegemonie), dessen Ausgang nicht im Voraus feststeht, sondern von zufälligen strategischen Umständen abhängt, in die hegemoniale Rolle erhoben.

Die Proteste, die seit September 2022 im Iran stattfinden, sind von welthistorischer Bedeutung. Die Kundgebungen, die sich auf Dutzende Städte ausgedehnt haben, begannen am 16. September in Teheran als Reaktion auf den Tod von Jina Mahsa Amini, einer 22 Jahre jungen Frau kurdischer Abstammung, die im Polizeigewahrsam starb, nachdem sie von der »Belehrungspatrouille«, der islamischen Sittenpolizei des Iran, verprügelt worden war; sie war wegen eines angeblichen Verstoßes gegen das Hidschab-Gesetz verhaftet worden. Die Proteste verbinden verschiedene Kämpfe (gegen die Unterdrückung der Frau, gegen religiöse Unterdrückung, für politische Freiheit, gegen Staatsterror) zu einer organischen Einheit. Der Iran gehört nicht zum entwickelten Westen, deshalb unterscheidet sich Zan, Zendegi, Āzādi (Frau, Leben, Freiheit, der Slogan der Proteste) sehr stark vom Me-too westlicher Länder. Der Slogan mobilisiert Millionen einfacher Frauen und ist direkt mit dem Kampf aller, einschließlich Männern, verknüpft – es gibt keine antimännliche Tendenz darin, wie es im westlichen Feminismus häufig der Fall ist. Frauen und Männer kämpfen gemeinsam, der Feind ist der vom Staatsterror unterstützte religiöse Fundamentalismus. Männer, die sich bei Zan, Zendegi, Āzādi beteiligen, wissen, dass der Kampf für Frauenrechte auch ein Kampf für ihre eigene Freiheit ist. Die Unterdrückung von Frauen ist kein Sonderfall, sondern nur der Punkt, an dem die Unterdrückung, die die gesamte Gesellschaft durchzieht, am deutlichsten sichtbar wird. Auch die nichtkurdischen Demonstranten sehen deutlich, dass die Unterdrückung der Kurden auch ihre eigene Freiheit einschränkt. Solidarität mit den Kurden ist der einzige Weg zur Freiheit im Iran. Außerdem sehen die Protestierenden deutlich, dass sich der religiöse Fundamentalismus nur an der Macht halten kann, wenn er von der rohen Staatsmacht der iranischen »Sittenpolizei« unterstützt wird – sie sehen, dass ein Regime, das eine brutale Sittenpolizei nötig hat, um sich zu behaupten, Verrat an der authentischen religiösen Erfahrung begeht, die es zu seiner Legitimierung nutzt.

Die iranischen Proteste machen somit wahr, wovon die westliche Linke nur träumen kann. Sie vermeiden die Fallen des westlichen Mitteklasse-Feminismus, indem sie den Kampf für die Freiheit der Frau direkt mit dem von Frauen und Männern gegen ethnische Unterdrückung, religiösen Fundamentalismus und Staatsterror verbinden. Was zurzeit im Iran geschieht, steht uns auch in der entwickelten westlichen Welt bevor, wo politische Gewalt, religiöser Fundamentalismus und die Unterdrückung von Frauen täglich zunehmen. Wir im Westen haben kein Recht, den Iran als ein Land zu behandeln, das unseren Vorsprung nur aufholen muss. Das Letzte, was der Iran jetzt braucht, ist eine Dosis westliche politische Korrektheit! Wir im Westen müssen vom Iran lernen, werden wir doch bald eine ähnliche Bewegung in den USA, in Polen, in Russland und in vielen anderen Ländern brauchen. Das Entscheidende ist, unabhängig vom unmittelbaren Ergebnis der Proteste, die Bewegung am Leben zu halten, soziale Netze zu organisieren, die ihre Untergrundarbeit auch bei kurzfristigen Erfolgen der staatlichen Unterdrückung weiterführen und die Grundlage für eine neue Explosion legen können. Es reicht nicht aus, nur Sympathie und Solidarität mit den iranischen Protestierenden zu bekunden, denn sie sind nicht da draußen, weit weg von uns, als Teil einer anderen, exotischen Kultur. Das ganze Gerede über kulturelle Besonderheiten (oft von reaktionären Kräften bemüht, um religiöse und ethnische Unterdrückung zu rechtfertigen) ist jetzt bedeutungslos: Wir können unmittelbar erkennen, dass der iranische Kampf unser aller Kampf ist.

Gleichzeitig sollten wir uns nicht scheuen zu erklären, dass die Sprache der globalen Emanzipation ihre Wurzeln in der europäischen Tradition der Aufklärung hat. Die europäische Zivilisation zeichnet sich durch ein einzigartiges Merkmal aus: Ständige Selbstkritik ist Teil ihrer Identität. Ja, der liberale Westen ist heuchlerisch, er wendet seine hohen Standards sehr selektiv an. Aber Heuchelei bedeutet, dass man die Standards verletzt, die man selbst verkündet, und auf diese Weise setzt man sich der immanenten Kritik aus – wenn wir den liberalen Westen kritisieren, legen wir an ihn seine eigenen Maßstäbe an. Was Putins Russland anbietet, ist eine Welt ohne Heuchelei – weil es keine globalen ethischen Standards gibt, sondern nur einen pragmatischen »Respekt« für Unterschiede. Wir haben deutlich gesehen, was das bedeutet, als die Taliban nach ihrer Machtübernahme in Afghanistan sofort eine Abmachung mit China trafen: China erkennt das neue Afghanistan an und die Taliban ignorieren, was China mit den Uiguren macht … – das ist im Kern die neue Globalisierung, die von Russland befürwortet wird. Und die einzige Möglichkeit, das zu verteidigen, was an unserer liberalen Tradition erhaltenswert ist, liegt darin, strikt auf ihrer Universalität zu bestehen.

Diese universelle Dimension macht die anhaltenden Proteste im Iran so wichtig, die Michel Foucaults Verherrlichung der iranischen Revolution von 1978 als eine Modalität der religiös politischen Revolte, das heißt, als eine Form der politischen Spiritualität rückwirkend entwertet: eine Massenmobilisierung nach dem Vorbild einer künftigen neuen islamischen Vision sozialer Formen des Zusammenlebens und der Gleichheit. Tief enttäuscht über die Massentötungen der siegreichen Revolution schrieb Foucault 1979, dass »die Spiritualität derer, die in den Tod gingen, keinerlei Ähnlichkeit mit der blutigen Regierung fundamentalistischer Geistlicher hat« – eine Aussage, die als eine der größten Dummheiten unter den politischen Urteilen des 20. Jahrhunderts bezeichnet werden muss: Natürlich besteht »keinerlei Ähnlichkeit« zwischen den beiden, aber der Übergang vom ersten zum zweiten war dennoch unvermeidlich.[37] Was verleitete Foucault also dazu, zu glauben, dass die iranische Revolution die Menschheit aus den Fängen des Materialismus und Kapitalismus retten sollte? Wie er in vielen Interviews aus jener Zeit wiederholte, hielt er das moderne Europa für die schlimmste Form der Unterdrückung und Beherrschung, viel schlimmer als die undemokratischen Regime der Dritten Welt – Freiheit, Demokratie und

Menschenrechte waren für ihn nur trügerische Masken der totalen gesellschaftlichen Kontrolle. Wie konnte das passieren? Die Linke bevorzugt stets die symptomale Interpretation einer Ideologie: Die Dinge sind nicht so, wie sie zu sein behaupten, ihre Wahrheit ist das Gegenteil (die Freiheit des Marktes ist die Form der Ausbeutung und Beherrschung, allgemeine Menschenrechte sind die Maske der imperialistischen Herrschaft ...) – was macht die Linke also, wenn sie auf einen reaktionären Akteur trifft, der *ist*, was er zu sein vorgibt, und bei dem keine Notwendigkeit für eine symptomale Tiefenanalyse besteht? Hier ist die Linke ratlos: Was ist, wenn wir auf einer tieferen Ebene sogar noch schlimmer sind als unsere reaktionären Gegner? Genau diese Logik erleben wir heute bei den »Linken«, die »Verständnis« für Putin zeigen.

Der iranische Aufstand liefert damit das beste Argument gegen die neue Weltordnung souveräner Staaten, die (unter anderem) von Russland befürwortet wird; in dieser Sichtweise ist der Hauptfeind der Souveränität der »Eurozentrismus«, die westliche Dekadenz, die anderen ihre liberalen Werte aufdrängt. Wenn also in einem Staat Aufstände ausbrechen (Iran, Belarus ...), dann wird deren Ursache nach außerhalb projiziert – in Russland werden jetzt die meisten offenen Dissidenten offiziell als »ausländische Agenten« bezeichnet. Die Kritik des Eurozentrismus ist hier größtenteils falsch: Autoritäre Regime versuchen verzweifelt, einen äußeren Feind zu konstruieren, um ihre eigenen immanenten Antagonismen zu verschleiern. Wenn es jedoch je ein Ereignis gab, das nicht »eurozentrisch« war, dann sind es die iranischen Proteste; sie sind eindeutig aus den ungelösten immanenten Antagonismen der iranischen Gesellschaft hervorgegangen. Die protestierenden iranischen Massen haben etwas getan, was heute nur noch sehr schwer möglich ist: Sie haben den Übergang vom äußeren Feind, der vernichtet werden muss, zum immanenten Antagonismus geschafft, was eine radikale Veränderung der eigenen Identität erfordert, und deshalb ist, wie schon gesagt, jede gönnerhafte Genugtuung des Westens (»endlich werden die Iraner so wie wir«) absolut fehl am Platz – wenn überhaupt, sollten wir von den Iranern lernen.

Sehen wir uns zum Beispiel den Kampf um Hegemonie an, der in (den Überresten) der Linken im entwickelten Westen, besonders in den USA stattfindet. Der linksliberale Mainstream weist den Themen des sogenannten Kulturkriegs (Trans-Rechte, Abtreibung ...) und dem Rassismus de facto die beherrschende Rolle zu, während er zu ökonomischen Fragen üblicherweise nur Lippenbekenntnisse abgibt oder sie ganz ignoriert. Auf diese Weise werden Millionen gewöhnliche Familien aus der Unter- und Mittelschicht in Kleinstädten und auf dem Land entfremdet, die nicht aktiv gegen LGBT+ sind, sondern einfach nur ihr herkömmliches Leben weiterführen wollen – sie könnten für viele Maßnahmen mobilisiert werden (gegen Großkonzerne und -banken, für einen besseren Zugang zur Gesundheitsfürsorge, für Studienkredite ...), man hat fast den Eindruck, die liberale Linke würde mit Absicht große gemeinsame Anliegen sabotieren. Sobald eine radikalere Linke mit solchen Vorschlägen kommt, wird sie von den Kulturkriegsliberalen beschuldigt, Trans-Fragen und dergleichen zu vernachlässigen – die linksliberalen Kulturkrieger tun freilich selbst nicht, was sie den radikaleren Wirtschaftslinken vorwerfen ...

Aber reicht es aus, für eine solche Symmetrie zu plädieren, für das Gleichgewicht verschiedener Antagonismen, wie es am besten in der Theorie von Laclau formuliert wurde, der zufolge Hegemonie das Resultat zufälliger Kämpfe ist? Hier setzt meine Analogie mit der Bell'schen Ungleichung an: Laclaus Vielzahl von Antagonismen ohne privilegierte Kämpfe ist eine reine perfekte Form, und der Klassenkampf ist es, der diese perfekte Symmetrie stört. Es geht nicht darum, dass die ökonomische Basis eine »verborgene Variable« ist, die versteckte substanzielle Wahrheit aller Antagonismen, die unabhängig von allen Kontexten wirkt; sie ist vielmehr eine Art strukturelle Unvollkommenheit, ein »Attraktor«, der die reine Form stört. Sehen wir uns noch einmal die Abbildung mit den Vorhersagen der Quantenmechanik an (die in Experimenten wiederholt bestätigt wurden): Die Quantenmechanik sagt voraus, dass die beiden verschränkten Elektronen bei ihren Spin-Messungen eine *höhere*

Korrelation aufweisen als die Grenze, die sich ergibt, wenn man eine Verbindung ausschließt, die schneller als die Lichtgeschwindigkeit funktioniert – hier ist die Abbildung (siehe Abb. 6), die wir schon in Kapitel 3 benutzt haben.

In meiner brutalen Lesart zeigt dieses Bild ohne die gekrümmte Linie die Korrelation zwischen gesellschaftlichen Antagonismen ohne die »spukhafte« Fernwirkung des Klassenkampfs, während die rote Linie anzeigt, wie diese »spukhafte« Fernwirkung die reine Form der Kontingenz stört. Man muss hinzufügen, dass der Klassenkampf schon auf einer formellen Ebene kein Antagonismus wie andere ist: Das Ziel des antirassistischen Kampfes besteht nicht darin, eine ethnische Gruppe zu vernichten, sondern die friedliche Koexistenz verschiedener ethnischer Gruppen ohne Unterdrückung herbeizuführen; das Ziel des feministischen Kampfes besteht nicht darin, Männer auszulöschen, sondern eine tatsächliche Gleichheit für alle Geschlechter und alle sexuellen Orientierungen herzustellen, und so weiter. Beim Klassenkampf ist das anders. Sein Ziel für die Unterdrückten und Ausgebeuteten ist die faktische Vernichtung der entgegengesetzten herrschenden Klasse als Klasse (natürlich nicht der einzelnen Menschen, aus denen sie besteht), und nicht die Versöhnung der Klassen (es ist der Faschismus, der eine Versöhnung der Klassen durch die Beseitigung des Eindringlings – Juden – anstrebt, der den Antagonismus eingeschleppt hat). Dies führt uns zurück zu dem Paradox, dass der Klassenunterschied den Klassen (als selbstidentischen sozialen Gruppen) vorausgeht: Wenn die Klassen ihrem Kampf vorausgehen, ist der Weg für den Faschismus, d. h. für die Zusammenarbeit der Klassen frei. Nur wenn der Klassenkampf den Klassen vorausgeht, kann die Klassengesellschaft wirklich überwunden werden.

Wir leben in einer Zeit der unheiligen Allianzen, einer Kombination ideologischer Elemente, die gegen den üblichen Gegensatz von Rechts und Links verstoßen. Ich erwähne nur eines der traurigsten Beispiele der jüngeren Vergangenheit. Ende Februar 2023 debattierte das ugandische Parlament über eine weitere Verschärfung des Anti-Homosexuellen-Gesetzes – die radikalsten Befürworter forder-

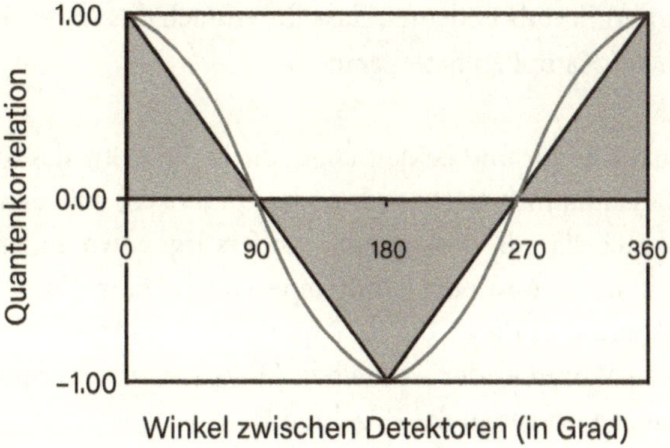

Abb. 6.1

ten die Todesstrafe oder zumindest eine lebenslange Haftstrafe für Menschen, die auf frischer Tat ertappt werden. Anita Among, die Sprecherin des Parlaments, sagte in der Debatte: »Entweder Sie sind auf unserer Seite oder Sie sind auf der Seite der westlichen Welt.«[38] Sie denunziert damit die Kämpfe von Feministinnen, Schwulen und Trans-Personen als Instrument des westlichen ideologischen Kolonialismus mit dem Ziel, die afrikanische Identität zu untergraben – und dies führt uns direkt zu einer weiteren unheiligen Allianz: Russland mit seinem orthodoxen Fundamentalismus stellt sich als Verbündeter von Dritte-Welt-Nationen im Kampf gegen den Kolonialismus dar, eine Tatsache, die Teile der westlichen Linken nicht davon abhält, zu Russland und seiner Aggression gegen die Ukraine zu tendieren. Wie kann so etwas passieren? Zupančič zeigt den verborgenen Grund für diese obszöne Komplizenschaft auf: Die westliche Linke deutet zu Recht auf die Begrenztheit des globalen Kapitalismus hin, ist aber nicht in der Lage, eine Trennlinie zu ziehen, die es ihr ermöglichen würde, sich selbst als aktiver politischer Akteur zu engagieren. Während sie den globalen Kapitalismus des Westens vorgeblich schonungslos kritisiert, beschränkt sich ihre eigene Aktivität auf politisch korrekte selbstzerstörerische Exzesse – sie hofft darauf, dass ein anderer, externer Akteur diese Grenze zieht, was in den Begriffen Freuds bedeutet, dass ihr einfach das wahre Begehren fehlt, sich am Kampf zu beteiligen:

> Die ganze Energie und Leidenschaft, die in die Kritik des westlichen Imperialismus investiert wird, endet (praktisch) mit dem Hoffen und Warten darauf, dass jemand anders irgendwo anders unsere Arbeit machen und eine Linie, eine Grenze zum Empire ziehen wird. (Und sei es durch die Errichtung eines anderen, alternativen Empires.) Woran es der westlichen Linken in diesem Sinne ernsthaft mangelt, ist genau das Begehren.[39]

Und jetzt, Anfang 2023, ist Russland dieses alternative Empire … Als Sahra Wagenknecht, die ehemals populärste Vertreterin der Partei *Die Linke* in Deutschland im Februar 2023 ein Friedenstreffen in Dresden organisierte und in ihrer Rede ein Ende der Waffenlieferungen an die Ukraine forderte, rief der ebenfalls anwesende Björn Höcke (eines der führenden Mitglieder der rechtsextremen Partei *Alternative für Deutschland*) ihr zu: »Ich bitte Sie, kommen Sie zu uns!« – und das Publikum applaudierte … Dieser und andere Fälle brachten viele Gesellschaftsanalytiker zu dem Schluss, dass der Gegensatz zwischen Links und Rechts heute bedeutungslos geworden sei, oder zumindest zu Laclaus Position, dass kein Antagonismus einen privilegierten Status genießt.

Auch hier versetzt uns der Bezug zur Quantenmechanik in die Lage, den Vorrang des Klassenkampfes nicht substanzialistisch als das Wesen, das in anderen Kämpfen zum Ausdruck kommt, sondern rein formal zu interpretieren. Das bedeutet, dass wir zwischen dem Klassenunterschied als Differenz (oder Kampf) zweier klar definierter positiver Gesellschaftsgruppen und dem Klassengegensatz als reiner Differenz, die den gegensätzlichen Begriffen vorausgeht, unterscheiden sollten – hegelianisch ausgedrückt, trifft der »reine« Klassengegensatz unter den positiven sozialen Unterschieden auf sich selbst in seiner »gegensätzlichen Bestimmung«. Und Gleiches gilt für den Geschlechtsunterschied: Wir sollten zwischen der »reinen« sexuellen Differenz als dem Realen eines »unmöglichen« Antagonismus und der sexuellen Differenz im binären Sinne, als Gegensatz zweier bestimmter Geschlechter unterscheiden.

Einige (vorwiegend akademische) Institutionen haben mittlerweile die Regel aufgestellt, dass man bei der ersten Begegnung mit einer (oder einem Gespräch über eine) Person, diese unabhängig von ihrem Aussehen mit »they« ansprechen soll – zu »er« oder »sie« soll man nur übergehen, wenn die Person dies ausdrücklich wünscht. Ich finde diese Forderung problematisch, weil sie die Ausnahme (»they« bezog sich zunächst auf diejenigen, die nicht in die Zweiheit von Männern und Frauen passten) zur Allgemeinheit, zu einem universellen Standard erhebt. Wir alle sind »they«, und »er« oder »sie« werden zu einer ihrer Unterarten. Der Geschlechtsunterschied ist aber ein Antagonismus, eine »unmögliche« Differenz in dem Sinne, dass die Differenz dem vorausgeht, was sie differenziert, so dass »männlich« und »weiblich« zwei Arten sind, das Trauma der Differenz zu verschleiern. Empirisch gibt es zwar nicht nur Männer und Frauen, sondern auch Menschen, die nicht zu einer dieser Identitäten passen, das heißt aber nicht, dass die menschliche Sexualität als eine neutrale Allgemeinheit mit vielen Unterarten existiert. Sexuelle Differenz bedeutet, dass es Männer, Frauen und deren Differenz als solche gibt, und diese Differenz zeigt sich gerade bei Trans-Subjekten, die in keine der beiden Hauptkategorien passen. Der Hauptpunkt ist, dass der Mensch konstitutiv von der sexuellen Differenz durchzogen ist. Es ist unmöglich, eine menschliche Allgemeinheit zu isolieren oder zu abstrahieren, die nicht von der Kluft der Differenz betroffen wäre. Aus diesem Grund ist die sexuelle Position eines Subjekts dessen freie Entscheidung und gleichzeitig eine erzwungene Wahl: Wir befinden uns nie in einer sicheren externen Position, um uns zu entscheiden, es gibt kein allgemeines »they«, von dem aus wir wählen könnten, »er« oder »sie« zu sein oder »they« zu bleiben – es ist eine erzwungene Wahl, denn wir wählen (den Modus dessen), was wir *sind*, nicht unsere Eigenschaften.

Es stimmt schon, dass die Allgemeinheit in einer Ausnahme verkörpert ist, aber die Allgemeinheit, um die es hier geht, ist keine besondere neutrale Ebene, auf der Antagonismen nicht gelten (wie die Vorstellung eines perfekten androgynen menschlichen Wesens, das in seliger Harmonie lebt). Allgemeinheit ist die Allgemeinheit eines Antagonismus, einer Ausweglosigkeit. Darin liegt der Unterschied zwischen dem Antagonismus und einer nicht-antagonistischen Allgemeinheit wie der von Müll. Zu der heute gebräuchlichen Reihe von Mülltonnen gehören solche für Papier, für Glas, für Bioabfälle und so weiter, und dann gibt es (normalerweise) eine, die entweder »Restmüll« oder »allgemeiner Müll« heißt. »Rest« bedeutet hier schlicht etwas, das nicht eindeutig einer der anderen, spezifischen Kategorien zugeordnet werden kann. Im Fall der Sexualität hat »Rest« eine radikalere Bedeutung: etwas, in dem der Antagonismus oder die Ausweglosigkeit, die das gesamte Feld durchzieht, sichtbar wird. In diesem Sinne werden diejenigen im Raum der gesellschaftlichen Hierarchie, die nicht in eine bestimmte Position passen, als Bedrohung für das System identifiziert – im Antisemitismus sind die Juden solche Eindringlinge, und die Phantasievorstellung des Antisemitismus ist, dass eine harmonische Sozialhierarchie wiederhergestellt wird, wenn wir dieses Element beseitigen. Der Antisemitismus funktioniert also ähnlich wie die Transphobie: Wenn wir die Trans-Individuen beseitigen, wird der harmonische Geschlechtsunterschied wiederkehren, wo jedes Geschlecht seinen festen Platz hat – sowohl der Antisemitismus als auch die Transphobie ignorieren die Tatsache, dass der Antagonismus das gesamte Feld durchzieht. In diesem Sinne sind der »Klassenkampf« und der »Geschlechtsunterschied« wirklich etwas »Spukhaftes«: In Bezug auf das Feld tatsächlich existierender Sozialbeziehungen und Spannungen zwischen Gruppen sind beide ein virtueller / realer Bezugspunkt, der, ohne als positive Entität zu existieren, nur in seinen Wirkungen existiert (oder vielmehr insistiert), als Kraft, die den sozialen Raum krümmt.

Bislang ignorierten die Vertreter der politischen Korrektheit den Klassengegensatz größtenteils und konzentrierten sich auf Rassismus, Sexismus, Homophobie, religiösen Fundamentalismus und so weiter. Mittlerweile beziehen sie Klassenunterschiede immer mehr in diese Reihe mit ein, was zu Universitätskursen (oder verpflichtenden Schulungen) über »Rassismus, Sexismus und Klassismus« führt. Bei genauerer inhaltlicher Betrachtung des »Klassismus« zeigt sich jedoch, dass es in diesen Kursen nicht um den realen Klassengegensatz geht, sondern um die Beschreibung der negativen Auswirkungen großer Vermögensunterschiede: die Privilegien und die Gefühllosigkeit, die Reichtum mit sich bringt und dergleichen (manche Reiche nehmen diese Lektion gerne an und engagieren sich für wohltätige Zwecke ...). Über die Grundstruktur des Kapitalismus, die Klassenunterschiede erzeugt, oder über Möglichkeiten den Kapitalismus zu überwinden oder wenigstens radikal zu verändern, hören wir nicht viel.

Eine Ideologietheorie kann auch etwas aus dem Paradox der dreifachen Messung lernen – sehen wir uns zum Beispiel einen nicht polarisierten Lichtstrahl an. Wir schicken ihn durch einen Polarisator, der das Licht nur in eine Richtung, nämlich nach oben (vertikal) polarisiert. Dann leiten wir den Lichtstrahl durch einen anderen Polarisator, der genau 90 Grad zum ersten, vertikalen Polarisator steht (horizontal) – auf der anderen Seite kommt nichts heraus, weil das gesamte auftreffende Licht vertikal polarisiert ist und der zweite Polarisator nur horizontal polarisiertes Licht durchlässt. Leiten wir jedoch das gleiche nicht polarisierte Licht zuerst durch einen vertikalen Polarisator und dieses vertikal polarisierte Licht dann durch einen 45-Grad-Polarisator, so wird ein Teil des Lichts (nicht alles) durchkommen; wenn wir dieses verbleibende Licht dann durch einen dritten, horizontalen Polarisator schicken, wird wieder ein Teil durchkommen. Wie und warum kann ein Teil des vertikal polarisierten Lichts durch den zweiten (45 Grad) Polarisator gelangen, wenn es vollständig vertikal polarisiert ist? Stellen wir uns als Parallele vor, wir polarisierten den Wirrwarr ideologisch politischer Meinungen mit Hilfe eines horizontalen Links- und eines vertikalen Rechts-Polarisators; führen wir nur zwei Schritte durch, wird nichts durchkommen, wenn wir aber dazwischen einen Polarisator der liberalen Mitte mit einem Winkel von 45 Grad einbauen, müsste ein Teil hindurchgelangen. (Vielleicht kann man sich auch vorstellen, dass sogar etwas durchkommt, wenn die Meinungen durch die Filter der radikalen Linken beziehungsweise Rechten polarisiert werden: die sogenannten »totalitären« Elemente, die beiden Räumen gemeinsam sind …)

Wir kommen damit zurück zum Begriff der Kontextualität (die Abhängigkeit des Messergebnisses einer Observablen vom Versuchskontext, das heißt von der Interaktion zwischen System und Apparatur): Die Reihenfolge, in der die Messungen stattfinden, ist wichtig. Zahlen auf dem Zahlenstrahl folgen dem Prinzip der Transitivität: Wenn A größer ist als B und B größer als C, dann wissen wir, dass A auch größer als C ist. Diese intuitive Eigenschaft gilt zwar für Zahlen, aber nicht für alles. In einer demokratischen Gesellschaft erfolgt die »Messung« in Form einer Wahl; nehmen wir also an, die Bürger stimmen darüber ab, welche Politik in ein Gesetz gegossen werden soll, A, B oder C. Ein Wähler mag die Politik A, seine zweite Wahl ist B und Politik C lehnt er ab. Ein anderer bevorzugt Politik B, als Zweites Politik C und dann Politik A, und ein dritter Wähler bevorzugt Politik C, dann Politik A und dann Politik B. Bei einer Abstimmung zwischen Politik A und Politik B würde A gewinnen, da zwei der drei Wähler Politik A gegenüber B bevorzugen. Bei einer Abstimmung zwischen B und C gewinnt B und bei einer Abstimmung zwischen A und C würde C gewinnen, so dass die Transitivität hier nicht gilt – A gewinnt gegen B, B gewinnt gegen C, aber C gewinnt gegen A. Dadurch ergibt sich ein interessantes Dilemma. Stellen wir uns vor, C wäre die aktuelle Politik in unserer Gesellschaft und wir würden darüber abstimmen, ob wir zu Politik A wechseln sollen – auf der Grundlage der Präferenzen der Wähler würden wir nicht wechseln. Würden wir jedoch zuerst darüber abstimmen, ob wir zu B wechseln wollen, und anschließend darüber, ob wir zu A wechseln wollen, würde unsere Gesellschaft zuerst von C zu B und dann von B zu A wechseln. Und hier liegt das Hauptproblem unserer Demokratie: die Manipulation der Agenda.[40] Nehmen wir an, C ist die heute vorherrschende neoliberale Ordnung, B ist ihre populistische Ergänzung und A ist eine radikal linke Alternative. Im direkten Aufeinandertreffen würde C gegen A gewinnen, wird C jedoch zuerst durch B ersetzt (Populismus à la Trump), hat A als Reaktion auf diese Version von B eine Siegchance.

Sozialismus und Kapitalismus sind als Systeme unvereinbar, die chinesische Version des Sozialismus beruht jedoch auf der Annahme, dass das Paar aus Planwirtschaft und Marktwirtschaft nicht unvereinbar ist (wie der dogmatische Marxismus behauptete), sondern fruchtbar kombiniert werden kann. Nehmen wir also den Markt und messen wir ihn zusammen mit Sozialismus und Kapitalismus: Wir werden jedes Mal einen anderen Markt erhalten. Genauer gesagt: Wenn wir eine Person nur zum Markt befragen, bekommen wir wahrscheinlich eine andere Antwort als wenn wir sie zuerst zum Sozialismus und dann erst zum Markt befragen … Aber was ist mit der Demokratie? Auch hier bekommen wir eine andere Antwort, je nachdem, ob wir sie zusammen mit dem Sozialismus oder mit dem Kapitalismus messen.

Kann man denn eine »sozialistische Demokratie« noch als wirkliche Demokratie betrachten? Und ist die parlamentarische Mehrparteiendemokratie noch mit dem Sozialismus vereinbar? Die Sackgasse, in die wir hier geraten, lässt sich am besten anhand der Diskrepanz veranschaulichen, die zwischen »sozialistischer Demokratie« und »demokratischem Sozialismus« herrscht. Die bestehenden kommunistischen Regimes behaupte(te)n, dass sie ihre eigene sozialistische Demokratie entwickelten (die der »bürgerlichen« Demokratie überlegen sei), reagieren aber mit Panik und Unterdrückung, wenn wir nur die Begriffe umdrehen und »demokratischen Sozialismus« fordern – dieser wird als Rückkehr zum Kapitalismus abgelehnt … Das entscheidende Merkmal, das wir hier im Auge behalten müssen, ist, dass der Klassenkampf/-gegensatz keine feste, substanzielle Mega-Eigenschaft ist, die alle anderen dominiert und auf ihren sozialen Ausdruck reduziert; der Klassenkampf ist vielmehr die Instanz der ultimativen, irreduziblen Kontextualität aller anderen Kämpfe. Das bestehende parlamentarische Mehrparteiensystem ist nicht effektiv genug, um die Krisen zu bewältigen, die uns bedrängen. Wir sollten die parlamentarische Mehrparteiendemokratie nicht fetischisieren – was Friedrich Engels 1884 in einem Brief an August Bebel schrieb, gilt immer noch. Engels warnt davor, dass die »reine Demokratie« oft zum Slogan für die konterrevolutionäre Reaktion wird:

> [I]m Moment der Revolution [...] tritt die ganze reaktionäre Masse hinter [die reine Demokratie] und verstärkt sie: alles, was reaktionär war, gebärdet sich dann demokratisch. [...] Jedenfalls ist unser einziger Gegner am Tag der Krise und am Tag nachher – die *um die reine Demokratie sich gruppierende Gesamtreaktion* [...].[41]

Geschieht nicht genau das, wenn eine emanzipatorische Bewegung an der Macht zu radikal wird? Wurde nicht der Putsch gegen Evo Morales in Bolivien – neben vielen anderen – im Namen der Demokratie unternommen? In gewisser Weise hatten die Morales-Kritiker recht: Sie standen für die ganze reaktionäre Masse, die sich jetzt als Demokraten wiederentdeckt ... Lenins gesamte Politik war darauf ausgerichtet, die Lage so weit zuzuspitzen, dass die »Demokratie« selbst (in ihrer parlamentarisch-demokratischen Form) irrelevant wird. Man muss eine Entscheidung treffen – wie Lenin sagte, müssen wir die Dinge an den Punkt bringen, wo es keinen dritten Weg zwischen dem Zaren und der Revolution gibt. War die Situation in den Wochen vor dem Sturz von Allende in Chile nicht die gleiche? Parlamentarische Spielchen wurden irrelevant, die Situation wurde vereinfacht, es ging nur noch um das Volk gegen die alten Kräfte (die sich auch auf die »Demokratie« beriefen, um Pinochets Putsch zu unterstützen). An diesem Punkt wird die Komplexität der vielfältigen Antagonismen auf den binären Klassenkampf reduziert, und wenn die (von den alten Kräften vereinnahmte) »Demokratie« gewinnt, verlieren wir die demokratischen Errungenschaften selbst und die alte Korruption kehrt mit aller Macht zurück. Aus dieser schwierigen Entscheidung geht die ewige Phantasie der liberalen Linken hervor: der Traum eines radikalen sozialen Wandels, der auf friedlichem, demokratischem, ja sogar parteiübergreifendem Wege erreicht wird. Colin Jones schließt sein monumentales Werk *The Fall of Robespierre*, eine 600 Seiten lange, minutengenaue Darstellung des 9. Thermidor, die eigentlich sehr kritisch gegenüber Robespierre ist, mit der überraschenden Behauptung ab, dass

> die »Terrorherrschaft« letztlich erst durch das thermidorianische Regime gestürzt wurde, das den Begriff prägte. Mit der Zerschlagung dessen, was sie die *Terreur* nannten, zerstörten die Thermidorianer auch vieles von dem demokratischen Versprechen und den fortschrittlichen sozialen und wirtschaftlichen Programmen, die die Periode der Revolutionsregierung vor dem 9. Thermidor auch kennzeichneten. Es ist eine besondere Ironie, dass derjenige, der in den Anfängen seiner Karriere den Glauben an diese Werte am deutlichsten zum Ausdruck brachte – und auf eine Art und Weise, die uns alle ansprechen kann – Maximilien Robespierre war, der große Verlierer des 9. Thermidor.[42]

Und Robespierre wusste genau, was ihn erwartete. In einer nächtlichen Sitzung, nur Stunden vor seiner Verhaftung, beendete er seine Rede mit den Worten:

> Die Rede, die Sie gehört haben, ist mein letzter Wille und mein Testament. Ich habe heute erkannt, dass der Bund der Übeltäter zu stark für mich ist, als dass ich hoffen könnte zu entkommen. Ohne Bedauern gebe ich nach. […] Und wenn ich nachgebe, meine Freunde, nun, so werdet ihr mich ganz ruhig den Schierlingsbecher trinken sehen.[43]

So denken und handeln authentische politische Figuren. Was Robespierres angeblichen Durst nach Terror und Rache angeht, sollte man beachten, dass sein Hass in erster Linie Joseph Fouché galt (der damals Jakobiner war, dann Polizeiminister unter Napoleon und noch später dessen Untergang plante). Der Hauptgrund für diesen Hass war Fouchés exzessive Anwendung rachsüchtiger Gewalt bei der Niederschlagung der föderalistischen Revolte und deren Folgen. Nach der Niederlage der Konterrevolution in Lyon in den ersten Monaten des Jahres 1794 befahl Fouché 1900 Hinrichtungen und erregte damit den Zorn Robespierres, der ihn unverzüglich nach Paris zurückbeorderte.[44] Kurzum, das eigentliche Ziel von Robespierres letzten beiden Reden im Konvent war es nicht, den Terror weiter zu stärken, sondern ihn abzuschwächen und langsam zu Ende zu bringen. Bekanntlich drohte er in seiner letzten Rede damit, den Konvent von einer Gruppe korrupter Verräter zu säubern, und als er wiederholt aufgefordert wurde, Namen zu nennen, weigerte er sich – wie wir heute wissen tat er das nicht, um Angst und Schuldgefühle unter den Mitgliedern zu verbreiten (die alle befürchteten, auf der Liste zu stehen), sondern weil die Namen, die er ins Visier nahm, größtenteils aus seiner eigenen Gruppe der Montagnards stammten. Robespierres Ziel war es nicht, Angst unter seinen Feinden zu verbreiten, sondern das Bedürfnis nach Feinden einzuschränken, das die Jakobiner zum Terror trieb – er wollte den Terror eindämmen, um sich auf den wichtigsten gesellschaftlichen Antagonismus in Frankreich zu jener Zeit zu konzentrieren: den Schutz der Volksrepublik vor der Bedrohung durch einen Militärdiktator (eine Bedrohung, die von ihm und Saint-Just klar vorhergesagt und mit der Machtübernahme Napoleons Wirklichkeit wurde).

Diese Komplikationen geben uns einen Hinweis darauf, wie der Kommunismus irgendwann die Bühne betreten wird: nicht durch eine schlichte Parlamentswahl, sondern durch einen Ausnahmezustand, der uns von einer apokalyptischen Bedrohung aufgezwungen wird. Der Widerstand gegen diese Radikalisierung ist äußerst stark, wie sich an einem aktuellen fiktiven Beispiel einer radikalen feministischen politischen Akteurin ablesen lässt: Daenerys Targaryen aus der Fernsehserie *Game of Thrones*. Die letzte Schlacht zwischen den Starks und Daenerys ist letztlich ein Kampf zwischen den traditionell »guten« Edelleuten, die ihre Untertanen gewissenhaft vor bösen Tyrannen beschützen, und Daenerys als neuem Typus einer starken Führerin, einer Art weiblicher Robespierre, die sich für die Unterprivilegierten einsetzt. Die Frage, um die es im finalen Konflikt geht, ist folglich, um es einfach auszudrücken: Soll der Aufstand gegen die Tyrannei nur ein Kampf für die Rückkehr einer freundlicheren Version der althergebrachten hierarchischen Ordnung sein, oder soll er sich zur Suche nach einer notwendigen neuen Ordnung entwickeln? Aber was ist mit Daenerys' mörderischen Ausbrüchen? Lässt sich die gnadenlose Ermordung Tausender gewöhnlicher Menschen in Königsmund wirklich als notwendiger Schritt zur allgemeinen Freiheit rechtfertigen? Wenn Sie mit Nein antworten, dann unterstützen Sie die liberal-konservative Lektion, die am besten in den folgenden Worten zum Ausdruck kommt, die Jon an Daenerys richtet, bevor er sie umbringt:

> Die Menschen, die Euch folgen, wissen, dass Ihr etwas Unmögliches möglich gemacht habt. Womöglich hilft ihnen das, zu glauben, dass Ihr auch andere unmögliche Dinge zustande bringt; eine Welt erschaffen könnt, die anders ist als die beschissene, die sie immer gekannt haben. Aber wenn Ihr die [Drachen] nutzt, um Burgen und Städte abzubrennen, unterscheidet Ihr Euch nicht. Dann seid Ihr wie die anderen.

Wie Yuval Harari festgestellt hat, ist jedoch genau das Gegenteil der Fall: Nach der Ermordung von Daenerys gibt es nur mehr vom Gleichen:

> In den letzten Szenen der Serie stellen wir fest, dass sich absolut nichts geändert hat. Nach sieben Staffeln, zahllosen Schlachten, Millionen von Toten und zahlreichen übernatürlichen Eingriffen ist das soziopolitische System von Westeros exakt dasselbe geblieben: ein Haufen Aristokraten, die im Rat sitzen und darüber diskutieren, wie man Flotten finanziert und Bordelle baut.[45]

Und so tötet Jon aus Liebe die einzige soziale Akteurin in der Serie, die wirklich für etwas Neues gekämpft hat: für eine neue Welt, die mit den alten Ungerechtigkeiten aufräumt (und nach der alten männlich chauvinistischen Formel rettet er damit das verfluchte Weib vor sich selbst).

Es ist daher kein Wunder, dass die letzte Folge der Staffel gut aufgenommen wurde, denn die Gerechtigkeit siegt. Aber welche Art von Gerechtigkeit? Jeder Figur wird der ihr gebührende Platz zugewiesen, und Daenerys, die die bestehende Ordnung störte, wird getötet und fliegt auf ihrem letzten Drachen in die Ewigkeit. Der neue König ist Bran: verkrüppelt, allwissend, nichts wollend – womit die schale Weisheit heraufbeschworen wird, dass die besten Herrscher die sind, die keine Macht wollen. Am politisch äußerst korrekten Schluss regiert somit ein behinderter König, der von einem Zwerg beraten und von einer neuen, weisen Elite gewählt wird, deren erstes Anliegen es ist, die Bordelle und den Flottenbau wiederherzustellen. Als einer der naiven neuen Ratsmitglieder eine demokratischere Wahl vorschlägt, wird diese Idee von der Mehrheit mit Gelächter quittiert … Ist *Game of Thrones* somit nicht ein weiteres hübsches Beispiel dafür, dass, obwohl der Hauptkampf der gegen eine fremde Bedrohung ist – die Armee der Toten jenseits der Nordgrenze von Westeros –, der Konflikt am Ende auf den Klassenkampf in Westeros selbst reduziert wird? Eine solche kontextualisierte Interpretation des Klassenkampfes deutet darauf hin, dass wir bei der Ablehnung des religiösen Fundamentalismus nicht auf den westlichen Liberalismus setzen sollten – wie wir bereits gesehen haben, zeigt der Liberalismus deutlich seine verhängnisvolle Begrenztheit, besonders jetzt, im Zuge der Entstehung eines dritten Raums des »freien« digitalen Austauschs. Fragen wir uns also einmal mehr mit Lenin: Was tun in einer so komplexen Situation? Funktioniert der Marxismus noch? Ja – wenn er durch die Psychoanalyse ergänzt wird.

Schluss: Die Notwendigkeit der Psychoanalyse

Im Jahr 2022 wurde der Mitscherlich-Lehrstuhl an der Universität Frankfurt (der renommierteste Lehrstuhl für Psychoanalyse in Deutschland) abgeschafft. In einer neuen Ausschreibung wurde die Psychoanalyse nicht mehr aufgeführt – sollte uns das überraschen? Nein, aber es sollte uns dennoch wütend machen und zum Nachdenken bringen. Diese Schließung ist die logische Folge der langen Welle triumphaler Jubelbekundungen darüber, dass die Psychoanalyse tot sei: Mit den neuen Fortschritten in der Hirnforschung werde sie endlich dahin verbannt, wo sie schon immer hingehört habe: in die Abstellkammer der vorwissenschaftlichen obskurantistischen Suche nach versteckten Bedeutungen, neben bekennende Gläubige und Traumdeuter. Hinter dieser Cancelung steckt ein stillschweigender Pakt zwischen dem psychiatrischen Establishment, der neueren Hirnforschung und dem politisch korrekten, woken Feminismus – sie alle lehnen die Psychoanalyse ab.

Weder biologisches noch kulturelles Geschlecht

Verhaltenstherapien in Kombination mit Medikamenten lassen den sozialen Hintergrund psychischer Probleme außer Acht – ihr Therapieziel besteht schlicht darin, das Symptom zu heilen und dafür zu sorgen, dass der Betroffene wieder »normal« in der Gesellschaft funktioniert. Genauso wie ein kaputtes Auto schnell repariert werden sollte, will man auch ein kaputtes Individuum schnell wieder ins Gesellschaftsleben integrieren, und die Psychoanalyse ist dabei nicht effizient genug, weil sie Zeit mit der Erforschung der sozialen und psychischen Wurzeln einer Krankheit verliert. Wohin hat uns dieser Ansatz geführt? Wie Ivan Illich überzeugend dargelegt hat, verändern die immer neuen medizinischen Verfahren und Medikamente den Umfang des Lebensbereiches, den wir als durch medizinische Praktiken behandelbar empfinden – eine ad absurdum geführte Hochrechnung lässt unser gesamtes Leben, einschließlich unseres Sterbens, zu einer stressigen Erfahrung werden, die kuriert werden muss. So nimmt es nicht wunder, dass heute in den USA rund 80 Prozent der sogenannten intellektuellen Klasse (Professoren und Studenten, Journalisten, Forscher …) Psychopharmaka nehmen, von leichten Beruhigungsmitteln wie Xanax bis hin zu Opium oder Kokain – man nimmt Drogen, um sich zu beruhigen, und dann nimmt man Drogen, um sich wieder wach zu machen … Es sieht immer mehr danach aus, als könnten wir ohne die starke Unterstützung durch Drogen nicht mehr das Gleichgewicht eines normalen Lebens finden.

Solche verhaltens- und chemotherapeutischen Ansätze basieren auf neuartigen Neurowissenschaften, die unser inneres Erleben direkt in neurobiologischen Prozessen begründen und keinen Platz mehr für das Freud'sche Unbewusste haben. Die LGBT+-Bewegung und Neu-Feministinnen lehnen diesen Ansatz zwar ab, sie lehnen aber auch die Psychoanalyse ab, die, wie sie gerne wiederholen, meist von »alten weißen Männern« praktiziert wird. Der begriffliche Rahmen, in dem sie sich bewegen – »Ja heißt Ja«, gegenseitiges Einverständnis – beruht auf einer präfreudianischen Subjektvorstellung, nach der der Einzelne weiß, was er wirklich will. Pathologische Phänomene entstehen demnach durch äußeren gesellschaftlichen Druck und der Einzelne soll sich einfach von diesem Druck befreien, um die Fähigkeit wiederzuerlangen, seine innersten sexuellen Begierden zu verwirklichen. Für die Freud'sche Vorstellung des gespaltenen Subjekts und die immanente Widersprüchlichkeit unserer Begierden (wir wissen nicht, was wir wollen, wir begehren oft gerade das, was wir nicht wollen, wir finden Lust am Leiden und an der Selbsterniedrigung) ist hier kein Platz.

Adorno stellt in Abschnitt 29 seiner *Minima Moralia* eine Behauptung auf, die ihn mit der woken Ideologie von heute vollkommen unvereinbar macht: »Erster und einziger Grundsatz der Sexualethik: der Ankläger hat immer unrecht.«[1] An anderer Stelle erklärt er dazu: »Was bloß identisch ist mit sich, ist ohne Glück.«[2] Adornos Behauptung richtet sich ebenso gegen die (heute so genannte) Identitätspolitik wie gegen die Vorstellung, Sex sei ein Akt des Austauschs zwischen selbstidentischen Ichs, der auf beiderseitigem Einvernehmen beruhe – oder, wie Antonia Hofstätter es in ihrer mutigen und brillanten Interpretation formuliert hat: »Jedes ›Ich klage dich an‹ zieht die Erwartungen und Ansprüche von pflichtbewussten Konsumenten und Bürgern, die ihre Rechte kennen, in die Sphäre der Sexualität.«[3] Darum bezieht Adornos Behauptung »ihren Impuls nicht aus der allgegenwärtigen Forderung nach ›Sicherheit‹, die an Universitäten von Berlin bis Boston widerhallt, sondern aus einer sexuellen Utopie, in der Machtbeziehungen ihrer verletzenden Kraft entledigt sind.«[4] Sex ist per definitionem nicht sicher, er bedeutet, sich dem Verlust der Identität auszusetzen:

> Das trübe Licht der Ambiguität, das Adornos unerhörten Satz nährt, ist untrennbar mit seinem Versprechen verbunden: dem Versprechen einer Fülle – wie düster und abstoßend sie auch sein mag –, die jenseits des bewussten Lebens des Subjekts existiert, einer Fülle, an der es dennoch teilhat.[5]

Man sollte sich nicht scheuen, aus diesen Erkenntnissen den konsequenten Schluss zu ziehen: Der politisch korrekte sichere und kontrollierte Sex ist entsexualisierter Sex, der in eine Reihe mit entkoffeiniertem Kaffee und der Kommunikation mit anderen, denen der Abgrund ihrer Andersheit entzogen wurde, gehört. Mit der politisch korrekten Zurückweisung von Behauptungen wie der von Adorno wird genau jenes »trübe Licht der Ambiguität« abgelehnt, das als Gefahr für die unzweideutige Interaktion empfunden wird, in der Ja Ja und Nein Nein bedeutet: Man weigert sich, sich auf das »Versprechen einer Fülle« einzulassen und begnügt sich mit der direkten Lesart von Adornos Behauptung, die sie auf ein Verbot des Rechts des Opfers reduziert, den Angreifer anzuklagen. Natürlich ist Adorno lächerlich einseitig: Soll eine Frau, die brutal vergewaltigt wurde, etwa nicht ihren Angreifer anklagen? Wir haben es hier nicht mit einem transgressiven, ekstatischen Verwischen von Grenzen zu tun, sondern mit einer schlichten direkten Brutalität: Der Vergewaltiger gewinnt Mehrlust aus der Tatsache, dass sein Opfer durch die Tat in Angst und Schrecken versetzt wird ... Dennoch sollten wir offen für das »trübe Licht der Ambiguität« bleiben, das zur Sprache als gesellschaftliches Bindeglied gehört: Es gibt keine Metasprache, schon gar nicht auf dem Gebiet der Sexualität, was bedeutet, dass jede Zurückweisung oder Ablehnung eines Geschlechtsakts, wie klar und unmissverständlich sie auch klingen mag, prinzipiell offen für die Möglichkeit ist, sexuell besetzt zu werden und eine eigene Mehrlust zu erzeugen. Selbst eine brutale Vergewaltigung, die nicht Teil eines sadomasochistischen Vertrages ist, kann, so inakzeptabel es im politisch korrekten Sprachgebrauch auch klingen mag, pervers auf eine vom Opfer geleugnete Weise genossen werden. Um einem fatalen Missverständnis vorzubeugen: Diese Tatsache rechtfertigt die Vergewaltigung nicht nur nicht (im Sinne von »Sie wollte es eigentlich auch«), sie macht die Tat sogar noch entsetzlicher, weil sie der psychischen Selbstzerstörung des Opfers den Weg ebnet – diese Lust am Vergewaltigtwerden offen anzunehmen, zerstört die grundlegende subjektive Konsistenz des Opfers.

Die jüngste Kontroverse um die sogenannten Pubertätsblocker betrifft einen weiteren Aspekt jenes »trüben Lichts der Ambiguität«. Pubertätsblocker unterdrücken Hormone und halten so die Entwicklung der Geschlechtsmerkmale eines Kindes auf. Sie werden Kindern im Alter von neun bis sechzehn Jahren verabreicht, die noch in der Findungsphase ihrer sexuellen Identität sind, und der Gedanke dahinter ist ziemlich einfach: Es besteht die Gefahr, dass Menschen, die sich noch in der Findungsphase ihrer sexuellen Identität befinden, unter dem Druck ihrer Umgebung eine erzwungene

Entscheidung treffen und damit ihre wahre Neigung (meistens trans zu sein) unterdrücken. Weil man in der Vollpubertät in der Regel bereits eine feste sexuelle Identität angenommen hat, sollte man den Menschen also Pubertätsblocker verabreichen, um ihren Eintritt in die Pubertät zu verzögern und ihnen so mehr Zeit zu geben, über ihre sexuelle Identität nachzudenken, um dann ein paar Jahre später darüber entscheiden zu müssen, wenn sie reif genug sind, die richtige Entscheidung zu treffen …

Es kam jedoch heraus, dass auch autistischen und problembelasteten jungen Menschen, bei denen fälschlicherweise eine Geschlechtsunsicherheit diagnostiziert wurde, lebensverändernde Medikamente gegeben wurden. Kinder erhielten lebensverändernde Behandlungen, bevor sie alt genug waren, um zu wissen, ob sie eine medikamentöse Geschlechtsangleichung wollen, oder wie eine Kritikerin es formulierte: »Ein Kind, das unter Geschlechtsdysphorie leidet, braucht Zeit und Unterstützung – keinen klinischen Behandlungspfad, den es später möglicherweise bereuen wird.«[6] Die Paradoxie liegt auf der Hand: Pubertätsblocker werden verabreicht, damit junge Menschen erwachsen werden und frei über ihre sexuelle Identität entscheiden können, sie können aber zahlreiche andere körperliche und psychische Erkrankungen verursachen, und niemand hat die Kinder gefragt, ob sie bereit sind, Medikamente mit derartigen Folgen einzunehmen – oder wie Hilary Cass schreibt:

> Wir verstehen die Rolle der Sexualhormone von Heranwachsenden für die Entwicklung der Sexualität und der Geschlechtsidentität in den frühen Teenagerjahren nicht vollständig, insofern können wir auch nicht sicher sein, wie sich das Aufhalten dieser Hormonanstiege auf die psychosexuelle und geschlechtliche Reifung auswirkt. Wir können daher nicht wissen, ob die Pubertätsblocker nicht eher den Entscheidungsprozess stören, als dass mit ihnen Zeit für eine Entscheidung gewonnen würde. Die Hirnreifung könnte durch Pubertätsblocker zweitweise oder dauerhaft unterbrochen werden, was sich signifikant auf die Fähigkeit auswirken könnte, komplexe,

risikobehaftete Entscheidungen zu treffen, und auch weitere längerfristige neuropsychologische Folgen nach sich ziehen könnte.[7]

Man sollte bei dieser Kritik noch einen Schritt weiter gehen und die Behauptung, dass die Erlangung einer sexuellen Identität eine reife, freie Entscheidung ist, grundsätzlich in Frage stellen: Sexuelle Verwirrungen sind nichts »Abnormales«; was wir »sexuelle Reifung« nennen, ist ein langer, komplexer und größtenteils unbewusster Prozess voller heftiger Spannungen und Umkehrungen und kein Prozess, in dem man entdeckt, was man in den Tiefen der eigenen Psyche wirklich ist. Freud und Lacan überwinden somit den Gegensatz zwischen biologischem und kulturellem Geschlecht: Für sie hat zum Beispiel selbst die Tatsache, dass ich als biologischer Mann mein Mannsein als meine psychosymbolische Identität annehme, nichts »Natürliches« an sich. Wenn ein (biologischer) Mann zu einem (psychosozialen) Mann wird, ist das ein nicht weniger gewaltsamer und »unnatürlicher« Prozess, als wenn ein (biologischer) Mann eine (psychosoziale) Frau wird. Außerdem sind solche heftigen Spannungen natürlich nicht nur Momente des inneren Seelenlebens – sie sind vielmehr in Antagonismen eingebettet, die den gesamten Sozialkörper durchziehen.

Trans-Vertreter sagen, die Geschlechtsidentität sei nicht biologisch, sondern eine gesellschaftlich konstruierte kontingente Tatsache, eine Frage der sozialen Wahl; wenn sie sich jedoch gegen die patriarchalische Unterdrückung und die Auferlegung der binären Sexualität wenden, berufen sie sich auf die rohe Tatsache, wie sich ein Individuum *fühlt*, auf dessen unmittelbare Selbsterfahrung (es reicht, wenn ein Mann, der eine Frau werden möchte, sagt: »Ich wurde in einen falschen Körper hineingeboren«), die nicht wieder als etwas historisch Vermitteltes dargestellt wird. Hier haben TERFs, die darauf bestehen, dass eine Transfrau nicht einfach als Frau akzeptiert werden sollte, nicht ganz unrecht: Wer behauptet, dass eine Transfrau eine Frau ist, lässt die Grundlehre des Materialismus meist völlig außer Acht. Eine Frau zu sein ist in unseren Gesellschaften nicht nur eine Sache des Gefühls, sondern beruht auf einer Reihe von sozialen materiellen Praktiken (Frauen bringen Kinder zur Welt, menstruieren, durchlaufen eine Menopause …), und die Unterwerfung von Frauen betrifft alle diese Praktiken. (Hier besteht eine gewisse Ähnlichkeit mit Althussers Idee, dass die Ideologie nicht nur eine Weltanschauung ist, sondern etwas, das in ein komplexes Netzwerk aus ideologischen Apparaten, Gewohnheiten und Praktiken eingebunden ist.) … In diesem Sinne sollte man den Schluss von Greta Gerwigs Film *Barbie* verstehen: In unserer Wirklichkeit, in die Barbie wieder zurückkehrt, macht sie ihren ersten Termin bei einem Gynäkologen. Aus demselben Grund finde ich auch die folgende Haltung problematisch:

> Ehegatten, die sich weigern, die geschlechtsangleichende Operation ihres Partners zu finanzieren, könnten sich der häuslichen Gewalt schuldig machen, teilt der Crown Prosecution Service (CPS) in einer neuen Leitlinie mit. Dazu gehört das »Vorenthalten von Geld für die Geschlechtsumwandlung«, das heißt, die Weigerung eines Ehegatten, für die geschlechtsangleichende Operation, Beratungen oder andere Behandlungen zu zahlen, die einer Zwangskontrolle oder einem Missbrauch gleichkommt. Andere Verhaltensweisen könnten sein, dass »dem Opfer vorgeworfen wird, ›kein richtiger Mann / keine richtige Frau‹ zu sein, wenn es sich keiner Geschlechtsumwandlung unterzogen hat«, oder »Bilder aus der Zeit vor der Umwandlung zu teilen oder damit zu drohen«, oder sich zu weigern, den bevorzugten Namen oder das Pronomen des Opfers zu verwenden.[8]

Was passiert also, wenn beispielsweise eine Frau mit einem Mann verheiratet ist, der entschieden hat, sich als Frau zu identifizieren, und sich daher einer Geschlechtsumwandlung unterziehen möchte, um auch biologisch eine Frau zu werden? Betrifft das nicht auch ihre ehelichen Pflichten? Sie hat schließlich *diesen* Mann geheiratet, nicht eine Person, der sie auch bei einer Veränderung ihrer sexuellen Identität verpflichtet bleibt.

Im (posthum erschienenen) vierten Band von *Sexualität und Wahrheit* erwähnt Michel Foucault eine Besonderheit der Körper von Hyänen, die schon Aristoteles bemerkt hat: eine Fleischwucherung, die unterhalb des Schwanzes eine Form aufweist, die dem weiblichen Geschlecht sehr ähnlich ist; dieser Hohlraum mündet jedoch nicht in einen Kanal, der zur Gebärmutter oder zum Darm führt. Foucault legt dann den Fokus auf die von Clemens von Alexandria vorgeschlagene Interpretation dieser Besonderheit: Im Gegensatz zu Aristoteles, der diese Wucherung als zufälliges Merkmal ohne tiefere spirituelle Bedeutung betrachtet, betont Clemens, dass der vaginaähnliche Auswuchs

> einer moralischen Schwäche, die man bei den Menschen finden kann, absolut ähnlich ist: der Laszivität. Und entsprechend dieser Schwäche hat »die Natur« bei diesen Tieren einen zusätzlichen Hohlraum angelegt, damit sie sich dessen als zusätzliche Ausbuchtung bedienen können. Letztlich hat die Natur auf den »exzessiven« Hang zur Lust, der die Hyäne natürlicherweise kennzeichnet, mit einer exzessiven Anatomie geantwortet, die »exzessive« Beziehungen erlaubt.[9]

Was sofort auffällt, ist die doppeldeutige Rolle der »Natur« in Clemens' Argumentation. Laszivität ist unnatürlich, aber dennoch sorgt die Natur dafür, dass es exzessive/nutzlose Körperteile gibt, deren Funktion darin besteht, lüsterne Bedürfnisse zu befriedigen … Eine solche »Hermeneutik«, die Launen der körperlichen Realität als Ausdruck verdorbener geistiger Haltungen deutet, eine solche Übereinstimmung zwischen psychischem Inneren und körperlichem Äußeren ist durchweg abzulehnen. Hier hat die Transideologie recht: Es gibt keine »natürliche« Korrelation zwischen psychischen sexuellen Begierden und der biologisch bestimmten körperlichen Realität. Was sie übersieht, ist die Tatsache, dass die Sexualität als solche »trans« ist – in welchem genauen Sinne? Die schlüssigste Definition der Transsexualität besagt, dass ein Subjekt über seine biologisch festgelegte sexuelle Identität hinausgeht: Ein biologischer Mann ist »trans«, wenn er diese Identität subjektiv nicht annimmt und nach einer anderen Identität sucht. Cis-Männer sind also in gewisser Weise ontologisch faul: Sie übernehmen einfach passiv, was sie biologisch sind. Lacan hält dagegen, dass auch Cis-Männer und -Frauen trans sind: Sie müssen sich anstrengen, müssen einen Prozess voller traumatischer Einschnitte durchmachen, um zu ihrer sexuellen Identität zu gelangen, die doch nichts weiter als eine biologische Gegebenheit zu sein scheint.

Der (im strengen Hegel'schen Sinne) abstrakte Gegensatz zwischen biologischem Determinismus und Transideologie, bei der die sexuelle Identität auf eine freie Entscheidung reduziert wird, die darauf basiert, »wie ich mich fühle«, wird in Vorfällen wie dem folgenden auf die Spitze getrieben, den mir eine bekannte slowenische Theaterregisseurin, die hauptsächlich in Deutschland arbeitet, schilderte. Bei den zweiwöchigen täglichen Proben zu einem neuen Stück (in einem großen deutschen Theater) fragte sie die Schauspieler respektvoll, wie sie angesprochen werden wollen (»they«, »er«, »sie« ...) und die Antwort, die sie von *allen* Anwesenden erhielt, lautete, sie könnten es jetzt nicht sagen und wollten daher jeden Tag gefragt werden, wie sie sich hinsichtlich ihrer sexuellen Identität im Augenblick fühlten (oder erlebten) – und viele von ihnen gaben tatsächlich jeden Tag eine andere Antwort ...

Und was ist mit dem Vorwurf, die Psychoanalyse sei patriarchalisch, konzentriere sich auf den Ödipuskomplex und auf den Weg zu einer »normalen« Heterosexualität? Auch in diesem Punkt übersehen die Kritiker das Wesentliche: Für Freud ist die »normale« Heterosexualität nicht in unsere Natur eingeschrieben, sondern ein (mögliches) Ergebnis der schrittweisen Überwindung der kindlichen Sexualität – und wir lassen die kindliche Sexualität nie ganz hinter uns, weswegen selbst unsere »normale« Heterosexualität von Phantasien gestützt werden muss, deren Ursprung in der kindlichen Sexualität liegt. Kritiker der Psychoanalyse sehen deren binäre Ordnung, die patriarchalische Heterosexualität mit ihren festgelegten

Geschlechterrollen, als Resultat einer gesellschaftlichen Fremdeinwirkung auf unsere freie, plurale Sexualität – für Freud ist die infantile Sexualität aber kein verlorenes Paradies, sondern in sich selbst voller Spannungen und selbstzerstörerischer Wendungen.

War Freud also »patriarchalisch«? Ganz im Gegenteil: Er macht deutlich, dass der Aufstieg der Psychoanalyse als Theorie und Praxis die Folge des allmählichen Verfallsprozesses der väterlichen Autorität ist – der Gedanke, Freud sei typisch für das viktorianische patriarchalische Zeitalter, ist eine lächerliche Fehlinterpretation. Hier muss man jedoch auf etwas Wichtiges hinweisen: Schon Freud war klar, dass der Verfall der väterlichen Autorität ein zweischneidiges Schwert war: Der Vater als Figur der moralischen Autorität ermöglicht es dem Kind, eine Haltung der moralischen Autonomie anzunehmen und dem Druck der Gleichaltrigen und des verdorbenen gesellschaftlichen Umfelds zu widerstehen. In Anlehnung an Freud führt Max Horkheimer dasselbe Argument in seiner Studie über Autorität und Familie aus den 1930er Jahren an und im gleichen Sinne hat auch Adorno darauf hingewiesen, dass Hitler keine Vaterfigur war. Und in seinem klassischen Werk *Auf dem Weg zur vaterlosen Gesellschaft* von 1963 analysierte Alexander Mitscherlich (dessen Lehrstuhl jetzt abgeschafft wurde) detailliert den Prozess des Verlusts der väterlichen Autorität und wie dieser neue Herrschaftsformen hervorbringt. Dies führt uns zurück zum christlichen Atheismus, der vollkommen annimmt, dass der Vater tot ist (Gott, der Vater, nicht nur der Sohn starb am Kreuz), und gleichzeitig nicht in die Falle der individualistischen Permissivität tappt. Nach dem Tod des Vaters entsteht ein neues emanzipatorisches Kollektiv, und dessen Name lautet Heiliger Geist. Heute, da der Bedarf an einem engagierten politischen Kollektiv größer ist denn je, haben wir die Wahl zwischen einem neuen Rechtspopulismus und einer Neuerfindung des Heiligen Geists. Um es brutal auszudrücken: Die ultimative antichristliche Kraft ist heute nicht der hedonistische Individualismus, sondern der rechte christliche Fundamentalismus selbst. In einem militanten linken Aufstand, so gewalttätig er auch sein mag, steckt mehr vom Heiligen Geist als in jedem rechten Kollektiv, das davon besessen ist, unsere Lebensweise zu retten.

Eine weitere Lehre aus diesen Erkenntnissen ist, dass die Psychoanalyse den einfachen Gegensatz zwischen unseren Sexualtrieben und deren Unterdrückung untergräbt, indem sie die unentwirrbare Vermischung der beiden Ebenen postuliert. Die Themen Sexismus und Rassismus sind daher keinesfalls zweitrangig, wir sollten also nicht dazu übergehen, uns auf die »reale« Ökonomie zu konzentrieren, wie es einige linke Kritiker der Wokeness anzudeuten scheinen. Die zentrale Erkenntnis hat in diesem Zusammenhang Adrian Johnston formuliert – seine Grundprämisse widerspricht der üblichen freudomarxistischen Idee, dass die Erklärung der subjektiven Merkmale von Individuen im heutigen Kapitalismus unter dem Aspekt der Determinierung durch die ökonomische Basis unzureichend ist. (Warum handeln und wählen Millionen von Menschen offensichtlich gegen ihre eigenen Interessen? Warum lassen sie sich für nationalistische, religiöse und militärische Kämpfe mobilisieren, die ihr eigenes Leben bedrohen?) Um solche Phänomene erklären zu können, muss die marxistische Wirtschaftsanalyse durch eine psychoanalytische Erforschung der kollektiven Investitionen von Libido ergänzt werden.[10] Johnston räumt zwar ein, dass der Marxismus die Psychoanalyse braucht, legt aber auch überzeugend dar, dass diese unbewussten libidinösen Mechanismen im Innersten der »ökonomischen Basis« schon am Werk sind. Man muss Marx nur genau lesen, um zu erkennen, dass die in der kapitalistischen Reproduktion gefangenen Individuen nicht wirklich ihren egoistischen Interessen folgen – sie handeln als Werkzeuge des Triebes des Kapitals nach immer größerer Ausdehnung und sind bereit, auf viele Lebensfreuden zu verzichten:

> Vielleicht sollte man Marx nicht nur die Erfindung des psychoanalytischen Konzepts des Symptoms *avant la lettre* zuschreiben, wie Lacan vorschlug, sondern auch die der analytischen Idee des Triebes vor Freud.[11]

Johnston ignoriert natürlich nicht die Komplexität der Interaktion zwischen der Reproduktion des Kapitals und dem subjektiven Leben der Agenten des Kapitals, die auch »psychische Subjekte von Genüssen sind, die mit soziosymbolischen Sekundärgewinnen aus der reinen Kapitalakkumulation zu tun haben«[12] – man denke nur an die Wertschätzung, die die ultrareichen Neofeudalherren heute wegen ihrer Wohltätigkeitsorganisationen genießen … Aber wo kommt hier die Theologie ins Spiel? Für Marx ist der Warenfetischismus nicht einfach eine subjektive, sondern eine »objektive« Täuschung, eine in die Tatsachen (die gesellschaftliche Wirklichkeit) selbst eingeschriebene Illusion. Die englische Übersetzung des berühmten Anfangs des vierten Abschnitts (»Der Fetischcharakter der Ware und sein Geheimnis«) im ersten Kapitel von *Das Kapital* lautet:

> A commodity appears, at first sight, a very trivial thing, and easily understood. Its analysis shows that it is, in reality, a very queer thing, abounding in metaphysical subtleties and theological niceties.[13]

Ich bin der Meinung, dass diese englische Übersetzung, auch wenn sie nicht exakt ist, in gewissem Sinne besser ist als das deutsche Original: »Eine Ware scheint auf den ersten Blick ein selbstverständliches, triviales Ding. Ihre Analyse ergibt, daß sie ein sehr vertracktes Ding ist, voll metaphysischer Spitzfindigkeit und theologischer Mucken.«[14] Im zweiten Satz des Originals heißt es lediglich, dass »ihre Analyse ergibt«, was sie (im Gegensatz zu dem, wie sie »auf den ersten Blick« erscheint) ist, während die englische Übersetzung noch »in reality« [in Wirklichkeit] hinzufügt und damit die »queere« [»vertrackte«] Eigenart (man denke an die heutigen Konnotationen des Wortes queer!), ihre »metaphysische Spitzfindigkeit und theologischen Mucken«, in die (gesellschaftliche) Wirklichkeit selbst hineinlegt. Kojin Karatani hat somit recht, wenn er diese Stelle mit dem Ausgangspunkt der Marx'schen Kritik verknüpft, den berühmten Zeilen von 1843:[15] »die Kritik der Religion ist die Voraussetzung aller Kritik.«[16] Damit schließt sich in gewissem Sinne der Kreis, denn auf dem Grund der Kritik des wirklichen Lebens (des Wirtschaftsprozesses) stoßen wir wieder auf die theologische Dimension, die in die soziale Wirklichkeit selbst eingeschrieben ist. Karatani bezieht sich hier auf den Freud'schen Triebbegriff im Gegensatz zu der Vielzahl menschlicher Begierden: Der Kapitalismus beruht auf dem Realen eines bestimmten quasitheologischen unpersönlichen Triebes, des Triebes zur Reproduktion und zum Wachstum, zur Expansion und zur Akkumulation von Profit. Was Marx Revolution nannte, ist also im radikalsten Sinne eine theologische Revolution, eine Veränderung dessen, was wir als menschliche Natur (v)erkennen.

Hodenquetscher, einst und jetzt

Erleben wir nicht schon eine solche Veränderung? Als ich vor Jahren einen Text darüber las, wie die Nazis Häftlinge in den Konzentrationslagern folterten, war ich ziemlich traumatisiert, als ich erfuhr, dass sie sogar industriell gefertigte Hodenquetscher verwendeten, um den Gefangenen unerträgliche Schmerzen zuzufügen. Jetzt fand ich heraus, dass man das gleiche kunstfertig hergestellte Produkt (zwei mit einer Kette verbundene Metallbehälter, die aussehen, als könnte man damit Nüsse knacken, mit mehreren Löchern für Nadeln, um sie tief in die Hoden zu stechen) zusammen mit einigen ähnlichen Gegenständen auch im Internet bestellen kann.[17] In der Werbung dazu heißt es: Sie haben die Qual der Wahl bei diesem Hodenfolterensemble: HODENQUETSCHER AUS ROSTFREIEM STAHL, ROSTFREIE HODENKLEMME ALS FOLTERGERÄT, BRUTALER SCHWANZ-SCHRAUBSTOCK ALS FOLTER-SPIELZEUG, HARDCORE EDELSTAHL HODENFOLTER … Liegt man also melancholisch und des Lebens müde mit seinem Partner im Bett,

> ist die Zeit gekommen. Die Nüsse deines Sklaven sind reif, um geknackt zu werden! Auf diesen Moment hast du gewartet – das

richtige Werkzeug zu finden, um seine Eier zu malträtieren! Die rostfreie Folter-Hodenklemme ist vielleicht der ultimative Hodenquetscher, wenn man seine schlimmen, brutalen Eigenschaften bedenkt.[18]

Willkommen in der schönen neuen Welt der Freizügigkeit! Wenn wir uns zwei Männer vorstellen, die ein Sexspiel mit Hodenquetschern spielen, stoßen wir natürlich sofort auf zumindest zweideutige Situationen. Nehmen wir an, ich betrete aus Versehen ein Zimmer, in dem zwei Männer dieses Spiel spielen, missdeute die Situation als echte Folter, weil einer von ihnen (aller Wahrscheinlichkeit nach) vor Schmerzen stöhnt und schreit, und gehe auf den aktiven Mann los, um ihn anzugreifen … Wenn ich die Situation nicht beachte und einfach vorbeigehe, ignoriere ich die Möglichkeit, dass es sich tatsächlich um Folter handelt. Ich sollte also auf die beiden zugehen und sie höflich fragen: »Ist das, was Sie da tun, wirklich einvernehmlich?« – was ziemlich idiotisch wäre. Aber gehen wir noch einen Schritt weiter und stellen uns vor, ein Mann täte etwas Ähnliches einer Frau an und würde sie einvernehmlich foltern. In unserer politisch korrekten Situation würden sicher viele automatisch annehmen, dass ihr Tun nicht einvernehmlich ist, und falls doch, dass die Frau die männliche Unterdrückung internalisiert hat und sich mit dem Feind identifiziert. Die Verwirrung ist hier irreduzibel: Es gibt leider Männer und Frauen, die als nicht einvernehmlich inszenierte Folter (bis zu einem gewissen Grad) wirklich genießen. Außerdem sollten wir auch an das obsessive Ritual einer Bestrafung denken, die das Vorhandensein einer Begierde anzeigt, die mit der spezifischen Form des zugefügten Schmerzes bestraft wird – in einer Kultur in der auf Vergewaltigung die Prügelstrafe steht, könnte etwa jemand seinen Nachbarn bitten, ihn brutal zu verprügeln – dahinter steckt kein tief liegender Masochismus, die Prügel signalisieren einfach das Begehren, eine Frau zu vergewaltigen.

Der Übergang vom Hodenquetscher, mit dem KZ-Gefangene gefoltert wurden, zum Hodenquetscher, den man sich für etwas mehr als 200 Dollar kaufen kann, um sadomasochistische Erotikspiele zu spielen, wird zweifellos als Zeichen des historischen Fortschritts gefeiert, desselben Fortschritts, der uns dazu bringt, klassische Kunstwerke von Inhalten zu reinigen, die jemanden verletzen könnten – auf der Ebene der körperlichen Genüsse können wir einander einvernehmlich foltern, nicht aber auf der Ebene der Worte ... Dahinter verbirgt sich die große Frage, die uns heute umtreibt: Warum führt die permissive Haltung gegenüber dem sexuellen Genuss zu Impotenz und Frigidität? Warum wird uns die Lust genommen, wenn sie von einer Figur des Über-Ichs gefordert wird? Warum führt die einzige Möglichkeit, unter diesen Bedingungen zu genießen, über den Schmerz?

An dieser Stelle tritt Freud auf den Plan. Am 28. Mai 1922 schrieb er einen Brief an den Triester Psychoanalytiker Edoardo Weiss, der ihn zuvor bei der Behandlung zweier Patienten um Rat gefragt hatte, die beide an Impotenz litten. Bei dem ersten handelte es sich um einen etwa vierzig Jahre alten hoch kultivierten Italiener, dessen Frau einige Jahre zuvor nach einer Phase der Depression Selbstmord begangen hatte; davor hatte der Mann ein aktives Sexualleben gehabt. Der zweite Patient, ein Slowene von etwa zwanzig Jahren, wurde von Weiss als vollkommen unmoralische und betrügerische Person beschrieben: Er versuche jedermann zu täuschen und habe sogar eine Methode ersonnen, um von der Psychoanalyse zu profitieren (er nannte seinem Vater, der die Therapie bezahlte, einen viel höheren Preis, als die Sitzungen eigentlich kosteten, und strich die Differenz ein). Bei diesem unglückseligen Slowenen zeigt sich eine merkwürdige Paradoxie: Er war ein Schwindler, ein Lügner und Betrüger außerhalb der Reichweite des moralischen Gesetzes und des Gesetzes des Vaters *und* er war vollkommen impotent – um Mladen Dolar zu zitieren: »Das Übertreten sämtlicher ethischer und sozialer Gesetze führte nicht zu ungezügeltem Genuss, sondern zu dessen Verbot – je mehr alles erlaubt ist, desto mehr ist es verboten.«[19] Freuds Rat an Weiss war einfach: Der erste Patient rechtfertigte eine psychoanalytische Behandlung, da es sich um einen Mann von hoher Moral und Kultur handelte, der einfach das Trauma des Selbstmords seiner Frau überwinden musste; der »zweite Fall, der Slowene, ist ein offenbarer Lump, der Ihre Mühe nicht wert ist. Unsere analytische Kunst versagt bei solchen Leuten, auch unsere Einsicht vermag die bei ihnen herrschenden dynamischen Verhältnisse noch nicht zu durchschauen.«[20] Man beachte die widersprüchliche Reaktion Freuds auf diesen Slowenen: Erst lehnt er ihn wegen seiner Unmoral und Oberflächlichkeit ab und dann, weil sein Problem außerhalb des Zuständigkeitsbereichs der Psychoanalyse liege; die Abweisung hat also nichts mit Unmoral oder Ethik zu tun – seine Impotenz ist schlicht nicht analysierbar. Die Bedeutung der Impotenz des Slowenen geht über Freuds Verstand, anders als im ersten Fall, wo Freud die Ursache in übertriebenem Gehorsam, Reue oder Schuld sieht. Das Paradox des Slowenen besteht darin, dass er keinen guten Grund für seine Impotenz zu haben scheint, denn er ist vollkommen unmoralisch und gewissenlos und somit frei von der Ethik, die die Lust verbietet; und dennoch ist dieser Slowene zu keinerlei sexuellem Genuss fähig, während der italienische Patient immerhin sexuelle Beziehungen zu Prostituierten aufnehmen konnte. David Cluxton schreibt dazu:

> Freud war eindeutig nicht imstande, die Ursache oder Wahrheit der Impotenz dieses Slowenen zu ergründen, und die Aggressivität seiner Antwort lässt auf seinen aktiven Widerstand gegen diesen Fall eines Verbots jenseits seiner Auffassung von Moral und vom Über-Ich schließen. Wenn der Slowene keine Moral und damit kein Über-Ich hat, wie kommt es dann, dass ihm der Genuss noch mehr verboten ist als dem kultivierten Italiener? Wie kann es ein Verbot der Lust jenseits des Über-Ichs geben, oder anders gefragt: Wie kann es ein Verbot in Abwesenheit des Gesetzes des Über-Ichs geben?[21]

Gelöst wurden diese Fragen, als Lacan eine klare Unterscheidung zwischen dem Moralgesetz und dem Über-Ich einführte.[22] Er hat überzeugend dargelegt, dass bei Freud eine Unklarheit herrschte: Der dritte Teil seines Werks *Das Ich und das Es* trägt die Überschrift »Das Ich und das Über-Ich (Ichideal)«, Freud verwendet hier also die beiden Begriffe als Synonyme (wobei er das Ichideal als Vorläufer des Über-Ichs betrachtet). Die Prämisse von Lacans Klarstellung ist dagegen die Gleichsetzung von *jouissance* (Genießen) und Über-Ich: Genießen ist nicht das Befolgen unserer spontanen Neigungen; es ist vielmehr etwas, das wir wie eine Art merkwürdige und verdrehte ethische Pflicht tun. Das Über-Ich ist real, es ist die grausame und unersättliche Instanz, die mich mit unmöglichen Forderungen bombardiert und sich dann über meine gescheiterten Versuche, sie zu erfüllen, lustig macht, die Instanz, in deren Augen ich nur umso schuldiger bin, je mehr ich mich bemühe, mein »sündiges« Streben zu unterdrücken und ihren Forderungen gerecht zu werden. In der alten zynischen stalinistischen Devise in Bezug auf die Angeklagten in den Schauprozessen, die ihre Unschuld beteuerten (»je unschuldiger sie sind, desto mehr verdienen sie es, erschossen zu werden«), zeigt sich das Über-Ich in seiner reinsten Form. Für Lacan hat das Über-Ich also, »was seine verbindlichsten Forderungen angeht, nichts mit dem Moralbewusstsein zu tun.«[23] Das Über-Ich ist im Gegenteil die antiethische Instanz, die Stigmatisierung unseres ethischen Verrats.[24]

Um zu dem Beispiel von Weiss zurückzukehren: Der Italiener war wegen des Drucks des moralischen Gesetzes impotent, der Slowene dagegen wegen des Drucks durch das Über-Ich. Der impotente Slowene aus Triest war damit seiner Zeit ein ganzes Jahrhundert voraus. Er weist bereits auf die grundlegende Ausweglosigkeit der heutigen Kultur der Permissivität, Toleranz und Diversität hin. Das Ende vom Lied ist eine Universalisierung des Verbots und der Regulierung: Um sicherzustellen, dass unsere Vergnügungen nicht behindert werden, müssen wir immer kompliziertere Netze der Zensur und Cancelung über uns ergehen lassen. Freud sah dies klar voraus. In einem seiner Briefe an Wilhelm Fließ berichtete er von einem Besuch der Höhlen von Škocjan (St. Kanzian) nahe der italienischen Grenze in Südslowenien:

> Die Höhlen von St. Canzian, die wir am Nachmittag sahen, sind ein schauerliches Naturwunder, ein unterirdischer Flusslauf durch großartige Gewölbe, Wasserfälle, Tropfsteinfelsbildungen, Nacht, schlüpfrige, mit eisernen Geländern versicherte Wege. Der reine Tartarus. Wenn Dante dergleichen gesehen hat, so brauchte er für sein Inferno nicht viel Phantasieanstrengung mehr.[25]

Und was fand Freud am Ende dieses Abstiegs auf dem Grund der slowenischen Hölle? In seinem Brief an Fließ heißt es weiter: »Der Herr von Wien, Herr Dr. Carl Lueger, war mit uns gleichzeitig in der Höhle, die uns alle nach 3 ½ Stunden wieder ans Licht spie.«[26] Auf dem Grund der Hölle traf Freud also den Bürgermeister beziehungsweise »Herrn von Wien«, einen der damals einflussreichsten Politiker in diesem Teil der Welt, der ein äußerst beliebter populistischer Führer war, berüchtigt für seinen unverhohlenen Antisemitismus und vergöttert vom jungen Hitler.[27] Die Lehre aus dieser Begegnung in der Hölle widerspricht der von C. G. Jung: Was uns erwartet, wenn wir bis zum Grund unseres Unbewussten hinabsteigen, ist nicht die tiefste Wahrheit über unsere Persönlichkeit, sondern das, was Freud die Grundlüge genannt hat; wir treffen hier nicht auf den reinen Fluss der Libido oder ihre von der Unterdrückung durch die väterliche Gewalt und die »binäre« Logik befreiten ewigen Archetypen, sondern auf die Kehrseite der Autorität, auf Figuren einer obszönen Über-Ich-Autorität, die uns das Genießen vorschreiben und damit unsere Fähigkeit zu genießen wirksamer sabotieren als das patriarchalische Gesetz. Manchmal hat es nichts Befreiendes, die obszönen Geheimnisse unseres Unbewussten ans Tageslicht zu fördern – was wir dort finden, sind Verbote und Befehle, die viel brutaler sind als das väterliche Gesetz.

Manipur ist nicht nur in Indien

Wenden wir uns nun einem schrecklichen Fall zu, der sich im Mai 2023 in Indien ereignete. Als Westeuropäer mit Grundkenntnissen des Italienischen denkt man bei »Manipur« automatisch an »Mani pulite« (saubere Hände), die umfangreiche Antikorruptionskampagne Anfang der 1990er Jahre, die die gesamte politische Szene in Italien veränderte und zum Aufstieg Berlusconis an die Macht führte.

In Manipur, einem kleinen indischen Bundesstaat an der Grenze zu Myanmar, weitet sich die ethnische Gewalt allmählich zu einem Bürgerkrieg aus: Die beiden größten Gruppen des Landes, die Mehrheit der Meitei und die Minderheit der Kuki kämpfen um Land und Einfluss. Die Meitei sind Hindus, die politisch der regierenden hindu-nationalistischen BJP (Bharatiya Janata Party) angehören, die auch den Staat Manipur regiert, während die Kuki Christen sind, die als Stämme im Wald leben. Es gibt Gewalt auf beiden Seiten, aber die Hauptschuldigen sind die Meitei, die die Kuki vertreiben wollen. Was die Aufmerksamkeit der Welt erregt hat, ist das schockierende Video eines Angriffs am 4. Mai 2023, bei dem zwei Kuki-Frauen von Meitei-Männern nackt durch die Straßen getrieben und vergewaltigt wurden, kurz nachdem ihr Dorf völlig zerstört worden war – ein grauenhafter Fall von Terror gegen Frauen als politisches Instrument (das Video wurde von einem der Täter selbst veröffentlicht).[28] An diesem Punkt sah sich der indische Präsident Narendra Modi schließlich zu einer Reaktion gezwungen: Er nannte das Ereignis »eine Schande für Indien«. Diese Verurteilung kam allerdings zu spät und war zutiefst heuchlerisch – warum?

Die örtliche Regierung von Manipur steht mehr oder weniger offen an der Seite der Meitei, während die Bundesregierung offiziell neutral ist, aber insgeheim nicht weniger auf der Seite der Meitei steht. Diese Parteilichkeit hat nicht nur ethnische Gründe (als Ausdruck des hinduistischen Nationalismus der BJP), sondern auch wirtschaftliche. Die von den Kuki bewohnten Wälder sind reich an Mineralien, und die Regierung will die Kuki vertreiben, um das Gebiet effizienter ausbeuten zu können. Der Druck auf die Kuki wird daher erwartungsgemäß als Strategie des »Fortschritts« und der »Modernisierung« gerechtfertigt, gegen die sich die Stammesangehörigen der Kuki wehren.

Dies führt uns zu den »sauberen Händen«: Der Bundesstaat gibt sich zwar als neutraler Akteur aus, der lediglich für Recht und Ordnung sorgt, doch sind seine Hände alles andere als sauber, denn was er als »Recht und Ordnung« verkauft, bevorzugt eindeutig die starke Seite des Konflikts und verleiht ihr die Aura der Legalität. Ein solches Vorgehen ist nicht neu, kennzeichnet es doch die gesamte Geschichte der »Menschenrechte«. Immer wieder hat sich gezeigt, dass dieser Begriff die Rechte eines bestimmten Geschlechts, einer Ethnie, einer Religion oder eines sozialen Status privilegiert. Doch in Manipur bröckelt sogar die Fassade der neutralen Staatsmacht. Die Machthaber unterstützen ganz offen diejenigen, die (nach ihren eigenen Gesetzen) illegale Aggressoren sind. Geschieht nicht etwas Ähnliches auch in Israel? Solange die traditionelle zionistische Ideologie des Siedlerkolonialismus vorherrschte, bevorzugte der Staat (nicht besonders) diskret seine jüdischen Bürger gegenüber den Palästinensern; er gab sich jedoch große Mühe, den Anschein neutraler Rechtsstaatlichkeit zu wahren: Von Zeit zu Zeit verurteilte er zionistische Extremisten für ihre Verbrechen gegen Palästinenser, beschränkte die illegalen neuen Siedlungen im Westjordanland und so weiter. Die wichtigste Rolle spielte dabei der Oberste Gerichtshof – kein Wunder also, dass die Regierung Netanjahu, die 2022 an die Macht kam, eine Justizreform durchsetzte, die den Obersten Gerichtshof seiner Autonomie beraubt. Die großen Proteste gegen die Justizreform sind der letzte Aufschrei des säkularen Zionismus – solange die Demonstranten allerdings nicht bereit sind, sich mit den Palästinensern zu solidarisieren, wird sich ihr Protest darauf beschränken, den Schein zu wahren.

Mit der neuen Regierung unter Netanjahu wird die antipalästinensische Gewalt (das Pogrom von Huwara, die Angriffe auf das Kloster Stella Maris in Haifa usw.) nicht einmal mehr pro forma vom

Staat verurteilt. Die Karriere von Itamar Ben-Gvir ist das deutlichste Indiz für diesen Wandel. Bevor er in die Politik ging, hatte Ben-Gvir bekanntermaßen ein Porträt des israelisch-amerikanischen Terroristen Baruch Goldstein im Wohnzimmer hängen, der 1994 in Hebron 29 muslimische Palästinenser beim Morgengebet ermordet und 125 weitere verwundet hatte. Die Tat wurde als »Massaker in der Grotte der Patriarchen« bekannt. Er trat in die Politik ein, indem er sich der Jugendbewegung der Parteien Kach und Kahane Chai anschloss, die als Terrororganisationen eingestuft und von der israelischen Regierung selbst verboten wurden. Mit 18 Jahren, als er in die israelischen Verteidigungsstreitkräfte hätte einberufen werden sollen, wurde er aufgrund seines rechtsextremen politischen Hintergrunds von vornherein vom Dienst ausgeschlossen. Und solch eine Person, die von Israel selbst als Rassist und Terrorist verurteilt wurde, ist jetzt der Minister für Nationale Sicherheit, der die Rechtsstaatlichkeit schützen soll …

Der Staat Israel, der sich gern als die einzige Demokratie im Nahen Osten präsentiert, hat sich de facto in einen »halachischen theokratischen Staat (das Äquivalent zur Scharia)« verwandelt.[29] Diese Verschiebung ist nicht einfach eine sekundäre Entartung der ursprünglichen Vision, sie weist vielmehr auf einen fatalen Fehler in dieser ursprünglichen Vision selbst hin. (Ein weiterer Clou dieser Geschichte ist, dass die meisten der messianischen Zionisten heute nicht einmal wirklich religiös sind. Sie bleiben Säkularisten, die die Religion auf brutale und zynische Weise als Instrument im Kampf um die Macht benutzen.) Lacanianisch ausgedrückt ist die obszöne Gewalt die Mehrlust, die wir als Belohnung für unsere Unterordnung unter ein Ideologiegebäude und für die Opfer und Verzichtleistungen, die es von uns verlangt, gewinnen. Im heutigen Israel (ebenso wie in Manipur) wohnt diese Mehrlust nicht mehr im obszönen Untergrund, sie wird offen angenommen:

> Die Mehrlust (das Töten von Palästinensern, das Abbrennen ihrer Häuser, die Vertreibung aus ihrem Zuhause, die Beschlagnahmung

ihres Landes, der Bau von Siedlungen, die Vernichtung ihrer Olivenbäume, die Judaisierung von Al-Aksa usw.) wird explizit ausgesprochen. Wurden diese Formen der Mehrlust bislang im zionistischen Diskurs noch als Ausnahmen betrachtet, so gelten sie jetzt als Norm.[30]

Sind wir nicht in die schlimmste Form des Antisemitismus zurückgefallen, als wir die israelischen Juden als »entartet« bezeichnet haben? Ganz und gar nicht: Die Juden, die den aktuellen Trend unterstützen, sind im Grunde *in genau demselben Sinne entartet wie wir alle*. Durch ihr Verhalten im Westjordanland büßen sie jegliche übergeordnete Stellung ein und werden zu einem beliebigen fundamentalistischen Nationalstaat. Ein anderer Name für diese Entartung ist Ideologie: ein symbolisches Gebäude, getragen von obszöner Mehrlust. Aber warum benutzen wir dieses provokative Wort? Ein Verweis auf die Verwendung des Begriffs »Entartung« in der Quantenmechanik kann hier hilfreich sein. Dort spricht man von Entartung, »wenn zum selben Messwert (Eigenwert) einer Observablen mehrere, voneinander linear unabhängige Eigenzustände existieren. [...] Zwei Zustände, die zum selben entarteten Eigenwert einer Observablen gehören, können folglich durch Messung dieser Observablen nicht voneinander unterschieden werden.«[31]

Stellen Sie sich vor, Ihnen werden zwei identische Objekte gezeigt und Sie sollen dann Ihre Augen schließen. Wenn Sie die Augen wieder öffnen, sehen Sie dieselben Objekte an derselben Stelle. Wie können Sie bestimmen, ob sie vertauscht worden sind? Die Intuition und die Gesetze der Quantenmechanik stimmen hier überein: Wenn die Objekte wirklich identisch sind, haben Sie keine Möglichkeit, es zu wissen. Aber für eine spezielle Art von Anyonen (Teilchen, die im zweidimensionalen Raum auftreten und sowohl Merkmale von Bosonen als auch von Fermionen aufweisen) lässt die Quantenmechanik etwas ganz anderes zu. Anyonen sind nicht voneinander unterscheidbar, aber einige (nichtabelsche) Anyonen besitzen eine besondere Eigenschaft, die beim Austausch beobachtbare Unterschiede des gemeinsamen Quantenzustands verursacht, so dass es möglich ist, zu erkennen, wann sie ausgetauscht wurden, obwohl sie vollkommen ununterscheidbar sind.[32]

(Das Wort »nichtabelsch« bezieht sich auf Niels Abel, einen norwegischen Mathematiker des frühen neunzehnten Jahrhunderts.) Es ist unschwer zu erkennen, dass die nichtabelschen Anyonen neue Wege für die Quantenberechnung eröffnen: Wenn man Teilchen übereinanderlegt, so wie man Fäden übereinanderlegt, um einen Zopf zu flechten, kann der virtuelle Zopf, der den Quantenhintergrund zweier Teilchen bildet, viel mehr Informationen enthalten als nur zwei Teilchen, die in ihrer tatsächlichen Anwesenheit ununterscheidbar sind. Das Entscheidende für uns ist hier aber, dass der obszöne Untergrund der Ideologie auf die gleiche Weise »entartet« ist: Vorgänge, die als solche ununterscheidbar sind (ethnische Gewalt, Folter, Vergewaltigung, Leugnen der Menschenwürde des »Feindes« usw.) werden von einem Zopf aus verschiedenen symbolischen Narrativen begleitet. Die Aufgabe der Analyse besteht mithin darin, dieselbe »Energie« - Libido, libidinöse Besetzung - im muslimischen Fundamentalismus, Zionismus, Hinduismus, christlichen Fundamentalismus zu erkennen. Die offensichtlichen Unterschiede in ihren Narrativen sollten uns nicht über diese Gleichartigkeit hinwegtäuschen.

Selbst wenn ein Land um sein Überleben kämpft und sich heldenhaft verteidigt, ist die Sache der Freiheit in der Regel durch einen gewissen obszönen rassistischen und sexistischen Hintergrund kontaminiert, der die Reinheit des Kampfes trübt. Wer fest an der Seite der Ukraine steht, macht sich oft Sorgen über die Kriegsmüdigkeit des Westens: Werden die Länder, die die Ukraine unterstützen, den permanenten Ausnahmezustand und die ihnen abverlangten materiellen Opfer nicht allmählich satt haben, da sich der Krieg nun schon seit zwei Jahren hinzieht? Wir sollten bedenken, dass diese Ermüdung nicht einfach nur auf objektive Erschöpfung und die

Weigerung, weiterhin Opfer zu bringen, zurückzuführen ist; sie ist auch eindeutig eine Folge der systematischen Propaganda, die von der unheiligen Allianz aus Rechts- und Linksextremen verbreitet wird. Diese Propaganda funktioniert auf drei verschiedenen Argumentationsebenen: abstrakter Pazifismus (wir brauchen Frieden, das Leiden muss um jeden Preis beendet werden); eine »ausgewogene« Sicht des Krieges (die Ukraine und die NATO haben Russland provoziert und zum Gegenangriff gezwungen); egoistischer Schutz unseres eigenen Wohls (warum sollen wir der von Oligarchen regierten, korrupten Ukraine Milliarden geben, wenn wir mehr als genug eigene Probleme haben – neue Formen der Armut und so weiter). Diese Mixtur ist paradox, denn was sich hier als von Prinzipien geleitete Haltung geriert – Frieden um jeden Preis – ist eine Maske für den schlimmsten ethnischen Egoismus und die Ignoranz gegenüber dem Leiden des anderen. Ist uns eigentlich bewusst, dass die Ukraine, obwohl sie ihre Unabhängigkeit verteidigt hat, schon beinahe die Hälfte ihrer Bevölkerung verloren hat (zehn Millionen sind in den Westen ausgewandert, Ukrainer in den besetzten Gebieten sind einer brutalen Russifizierung ausgesetzt)?

Ein weitaus schwerwiegenderer Fall ist jedoch die Ukraine selbst, wo sich die Ermüdungserscheinungen immer mehr häufen. Es grenzt schon an ein Wunder, dass die Mehrheit nach anderthalb Jahren erbitterter Kämpfe, deren Ende nicht abzusehen ist, ihren Kampfeswillen behält. Aber auch hier ist die Ermüdung nicht nur objektiv: Sie wird durch die schweren ideologischen und politischen Fehler der Ukrainer selbst genährt. Was die Ukrainer tun können und sollten, ist klar – die beste Medizin gegen die Kriegsmüdigkeit ist Gerechtigkeit im Land: keine Privilegien für die Oligarchen und andere höhere Schichten. Gibt es etwas Demoralisierenderes, als mitanzusehen, wie einfache Ukrainer kämpfen, während viele der Reichen auswandern und dafür sorgen, dass ihre Söhne vom Militärdienst befreit werden? Es war ein gutes Zeichen in diese Richtung, dass Selenskyj am 25. Juli 2023

> nach der Verhaftung des Leiters eines Militärrekrutierungsbüros wegen Veruntreuung und eines Abgeordneten, dem Kollaboration mit Russland vorgeworfen wurde, Regierungsbeamte und Gesetzgeber warnte, dass »persönliche Bereicherung« und »Verrat« nicht toleriert werden. Seine Stellungsnahmen folgten auf die Verhaftung von Yevhen Borysov, dem Leiter des Einberufungsamtes von Odessa, durch das Staatsbüro für Ermittlungen (SBI) und die Generalstaatsanwaltschaft der Ukraine. Die Nationale Antikorruptionsbehörde teilte mit, er habe mit ausgeklügelten Geschäftsmodellen illegal mehr als fünf Millionen Dollar erworben.[33]

Es kam heraus, dass Borysov nach Kriegsbeginn diskret eine Reihe von Luxusimmobilien in Frankreich und Spanien gekauft hatte … Und offensichtlich ist dieses Phänomen allgegenwärtig: Am 11. August 2023 kündigte Selenskyj an, dass die Leiter aller regionalen ukrainischen Militärrekrutierungsbüros wegen Korruptionsverdachts entlassen würden.[34] Die Notwendigkeit der Korruptionsbekämpfung liegt auf der Hand, aber eine andere Sache ist nicht weniger wichtig: Um ein Scheitern im anhaltenden Krieg zu verhindern, ist eine echte Einheitsfront gegen den gemeinsamen Feind notwendig. In letzter Zeit mehren sich die Anzeichen für ein Besorgnis erregendes Phänomen: Viele Linke und nicht nationalistische Liberale in der Ukraine sind bereit, gegen Russland zu kämpfen – sie haben sich freiwillig gemeldet und sind jetzt an der Front. (Einer von ihnen, der meine Arbeiten schätzt, hat mir ein Foto geschickt, auf dem sein Maschinengewehr auf meinen beiden ins Ukrainische übersetzten Büchern liegt, die er in den Kampfpausen liest – ich muss wohl nicht erwähnen, dass dieses Foto mich ziemlich stolz machte.) Da diese Linken sich dem aggressiven konservativen Nationalismus und seinen verrückten kontraproduktiven Maßnahmen widersetzen (man denke nur an das Aufführungsverbot aller russischen Komponisten), werden sie in der Regel von den Behörden ins Abseits geschoben und oft sogar verdächtigt, mit Russland zu sympathisieren, als ob Putin, der Held der europäischen und US-amerikanischen Rechten, immer noch für den Sozialismus stünde …

Es genügt, den großartigen ukrainischen Filmemacher Sergei Loznitsa zu erwähnen, den international anerkannten Schöpfer von Filmen wie *Maidan* und *Donbass*. Loznitsa lebt inzwischen in Litauen und kann nicht in die Ukraine zurückkehren. Er erfuhr, dass sein Pass eingezogen werden würde, wenn er nach Hause zurückkehrt, da er noch nicht sechzig Jahre alt ist (die Altersgrenze für die Einberufung). Andere international bekannte Künstler können ungehindert ins Ausland reisen, wir haben es hier also eindeutig mit Rache vonseiten konservativer Kulturbürokraten zu tun. Ich kenne diese widerwärtige Strategie aus meiner eigenen Vergangenheit: Auch in Slowenien haben die nationalistischen Rechten säkulare linke Gegner des kommunistischen Regimes immer als verdächtige, getarnte Agenten der alten Kommunisten gegeißelt. In den 1970er Jahren durfte ich nie unterrichten und war jahrelang arbeitslos, jetzt werde ich dagegen regelmäßig als »Mann des alten Regimes« angegriffen …

Es überrascht kaum, dass auch Antifeminismus hier eine Rolle spielt. In der Ukraine haben sich auch viele Frauen der Armee angeschlossen und kämpfen an der Front – einige sind als ausgezeichnete Scharfschützen bekannt. Leider äußern viele von ihnen jetzt »Wut über die Stigmatisierung und die Behandlung durch ihre männlichen Kameraden und sagen, dass ihre Beschwerden ignoriert werden.«[35] Sie müssen an zwei Fronten kämpfen, gegen den russischen Feind und gegen Belästigungen durch die eigenen männlichen Kollegen. Man sollte die Situation verallgemeinern: Die Ukraine kämpft selbst an zwei Fronten: gegen die russische Aggression und für das, was die Ukraine nach dem Krieg sein wird. Wird sie, wenn sie überlebt (was hoffentlich der Fall ist), ein nationalistisches, fundamentalistisches Land wie Polen oder Ungarn werden? Wird sie eine De-facto-Kolonie des globalen Kapitalismus werden, oder …?

Zu behaupten, alle diese Fragen würden nach dem Krieg gelöst und jetzt sei die Zeit für bedingungslose Einigkeit und nicht für demokratische Debatten, ist völlig falsch. Die problematischen Maßnahmen sind diejenigen, die *jetzt* diese Einigkeit untergraben, die Abwehr der Ukraine schwächen und soziale Praktiken einführen, die darüber entscheiden, wie die Ukraine nach dem Krieg aussehen wird. Deshalb ist *jetzt* die Zeit für eine nicht ausschließende Einheit: Nur eine breite Volksfront, in der jeder seinen Platz hat – von LGBT+-Personen bis zu den Linken, die sich gegen die russische Aggression wenden – kann die Ukraine retten.

Ein linkes Plädoyer für Recht und Ordnung

Die Auswirkungen dieser Paradoxien sind in zwei Ereignissen, die Ende Juni 2023 die Aufmerksamkeit der Öffentlichkeit erregten, deutlich zu erkennen: dem gescheiterten Militärputsch in Russland und dem Ausbruch gewaltsamer Proteste in Frankreich. Obwohl die Medien ausführlich über beide Ereignisse berichteten, blieb ein gemeinsames Merkmal unbemerkt. Beginnen wir mit den französischen Protesten. Nachdem ein 17-jähriger Junge – der als Nahel M. identifiziert wurde – am 27. Juni 2023 von einem Polizeibeamten erschossen wurde, brach in Frankreich das Chaos aus, wobei die anfänglichen Proteste in Plünderungen und Brandstiftung ausarteten. Die Randalierer errichteten Barrikaden, legten Brände und schossen mit Feuerwerkskörpern auf die Polizei, die mit Tränengas, Wasserwerfern und Blendgranaten antwortete. Die Ereignisse nahmen jedoch eine noch unheilvollere Wendung, als die Polizei damit begann, als eigenständiger Akteur aufzutreten und sogar für die Regierung zur Bedrohung zu werden – ihre Sprecher sagten,

> sie seien »im Krieg« gegen »wilde Horden« von Randalierern, und zwei der wichtigsten Polizeigewerkschaften drohten mit einem Aufstand, falls Präsident Emmanuel Macron nicht einschreite. »Heute befindet sich die Polizei im Kampf, weil ein Krieg herrscht. Morgen werden wir in den Widerstand treten, und die Regierung sollte sich dessen bewusst sein.«[36]

Diese Äußerungen verkünden nicht weniger als einen Riss im staatlichen Machtgebäude: Als Reaktion auf die Proteste der Bevölkerung drohen die Hardliner in der Polizei, auf eigene Faust und gegen die Staatsmacht vorzugehen. Diese Drohung, außerhalb des staatlichen Machtbereichs zu handeln, ist gleichbedeutend mit der Erklärung der Polizei, als Bürgerwehr agieren zu wollen, womit sie einem Trend folgt, der heute in den Ländern der sogenannten Dritten Welt weit verbreitet ist. In Haiti töten Bürgerwehren Hunderte von mutmaßlichen Bandenmitgliedern, weil die Polizei ineffizient arbeitet, was in und außerhalb von Haiti den Ruf nach einer ausländischen Militärintervention laut werden lässt, um ein Mindestmaß an ziviler Ordnung wiederherzustellen:

> Bewaffnete Gangster haben Unschuldige beraubt, vergewaltigt und ermordet. Die schwache oder korrupte Polizei und die Behörden haben wenig oder Schlimmeres getan. Jetzt tritt das Volk in Aktion und eine Welle brutaler Selbstjustiz versetzt Haiti in Aufruhr, insbesondere in der Hauptstadt mit ihren etwa einer Million Einwohnern. Die Bürgerwehren riegeln Stadtviertel ab. Sie steinigen mutmaßliche Gangster, hacken ihnen oft die Gliedmaßen ab, köpfen sie und zünden sie an, manchmal bei lebendigem Leib.[37]

So weit sind wir in Frankreich noch nicht, aber der erste Schritt in diese Richtung ist getan. (Eine Polizei, die als Selbstjustizgruppe agiert, ist die Kehrseite einer Polizei, die gar nichts macht und nur hilflos zuschaut, wie Verbrechen begangen werden; in beiden Fällen wird die Polizei daran gehindert, als legale Kraft, als Staatsapparat gegen die Kriminalität vorzugehen.) Und in Russland wurde schon mehr als ein Schritt in diese Richtung getan: Der gescheiterte Prigoschin-Putsch hat nicht, wie erwartet, das staatliche Gewaltmonopol wiederhergestellt; im Gegenteil, am Freitag, dem 14. Juli 2023 verkündete der Kreml offiziell, er erwäge, einigen der mehr als zwei Dutzend in Russland aktiven privaten Militär- und Sicherheitsfirmen gesetzliche Anerkennung zu gewähren. Rechtlich existieren diese paramilitärischen Schattengruppen nicht – was es ihnen erlaubt, parallel zu den russischen Streitkräften zu operieren und manchmal die hoch riskante »Drecksarbeit« für die Armee zu erledigen, was Moskau die Möglichkeit verschafft, Dinge abzustreiten.[38]

Wir sollten nicht vergessen, dass der Weg in diese Richtung vom Neoliberalismus gebahnt wurde – die gefährlichste Tendenz des Neoliberalismus war vielleicht, wie einige scharfsinnige Beobachter bemerkt haben, die Privatisierung von Sphären und Tätigkeiten, die in der vorherigen Phase des »normalen« demokratischen Kapitalismus ausschließlich dem Staat vorbehalten waren. Schauen wir uns den meiner Ansicht nach obszönsten Fall an: die Privatisierung von Gefängnissen. Weil ein Staat das Monopol auf körperlichen Zwang haben muss, steht allein schon der Gedanke, den Betrieb von Gefängnissen an eine Privatfirma zu delegieren, die sich natürlich am Gewinn und nicht an der Gerechtigkeit orientiert, im Widerspruch zur Rechtstaatlichkeit. Gleiches gilt für die Bildung: Es muss zumindest ein Minimum an Bildung geben, das allen Bürgern »ungeachtet ihrer Macht- und Vermögensunterschiede« vermittelt wird:

> Weil der Staat bestimmte Bereiche für private Verträge sperrte – und sie damit für Nützlichkeitsberechnungen unzugänglich machte – konnten alle Bürger, ob am Arbeitsplatz oder darüber hinaus, ungeachtet ihrer Macht- und Vermögensunterschiede eine gewisse Würde wahren. Indem der Neoliberalismus den Staat den Imperativen der Nützlichkeit und der Effizienzsteigerung unterwirft, öffnet er ihn wieder einmal für private Verträge.[39]

Nur ein solcher allgemein geteilter gemeinsamer Raum kann für »eine gewisse Würde« für »alle Bürger« sorgen – und dieser Raum ist heute in Gefahr, besonders durch die riesigen Bereiche privatisierter

Gemeingüter. Auch wenn die Idee, dass wir in eine Art Neofeudalismus eintreten, problematisch ist, so haben deren Vertreter recht mit ihrem Hinweis, dass die wohl größte Bedrohung für den gemeinsamen Raum heute von digitalen Großkonzernen wie Google ausgeht, die wichtige Aspekte dieses Raums privatisieren – sobald wir uns darin bewegen, befinden wir uns in einem privatisierten feudalen Raum.

Das vorhersehbare linke Narrativ lautet natürlich, dass die französische Polizei rassistische Vorurteile hat (der Mord an Nahel war vollkommen ungerechtfertigt), die französische *Egalité* ein Schwindel ist, junge Immigranten gewaltsam protestieren, weil sie keine Zukunftsperspektive haben, und deshalb die Lösung des Problems nicht in mehr polizeilicher Unterdrückung besteht, sondern in einer radikalen Veränderung der französischen Gesellschaft selbst und der Beseitigung ihres faktischen Rassismus. Unterschwellig hat sich die Wut seit Jahren angestaut und Nahels Tod sorgte nur dafür, dass sie offen ausbrach – gewalttätige Proteste sind nicht das Problem, sondern eine verzweifelte Reaktion auf ein Problem, und man muss das Problem an der Wurzel packen …

Es steckt eine tiefe Wahrheit in diesem Narrativ: Schon als 2015 die erste Protestwelle losbrach, deckten Analysen das dichte Netz aus Vorurteilen und Ausgrenzungen auf, die den Alltag von migrantischen Jugendlichen bestimmen; es wurden präzise und sehr realistische Vorschläge gemacht, wie die Situation verbessert werden könnte, doch daraus wurde nichts … Vielleicht ist diese Wahrheit aber auch zu tief: In einem abstrakten Sinne ist sie zwar wahr, aber ich finde sie in mehrfacher Hinsicht problematisch. Dass die Demonstranten örtliche Busse angriffen, die so wichtig für den Transport der Arbeiter aus den einkommensschwachen Vororten am Rand von Paris sind, deutet auf zwei Dinge hin: Die Aufstände zielten auf die Zerstörung der Infrastruktur, die das tägliche Leben der einfachen Leute in Gang hält, und ihre Opfer waren die Armen, nicht die Reichen.[40]

Öffentliche Proteste und Aufstände können durchaus eine positive Rolle spielen, wenn sie von einer emanzipatorischen Vision getragen werden – denken wir nur an das Maidan-Ereignis in der Ukraine (das eine echte gesellschaftliche Explosion war und keineswegs ein von der CIA organisiertes Komplott) und an die anhaltenden Proteste im Iran, die von kurdischen Frauen ausgelöst wurden, die sich weigerten, die Burka zu tragen. Sogar die Androhung von Gewalt ist manchmal notwendig: Unsere Medien nennen gern den Aufstieg des ANC zur Macht in Südafrika und die von Martin Luther King angeführten friedlichen Proteste in den USA als die beiden erfolgreichen Beispiele für Verhandlungslösungen – in beiden Fällen ist es offensichtlich, dass der (relative) Sieg zustande kam, weil das Establishment den gewaltsamen Widerstand (des radikaleren Flügels des ANC ebenso wie der amerikanischen Schwarzen) fürchtete. Kurzum: Erfolgreich waren die Verhandlungen aufgrund dieser ominösen Drohung … Genau dies aber ist in Frankreich gerade *nicht* der Fall. Wenn Recht und Ordnung nicht schnell wiederhergestellt werden, könnte es am Ende durchaus dazu kommen, dass Marine Le Pen die neue Präsidentin wird.

Gibt es eine russische Version von Le Pen? Nein, denn Le Pen ist dort schon an der Macht. Die Komik von Prigoschins Marsch auf Moskau ist kaum zu übersehen. Binnen 36 Stunden war er vorbei und es wurde eine Vereinbarung getroffen: Prigoschin entging einem Gerichtsverfahren, musste aber seine Truppen aus der Ukraine abziehen und sich nach Belarus begeben. Wir wissen nicht genug, um zu sagen, was wirklich passiert ist: War sein Marsch wirklich als vollständiger Angriff gedacht, mit dem Ziel Moskau zu besetzen, oder war er eine leere Drohung, eine Geste, die nicht wirklich zu Ende geführt werden sollte, wie sich Prigoschin selbst später rechtfertigte (»Wir hatten das Gefühl, dass es ausreichte, zu zeigen, was wir vorhatten.«[41])? Wer ist hier also das größte Übel? Man kann hier nur einmal mehr Stalin zitieren, der Ende der 1920er Jahre einem Journalisten auf die Frage, welche Abweichung schlimmer sei, die rechte oder die linke, antwortete: Beide sind schlimmer. Prigoschins brutale Exzesse machen aus Putin keinen vernünftigeren Akteur, der bemüht ist, militärische Extremisten im Zaum zu halten. Prigoschin gab zu, dass die Ukrainer gut kämpften und dass Selenskyj ein guter Anführer sei. Er bezichtigt die russische Armee und Elite zu Recht der Korruption und Ineffizienz, daher ist es kein Wunder, dass er in Rostow bejubelt wurde.

Worin besteht nun der Unterschied zwischen den beiden? Um eine Parallele zu finden, müssen wir auf die Zeit des Nationalsozialismus zurückgreifen: Prigoschin gegen Putin ist wie SA gegen SS. Die SA waren die brutalen, »aufrechten« Faschisten, weswegen Hitler sie opfern musste, wollte er die Anerkennung des Establishments von Armee und Großkapital gewinnen. Ebenso muss Putin ein Gleichgewicht zwischen den verschiedenen Gruppen seiner Insider-Elite herstellen – ein Prozess, der völlig intransparent und außerhalb des öffentlichen Raums stattfindet. Die Tatsache, dass der russische Staat eine Privatarmee wie die Gruppe Wagner brauchte, ist an sich schon ein eindeutiges Zeichen für einen gescheiterten Staat. Gescheiterte Staaten gibt es heute nicht nur in der Dritten Welt, von Somalia bis Pakistan, wobei auch Südafrika sich diesem Abgrund nähert. Wenn wir einen gescheiterten Staat nach den Rissen in seinem staatlichen Machtgefüge, der Atmosphäre des ideologischen Bürgerkriegs und der wachsenden Unsicherheit öffentlicher Räume beurteilen, dann müssen wir auch Russland, Frankreich, die USA (wo die Innenstädte verfallen) mit auf die Liste nehmen. Anzeichen für einen solchen Verfall gibt es auch in Großbritannien (Banden, die öffentliche Räume in Londoner Vororten bedrohen …). Die Tatsache, dass viele Bürgersteige vor den teuren Geschäften in der reichen Innenstadt von San Francisco von Reihen billiger Zelte bedeckt sind, in denen die Obdachlosen hausen, sagt viel aus. Die Sprache in ihrer Kontingenz (was Lacan *Lalangue* nannte) bringt manchmal Wunder hervor – so ist zum Beispiel »Kotjebi« ein nordkoreanisches Wort für Obdachlose, das auf Slowenisch (entlehnt aus dem Serbischen) auf unheimliche Weise dem Ausdruck »ko te jebe« ähnelt, der »wer [zum Teufel] fickt dich« bedeutet, also eine aggressive Gleichgültigkeit zum Ausdruck bringt. Obdachlose sind unsere »Kotjebi«: Ihre

Zahl steigt überall, bis hin zur Innenstadt von San Francisco, das voll von ihren Zelten ist, und ungeachtet unseres geheuchelten Mitgefühls scheren wir uns einen Dreck um sie. In dieser Situation muss die Linke den Mut aufbringen, sich die Parole von Recht und Ordnung voll und ganz zu eigen zu machen.[42]

Es ist eine der deprimierendsten Tatsachen der jüngeren Geschichte, dass der einzige Fall einer gewalttätigen revolutionären Menge, die in den Sitz der Macht eindrang, am 6. Januar 2021 stattfand, als Trumps Anhänger das Kapitol der Vereinigten Staaten in Washington, D. C. stürmten. Sie betrachteten die Wahl als illegitim, als einen von den Konzerneliten organisierten Diebstahl (bis zu einem gewissen Punkt hatten sie recht!). Linksliberale reagierten mit einer Mischung aus Faszination und Entsetzen. Einige meiner linken Freunde weinten und sagten: »*Wir* sollten so etwas tun!« In ihrer Verurteilung der »einfachen« Leute, die in den heiligen Sitz der Macht eingedrungen waren und einen Karneval veranstalteten, der unsere Regeln des öffentlichen Lebens zeitweise außer Kraft setzte, schwang ein bisschen Neid mit. Heißt das, dass die Rechtspopulisten den Widerstand der Linken gegen das bestehende System durch einen Angriff des Volkes auf den Sitz der Macht gestohlen haben? Haben wir nur die Wahl zwischen von korrupten Eliten kontrollierten Parlamentswahlen und von Rechtspopulisten kontrollierten Aufständen? Kein Wunder, dass Steve Bannon, der Ideologe der populistischen Neuen Rechten, sich öffentlich als »Leninist des 21. Jahrhunderts« bezeichnet: »Ich bin Leninist. Lenin […] wollte den Staat zerstören, und das ist auch mein Ziel. Ich will alles zum Einsturz bringen und das gesamte derzeitige Establishment zerstören.«[43] Und es ist auch kein Wunder, dass die Rechtspopulisten den gewaltsamen Aufstand ekstatisch feierten, während sich die Linksliberalen wie gute alten Konservative verhielten und klagten: »Wo ist die Polizei, wo ist die Nationalgarde, um die Rebellion niederzuschlagen?« Natürlich war das nicht die richtige Antwort, aber es gibt Momente, in denen sie notwendig ist. Aber die Rechte bekam ebenfalls eine Lektion: Nachdem sie in das Kongressgebäude eingedrungen war, fand sie dort kein geheimnisvolles Machtzentrum – im Grunde fand sie nichts. Die wahre Macht ruht anderswo: im komplexen Netzwerk aus staatlichem Zwang und ideologischen Staatsapparaten.

Wir sollten uns folglich nicht scheuen, zu den Aufgaben der Linken auch die Sorge um die Sicherheit des Alltags vieler ganz normaler Menschen hinzuzufügen: Es gibt deutliche Anzeichen für den wachsenden Verfall der öffentlichen Umgangsformen, für Jugendbanden, die öffentliche Plätze, von Bus- und Bahnhaltestellen bis zu Einkaufszentren, terrorisieren. Die pure Erwähnung dieses Verfalls wird oft schon als typisch rechte, gegen Immigranten gerichtete Obsession abgetan, und die übliche Reaktion lautet, dass wir die »tieferen sozialen Wurzeln« solcher Phänomene (Arbeitslosigkeit, Rassismus …) in den Blick nehmen müssten. Wenn wir allerdings so handeln, überlassen wir dem Feind einen wichtigen Bereich der Unzufriedenheit, die viele nach rechts treibt. Die alltägliche Unsicherheit schadet den Armen viel mehr als den Reichen, die in Ruhe in ihren bewachten Wohnanlagen leben.

Das ist die Lehre aus einer sehr deprimierenden Begebenheit, die mir im Juli 2023 in London widerfuhr: Bei einer öffentlichen Debatte im Rahmen der BBK Summer School sagte eine schwarze Südafrikanerin und langjährige ANC-Aktivistin, die vorherrschende Haltung unter der armen schwarzen Mehrheit sei heute mehr und mehr eine Sehnsucht nach der Apartheid – ihr Lebensstandard sei, wenn überhaupt, etwas höher als jetzt gewesen und es habe Sicherheit geherrscht (Südafrika war schließlich ein Polizeistaat), während heute zur Armut noch eine Explosion von Gewalt und Unsicherheit hinzukomme. Würde eine weiße Person so etwas sagen, würde sie natürlich sofort des Rassismus bezichtigt – aber wir sollten dennoch das Risiko eingehen und darüber nachdenken. Tun wir das nicht, wird es die Neue Rechte für uns tun (wie es in Südafrika bereits der Fall ist).

Die lange Reihe der Fälle, die wir aufgezählt haben, wird zweifellos bald durch andere, wahrscheinlich noch schrecklichere, ergänzt werden. Aber wir müssen uns immer wieder mit ihnen beschäftigen, weil sie Fragmente sind, die, wenn man sie zusammenfügt, ein Mosaik der globalen Katastrophe ergeben. Hier nun das letzte wichtige Mosaiksteinchen: Jeder, der heute vorgibt, ein Linker zu sein, muss Oliver Anthonys *Rich Men North of Richmond* genauestens analysieren, einen Protestsong der Arbeiterklasse, der innerhalb von zwei Tagen zu *dem* »Protestsong unserer Generation« mit zig Millionen Zuschauern und Hörern explodierte.[44] In den positiven Reaktionen auf das Lied taucht regelmäßig das Wort »authentisch« auf: Es enthält keine Spezialeffekte, nur die Stimme und die Gitarre eines einfachen Arbeiters, die mit einer echten Kamera aufgenommen wurden ... Wir hören hier die direkte, raue Stimme derer, die von den Großmedien ignoriert werden: arme, arbeitende Männer, die kaum überleben können und keine klare Aussicht auf ein besseres Leben haben. Hier ist der Text (in Auszügen):

> Ich hab' meine Seele verkauft, den ganzen Tag gearbeitet / Überstunden für 'nen beschissenen Lohn / Nur damit ich hier sitzen und mein Leben verschwenden kann / Schleppe mich zurück nach Hause und ertränke meine Sorgen // Es ist eine verdammte Schande, was aus der Welt geworden ist / Für Menschen wie mich und Menschen wie dich / Wünschte, ich könnte einfach aufwachen und es wäre nicht wahr / Aber das ist es, oh, das ist es // Ich leb' in der neuen Welt / Mit einer alten Seele / Diese reichen Leute nördlich von Richmond / Gott weiß, dass sie alle nur die totale Kontrolle wollen / Wollen wissen, was du denkst, wollen wissen, was du tust / Weil dein Dollar einen Dreck wert ist und ohne Ende versteuert wird / Wegen reichen Leuten nördlich von Richmond // Ich wünschte, die Politiker würden sich um Bergarbeiter [miners] kümmern / und nicht nur um Minderjährige [minors] auf irgendeiner Insel / Gott, wir haben Menschen auf den Straßen, die nichts zu essen haben / Und diese Fettleibigen melken die Sozialhilfe // Mein Gott, wenn du einen Meter sechzig groß bist und 160 Kilo wiegst / dann sollten deine Tüten voll *Fudge Rounds* nicht von Steuergeldern bezahlt werden / Junge Männer bringen sich ins Grab / Weil dieses verdammte Land nichts anderes tut, als sie immer wieder niederzutreten.[45]

Es steckt eine offensichtliche Wahrheit in diesen Worten: Tatsächlich arbeiten Millionen, die von Reichen ausgebeutet werden; tatsächlich üben Großkonzerne und Regierungsbehörden eine furchterregende Macht der Kontrolle über uns aus … Aber die Details in diesem Lied weisen auf den verstörenden Hintergrund dieser Wahrheit hin – und auf die Details kommt es hier an. Warum »nördlich von Richmond«? Weil Richmond während des Bürgerkriegs die Hauptstadt der Konföderierten war – ein deutlicher Hinweis darauf, wo Anthonys politische Sympathien liegen. Warum *Fudge Rounds*? Weil dieses Wort doppeldeutig ist: Es sind zwei runde Karamell-Schokocookies mit einer Schicht brauner Buttercreme dazwischen; die andere Bedeutung ist der kreisförmige Abdruck am Ansatz des männlichen Genitals, der entsteht, wenn die Frau beim Analsex die Kontrolle über ihren Darm verliert – auch dies ist ein Hinweis auf die Verbindung zwischen den Neureichen und sexueller Perversion. Wer sind die »fettleibigen« Reichen, die ein bequemes Leben führen, indem sie den normalen Arbeitnehmern zu viele Steuern abverlangen? Es sind sowohl die neuen Unternehmenseliten, die uns kontrollieren, als auch die faulen (ethnischen, sexuellen …) Minderheiten, die von den großzügigen Spenden des Wohlfahrtsstaates fett werden.

In diese Reihe rechter Proteste der unteren Klassen sollte man auch den Film *Sound of Freedom* von Alejandro Monteverde (2023) einordnen, der auf der wahren Geschichte eines früheren Spezialagenten der Regierung beruht, der sich in Selbstjustiz auf eine gefährliche Mission macht, um Hunderte Kinder vor Sexhändlern in Lateinamerika zu retten. Die meisten großen liberalen Medien lehnten diesen Low-Budget-Überraschungserfolg (er übertraf an der Kinokasse die neuen *Indiana Jones* und *Mission Impossible*-Filme) wegen der Nähe des Regisseurs und des Schauspielers Jim Cabiezel zu QAnon-Verschwörungserzählungen ab. Merkwürdig ist auch, dass einige Kinder in dem Film als Sexsklaven an Führer der FARC-Bewegung in Kolumbien verkauft werden – Sexsklaverei wird also als etwas gezeigt, das die Unternehmenseliten in Hollywood und die extreme revolutionäre Linke eint … Kinderhandel und Sexsklaverei sind jedoch etwas Grauenvolles und es wäre allzu leicht, das Thema den neuen Rechtspopulisten zu überlassen, während der Mainstream in Hollywood mit woken Projekten wie dem Remake von *Snow White* beschäftigt ist, in dem Schneewittchen nicht weiß ist, die Zwerge keine Zwerge, sondern »divers« sind, und der auch nicht mit dem alten Ende aufhört (wo der Prinz Schneewittchen wachküsst), sondern mit dem Empowerment von Schneewittchen, die eine neue legitime Herrscherin wird ... Das Traurige an *Sound of Freedom* ist, dass wir einen bescheidenen Film haben, der außerhalb der Hollywood-Maschinerie produziert wurde, von Sexualverbrechen an Kindern aus armen Latino-Familien handelt, ein Überraschungserfolg an den Kinokassen war – aber von Rechten gemacht wurde.

Die neue Welle rechter Proteste der Arbeiterklasse und der »Minderheitenschutz-Liberalismus« der Unternehmen sind nicht einfach nur Gegensätze. Ihnen ist gemeinsam, dass sie es beide vermeiden, die grundlegenden gesellschaftlichen Antagonismen unserer Zeit in Angriff zu nehmen. Erstere sprechen zwar tatsächliche Probleme an, die viele normale Arbeiter plagen, stellen den Feind aber als die »Reichen«, die Unternehmens- und Staatseliten in Verbindung mit den faulen Sozialhilfeempfängern dar – der Kampf gegen Rassismus und Sexismus wird so als Strategie der Eliten abgetan, um die Arbeiter und das Produktivkapital zu kontrollieren. Das entspricht der alten faschistischen Idee der Vereinigung von Arbeitern und Produktivkapital gegen die parasitären Extreme der Eliten und die faulen Nutznießer des Wohlfahrtsstaats ... Die Proteste sind eine Reaktion auf das, was in der heutigen liberalen Linken falsch ist, die den Kampf gegen Sexismus und Rassismus und für die Rechte von Minderheiten geschickt manipuliert, um sich nicht mit der abartigen Logik des globalen Kapitalismus auseinandersetzen zu müssen.

Ein Protest kann authentisch sein, aber Authentizität ist nicht per se ein Zeichen für Wahrheit – selbst die brutalste Form von Rassismus und Sexismus kann noch als authentisches Gefühl erlebt werden. Ende Juli 2023 war mein Heimatland Slowenien für einen kurzen Moment in den Weltnachrichten: Es wurde von Überschwemmungen und Erdrutschen heimgesucht, bei denen tausende Häuser zerstört und ganze Städte abgeschnitten wurden. Die Reaktion war eine unerwartete Solidaritätsbekundung: Die Slowenen boten zu viel Hilfe an und es meldeten sich zu viele Freiwillige, so dass nicht alles genutzt werden konnte, sogar die Ukraine schickte Hilfe … Auch wenn diese Solidaritätsbezeugung aufrichtig war, war sie noch nicht das, was bei den bevorstehenden Katastrophen erforderlich sein wird. Für die große Mehrheit in Slowenien ging das Leben normal weiter, und die Solidaritätsbekundungen erlaubten uns lediglich, uns gut zu fühlen, ohne unsere Lebensweise in irgendeiner Art zu verändern. Für einen Augenblick handelten wir, als ob das Streben nach einem bequemen Alltagsleben nicht alles wäre, unsere bescheidenen Opfer gaben uns das Gefühl, dass das Leben an Bedeutung gewann. Insofern waren die Solidaritätsbekundungen der Ausdruck des verzweifelten Wunsches, sich *nicht* mit der Tiefe unserer Krise auseinanderzusetzen.

Um noch einmal zu Anthonys Lied zurückzukehren: Die erste einfache Gegenfrage der Linken an den Text sollte lauten: Okay, arme, arbeitende Menschen werden ausgebeutet – warum erwähnt der Song dann nicht die Standardlösung: *schließt euch Gewerkschaften an?* Alte Protestlieder der Arbeiterklasse von *Joe Hill* über Pete Seegers *Solidarity Forever* bis zu Billy Braggs *There Is Power in a Union* weisen alle in diese Richtung. Wie weit ist Anthonys Lied, was den amerikanischen Patriotismus betrifft, von dem großen linken Arbeitersong *Born in the U.S.A.* von Bruce Springsteen entfernt! Dessen erste Zeilen lauten wie folgt: »Geboren in der Stadt eines toten Mannes / Den ersten Tritt kriegte ich, als ich auf den Boden aufschlug / Man endet wie ein Hund, der zu viel geschlagen wurde / Bis man sein halbes Leben nur noch mit Vertuschen verbringt« – eine ähnliche Erfahrung, mit Füßen getreten zu werden, aber mit einem ganz anderen politischen Hintergrund.

Man sollte sich nicht wundern, wenn Milliardäre von Elon Musk bis Donald Trump, dem reichen Mann aus Mar-a-Lago, der sich jahrelang durch komplexe juristische Tricks davor gedrückt hat, Steuern zu bezahlen, Anthonys Lied loben. Warren Buffet, einer der reichsten Männer der Welt, war schockiert, als er feststellte, dass er weniger Steuern zahlte als seine Sekretärin – kein Wunder, dass Buffet zurückschlug, als Präsident Obama vorgeworfen wurde, er führe auf unverantwortliche Weise den »Klassenkrieg« in das politische Leben ein: »Es herrscht Klassenkrieg, richtig, aber es ist meine Klasse, die Klasse der Reichen, die Krieg führt, und wir gewinnen.«[46] Und Anthonys Lied bedeutet den endgültigen Triumph der Reichen im Klassenkrieg: Selbst ein geknechteter Proletarier, der für soziale Gerechtigkeit kämpft, stellt sich auf ihre Seite.

Wenn wir diese Katastrophe wirklich bewältigen wollen, müssen wir als Erstes eine Reihe von Einsichten voll und ganz annehmen, die wir, so selbstverständlich sie auch sein mögen, lieber missachten. Es wird unvorstellbare Umweltkatastrophen geben, Millionen Menschen werden sterben. Es wird zu gewaltigen Bevölkerungsbewegungen kommen, die zusätzliche Leiden und Todesfälle verursachen werden. Künstliche Intelligenz wird uns auf nicht transparente Weise beherrschen, selbst ihre menschlichen Schöpfer werden nicht begreifen, was vor sich geht. Die große Mehrheit der Menschen wird sich der Krise nie ganz bewusst werden, sie wird immer neue Fiktionen erfinden (auch Fiktionen über Katastrophen), dank deren sie weitermachen kann wie gewohnt. Kurzum, wir können uns weder auf die spontane Weisheit der Mehrheit verlassen noch auf das Wissen von wissenschaftlichen Experten, die unsere großen Krisen so lösen werden, wie sie die Bedrohung durch AIDS neutralisiert haben. Das politische Modell der liberalen Demokratie ist offensichtlich erschöpft und es gibt zwei Alternativen, die jeweils eigene Dilemmata mit sich bringen. Die eine ist die Idee des Staates als einer entpolitisierten Maschine, die sozialen Bedürfnissen dient (man denke an Staaten wie die Schweiz oder Singapur, wo eine große Mehrheit nicht einmal weiß, wer ihr Premier- oder Außenminister ist) – aber wenn uns das letzte Jahrzehnt eines gelehrt hat, dann dass die verdrängte politische Dimension mit aller Macht in

Gestalt des neuen Rechtspopulismus zurückkommt. Dann gibt es das (von manchen) so genannte asiatische Modell einer wohlwollenden Diktatur, die eine grundlegende Homogenität durchsetzt und den Interessen der Mehrheit besser dient als eine Staatsmacht, die politischen Konflikten ausgesetzt ist (noch einmal Singapur und sogar China) … Es gibt, kurz gesagt, keine Zukunft für uns (wenn wir mit Zukunft einen weiteren Fortschritt der Menschheitsgeschichte innerhalb der von unserer Vergangenheit bestimmten Koordinaten meinen).

Ist also die gesamte Menschheit in einem unheimlichen Todestrieb gefangen und gleitet unwillkürlich in ihre Selbstauslöschung? Diesen Schluss gilt es aus zwei Gründen zu vermeiden. Erstens haben wir es nicht mit einem kollektiven psychischen Phänomen zu tun, sondern mit einem Gesellschaftsprozess, der auf der vorherrschenden Produktionsweise beruht. Zweitens bezeichnet der Freud'sche Begriff des Todestriebs in einer entscheidenden dialektischen Einheit keinen morbiden Drang zur Selbstauslöschung, sondern fast das Gegenteil, nämlich die Libido als etwas, das jenseits des Kreislaufs von Leben und Tod bestehen bleibt. Todestrieb ist Freuds Name für Unsterblichkeit, für das Untotsein. Das ist der Kern des Hegel'schen Begriffs des »Verweilens beim Negativen«, den Lacan in seine Idee der tiefen Verbindung zwischen dem Todestrieb und der schöpferischen Sublimierung überträgt: Damit eine (symbolische) Schöpfung stattfinden kann, muss der Todestrieb (die Hegel'sche sich auf sich beziehende absolute Negativität) sein Werk vollbringen, nämlich den Platz leeren und ihn so für die Schöpfung bereit machen.[47] Der christliche Name für diese Entleerung ist der Tod Gottes am Kreuz, der uns Menschen zur Freiheit ohne jede Garantie im großen Anderen verdammt, und der schöpferische Akt, der in dieser rigorosen Freiheit begründet liegt, ist der Heilige Geist, die erste Figur dessen, was später unter anderem als Kommunistische Partei bekannt wurde.

Die Schlussfolgerung, die sich hier aufdrängt, ist offensichtlich: Im Gegensatz zu den »evidenten« Wahrheiten der Kritiker Freuds ist die Zeit der Psychoanalyse erst heute gekommen. Die Gedenkveranstaltung ist ein bisschen zu voreilig, gedenkt sie doch eines Patienten, der noch ein langes Leben vor sich hat – die Psychoanalyse mag tot sein, aber sie ist eine monströse lebende Tote, die man nicht loswerden kann. Dieses Untotsein kennzeichnet nicht nur das Schicksal der psychoanalytischen Theorie, sie ist auch ihr wesentliches Merkmal. Wie das Untotsein den politischen Kampf durchdringt und aufrechterhält, wird vielleicht am besten in dem Gedicht *Die Zwölf* von Aleksandr Blok aus dem Jahr 1918 wiedergegeben. Blok war einer der großen russischen Dichter des 20. Jahrhunderts und hielt es für sein bestes Werk.

Mit seinen stimmungsvollen Klängen, seinen polyphonen Rhythmen und seinem rauen, umgangssprachlichen Ton entfremdete das lange Gedicht (rund 1000 Verse) Blok schlagartig von vielen seiner Bewunderer – die Vorwürfe reichten von entsetzlich schlechtem Geschmack bis zu Unterwürfigkeit gegenüber den neuen bolschewistischen Machthabern und Verrat an seinen früheren Idealen. Doch selbst die Gegenseite (die meisten Bolschewiki) verachtete Bloks Mystizismus und Asketismus und besonders seine Erwähnung Christi (in manchen sowjetischen Nachdrucken wurde »Christus« sogar durch »Sonne« ersetzt!). Das Gedicht beschreibt den Marsch von zwölf Rotarmisten (in Anlehnung an die zwölf Apostel) durch die Straßen des revolutionären Petrograd im schneereichen Winter 1918, während um sie herum ein heftiger Schneesturm tobt. Die Zwölf werden nicht idealisiert, ihre Stimmung, die das Gedicht vermittelt, schwankt zwischen gemeiner und sogar sadistischer Aggression gegen alles, was als bürgerlich und konterrevolutionär angesehen wird, und strenger Disziplin und revolutionärem Pflichtbewusstsein.[48] In der (höchst umstrittenen) letzten Strophe des Gedichts sieht man eine Jesusgestalt im Schneesturm, die den Marsch der Zwölf anführt, als unsichtbares und untotes dreizehntes »Rad am Wagen«, könnte man sagen:

> So gehen sie mit mächtigem Schritt / Hinterher – ein hungriger Hund, / Vorne – mit blutiger Fahne, / Und durch den Schneesturm

> unsichtbar / Und von den Kugeln unversehrt / Mit zartem Schritt übers Wirbelwehen, / Perlschnee streuend / In einem weißen Kranz aus Rosen / Voraus – Jesus Christus.[49]

John Ellisons Beschreibung der sozialen Auswirkungen des Gedichts ist zitierenswert:

> Das Gedicht erschien erstmals Anfang März 1918 in einer bolschewistischen Zeitung. In der Einleitung zu seiner eigenen Übersetzung schrieb Jack Lindsay, es habe »eine unmittelbare und große Wirkung gehabt. Sätze daraus wurden endlos wiederholt; auf Plakatwänden und Spruchbändern in ganz Russland standen Auszüge.« Es wurde »zur Folklore der revolutionären Straße.« Im November 1918 wurde »Die Zwölf« in Petrograd als eigenständiges Werk veröffentlicht, illustriert mit Zeichnungen von Yuri Annenkov. Forsyth stellt einfach fest, dass es »als der essenzielle Ausdruck der Revolution akzeptiert wurde, nicht nur in Russland, wo die Leser entweder begeistert oder angewidert davon waren, sondern auch im Ausland.«[50]

Leider war Blok von der bolschewistischen Revolution schnell enttäuscht und das letzte Werk vor seinem frühen Tod 1921 war das patriotische Gedicht »Die Skythen«, das für eine Art Pan-Mongolismus eintritt, einen klaren Vorläufer des heutigen Eurasismus: Russland soll zwischen Ost und West, aber auch politisch zwischen den Roten und den Weißen vermitteln. Schon stilistisch kehrt »Die Skythen« zu einer traditionelleren poetischen Sprache zurück, in der es keine gemeinen, vulgären Klänge und Ausdrücke und keine verrückten rhythmischen Unterbrechungen gibt – nichts von dem, was »Die Zwölf« so einzigartig macht. In »Die Zwölf« gibt es eine einzigartige Reihe sich überschneidender Gegensätze: Das Gedicht preist die Oktoberrevolution, ist aber so weit wie möglich von der üblichen revolutionären Pathetik mit ihrer vulgären Unterschichtssprache und ihren groben Gesten entfernt. Christus an der Spitze der Gruppe, die durch die Petrograder Hölle des natürlichen und öffentlichen Chaos patrouilliert – vergessen wir nicht, dass ihr Ziel die Verhinderung des gesellschaftlichen Chaos ist, das heißt, sie wollen das neue Recht und die neue Ordnung aufrechterhalten. Es ist dies ein authentisches Bild des theologisch-politischen Kurzschlusses, ein Bild für das, was christlicher Atheismus als politische Praxis bedeutet. Christus ist nicht ihr Anführer, er ist nur ein virtueller Schatten, dessen Anwesenheit anzeigt, dass die Zwölf nicht nur eine Gruppe von Individuen sind, die jeweils ihre eigenen Interessen verfolgen, sondern eine Gruppe von Genossen, die im Namen einer Sache handeln. Es gibt hier kein Versprechen oder Bild himmlischer Glückseligkeit, es gibt nur eine Gruppe von Genossen, die aus purer Not heraus handelt, ohne jede Gewissheit über das Endergebnis – vielleicht werden sie vom Feind liquidiert werden oder einfach im Schneesturm untergehen. Auch wenn sie sich dessen nicht bewusst sind, handeln sie in völliger Hingabe, als ob Christus an ihrer Spitze stünde. Selbst in unserem »entwickelten« Westen konnten wir in jüngster Zeit solche Gruppen antreffen, die Lockdown-Gebiete nach Pandemieopfern durchstreiften oder nach verlassenen Überlebenden von Überschwemmungen oder Hitzewellen suchten oder – warum nicht – durch ein Gebiet patrouillierten, um an der ukrainischen Front nach russischen Minen zu suchen. Und die Liste lässt sich fortsetzen: Eine Künstlergruppe, die ein kollektives Projekt auf die Beine stellt, eine Gruppe von Programmierern, die an einem Algorithmus arbeitet, der uns bei unserem Kampf für die Umwelt helfen kann … Ohne darüber nachzudenken, taten und tun sie einfach ihre Pflicht.

Die subjektive Haltung der Mitglieder einer solchen Gruppe war so weit wie möglich von politisch korrekten Bedenken und Verdächtigungen entfernt, der kollektive Geist, der den Trump'schen Mob antrieb, am 6. Januar das Kongressgebäude anzugreifen (einen Mob, der nur ein Medienspektakel aufführte), war ihnen vollkommen fremd. Sie ließen jede Spur von liberalem Individualismus hinter sich. Sie waren in der Hölle, ohne einen Gott, der sie beschützen konnte, und Christus war da.

Anmerkungen

Einleitung: Warum der wahre Atheismus indirekt sein muss

1 Mit diesem Problem kämpft Jürgen Habermas in seinem umfangreichen, zweibändigen Werk *Auch eine Geschichte der Philosophie* (Berlin 2019), welches eine detaillierte historische Genealogie des nachmetaphysischen Denkens im Hinblick auf das Verhältnis von Glauben und Wissen bietet: Seine universalistische und prozeduralistische Position hat ihren Grund im langen Pfad der westlichen Tradition, als die theologische Reflexion unabdingbar war, und deshalb kann der religiöse Diskurs auch im säkularen Kontext immer noch einen wertvollen Beitrag leisten. Dem Buch wurde wegen seiner Fokussierung auf die jüdisch-christliche Tradition Eurozentrismus vorgeworfen; in meinen Augen ist das keine Einschränkung, dennoch halte ich meine eigene Position für gleichzeitig atheistischer und religiöser als die von Habermas; dieser scheint genau den Übergang vom tatsächlichen religiösen Glauben zu seinem Überleben als regulative Idee (bzw. Ideal) für unser Leben zu beschreiben.

2 Vgl. Adorno / Gehlen: Ist die Soziologie eine Wissenschaft vom Menschen?, www.youtube.com/watch?v=pmL2eztve2Y, letzter Zugriff 10.04.2024. Abgedruckt in: Friedemann Grenz, *Adornos Philosophie in Grundbegriffen. Auflösung einiger Deutungsprobleme*, Frankfurt am Main 1974, S. 224–251.

3 Ich habe mich in den letzten Jahrzehnten in drei Büchern mit dem christlichen Atheismus beschäftigt und eine materialistische Lesart des Christentums entwickelt: *The Fragile Absolute*, London 2000, dt.: *Das fragile Absolute*, Berlin 2000; *On Belief*, London 2001, dt.: *Die gnadenlose Liebe*, Frankfurt am Main 2001; *The Puppet and the Dwarf*, Cambridge 2003, dt.: *Die Puppe und der Zwerg*, Frankfurt am Main 2003; darüber hinaus auch in dem Dialogband *The Monstrosity of Christ: Paradox or Dialectic?* mit John Milbank, Cambridge 2009. Diese vier Bücher bilden ein Quartett, mit dem ein bestimmter Gedankengang zu Ende geführt wird. Mit dem

vorliegenden Buch *Christlicher Atheismus* mache ich einen Neuanfang und verschiebe den Fokus (auf die Verknüpfung zwischen der transzendentalen Parallaxe und der ontologischen Unvollständigkeit der Realität), weshalb ich das genannte Quartett hier ignoriere.

4 Jean-Claude Milner, »On Some Paradoxes of Social Analysis«, in: *Crisis & Critique* 10, 1 (2023), S. 238–246, hier S. 243.

5 Ebd.

6 Vgl. dazu das hervorragende Buch von Remi Adekoya, *It's Not About Whiteness, It's About Wealth*, London 2023. Im Bereich der Black Studies, die die woken Stereotypen in Frage stellen, ist Adekoyas Buch eines der wenigen, die »rassistische Vorurteile« richtigerweise auf Wohlstandsunterschiede zurückführen (es macht auf die unterschiedlichen Vorstellungen von »Korruption« im angeblich »egalitären« Westen und in Afrika aufmerksam) und vor der Zwiespältigkeit der »Feminisierung« der Macht im entwickelten Westen warnt (die auch dazu dienen kann, neue Formen der Kolonisierung unsichtbar zu machen).

7 Milner, »On Some Paradoxes«, S. 244.

8 Max Matza, »Utah primary schools ban Bible for ›vulgarity and violence‹ «, *BBC News* 03.06.2023, www.bbc.com/news/world-us-canada-65794363, letzter Zugriff 12.04.2024.

9 Milner, »On Some Paradoxes«, S. 244.

10 Tarana Burke zitiert nach Liz Rowley, »The Architect of #MeToo Says the Movement Has Lost Its Way«, in: *The Cut* 23.10.2018, www.thecut.com/2018/10/tarana-burke-me-too-founder-movement-has-lost-its-way.html, letzter Zugriff 14.04.2024.

11 Mark Carrigan, »What would the young Slavoj Žižek think of the old Slavoj Žižek?«, 12.05.2023, markcarrigan.net/2023/05/12/what-would-the-young-slavoj-zizek-think-of-the-old-slavoj-zizek/, letzter Zugriff 14.04.2024. Die Zitate stammen aus Slavoj Žižek, *The Plague of Fantasies*, London 1997, S. 34.

12 Das ist mir schon vor mehr als zehn Jahren in Indien passiert: In einer öffentlichen Debatte lobte ich Ambedkar, einen Kritiker Gandhis, für seinen Egalitarismus und seine Ablehnung des Kastensystems, worauf man mir sagte, das Kastenwesen sei in wichtiger Teil der indischen Tradition, das sich der westlichen egalitären Vorstellung von Emanzipation entziehe.

13 Haralambos Ventis, »Pacifist Pluralism versus Militant Truth: Christianity at the Service of Revolution in the work of Slavoj Žižek« (2018), doi.org/10.4324/9781315102900-6, letzter Zugriff 14.04.2024.

14 »Rising antisemitism focus at European Jewish Association conference«,

JNS 15. 05. 2023, www.jns.org/rising-antisemitism-focus-at-european-jewish-association-conference/, letzter Zugriff 15. 04. 2024.

15 Definition aus der englischsprachigen Wikipedia, en.wikipedia.org/wiki/Intersectionality, letzter Zugriff 15. 04. 2024.

16 Michael Wolffsohn, Michael Naumann, »Wer Antisemit ist, bestimmt der Jude und nicht der potenzielle Antisemit«, in: *Der Spiegel* 52 (2020), www.spiegel.de/politik/deutschland/michael-wolffsohn-und-michael-naumann-im-streitgespraech-wer-antisemit-ist-bestimmt-der-jude-a-00000000-0002-0001-0000-000174544040, letzter Zugriff 16. 04. 2024.

17 Die Abbildung stammt aus dem Wikipedia-Eintrag zum unmöglichen Dreizack: de.wikipedia.org/wiki/Unmöglicher_Dreizack, letzter Zugriff 16. 04. 2024.

18 Die Stelle ist auf der Website nicht mehr zu finden. Vgl. www.europeapatient.com/recommendations/ukrainian-recovery/ [Anm. d. Übers.].

19 George Monbiot, »The hard right and climate catastrophe are intimately linked. This is how«, in: *The Guardian* 15. 06. 2023, www.theguardian.com/commentisfree/2023/jun/15/hard-right-climate-catastrophe-extreme-weather-refugees, letzter Zugriff 19. 04. 2024. Dies ist ein anschauliches Beispiel für eine metaphorische Verschiebung: Die Flut als Folge der Erderwärmung wird verdrängt und durch die »Flut« von Immigranten ersetzt.

20 Ebd.

21 Ebd.

22 Vgl. Patrick J. Buchanan, *Churchill, Hitler und der unnötige Krieg. Wie Großbritannien sein Empire und der Westen die Welt verspielte*, Selent 2009. Siehe auch den englischsprachigen Wikipedia-Artikel dazu unter en.wikipedia.org/wiki/Churchill,_Hitler_and_the_Unnecessary_War, letzter Zugriff 19. 04. 2024.

23 Grace Blakeley, »No, Capitalism Isn't Democratic«, in: Tribune 15. 06. 2023, tribunemag.co.uk/2023/06/no-capitalism-isnt-democratic, letzter Zugriff 22. 04. 2024.

24 Persönliche Mitteilung.

Eine Religion soll sich selbst auszehren

1 Jure Simoniti, persönliche Mitteilung.

2 Jacques Lacan, *Radiophonie/Television*, Weinheim/Berlin 1988, S. 61.

3 Die sogenannte »Spanische Grippe« liefert uns ein gutes Beispiel dafür, wie

die Wahrheit durch eine Lüge enthüllt werden kann. An ihr starben gegen Ende des Ersten Weltkriegs ungefähr 20 Millionen Menschen, doch ihr Name ist unzutreffend. Aus Zensurgründen berichteten damals nämlich nur spanische Zeitungen über die Krankheit (Spanien war im Ersten Weltkrieg neutral), obwohl sie das Land gar nicht betraf. Wenn man das allerdings weiß, erfährt man die Wahrheit über die Zensurbedingungen der damaligen Gesellschaft: Obwohl Millionen darüber geredet haben müssen, wurde es aus dem öffentlichen Raum »gecancelt«.

4 Bertolt Brecht, »Ballade von der Unzulänglichkeit des menschlichen Planens«, in: Ders., *Die Gedichte*, Frankfurt am Main 2000, S. 115.

5 Ich zitiere aus dem Manuskript, das mir die Autoren großzügigerweise zur Verfügung gestellt haben. Da ich in meinem Freiheitsbuch schon ausgeführt habe, was ich von Johnstons transzendentalem Materialismus halte, konzentriere ich mich hier auf Chiesas agnostischen Atheismus; vgl. Slavoj Žižek, *Freedom. A Disease Without Cure*, London 2023.

6 Die Oszillation, die Hegels Werk immanent ist, ist die zwischen seinen kreativen Arbeiten (*Phänomenologie*, *Logik*) und seinen universitären Handbüchern (*Enzyklopädie*, *Philosophie des Rechts*), bei denen es sich um Berichte über bereits erworbenes Wissen handelt. Es wäre jedoch vorschnell, diese Oszillation als die zwischen wahrerem authentischem kreativem Denken und der »dogmatischen« Rekapitulation einer Lehrmeinung zu betrachten.

7 Frank B. Wilderson III, *Red, White, and Black. Cinema and the Structure of US Antagonisms*, Durham 2010, S. IX.

8 Ebd., S. 65 f.

9 Ebd., S. 30 f.

10 Ebd., S. 30.

11 Ebd., S. 8.

12 Ebd., S. 9.

13 Ebd., S. 11.

14 Ebd., S. 14.

15 Ebd., S. 16.

16 James Baldwin, »The Black Boy Looks at the White Boy«, zitiert nach ebd., S. 12.

17 Ebd., S. 66.

18 Alenka Zupančič, *Desire* (unveröffentlichtes Manuskript).

19 Ebd.

20 Ebd.

21 G. W. F. Hegel, *Werke in 20 Bänden, Band 12: Vorlesungen über die Philosophie der Geschichte*, Frankfurt am Main 1970, S. 129.

22 Roberto Bolaño, *Last Evenings on Earth*, New York, S. 102. Diesen Hinweis verdanke ich Maria Aristodemou.

23 Vgl. den Eintrag zu »Ted Lasso« in der englischsprachigen Wikipedia: en.wikipedia.org/wiki/Ted_Lasso, letzter Zugriff 03. 05. 2024.

24 Ebd.

25 Jean-Daniel Causse, *Lacan et le christianisme*, Paris 2018, S. 162.

26 Adrian Johnston zitiert nach Lorenzo Chiesa, Adrian Johnston, *God Is Undead. Agnosticism and Atheism in Psychoanalysis*, unveröffentlichtes Manuskript.

27 Jacques Lacan, *Le séminaire XVI, D'un autre à l'Autre*, Paris 2006, S. 253.

28 Jacques Lacan, *Le séminaire XXIII, Le sinthome*, Paris 2005, S. 136.

29 Siehe www.calvarystgeorges.org/enjoyyourforgiveness, letzter Zugriff 02. 05. 2024. Diesen Hinweis verdanke ich Martti Paloheimo, New York.

30 Zupančič, *Desire*.

31 »Israels Finanzminister für ›Ausradierung‹ von palästinensischer Stadt Huwara«, in: *Der Standard*, 01. 03. 2023, www.derstandard.de/story/2000144062438/israels-finanzminister-fuer-ausradierung-von-palaestinensischer-stadt-huwara, letzter Zugriff 05. 05. 2024.

32 Martin Pengelly, »Republican sorry for suggesting ›hanging by a tree‹ as execution method«, in: *The Guardian* 02. 03. 2023, www.theguardian.com/us-news/2023/mar/02/execution-hanging-by-a-tree-tennessee-republican, letzter Zugriff 05. 05. 2024.

33 Vgl. Bianca Blei, »Tennessee verbietet Drag-Shows an allen öffentlichen Orten – bis zu ein Jahr Haft«, in: *Der Standard* 03. 03. 2023, www.derstandard.de/story/2000144111363/tennessee-verbietet-drag-shows-vor-kindern, letzter Zugriff 05. 05. 2024.

34 Vgl. Octave Mannoni, »I Know Well, but All the Same …«, in: Molly Anne Rothenberg, Dennis Foster, Slavoj Žižek (Hg.), *Perversion and the Social Relation*, Durham 2003, S. 68–92.

35 Vgl. Alenka Zupančič, »Perverzni obrat utajitve« (»Die perverse Umkehrung der Verleugnung«), in: *Problemi* 7–8 (2022).

36 Vgl. Jacques Lacan, *Le séminaire XXI, Les non-dupes errent*, Paris 2001.

37 Johnston zitiert nach Chiesa, Johnston, *God Is Undead*.

38 Ebd.

39 Lorenzo Chiesa zitiert nach Chiesa, Johnston, *God Is Undead*.

40 George Simpson, »Snow White and Cinderella under attack from Ladybird books' woke sensitivity readers«, in: *Daily Express* 05. 03. 2023, www.express.co.uk/entertainment/books/1742652/Snow-White-Cinderella-Ladybird-books-fairy-tales-sensitivity-readers, letzter Zugriff 06. 05. 2024.

41 Chiesa zitiert nach Chiesa, Johnston, *God Is Undead.*

42 Ebd.

43 Ebd.

44 Ebd.

45 Ebd.

46 Jacques Lacan, *Le séminaire XV, L'acte psychanalytique*, Sitzung vom 21. 02. 1968, ecole-lacanienne.net/wp-content/uploads/2016/04/Acte-analytique-version-critique-integrale-1.pdf, letzter Zugriff 10. 05. 2024.

47 Vgl. den Wikipedia-Artikel zu dem Lied unter de.wikipedia.org/wiki/The_Night_They_Drove_Old_Dixie_Down, letzter Zugriff 10. 05. 2024.

48 Ich knüpfe hier an die Interpretation des Films im achten Kapitel meines Buches *Disparitäten* an. Vgl. Slavoj Žižek, *Disparitäten*, Darmstadt 2018.

49 Jacques Lacan, *Das Seminar Buch X: Die Angst. 1962–1963*, Wien 2010, S. 389.

50 Chiesa zitiert nach Chiesa, Johnston, *God Is Undead.*

51 Ebd.

52 Ebd.

53 Ebd.

54 Ebd.

55 G. W. F. Hegel, *Werke in 20 Bänden, Band 3: Phänomenologie des Geistes*, Frankfurt am Main 1970, S. 39.

56 Ebd., S. 135.

57 Natalie Jonas, »Why more people are seeking out ›ego death‹ via psychedelic drugs«, in: *Salon*, 22. 10. 2022, www.salon.com/2022/10/22/why-more-people-are-seeking-out-ego-death-via-psychedelic, letzter Zugriff 11. 05. 2024.

58 Anklänge an *The Prisoner* finden sich auch in dem Thriller *Don't Worry Darling*(2022) von Olivia Wilde.

Warum Lacan kein Buddhist ist

1 Adrian J. Ivakhiv, »Nagarjuna, ecophilosophy, & the practice of liberation«, Parts 1 and 2, 14. 11. 2009, blog.uvm.edu/aivakhiv/2009/11/14/nagarjuna-ecophilosophy-the-practice-of-liberation/ und blog.uvm.edu/aivakhiv/2009/11/14/nagarjuna-ecophilosophy-pt-2/, letzter Zugriff 13. 05. 2024; John Clark, »On Being None With Nature: Nagarjuna and the Ecology of Emptiness«, in: *Capitalism Nature Socialism*, 19,4 (2008), S. 6–29.

2 Ivakhiv, »Nagarjuna«.

3 Ebd.

4 Ebd.

5 Clark, »On Being None With Nature«, S. 20.

6 Ebd., S. 28.

7 Ebd.

8 Ivakhiv, »Nagarjuna«.

9 Ebd.

10 »Zizek's Western Buddhism (Redux)«, aus dem Blog *And Now For Something Completely Different*, 19. 11. 2007, somethingcompletelydifferent.wordpress.com/2007/11/19/zizeks-western-buddhism-redux/, letzter Zugriff 14. 05. 2024.

11 Tatsächlich *habe* ich Suzuki gelesen, nicht nur in meiner Jugend (als er ein wichtiger Bezugspunkt der Hippie-Bewegung war), sondern auch später, als ich erfuhr, dass er in den 1930er und 1940er Jahren den japanischen Krieg gegen China unterstützte und erläuterte, wie ein Zen-Training den Einzelnen zu einem viel besseren Soldaten machen kann.

12 Zitiert nach »Zizek's Western Buddhism (Redux)«.

13 Ebd.

14 Ebd.

15 Jacques Lacan, *Das Seminar Buch II: Das Ich in der Theorie Freuds und in der Technik der Psychoanalyse*, Olten 1980, S. 65.

16 Chiesa, Johnston, *God Is Undead*. Die Binnenzitate stammen aus Lacan, *Das Seminar Buch X*, S. 283.

17 P. A. Payutto, *Buddhist Economics. A Middle Way for the Market Place*, als PDF abrufbar unter www.urbandharma.org/pdf/Buddhist_Economics.pdf, letzter Zugriff 18. 05. 2024.

18 Wikipedia-Artikel »Buddhistische Wirtschaftslehre«, de.wikipedia.org/wiki/Buddhistische_Wirtschaftslehre, letzter Zugriff 17. 05. 2024.

19 Joshua Keating, »Ethnic cleansing in the kingdom of happiness«, in: *Foreign Policy* 13. 12. 2010, foreignpolicy.com/2010/12/13/ethnic-cleansing-in-the-kingdom-of-happiness/, letzter Zugriff 17. 05. 2024.

20 Zitiert nach Charlotte Jurd-Gibbens, »Inspirational Quotes About Happiness from Dalai Lama«, *Lifehack* 05. 08. 2015, www.lifehack.org/297414/inspirational-quotes-about-happiness-from-dalai-lama, letzter Zugriff 17. 05. 2024.

21 Jeannine A. Davies, »Relational Dharma. A Modern Paradigm of Transformation – A Liberating Model of Intersubjectivity«, in: *Journal of Transpersonal Psychology*, 46,1 (2014), S. 92 – 121, hier S. 99.

22 Ebd., S. 103.

23 Ebd., S. 117.

24 Ebd.

25 Ebd., S. 118.

26 Aus dem Artikel »Bodhisattva« in der englischsprachigen Wikipedia, en.wikipedia.org/wiki/Bodhisattva, letzter Zugriff 24. 05. 2024.

27 Ivakhiv, »Nagarjuna«.

28 Hegel, *Werke*, Band 3: *Phänomenologie des Geistes*, S. 36.

29 Davies, »Relational Dharma«, S. 103.

30 Ebd., S. 100.

31 G. W. F. Hegel, *Jenaer Systementwürfe III. Naturphilosophie und Philosophie des Geistes*, Hamburg 1987, S. 172.

32 Hegel, *Werke*, Band 3: *Phänomenologie des Geistes*, S. 36.

33 Jensen Suther, »Back to Life? The Persistence of Hegel's Idealism« (A Response to Karen Ng, *Hegel's Concept of Life. Self-Consciousness, Freedom, Logic*), in: *boundary2*, 23. 09. 2020, www.boundary2.org/2020/09/jensen-suther-back-to-life-the-persistence-of-hegels-idealism-a-response-to-karen-ng-hegels-concept-of-life-self-consciousness-freedom-logic/, letzter Zugriff 30. 05. 2024; siehe auch Karen Ng, *Hegel's Concept of Life. Self-Consciousness, Freedom, Logic*, Oxford 2020.

34 Suther, »Back to Life«.

35 Ebd.; das Binnenzitat stammt aus Ng, *Hegel's Concept of Life*, S. 59.

36 Ebd.

37 Jordan Gray, »Don't tell me what a woman is, based entirely on what she is not«, in: *The Independent*, 07. 03. 2023, www.independent.co.uk/voices/international-womens-day-jordan-gray-trans-b2295599.html, letzter Zugriff 30. 05. 2024.

38 Schamlos aus der Wikipedia abgeschrieben; vgl. en.wikipedia.org/wiki/Knock_at_the_Cabin, letzter Zugriff 03. 06. 2024.

39 Aus diesem Grund geht der Gedanke, dass Jesus ein buddhistischer Mönch war, vollkommen an der christlichen Opferlogik vorbei – siehe dazu die BBC-Dokumentation *Jesus was a Buddhist Monk* auf YouTube: www.youtube.com/watch?v=l5rn5ZL9eWQ, letzter Zugriff 03. 06. 2024.

40 Causse, *Lacan et le christianisme*, S. 162.

41 Adrian Johnston, »Divine Ignorance. Jacques Lacan and Christian Atheism«, o. J., www.academia.edu/40959959/Divine_Ignorance_Lacan_and_Christian_Atheism, letzter Zugriff 04. 06. 2024.

42 Ich beziehe mich hier auf meine Interpretation der Werke Tarkowskis in »The Thing from Inner Space«, in: *Angelaki* 4, 3 (1999), S. 221–231.

43 Sören Kierkegaard, *Gesammelte Werke, Abt. 19: Der Liebe Tun Band 2.:*

Etliche christliche Erwägungen in Form von Reden, 2. Folge, Gütersloh 1979, S. 399.

44 Sören Kierkegaard, *Einübung im Christentum*, Düsseldorf, Köln 1962, S. 115.

45 Sören Kierkegaard, *Die Tagebücher, Band 4*, Düsseldorf, Köln 1970, S. 186.

46 Vgl. den Eintrag zu Charles Maurice de Talleyrand-Périgord in der englischsprachigen *Wikipedia*, en.wikipedia.org/w iki/Charles_Maurice_de_Talleyrand-P%C3%A9rigord#Anecdotes, letzter Zugriff 05. 06. 2024.

47 Thomas Metzinger, *Being No One. The Self-Model Theory of Subjectivity*, Cambridge, Mass. 2004, S. 627.

48 Ebd., S. 566.

49 Online abrufbar unter www.goodreads.com/quotes/6512276-have-you-ever-been-in-love-horrible-isn-t-it-it, letzter Zugriff 05. 06. 2024.

50 Solche Witze, die unerwartet eine nicht sexuelle Wendung nehmen, sind viel wirkungsvoller als die üblichen »schmutzigen« – hier ein weiteres Beispiel: Mitten im eisigen Winter klopft eine schöne und frisch verwitwete junge Frau verzweifelt an die Tür einer einsamen Hütte, in der ein alter Mann allein lebt. Er lässt sie ein, nachdem sie ihm erklärt hat, dass ihr Auto in der Nähe liegen geblieben ist. Sie bittet ihn um eine Tasse heißen Tee und er gibt ihr eine. Dann bittet sie um warme, trockene Kleidung, die sie ebenfalls bekommt. Schließlich sagt sie: »Wissen Sie, was mein verstorbener Mann mit mir in solchen Fällen gemacht hat? Wir haben uns beide ausgezogen und zusammen hingelegt, damit mir richtig warm wurde.« Der alte Mann fährt aus der Haut: »Jetzt verlangen Sie zu viel! Ich habe alles getan, worum Sie mich gebeten haben, aber ich bin nicht bereit, zum Grab Ihres Mannes zu gehen, ihn auszugraben, aufzuwärmen und dann zu Ihnen zu legen!«

51 Zitiert nach einem Blogeintrag von Roberto J. De Lapuente, ad-sinistram.blogspot.com/2012/12/einverstanden-mit-ruinen.html, letzter Zugriff 05. 06. 2024.

52 Ich knüpfe hier an einen Gedanken an, den ich in meinen philosophischen Büchern ausführlich entwickelt habe, besonders in *Weniger als nichts* (Berlin 2014) und in *Sex und das verfehlte Absolute* (Darmstadt 2020).

53 Vgl. Slavoj Žižek, *Incontinence of the Void. Economico-Philosophical Spandrels*, Cambridge 2017; der deutsche Titel lautet *Der Exzess der Leere: ökonomisch-philosophische Notizen zu Sexualität und Kapital*, Wien, Berlin 2020.

54 Vgl. Michel Foucault, *Sexualität und Wahrheit, Band 1: Der Wille zum Wissen*, Frankfurt am Main 1991.

55 Persönliches Gespräch.

56 William Shakespeare, *Sämtliche Werke in vier Bänden*, hg. v. Anselm Schlösser, Band 4, Berlin: Aufbau 1975, S. 618.

57 Bei Shakespeare heißt es im Original »unsexed« [Anm. d. Übers.]

58 Ich verdichte hier meine Argumentation aus dem elften Kapitel von Slavoj Žižek, *Weniger als nichts. Hegel und der Schatten des dialektischen Materialismus*, Berlin 2014.

Über Superpositionen und Undinge

1 Mein Dank gilt an dieser Stelle Robinson Erhardt, der dieses Kapitel durchgesehen und viele Änderungsvorschläge gemacht hat, um es zu verbessern

2 Mir ist durchaus bewusst, dass einige Interpretationen der Quantenmechanik (etwa die Viele-Welten-Interpretation) ohne den Begriff des Kollapses der Wellenfunktion auskommen. In diesem Kapitel befasse ich mich hauptsächlich mit Interpretationen, die den Kollaps der Wellenfunktion beibehalten und nicht deterministisch sind, da ich die Idee des Wellenkollapses für den entscheidenden Beitrag der Quantenphysik zu einer neuen Ontologie halte.

3 Ich gehe davon aus, dass die Handlung von *Casablanca* bekannt ist.

4 Vgl. den Beitrag »Everybody Comes to Rick's« im Blog »Rick On Theater« vom 17. 05. 2009, rickontheater.blogspot.com/2009/05/everybody-comes-to-ricks.html, letzter Zugriff 26. 06. 2024.

5 Mir ist durchaus bewusst, dass nur bestimmte Interpretationen der Quantenmechanik (die meist im Zusammenhang mit der Kopenhagener Deutung stehen) den »Beobachter« als Bewusstsein verstehen, und dass viele Wissenschaftler den Kollaps der Wellenfunktion ohne einen Beobachter zu erklären versuchen. Sie vertreten die Ansicht, dass Beobachter keine Rolle spielen und die Messung besser als mechanischer Eingriff denn als metaphysisch aufgeladene Idee der Beobachtung verstanden werden kann. (Die Dekohärenz wird hier oft erwähnt, obwohl umstritten ist, ob sie das Messproblem wirklich löst). Meiner Ansicht nach kann man die Beobachtung nicht in einen objektiven Prozess übersetzen, so dass das Rätsel bestehen bleibt.

6 Vgl. Lee Smolin, *Einstein's Unfinished Revolution. The Search for What Lies Beyond the Quantum*, London 2019, deutsch: *Quantenwelt. Wie wir zu Ende denken, was mit Einstein begonnen hat*, München 2019.

7 Komplementarität bedeutet in der Quantenmechanik, dass Objekte

bestimmte Paare komplementärer Eigenschaften aufweisen, die nicht gleichzeitig beobachtet oder gemessen werden können. Ein Beispiel für ein solches Paar ist Ort und Impuls. Laut Niels Bohr (von dem das Komplementaritätsprinzip stammt) schließt eine Versuchsanordnung zur Messung einer Größe des Paares die Möglichkeit zur Messung der anderen aus; dennoch ist es notwendig, beide Experimente zu verstehen, um das Versuchsobjekt beschreiben zu können.

8 Smolin, *Quantenwelt*, S. 269.

9 Ebd., S. 268. Aber ist das wirklich Rovellis Position? Was ist mit seiner Idee – die wir weiter unten behandeln werden –, dass »[d]ie Zeit [...] eine Auswirkung der Tatsache [ist], dass wir die physikalischen Mikrozustände der Dinge außer Acht lassen. Die Zeit ist die uns fehlende Information. Sie ist unser Unwissen.« (Carlo Rovelli, *Die Wirklichkeit, die nicht so ist, wie sie scheint. Eine Reise in die Welt der Quantengravitation*, Reinbek bei Hamburg 2016, S. 281)

10 Als Hegelianer sollte ich hier anmerken, dass Hegel in seiner späten Naturphilosophie zwar dem Raum den Vorrang vor der Zeit gibt (die Zeit geht aus der selbstbezüglichen Negation des Raums hervor), in seinen früheren Jenaer Schriften ist seine Position allerdings mehrdeutiger.

11 Stephen Hawking, Leonard Mlodinow, *Der große Entwurf. Eine neue Erklärung des Universums*, Reinbek bei Hamburg 2010, S. 11.

12 Zitiert nach »Three physicists share Nobel Prize for work on quantum science«, in: *Bahrain News Agency*, 04. 10. 2022, www.bna.bh/en/ThreephysicistssharesNobelPrizeforworkonquantumscience.aspx?cms=q8FmFJgiscL2fwIzON1%2BDpz6nsVf7qatk45dKt8Wkew%3D, letzter Zugriff 09. 07. 2024.

13 Theorien mit verborgenen Variablen beziehen sich in der Quantenmechanik auf Vorschläge zur Erklärung von Quantenphänomenen durch die Einführung von (möglicherweise unbeobachtbaren) hypothetischen Größen. Der bekannteste Vertreter ist Einstein, für den das Universum ein deterministisches Ganzes ist und daher die Quantenunbestimmtheit bedeutet, dass die Quantenmechanik eine unvollständige Theorie ist – sie lässt bislang noch unbekannte Merkmale unberücksichtigt, die die Realität vollständig deterministisch erklären würden.

14 Für eine einfache, aber präzise Darstellung dieser Kritikwelle siehe Adam Becker, *Was ist real? Das ungelöste Problem der Quantenphysik*, Berlin 2021.

15 Vgl. den Eintrag »Counterfactual definiteness« in der englischsprachigen Wikipedia: en.wikipedia.org/wiki/Counterfactual_definiteness, letzter Zugriff 15. 07. 2024.

16 David Deutsch, »Quantum Theory, the Church-Turing Principle, and the Universal Quantum Computer«, in: *Proceedings of the Royal Society of London A* 400:114; zitiert nach Becker, *Was ist real?*, S. 274.
17 Smolin, *Quantenwelt*, S. 92 f.
18 Ebd., S. 94.
19 Ebd., S. 94 f.
20 Vgl. Andrei Khrennikov, »Contextuality, Complementarity, Signaling, and Bell Tests«, in: *Entropy* 24, 10 (2022), doi.org/10.3390/e24101380.
21 Smolin, *Quantenwelt*, S. 60.
22 Ich bin mir, um es noch einmal zu sagen, durchaus bewusst, dass das Schließen dieser Lücke einer der Zwecke der Viele-Welten-Interpretation ist, wo der Beobachter und das Messsystem als Teil des Systems aufgefasst werden – aber ich halte den Preis, der für diese Lösung zu zahlen wäre, für zu hoch.
23 Smolin, *Quantenwelt*, S. 306.
24 Ebd., S. 310.
25 Ebd., S. 259.
26 Ebd., S. 260.
27 Ebd., S. 92.
28 Ebd., S. 222.
29 Becker, *Was ist real?*, S. 158.
30 Ebd., S. 147.
31 John C. Lennox, *God's Undertaker. Has Science Buried God?*, Oxford 2007, S. 44 f.
32 Becker, *Was ist real?*, S. 311.
33 Smolin, *Quantenwelt*, S. 131.
34 Zitiert nach »Why is Bell's theorem relevant?«, signalprocessingclub.quora.com/Why-is-Bells-Theorem-relevant-12, letzter Zugriff 19. 07. 2024.
35 Paul Mainwood, »What is an explanation of Bell's Theorem in plain language?«, www.quora.com/What-is-an-intuitive-explanation-of-Bells-theorem, letzter Zugriff 19. 07. 2024.
36 Ist die Beschränkung dieses »Wissens im Realen« nicht deutlich an der Verwirrung ablesbar, die durch die globale Erwärmung entstanden ist? Es kommt häufig vor, dass wir schon im Februar hohe Temperaturen haben und Ende März oder im April wieder eine Kältewelle folgt. Die Natur (deren »Wissen« ihr sagt, dass das warme Wetter den Frühling einläutet) »missdeutet« den warmen Februar als Frühlingsanfang und beginnt zu blühen, doch die anschließende Kältewelle zerstört die vorzeitige Blüte und bringt den gesamten Fortpflanzungskreislauf durcheinander.

37 Zeilinger erzählt den Witz in einer Sendung von SRF Kultur. Sie ist auf Youtube abrufbar unter www.youtube.com/watch?v=O2sHn0bOC5I, letzter Zugriff 22.07.2024.

38 Vgl. www.brainyquote.com/quotes/niels_bohr_390838, letzter Zugriff 22.07.2024.

39 Zitiert nach einem Artikel über Heisenberg auf der Website marxists.org; www.marxists.org/reference/subject/philosophy/works/ge/heisenb3.htm, letzter Zugriff 23.07.2024.

40 Alenka Zupančič, *Let Them Rot. Antigone's Parallax*, New York 2023, S. 57.

41 Ebd.

42 Beide Begriffe im Original deutsch.

43 Vgl. den Wikipedia-Eintrag zur Schrödingergleichung unter de.wikipedia.org/wiki/Schrödingergleichung, letzter Zugriff 24.07.2024.

44 Ich verdanke diese Idee Sean Carroll, der sie in einer Diskussion entwickelte, die er am 21.07.2023 mit mir für Robinson Erhardts Apple Podcast führte; podcasts.apple.com/us/podcast/118-slavoj-%C5%BEi%C5%BEek-sean-carroll-quantum-physics-the/id1636469402?i=1000622053044, letzter Zugriff 24.07.2024.

45 Nach der Viele-Welten-Interpretation gibt es außerdem keine Interaktion zwischen den verschiedenen Welten, sie existieren, ohne miteinander in Kontakt zu treten (im Gegensatz zu symbolischen Superpositionen). Ist dies eine endgültige Tatsache oder kann man sich auch vorstellen, dass die Realität, in der wir leben, irgendwie mit ihren sich überlagernden Varianten verbunden ist?

46 Das Ganze erinnert ein wenig an Spinozas Begriff der Substanz, die eine unendliche Anzahl von Attributen enthält, von der wir (Menschen) nur zwei kennen, die Ausdehnung und das Denken – wir wissen absolut nichts über andere Attribute, sie spielen keine Rolle für unser Verständnis der Wirklichkeit, wir müssen sie lediglich aus rein logischen Gründen voraussetzen.

47 Ursprünglich formulierte Einstein in einem Brief an Max Born: »Die Theorie liefert viel, aber dem Geheimnis des Alten bringt sie uns kaum näher. Jedenfalls bin ich überzeugt, daß *der* nicht würfelt.« (Albert Einstein, Hedwig und Max Born, *Briefwechsel 1916–1955*, Reinbek bei Hamburg 1972, S. 97f.)

48 Die Bemerkung machte Einstein während eines Besuchs der Princeton University im Mai 1921; zitiert nach www.einsteinjahr.de/zitatsammlung/, letzter Zugriff 25.07.2024.

49 Zitiert nach Lorenzo Chiesas Beitrag zu Chiesa, Johnston, *God Is Undead.*

50 Vgl. Jacques Lacan, *Das Seminar Buch XX: Encore*, Weinheim, Berlin [2]1991, S. 156

51 Vgl. »Yad'lun!« with Jacques-Alain Miller (2011), www.youtube.com/watch?v=KWgPziYb1Aw, letzter Zugriff 30. 07. 2024.

52 Brian Greene, *Das elegante Universum. Superstrings, verborgene Dimensionen und die Suche nach der Weltformel*, Berlin 2000, S. 143–148.

53 Jacques Lacan, *Seminar XII. Crucial Problems for Psychoanalysis*, Vorlesung vom 03. 02. 1965, abrufbar auf der Seite »Jacques Lacan in Ireland« unter www.lacaninireland.com/web/wp-content/uploads/2010/06/12-Crucial-problems-for-psychoanalysis.pdf, letzter Zugriff 30. 07. 2024.

54 Quantenphysiker haben nun erstmals die Messung einer zeitlichen Spiegelung durchgeführt. Es gelang ihnen, die Zeit auf der Quantenebene umzukehren und sogar zu zeigen, wie Zeitreflexionen passieren. Wir können kaum abwarten, was als Nächstes geschehen wird … Vgl. den Artikel »Zeitumkehr in einer elektromagnetischen Welle«, 22. 03. 2023, www.scinexx.de/news/physik/zeitumkehr-in-einer-elektromagnetischen-welle/, letzter Zugriff 30. 07. 2024.

55 Jean-Pierre Dupuy, »Nuclear Deterrence and the Metaphysics of Time«, in: *Problemi International* 2, 2 (2018), S. 25–55, hier S. 52.

56 Ebd., S. 53.

57 »Being and Becoming in Modern Physics«, in: *Stanford Encyclopedia of Philosophy*, plato.stanford.edu/entries/spacetime-bebecome/, letzter Zugriff 31. 07. 2024.

58 Andrew Jaffe, »The Illusion of Time«, in: *nature*, 16. 04. 2018, www.nature.com/articles/d41586-018-04558-7, letzter Zugriff 31. 07. 2024.

59 Rovelli, *Die Wirklichkeit*, S. 280 f.

60 Ebd., S. 281 f.

61 Vgl. das Youtube-Video »Hanns Eisler – Komponist (1898–1962) – Dokumentation 1992«, www.youtube.com/watch?v=GmzODm2bV4E, letzter Zugriff 01. 08. 2024.

62 Vgl. Roberto Mangabeira Unger, Lee Smolin, *The Singular Universe and the Reality of Time. A Proposal in Natural Philosophy*, Cambridge 2014.

63 Roberto Mangabeira Unger, *The Self Awakened. Pragmatism Unbound*, Cambridge 2007, S. 57.

64 Zitiert aus dem Artikel über Castoriadis in der *Internet Encyclopedia of Philosophy*, iep.utm.edu/cornelius-castoriadis/, letzter Zugriff 01. 08. 2024.

65 Shakespeare, *Sämtliche Werke, Band 1*, S. 364.

66 Vgl. »Terrifying close-up of an ant's face gives horror movie monsters a run

for their money«, in: *Fox News*, 21. 10. 2022, www.foxnews.com/lifestyle/terrifying-close-up-ants-face-horror-movie-monsters-run-money.

67 Chiesa, Johnston, *God Is Undead.*

68 Ebd.

69 Der »Klassiker« ist in diesem Zusammenhang Fritjof Capras Buch *Das Tao der Physik. Die Konvergenz von westlicher Wissenschaft und östlicher Philosophie* von 1975 [In Deutschland zuerst 1977 unter dem Titel *Der kosmische Reigen. Physik und östliche Mystik – ein zeitgemäßes Weltbild* erschienen; Anm. d. Übers.] Eine aktuelle populäre Version liefert ein Youtube-Video mit dem Titel »Nobel Prize 2022 – Universe is not real | Where quantum physics meets Vedanta«, deren Autorin behauptet, die moderne Quantenphysik beweise, was die alte Vedanta schon wusste: (1) die Welt ist nicht real; (2) der Beobachter bringt die Welt ins Dasein; vgl. www.youtube.com/watch?v=MI3TXsPtOAE, letzter Zugriff 04. 08. 2024.

70 Siehe dazu noch einmal das Interview des SRF mit Anton Zeilinger unter www.youtube.com/watch?v=O2sHn0bOC5I.

71 Byung-Chul Han, *Undinge. Umbrüche der Lebenswelt*, Berlin 2021, S. 97.

72 Ebd., S. 73.

73 Ebd., S. 80.

74 Ebd., S. 71 f.

75 Vgl. ebd., S. 77.

76 Auf Youtube zu sehen unter www.youtube.com/watch?v=cz92NkhESnc, letzter Zugriff 06. 08. 2024.

77 Siehe den Artikel »Grass Mud Horse« in der englischsprachigen Wikipedia: en.wikipedia.org/wiki/Grass_Mud_Horse, letzter Zugriff 06. 08. 2024.

78 Siehe den Wikipedia-Artikel zu Häagen-Dazs: de.wikipedia.org/wiki/H%C3%A4agen-Dazs, letzter Zugriff 06. 08. 2024.

Das Heilige, das Obszöne und das Untote

1 Für eine ausführlichere Auseinandersetzung mit dem Begriff der Parallaxe vgl. Slavoj Žižek, *Parallaxe*, Frankfurt am Main 2006.

2 Vgl. Zupančič, *Let Them Rot.*

3 Rainer Maria Rilke, *Sämtliche Werke. Band 1: Gedichte I*, Frankfurt am Main 1955, S. 685.

4 Zupančič, *Let Them Rot*, S. 11.

5 Immanuel Kant, *Zum ewigen Frieden. Ein philosophischer Entwurf*, in: Ders., *Werke in zwölf Bänden, Bd. 11: Schriften zur Anthropologie, Ge-*

schichtsphilosophie, Politik und Pädagogik 1, hrsg. v. Wilhelm Weischedel, Frankfurt am Main 1977, S. 233 f.

6 Ebd., S. 231.

7 Vgl. Robert B. Pippin, *Hollywood Westerns and American Myth. The Importance of Howard Hawks and John Ford for Political Philosophy*, New Haven 2010.

8 Ernest Gellner, *Pflug, Schwert und Buch. Grundlinien der Menschheitsgeschichte*, Stuttgart 1990, S. 278.

9 Zupančič, *Let Them Rot*, S. 12.

10 Ebd., S. 13.

11 Ebd., S. 10.

12 Ebd.

13 Vgl. »Father Rupnik accused of psychological and physical violence. The silence of the Jesuits«, in: *Silere non possum*, 01. 12. 2022, silerenonpossum.com/it/father-rupnik-accused-of-psychological-and-physical-violence-the-silence-of-the-jesuits/, sowie (in slowenischer Sprache) »Rupnik se je pri ›trojčku" skliceval na sveto trojico«, in: *Obala plus*, 21. 12. 2022, letzter Zugriff 10. 08. 2024.

14 Für eine genauere Analyse dieser Dimension vgl. Garry Wills, *Papal Sin. Structures of Deceit*, New York 2000.

15 Das englische Verb 'to contain', das Dupuy im Original verwendet, kann beides bedeuten: enthalten und auf- oder zurückhalten [Anm. d. Übers.].

16 Jean-Pierre Dupuy, »*The Nuclear Menace and the Prophecy of Doom*«, in: Glen Miller, Helena Mateus Jerónimo, Qin Zhu (Hg.), *Science and Technology. Philosophy, Religion, and Politics in an Engineered World*, Lanham 2023, S. 93–112, hier S. 107.

17 Zupančič, *Let Them Rot*, S. 17.

18 Vgl. »Julian Assange loses latest attempt to appeal against extradition to the US«, *CNN*, 09. 06. 2023, edition.cnn.com/2023/06/09/uk/julian-assange-extradition-appeal-intl-gbr/index.html, letzter Zugriff 14. 08. 2024.

19 »Putin: Drone attack ›terrorist act‹«, *SkyNews*, auf Youtube unter www.youtube.com/watch?v=TAxjVPT68HQ, letzter Zugriff 16. 08. 2024.

20 Zitiert nach »Lukaschenko wirbt für Unionsstaat und ›Atomwaffen für alle‹«, *MDR*, 29. 05. 2023, www.mdr.de/nachrichten/welt/osteuropa/politik/ukraine-krieg-lukaschenko-atomwaffen-union-belarus-russland-100.html, letzter Zugriff 16. 08. 2024.

21 Zitiert nach dem Wikipedia-Artikel »Die Moritat von Mackie Messer«, de.wikipedia.org/wiki/Die_Moritat_von_Mackie_Messer, letzter Zugriff 16. 08. 2024.

22 Vgl. »World's Deadliest Wars Go Unreported«: Journalist Anjan Sundaram, in: *Democracy Now!*, 08.06.2023, www.democracynow.org/2023/6/8/anjan_sundaram_conflict_reporting, letzter Zugriff 16.08.2024.

23 Zupančič, *Let Them Rot*, S. 18.

24 Zitiert nach »Trump fordert: Verfassung aussetzen, ihn als Präsident einsetzen«, in: *RND*, 04.12.2022, www.rnd.de/politik/donald-trump-fordert-verfassung-aussetzen-ihn-als-praesident-einsetzen-QFJBVZRPK5GR3OTOZTKCUKJWPQ.html, letzter Zugriff 16.08.2024.

25 Inzwischen hat eine Gruppe russischer Putin-Gegner eine Militäreinheit aus Freiwilligen organisiert, die für die Ukraine kämpft und sich mit wunderbarer Ironie die Gruppe Mozart nennt – man kann nur hoffen, dass sie russische Armeesoldaten mit schokoladegefüllten Mozartkugeln bombardieren wird …

26 Vgl. »Russia to scrap punishments for crimes in occupied Ukraine if ›in interest of Russian Federation‹«, in: *The Telegraph*, 15.12.2022, www.telegraph.co.uk/world-news/2022/12/15/russia-scrap-punishments-crimes-occupied-ukraine-interest-russian/, letzter Zugriff 17.08.2024.

27 Zitiert nach »Temelj za mir mora biti, da bosta obe strani odšli domov«, *Delo*, 11.03.2023, www.delo.si/sobotna-priloga/temelj-za-mir-mora-biti-da-bosta-obe-strani-odsli-domov, letzter Zugriff 17.08.2024.

28 Vgl. »Troubles aside, Xi says China on ›right side of history‹«, *AP*, 31.12.2022, apnews.com/article/politics-china-xi-jinping-russia-government-covid-19-pandemic-ae4fef3393367a7cc37d8b2fc15c4cb5, letzter Zugriff 17.08.2024.

29 Suzanne Moore, »Banning free speech in the name of inclusivity and diversity is the Fringe's sickest joke«, in: *The Telegraph*, 18.08.2023, www.telegraph.co.uk/comedy/comedians/graham-linehan-edinburgh-fringe-banning-free-speech/, letzter Zugriff 17.08.2024

30 Zupančič, *Let Them Rot*, S. 59.

31 Ebd., S. 53.

32 Zitiert nach »EctoLife: The World's First Artificial Womb Facility«, *designboom*, 14.12.2022, www.designboom.com/technology/hashem-al-ghaili-ectolife-the-worlds-first-artificial-womb-facility-12–14–2022/, letzter Zugriff 18.08.2024.

33 Ebd.

34 Zupančič, *Let Them Rot*, S. 32.

35 Die Rede kann man sich im Video anschauen: www.memri.org/tv/saddam-hussein-trial-saddam-hussein-too-great-be-defended-even-saddam-hussein-i-was-beaten, letzter Zugriff 19.08.2024.

36 Zupančič, *Let Them Rot*, S. 44.

37 Zitiert nach »Jesus' earthly dad, St. Joseph – often overlooked – is honored by Father's Day in many Catholic nations«, *The Conversation*, 16. 06. 2024, theconversation.com/jesus-earthly-dad-st-joseph-often-overlooked-is-honored-by-fathers-day-in-many-catholic-nations-184524, letzter Zugriff 20. 08. 2024.

38 Giorgio Agamben, *Stanzen. Das Wort und das Phantasma in der abendländischen Kultur*, Zürich, Berlin 2005, S. 44 f.

39 Wir sollten auch die drei Versionen von *Dead On Arrival* erwähnen [*Opfer der Unterwelt*, 1950, *Der leuchtende Tod*, 1969 und *D. O. A. – Bei Ankunft Mord*, 1988], wo die Geschichte sozusagen umgedreht wird: Ein Mann erscheint auf einer Polizeiwache, um einen Mord anzuzeigen, und auf die Frage, wer das Opfer sei, antwortet er: »Ich selbst.« Er wurde vergiftet und ihm bleiben 24 Stunden, um seinen Mörder zu finden.

40 Schamlos aus dem englischsprachigen Wikipedia-Artikel zum Film komprimiert. Vgl. en.wikipedia.org/wiki/The_Double_(2011_film), letzter Zugriff 25. 08. 2024.

41 Zitiert nach Gilbert Keith Chesterton, *Der Mann, der Donnerstag war. Eine Nachtmahr*, München 1910.

42 David Breitenbeck, »Understanding ›The Man Who Was Thursday‹ by G. K. Chesterton«, everymancommentary.com/understanding-the-man-who-was-thursday/, letzter Zugriff 06. 10. 2024.

43 Gilbert Keith Chesterton, »Verteidigung von Kriminalromanen«, in: Ders., *Verteidigung des Unsinns, der Demut, des Schundromans und anderer mißachteter Dinge*, Frankfurt am Main 1986, S. 139 – 145, hier S. 145.

44 Vgl. René Girard, *Le Sacrifice*, Paris 2003.

45 Zur gewalttätigen dunklen Seite des Buddhismus siehe Brian Daizen Victoria, *Zen War Stories*, London 2003, sowie Michael Jerryson und Mark Juergensmeyer (Hg.), *Buddhist Warfare*, Oxford 2010.

46 Zupančič, *Let Them Rot*, S. 12.

47 Zitiert nach dem englischsprachigen Wikipedia-Artikel über Tatiana Troyanos; en.wikipedia.org/wiki/Tatiana_Troyanos, letzter Zugriff 27. 08. 2024.

48 Ich beschäftige mich ausführlicher mit diesem Aspekt der Ungeheuerlichkeit in Kapitel I.2. von Žižek, *Parallaxe*.

49 Dominiek Hoens, Ed Pluth, »The *sinthome*: A New Way of Writing an Old Problem?«, in: Luke Thurston (Hg.), *Re-Inventing the Symptom*, New York 2002, S. 1 – 18, hier S. 8 f. Ich nehme auch hier meine Argumentation aus Kapitel I.2 von *Parallaxe* wieder auf.

50 Ich fasse hier eine ausführlichere Argumentation aus meinem Buch *On Belief* zusammen.

51 Zitiert nach »Why Shiv Did THAT In Succession's Series Finale«, screenrant.com/succession-season-4-shiv-roy-gojo-vote-explained/, letzter Zugriff 28.08.2024.

52 »Der Teufelstritt (The Devil's Footprint) – Munich, Germany«, in: *Atlas Obscura*, www.atlasobscura.com/places/der-teufelstritt-devils-footprint, letzter Zugriff 28.08.2024.

53 Vgl. Zhao Tingyang, *Alles unter dem Himmel. Vergangenheit und Zukunft der Weltordnung*, Berlin 2022.

54 Zusammengefasst aus dem Text »Zhao Tingyang on Democracy«, www.readingthechinadream.com/zhao-tingyang-on-democracy.html, letzter Zugriff 30.08.2024.

55 Régis Debray, Zhao Tingyang, »Tianxia: All Under Heaven«, in: *Noema*, 19.06.2020, www.noemamag.com/tianxia-all-under-heaven/, letzter Zugriff 30.08.2024.

56 Zhao Tingyang, *All under Heaven. The* Tianxia *System for a Possible World Order*, Los Angeles 2021, S. xiii f. [Das Zitat stammt aus dem Vorwort der englischen Ausgabe und ist daher in der deutschen nicht enthalten; Anm. d. Übers.]

57 Zhao Tingyang, *»A Feasible Smart Democracy«. Introduction and Translation by David Ownby* 2021, www.readingthechinadream.com/zhao-tingyang-on-democracy.html, letzter Zugriff 02.09.2024.

58 Ebd.

59 Ebd.

60 Vgl. Julie Zhu, »Exclusive-Bill Gates in China to meet President Xi on Friday – sources«, in: *Reuters*, 14.06.2023, www.reuters.com/article/world/exclusive-bill-gates-in-china-to-meet-president-xi-on-friday-sources-idUSNIKBN2Y018T/, letzter Zugriff 03.09.2024.

61 Irma Losada Olmos, »The New Tianxia System: Towards a World of Coexistence?«, in: *European Guanxi*, 14.12.2022, www.europeanguanxi.com/post/the-new-tianxia-system-towards-a-world-of-coexistence, letzter Zugriff 03.09.2024.

62 Zusammengefasst aus »Zhao Tingyang on Democracy«.

63 Zitiert nach ebd.

64 Vgl. den Artikel »See One Divides into Two« in der englischsprachigen Wikipedia, en.wikipedia.org/wiki/One_Divides_into_Two, letzter Zugriff 04.09.2024.

65 Tingyang, *All under Heaven*, S. xv.

Neque homo neque deus neque natura

1 Ich halte mich hier an Boris Groys' Deutung von Solowjow: »Wisdom as the feminine world principle: Vladimir Soloview's sophiology«, in: *e-flux*, Nr. 124, Februar 2022, www.e-flux.com/journal/124/446201/wisdom-as-the-feminine-world-principle-vladimir-soloviev-s-sophiology/, letzter Zugriff 21. 10. 204.

2 Zitiert nach Jules Evans »Russian Cosmism and Putin's spiritual eugenics«, in: *Philosophy for Life*, 10. 04. 2022, www.philosophyforlife.org/blog/17-russian-cosmism-and-putins-spiritual-eugenics, letzter Zugriff 21. 10. 2024.

3 Ebd.

4 Denys Sultanhaliiev »Russian nuclear eschatology: Pathologies on the ruins of modernity«, in: *The Philosophical Salon*, 23. 01. 2023, www.thephilosophicalsalon.com/russian-nuclear-eschatology-and-pathologies-of-inheritance-from-the-past/, letzter Zugriff 21. 10. 2024.

5 Übersetzt nach dem Original: L. Trockij, »Neskol'ko slov o vospitanii celoveka« (Einige Worte zur Erziehung des Menschen), in: *Kul'tura perechodnogo vremeni* (Die Kultur der Übergangszeit), Bd. XXI, Moskau 1927, S. 106 ff.; Übersetzung mit freundlicher Genehmigung durch Andreas Tretner, Berlin.

6 Friedrich Wilhelm Joseph von Schelling, *Sämmtliche Werke, Zweite. Abtheilung, Dritter. Band: Philosophie der Offenbarung*, Stuttgart, Augsburg: Cotta 1858, S. 294.

7 Wladimir Solovjeff, *Zwölf Vorlesungen über das Gottmenschentum*, Stuttgart 1921, S. 144 f.

8 »Jenny Te Paa Daniel to Baccalaureates: ›We offer ourselves as signs of God in the world‹«, *Church Divinity School of the Pacific*, 19. 05. 2023, www.cdsp.edu/2023/06/we-are-challenged-to-offer-ourselves-as-signs-of-god-in-the-world/, letzter Zugriff 21. 10. 2024.

9 Yuval Harari, *Homo Deus. Eine Geschichte von Morgen*, München 2017, S. 410.

10 Ebd., S. 411

11 »Israeli firm involved in ›destabilising democracies and disrupting elections‹ operates in India: Report«, in: *The New Indian Express*, 16. 02. 2023, www.newindianexpress.com/world/2023/Feb/15/israeli-firm-involved-in-destablising-democracies-and-disrupting-elections-operates-in-india-repo-2547763.html, letzter Zugriff 22. 10. 2024.

12 Dana Dovey, »New, Creepy Porn App Lets You Paste Anyone's Face on the

Star's Body«, in: *Newsweek*, 26. 01. 2018, www.newsweek.com/deepfakes-fake-app-reddit-pornography-792053, letzter Zugriff 22. 10. 2024.

13 Karen Hao, »A horrifying new AI app swaps women into porn videos with a click«, in: *MIT Technology Review*, 13. 09. 2021, www.technologyreview.com/2021/09/13/1035449/ai-deepfake-app-face-swaps-women-into-porn/, letzter Zugriff 22. 10. 2024.

14 »Voice Cloning App. Make your Voice Sound like Anyone«, www.voice.ai/voice-cloning, letzter Zugriff 22. 10. 2024.

15 Siehe »›I Want to Break Free‹ (Queen) Performed in North Korea«, www.youtube.com/watch?v=jYvcdhCbzJw, letzter Zugriff 22. 10. 2024.

16 Siehe Kushel HM, »North Korean Military Choir Did Not Perform Queen's ›I Want to Break Free‹, Viral Video Is Edited«, in: Newschecker, 01. 02. 2023, www.newschecker.in/fact-check/north-korean-military-choir-did-not-perform-queens-i-want-to-break-free-viral-video-is-edited/, letzter Zugriff 22. 10. 2024.

17 Ich will mich von deinen Lügen befreien / Du bist so selbstgefällig, ich brauche dich nicht.

18 Kalley Huang, »Alarmed by AI chatbots, universities start revamping how they teach«, in: *The New York Times*, 21. 01. 2023, www.ekathimerini.com/nytimes/1202708/alarmed-by-ai-chatbots-universities-start-revamping-how-they-teach/, letzter Zugriff 22. 10. 2024.

19 Jennifer Korn, »Microsoft is looking for ways to rein in Bing AI chatbot after troubling responses«, *CNN*, 17. 02. 2023, edition.cnn.com/2023/02/17/tech/microsoft-bing-ai-changes/index.html, letzter Zugriff 22. 10. 2024.

20 James Bridle, »The stupidity of AI«, in: *The Guardian*, 16. 03. 2023, www.theguardian.com/technology/2023/mar/16/the-stupidity-of-ai-artificial-intelligence-dall-e-chatgpt, letzter Zugriff 22. 10. 2024.

21 Ebd.

22 Daniel Deisinger, »Eat Up: Take a Look at These Hilarious Restaurant Signs and Get Your Fill of Laughter", in: *Herald Weekly*, 29. 07. 2024, www.heraldweekly.com/eat-up-take-a-look-at-these-hilarious-restaurant-signs-and-get-your-fill-of-laughter/, letzter Zugriff 22. 10. 2024.

23 Persönliches Gespräch.

24 Heinrich von Kleist, »Über die allmähliche Verfertigung der Gedanken beim Reden«, in: Ders., *Sämtliche Werke und Briefe II*, München 1961, S. 323.

25 Žižek, »Artificial Idiocy«, 23. März 2023: CriticalTheory, www.reddit.com/r/CriticalTheory/comments/11zwdel/%C5%BEi%C5%BEek_artificial_idiocy_mar_23_2023/ Beitrag gelöscht.

26 Zitiert aus meinem Beitrag »Confessions of a Radioactive Mind«, in: *COMPACT* 23. 06. 2023, www.compactmag.com/article/confessions-of-a-radioactive-mind/, letzter Zugriff 22. 10. 2024.

27 Lassen wir hier die seltenen Fälle außer Acht, in denen in einem ganz bestimmten Kontext nicht nur das N-Wort von einer nicht schwarzen Person verwendet werden kann, ohne dass irgendeine schwarze Person dadurch verletzt würde, sondern, wichtiger noch, in denen es fast noch verletzender sein kann, wenn er *nicht* verwendet, aber durch Ausdrücke, die mit ihm verbunden sind, subtil angedeutet wird. Übrigens verhält es sich genauso mit dem Ausdruck »Gott steh mir bei!« – wenn Gott an diesem Punkt erscheinen und wirklich zu meinen Gunsten eingreifen würde, wäre ich vollkommen schockiert.

28 Sašo Dolenc, »›Artificial Idiocy‹ responds to Žižek«, www.sci-highs.com/artificial-idiocy-responds-to-zizek/, letzter Zugriff 22. 10. 2024.

29 Siehe www.robert-pfaller.com/20-years-of-interpassivity, letzter Zugriff 22. 10. 2024.

30 Rowan Williams, *Dostoyevsky*, London 2008, S. 8.

31 Diese Idee verdanke ich Manca Renko, Ljubljana.

32 Mark Gerard Murphy, »ChatGPT: A New Unconscious?«, in: *sublation media*, 19. 3. 2023, sublationmedia.com/chatgpt-a-new-unconscious/, letzter Zugriff 24. 10. 2024.

33 Ebd.

34 Ebd.

35 Ebd.

36 Ebd.

37 Pallavi Pundir, »Tibetans Explain What ›Suck My Tongue‹ Means. It's Not What You Think«, in: *vice*, 14. 04. 2023, www.vice.com/en/article/tibetans-explain-what-suck-my-tongue-means-dalai-lama-viral-video/, letzter Zugriff 24. 10. 2024.

38 Murphy, »ChatGPT«.

39 Ebd.

40 Zitiert nach »Is romance dead? – In the future we'll outsource sex«, in: *Žižek.uk*, 14. 02. 2013, zizek.uk/2013/02/14/is-romance-dead-in-the-future-well-outsource-sex/, letzter Zugriff 24. 10. 2024.

41 Robert Pfaller, *Zwei Enthüllungen über die Scham*, Frankfurt am Main 2022.

42 WCAX News Team, »Essex-Westford School District is changing gender language within their health units«, in: *WCAX*, 27. 04. 2023, www.wcax.com/2023/04/27/essex-westford-school-district-is-changing-gender-lanuage-within-their-health-units/, letzter Zugriff 24. 10. 2024.

43 Vgl. Harari, *Homo Deus.*
44 Ebd., S. 420.
45 Ebd., S. 537
46 Ebd., S. 370.
47 Hannah Devlin, »AI makes non-invasive mind-reading possible by turning thoughts into text«, in: *The Guardian*, 01. 05. 2023, www.theguardian.com/technology/2023/may/01/ai-makes-non-invasive-mind-reading-possible-by-turning-thoughts-into-text, letzter Zugriff 25. 10. 2024.
48 Dieses letzte Unterkapitel stellt eine verdichtete Version meiner ausführlicheren Argumentation in einem früheren Buch dar. Vgl. Slavoj Žižek, *Hegel im verdrahteten Gehirn*, Frankfurt am Main 2020.
49 Robert Hard, »Elon Musk and Tech Leaders Call for AI ›Pause‹ Over Risks to Humanity«, in: *Forbes*, 30. 03. 2023,www.forbes.com/sites/roberthart/2023/03/29/elon-musk-and-tech-leaders-call-for-ai-pause-over-risks-to-humanity/, letzter Zugriff 27. 10. 2024.
50 Alex Hern, »Bernie Sanders, Elon Musk and White House seeking my help, says ›godfather of AI‹«, in: *The Guardian*, 04. 05. 2023, www.theguardian.com/technology/2023/may/04/bernie-sanders-elon-musk-and-white-house-seeking-my-help-says-godfather-of-ai, letzter Zugriff 27. 10. 2024.
51 Jensen Suther, »Hegel against the machines«, in: *The New Statesman*, 06. 07. 2023, www.newstatesman.com/ideas/2023/07/hegel-against-machines-ai-philosophy, letzter Zugriff 27. 10. 2024.
52 Ebd.
53 Vgl. Nassim Nicholas Taleb, *Antifragilität. Anleitung für eine Welt, die wir nicht verstehen*, München 2013.
54 Genauso zurückzuweisen gilt es auch die Auffassung Chinas als eines geschlossenen »totalitären« Landes – neben anderen Dingen gibt es dort immer noch ein überraschendes Moment echter Demokratie, insbesondere auf dem Land, wo es den Dörfern und Dorfgemeinschaften freisteht, diejenigen Personen zu bestimmen, die ihre Interessen an höherer Stelle vertreten werden. Ein weiterer wichtiger Punkt ist, dass es sich bei den meisten dieser frei gewählten Vertreter erster Ebene um Frauen handelt. Freilich ist es von dieser Ebene aufwärts mit der Demokratie vorbei; Kandidaten für höhere Ämter müssen sich einer eingehenden Überprüfung durch die Behörden unterziehen.
55 Siehe John Weeks, »Is China a fascist state?«, in: *OpenDemocracy*, 19. 06. 2014, www.opendemocracy.net/en/is-china-fascist-state/, letzter Zugriff 27. 10. 2024.

56 Tory Shepherd, »Can pornography be healthy? If it follows six rules, perhaps«, in: *The Guardian*, 09.06.2023, www.theguardian.com/lifeandstyle/2023/jun/10/can-pornography-be-healthy-if-it-follows-six-rules-perhaps, letzter Zugriff 27.10.2024.

57 Alenka Zupančič, *What IS Sex?*, Cambridge, Mass. 2017, S. 35.

Warum Politik immanent theologisch ist

1 Rowan Williams, *Dostoevsky. Language, Faith, and Fiction*, London 2008, S. 8.

2 Maximilien Robespierre, *Virtue and Terror*, London 2007, S. 129.

3 Yanis Varoufakis, *Technofeudalismus. Was den Kapitalismus tötete*, München 2024, S. 219 f.

4 Vgl. Yanis Varoufakis, *Ein Anderes Jetzt. Nachrichten aus einer alternativen Gegenwart*, München 2021. Im Folgenden stütze ich mich auf das Kapitel »Mehrlust oder warum wir unsere Unterdrückung genießen« in Slavoj Žižek, *Die Paradoxien der Mehrlust. Ein Leitfaden für die Nichtverwirrten*, Frankfurt am Main 2023.

5 Varoufakis, *Ein Anderes Jetzt*, E-Book.

6 Ebd.

7 Varoufakis, *Technofeudalismus*, S. 224.

8 Ebd., S. 225 [Übers. geänd. A. d. Ü.] und 227.

9 Ebd., S. 234

10 Vgl. Jean-Pierre Dupuy, *Avions-nous oublié le mal? Penser la politique après le 11 septembre*, Paris 2002, sowie John Rawls, *Eine Theorie der Gerechtigkeit*, Frankfurt am Main 1979.

11 Vgl. Friedrich Hayek, *Der Weg zur Knechtschaft*, Erlenbach-Zürich 1945.

12 Vgl. Fredric Jameson, *An American Utopia. Dual Power and the Universal Army*, London 2016.

13 Jean-Pierre Dupuy, *The War That Must Not Occur*, Redwood City 2023 (zitiert nach dem Manuskript).

14 Louis Antoine de Saint-Just, »Rapport sur les factions de l'étranger«, in: Ders., *Œuvres complètes*, Paris 2004, S. 695.

15 Martin Heidegger, »Vom Wesen der Wahrheit«, in: Ders., *Gesamtausgabe*, Band 36/37: *Sein und Wahrheit*, Frankfurt am Main 2001, S. 81–264, hier S. 90 f.

16 Vgl. Richard Wolin, *Heidegger in Ruins. Between Philosophy and Ideology*, New Haven 2023.

17 Zitiert nach C. F. Rüter, D. W. de Mildt (Hg.), *Justiz und NS-Verbrechen. Die ost- und westdeutschen Gerichtsentscheidungen wegen nationalsozialistischer Tötungsverbrechen seit 1945*, junsv.nl/seiten?tx_junsv_pi2%5Baction%5D=listPagesByNumber&tx_junsv_pi2%5Bcontroller%5D=Book&tx_junsv_pi2%5Bpagenumber%5D=437&tx_junsv_pi2%5Bsection%5D=3895&tx_junsv_pi2%5Bvolume%5D=32&cHash=7666df6b883e2d6f25c81c2956f81cf2, letzter Zugriff 27. 10. 2024.

18 Ebd.

19 Ebd., junsv.nl/seiten?tx_junsv_pi2%5Baction%5D=listPagesByNumber&tx_junsv_pi2%5Bcontroller%5D=Book&tx_junsv_pi2%5Bpagenumber%5D=246&tx_junsv_pi2%5Bsection%5D=4277&tx_junsv_pi2%5Bvolume%5D=41&cHash=ef2b2b70dabc8fd0a92c778b0e07ba4b, letzter Zugriff 27. 10. 2024.

20 Ebd., junsv.nl/seiten?tx_junsv_pi2%5Baction%5D=listPagesByNumber&tx_junsv_pi2%5Bcontroller%5D=Book&tx_junsv_pi2%5Bpagenumber%5D=598&tx_junsv_pi2%5Bsection%5D=4290&tx_junsv_pi2%5Bvolume%5D=41&cHash=db493756345843a3fd96dc596a98e999, letzter Zugriff 28. 10. 2024.

21 Siehe den englischen Wikipedia-Eintrag zu Odilo Globocnik, www.wikipedia.org/wiki/Odilo_Globocnik, letzter Zugriff 28. 10. 2024.

22 Siehe den englischen Wikipedia-Eintrag »Parsley massacre« – [einen dt. Eintrag gibt es nicht]; www.wikipedia.org/wiki/Parsley_massacre, letzter Zugriff 28. 10. 2024. Die Bezeichnung für das Massaker geht auf das Erkennungswort zurück, das Trujillo von seinen Soldaten anwenden ließ, um festzustellen, ob es sich bei den an der Grenze lebenden Menschen um einheimische Afro-Dominikaner oder eingewanderte Afro-Haitianer handelte. Die dominikanischen Soldaten haben dabei den Menschen, die sie »in Verdacht« hatten, einen Zweig Petersilie hingehalten und sie gefragt, was das sei. Wie diese dann das spanische Wort für Petersilie (perejil) aussprachen, bestimmte über ihr Schicksal: Wenn sie das Wort spanisch aussprechen konnten, betrachteten die Soldaten sie als Dominikaner und ließen sie am Leben. Wenn sie es jedoch französisch oder kreolisch aussprachen, betrachteten sie sie als Haitianer und richteten sie hin.

23 Anna Larina Bucharina, *This I Cannot Forget. The Memoirs of Nikolai Bukharin's Widow*, New York 1993, S. 355.

24 Agon Hamza, Frank Ruda, »On Modes of Exchange: Interview with Kojin Karatani«, in: *Crisis & Critique* 10, 1 (2023), S. 360–370, zitiert nach www.crisiscritique.org/storage/app/media/2023-05-18/interview-with-kojin-karatani.pdf, letzter Zugriff 28. 10. 2024.

25 Ebd., S. 366.

26 Ebd., S. 369.

27 Joseph Goebbels, »Rede im Berliner Sportpalast, 18. Februar 1943«, zitiert nach www.1000dokumente.de/Dokumente/Sportpalast-Rede_von_Joseph_Goebbels, letzter Zugriff 28. 10. 2024.

28 Siehe den englischen Wikipedia-Eintrag zur Sportpalastrede: www.wikipedia.org/wiki/Sportpalast_speech, letzter Zugriff 28. 10. 2024.

29 Man beachte hier die ultimative Ironie, die sich in Goebbels' letzter, einstündiger Rundfunkansprache über den Stand des Krieges offenbart (siehe »Goebbels Speech about the State of the War – 28 February 1945«, www.youtube.com/watch?v=pqmyOeTyVO0). Obwohl er voll und ganz anerkennt, dass die Lage hoffnungslos ist, hält er einen Sieg Deutschlands immer noch für möglich und bezieht sein Hauptargument dafür ausgerechnet aus dem Vergleich mit Großbritannien und der Sowjetunion zu Beginn des Krieges: 1940 stand England ebenfalls kurz vor der Kapitulation, unter schwerem Beschuss und war allein in Europa, doch es hielt stand und schlug zurück; dasselbe gilt für die Sowjetunion, wo Ende 1941 Leningrad abgeschnitten und Moskau fast eingekreist war, doch wo man alle Kräfte mobilisierte und so die Deutschen zurückdrängte – wenn also die Feinde das konnten, warum nicht auch Deutschland mit seinem viel stärker ausgeprägten militärischen Geist?

30 J. Arch Getty, Oleg V. Naumov, *The Road to Terror. Stalin and the Self-Destruction of the Bolsheviks, 1932–1939*, New Haven, London 1999, S. 300.

31 Ebd., S. 370.

32 »Professor fired for showing art class image of Muhammad with his face visible (something not unusual in the history of Islamic art). Students and university go wild with crazy allegations of ›Islamophobia‹«, in: *Why Evolution Is True*, 24. 12. 2022, whyevolutionistrue.com/2022/12/24/professor-fired-for-showing-art-class-image-of-muhammad-with-his-face-visible-something-not-unusual-in-the-history-of-islamic-art-students-and-university-go-wild-with-crazy-allegations-of-islamop/, letzter Zugriff 28. 10. 2024.

33 Ewan Somerville, »Cambridge don in trans row after boycotting gender-critical speaker«, in: *The Telegraph*, 21. 10. 2022, www.telegraph.co.uk/news/2022/10/21/cambridge-don-trans-row-boycotting-gender-critical-speaker/, letzter Zugriff 28. 10. 2024.

34 Siehe den englischen Wikipedia-Eintrag zu *The Menu*, en.wikipedia.org/wiki/The_Menu_(2022_film), letzter Zugriff 28. 10. 2024.

35 Siehe Kirsten Campbell, »Transgender rapist Isla Bryson moved to men's prison«, in: *BBC News* 26. 01. 2023, www.bbc.com/news/uk-scotland-64413242, letzter Zugriff 28. 10. 2024.

36 Vgl. Ernesto Laclau, Chantal Mouffe, *Hegemonie und radikale Demokratie. Zur Dekonstruktion des Marxismus*, Wien 2012.

37 Vgl. Janet Afary, Kevil B. Anderson, *Foucault and the Iranian Revolution. Gender and the Seductions of Islamism*, Chicago 2005.

38 Rodney Muhumuza, »Ugandan lawmaker introduces new anti-LGBTQ legislation«, in: *Los Angeles Times*, 28. 02. 2023, www.latimes.com/world-nation/story/2023-02-28/ugandan-lawmaker-introduces-new-anti-lgbtq-legislation, letzter Zugriff 05. 10. 2024.

39 Zupančič, *Desire*.

40 Dies ist im Wesentlichen eine Zusammenfassung des Youtube-Videos »The Mathematical Danger of Democratic Voting«, www.youtube.com/watch?v=goQ4ii-zBMw, letzter Zugriff 06. 10. 2024.

41 Karl Marx, Friedrich Engels, *Werke. Band 36*, Berlin 1979, S. 252 f. Hervorhebung im Original.

42 Colin Jones, *The Fall of Robespierre. 24 Hours in Revolutionary Paris*, Oxford 2021, S. 456.

43 Ebd., S. 53.

44 Ebd., S. 59.

45 Yuval Noah Harari, »*Game of Thrones*: A Battle of Reality Versus Fantasy«, in: *Wired*, 24. 05. 2019, www.wired.com/story/game-of-thrones-a-battle-of-reality-versus-fantasy/, letzter Zugriff 06. 10. 2024.

Schluss: Die Notwendigkeit der Psychoanalyse

1 Theodor W. Adorno, *Gesammelte Schriften, Band 4: Minima Moralia. Reflexionen aus dem beschädigten Leben*, Frankfurt am Main 1997, S. 55.

2 Theodor W. Adorno, *Gesammelte Schriften, Band 10,2: Kulturkritik und Gesellschaft II. Eingriffe, Stichworte, Anhang*, Frankfurt am Main 1997, S. 538.

3 Antonia Hofstätter, »J'accuse«, in: *Krisis | Journal for Contemporary Philosophy* 41 (2) 2021, S. 125 f., hier S. 126; doi.org/10.21827/krisis.41.2.38361, letzter Zugriff 15. 09. 2024.

4 Ebd., S. 125.

5 Ebd.

6 Zitiert nach Haroon Siddique, »Appeal court overturns UK puberty blockers ruling for under-16s«, in: *The Guardian*, 17. 09. 2021, www.theguardian.

com/society/2021/sep/17/appeal-court-overturns-uk-puberty-blockers-ruling-for-under-16s-tavistock-keira-bell, letzter Zugriff 17.09.2024.

7 Hilary Cass, »Independent Review of Gender Identity Services for Children and Young People – Further Advice«, 19.07.2022, cass.independent-review.uk/wp-content/uploads/2022/07/Cass-Review-Letter-to-NHSE_19-July-2022.pdf, letzter Zugriff 17.09.2024.

8 Charles Hymas, »Refusing to fund a spouse or partner's gender transition could be domestic abuse, says CPS«, in: *The Telegraph*, 07.07.2023, www.telegraph.co.uk/news/2023/07/07/refusing-fund-spouse-partners-transition-domestic-abuse-cps/, letzter Zugriff 21.09.2024.

9 Michel Foucault, *Sexualität und Wahrheit, Band 4: Die Geständnisse des Fleisches*, Berlin 2019, S. 52 f.

10 Vgl. Adrian Johnston, *Infinite Greed. The Inhuman Selfishness of Capital*, New York 2024.

11 Ebd., S. 67 f.

12 Ebd., S. 49.

13 Karl Marx, *Capital, Volume I*, New York 1967, S. 163.

14 Karl Marx, *Das Kapital, Bd. 1*, in: Karl Marx, Friedrich Engels, *Werke. Band 23*, Berlin 1968, S. 85.

15 Vgl. Kojin Karatani, *Transcritique. On Marx and Hegel*, Cambridge, Mass. 2003.

16 Karl Marx, »Zur Kritik der Hegelschen Rechtsphilosophie. Einleitung«, in: Karl Marx, Friedrich Engels, *Werke. Band 1: 1839-1844*, Berlin 1981, S. 378–391, hier S. 378.

17 So zum Beispiel auf der Seite lovegasm.co unter lovegasm.co/collections/cock-and-ball-crushers, letzter Zugriff 23.09.2024.

18 Der Text ist auf der Website nicht mehr zu finden [Anm. d. Übers.].

19 Mladen Dolar, »Freud, Slovenia, and the Origins of Right-Wing Populism«, in: *e-flux Notes* 23.11.2023, www.e-flux.com/notes/505443/freud-slovenia-and-the-origins-of-right-wing-populism, letzter Zugriff 23.09.2024.

20 Sigmund Freud, Edoardo Weiss, *Briefe zur psychoanalytischen Praxis. Mit den Erinnerungen eines Pioniers der Psychoanalyse*, Frankfurt am Main 1973, S. 48.

21 David Cluxton, »EN(d)JOY! The Super-Ego & Its Relation to Enjoyment«, in: *DBS*, hdl.handle.net/10788/2582, letzter Zugriff 23.09.2024.

22 Ich habe die Logik des Über-Ichs ausführlicher entwickelt im dritten Kapitel von Žižek, *Die Paradoxien der Mehrlust.*

23 Vgl. Jacques Lacan, *Das Seminar Buch VII: Die Ethik der Psychoanalyse*, Weinheim, Berlin 1996, S. 369.

24 Ich habe diese Unterscheidungen weiter ausgearbeitet in Slavoj Žižek, *Lacan: Eine Einführung*, Frankfurt am Main 2008.

25 Sigmund Freud, *Aus den Anfängen der Psychoanalyse. Briefe an Wilhelm Fliess, Abhandlungen und Notizen aus den Jahren 1887–1902*, London 1950, S. 270.

26 Ebd.

27 Vgl. Dolar, »Freud, Slovenia, and the Origins of Right-Wing Populism«.

28 Graeme Baker, »Manipur violence: What is happening and why«, in: *BBC*, 20. 07. 2023, www.bbc.com/news/world-asia-india-66260730, letzter Zugriff 24. 09. 2024.

29 Jamil Khader, »Huwwara and Stella Maris: The Truth about Judicial Overhaul, Israeli Protests«, in: *Palestine Chronicle*, 01. 08. 2023, www.palestinechronicle.com/huwwara-and-stella-maris-the-truth-about-judicial-overhaul-israeli-protests/, letzter Zugriff 24. 09. 2024.

30 Ebd.

31 Vgl. den Wikipedia-Artikel »Entartung (Quantenmechanik)«, de.wikipedia.org/wiki/Entartung_(Quantenmechanik), letzter Zugriff 24. 09. 2024.

32 Trond Andersen, Yuri Lensky, »The world's first braiding of non-Abelian anyons«, in: *Google Research Blog*, 21. 06. 2023, research.google/blog/the-worlds-first-braiding-of-non-abelian-anyons/#:~:text=We%20create%20two%20pairs%20of,the%20observables%20of%20our%20system, letzter Zugriff 24. 09. 2024.

33 Christopher Miller, »Volodymyr Zelenskyy warns Ukraine officials over corruption after two arrests«, in: *Financial Times*, 26. 07. 2023,www.ft.com/content/4efba087-3fea-4caf-810c-b3cc4fead02a, letzter Zugriff 25. 09. 2024.

34 »Ukraine to fire all regional military recruitment chiefs: Zelenskyy«, in: *CGTN*, 11. 08. 2024, news.cgtn.com/news/2023-08-11/Ukraine-to-fire-all-regional-military-recruitment-chiefs-Zelenskyy-1mbBnk3c3i8/index.html, letzter Zugriff 26. 09. 2024.

35 Daniel Boffey, »›Fighting two enemies‹: Ukraine's female soldiers decry harassment«, in: *The Guardian*, 04. 08. 2023, www.theguardian.com/world/2023/aug/04/fighting-two-enemies-ukraine-female-soldiers-decry-harassment, letzter Zugriff 26. 09. 2024.

36 Andy Lines, Ryan Merrifield, »Paris police prep for ›war‹ against ›hordes‹ of rioters as cops with shields line streets«, in: *Mirror*, 30. 06. 2023, www.mirror.co.uk/news/world-news/paris-police-prep-war-against-30365510, letzter Zugriff 26. 09. 2024.

37 Dánica Coto, »Vigilantes in Haiti strike back at gangsters with brutal

street justice«, in: *AP News*, 04.06.2023, apnews.com/article/haiti-gangs-vigilantes-street-justice-crime-murder-7c3fcdfeec012c80d1fc9e58c61ed7cc#:~:text=The%20vigilantes%20close%20off%20neighborhoods,according%20to%20the%20United%20Nations, letzter Zugriff 27.09.2024.

38 Grégoire Sauvage, »Private Russian military companies are multiplying – and so are the Kremlin's problems«, in: *France 24*, 16.07.2023, www.france24.com/en/europe/20230716-private-russian-military-companies-are-multiplying-%E2%80%93-and-so-are-the-kremlin-s-problems.

39 Evgeny Morozov, »Critique of Techno Feudal Reason«, in: *New Left Review* 133/134, January April 2022, S. 89–126, hier S. 97.

40 Vgl. Angelique Chrisafis, »A monument to French rage: buses torched in riots over police killing«, in: *The Guardian*, 30.06.2023, www.theguardian.com/world/2023/jun/30/monument-french-rage-buses-torched-riots-police-killing#:~:text=A%20monument%20to%20French%20rage%3A%20buses%20torched%20in%20riots%20over%20police%20killing,-This%20article%20is&text=Wanissa%20watched%20as%20smoke,at%20Aubervilliers%2C%20north%20of%20Paris, letzter Zugriff 27.09.2024.

41 Mariya Knight et al., »Putin slams ›traitors‹ as Prigozhin claims mercenary rebellion was only a ›protest‹«, in: *CNN*, 26.06.2023, letzter Zugriff 30.09.2024.

42 Vor einem Jahrzehnt wurde mir von einem ehemaligen Trotzkisten vorgeworfen, ich sei ein »Linksfaschist« (vgl. Alan Johnson, »Is Slavoj Žižek a Left-Fascist?«, in: *The Telegraph*, 01.01.2013). Jetzt kann ich die Sache richtigstellen: Nein, ich bin ein Rechtskommunist.

43 Zitiert nach Cihan Tuğal, »The Rise of the Leninist Right«, in: *Verso Books Blog*, 20.01.2018, www.versobooks.com/blogs/news/3577-the-rise-of-the-leninist-right, letzter Zugriff 30.09.2024.

44 Matt Walsh, »This Is The Protest Song Of Our Generation«, www.youtube.com/watch?v=b5QkYrG0xtY, letzter Zugriff 30.09.2024.

45 Oliver Anthony – Rich Men North of Richmond Lyrics, nachzulesen unter www.azlyrics.com/lyrics/oliveranthony/richmennorthofrichmond.html, letzter Zugriff 30.09.2024.

46 Zitiert nach Jutta Ditfurth, *Zeit des Zorns. Warum wir uns vom Kapitalismus befreien müssen*, Frankfurt am Main 2012, S. 8.

47 Ich habe mich in meinem Buch *Weniger als nichts* detailliert mit diesem Begriff auseinandergesetzt.

48 Vgl. den Eintrag zu *Die Zwölf* in der englischsprachigen Wikipedia unter en.wikipedia.org/wiki/The_Twelve_(poem), letzter Zugriff 01.10.2024.

49 Zitiert nach Elisabeth von Erdmann-Pandžić, »Zur Christusfigur in Alek-

sandr Bloks ›Die Zwölf‹«, in: Frano Prcela (Hg.), *Dialog. auf dem Weg zur Wahrheit und zum Glauben*, Zagreb, Mainz 1996, S. 311–322, hier S. 311 f.

50 John Ellison, »Black night, white snow: Alexander Blok's The Twelve«, in: *Culture Matters*, 26. 03. 2017, www.culturematters.org.uk/index.php/arts/poetry/item/2489-black-night-white-snow-alexander-blok-s-the-twelve, letzter Zugriff 01. 10. 2024.

Namens- und Sachregister

Slavoj Žižek

Die Paradoxien der Mehrlust

Ein Leitfaden für die Nichtverwirrten

Mehrlust: Mit dieser Verbindung aus Marx' »Mehrwert« und Freuds »Lustgewinn« untersucht Slavoj Žižek die aktuellen politischen und kulturellen Probleme: von der viel diskutierten »Cancel Culture« über die Geschlechterbinarität bis zur Querness, von den jüngsten Spielarten des Kapitalismus über konservativen Kommunismus bis zu COVID-19, von Serien wie »Vikings« über Martin Luther bis Antigone versucht Žižek, den Irrsinn unserer sozialen Wirklichkeit zu dechiffrieren.

Aus dem Englischen
von Frank Born
und Axel Walter
496 Seiten, broschiert
978-3-596-71108-6

Weitere Informationen finden Sie auf
www.fischerverlage.de

Slavoj Žižek
Hegel im verdrahteten Gehirn

Hat uns Hegel noch etwas zu sagen?

In einem gewagten Gedankenexperiment macht Meisterdenker Slavoj Žižek die Probe aufs Exempel. Anstatt zu ermitteln, was an Hegels Denken heute noch aktuell ist, dreht Žižek die Frage um: Wie sieht unsere Gegenwart aus, wenn wir sie mit Hegel betrachten? Mit gewohnter Verve, Witz und Dialektik versetzt Žižek Hegels Denken in die Gegenwart und zeigt, warum das 21. Jahrhundert hegelianisch sein könnte. Das provokanteste Buch zum Hegel-Jahr.

Aus dem Englischen von Frank Born
288 Seiten, gebunden

Slavoj Žižek

Wie ein Dieb bei Tageslicht

Macht im Zeitalter des posthumanen Kapitalismus

Donald Trump regiert unbehelligt, die Tech-Industrie aus dem Silicon Valley ebenfalls, und die Welt scheint sich nach dem Marx'schen Diktum zu verhalten, dass alles Ständische und Stehende verdampft: Arbeit wird automatisiert, Geld virtualisiert, die Klassengesellschaft zerstreut sich, die alte Weltordnung löst sich auf. Zerfällt damit auch der Kapitalismus selbst?

Slavoj Žižek analysiert den Zustand der Welt und fragt, was als Nächstes kommen könnte. Doch weil wir so tief in unserer kapitalistisch-neoliberalen Ideologie stecken, können wir dieses Nächste nicht sehen: Es kommt daher wie ein Dieb bei Tageslicht.

Aus dem Englischen von Karen Genschow

35 Seiten

Weitere Informationen finden Sie auf

www.fischerverlage.de

AZ 10-397445/1

Slavoj Žižek

Lacan

Eine Einführung

Eine witzige und leicht verständliche Erklärung der wichtigsten Grundbegriffe im Denken von Lacan

Der Psychoanalytiker Jacques Lacan gilt als ein so einflußreicher wie schwieriger Denker. Der bekannte Kulturkritiker Slavoj Žižek hat sich daher die Aufgabe gestellt, Lacan einem breiteren Publikum zugänglich zu machen. Dies gelingt ihm, indem er die zentralen Begriffe anschaulich und amüsant mit Hilfe von Witzen, bekannten Hollywood-Filmen und Shakespeare-Stücken erklärt. Unterderhand ist daraus auch eine Einführung in das Werk von Slavoj Žižek selbst entstanden.

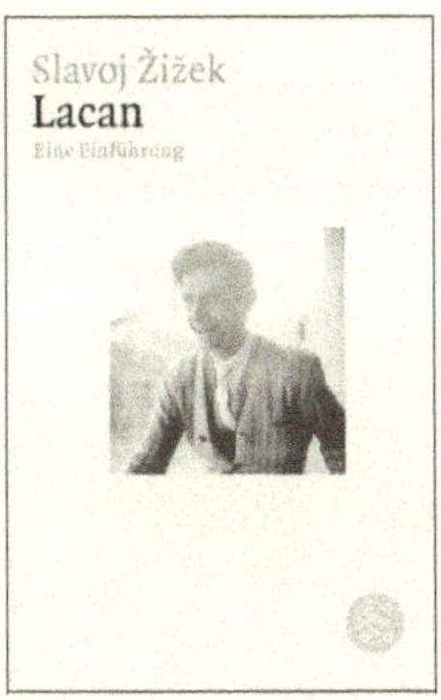

Übersetzt von Karen Genschow
und Alexander Roesler
176 Seiten, broschiert

Weitere Informationen finden Sie auf
www.fischerverlage.de